★ 출간 ... 베스트셀러 ★

... 언어로 번역 출간 ★

★ 2019년 블룸버그 선정 CEO와 창업가가 가장 많이 추천한 도서 1위 ★

★ 2019년 올해의 책 ★

아마존, 블룸버그, 파이낸셜 타임스, 포브스, 뉴스위크, 스트래티지+비즈니스, 테크크런치, 워싱턴 포스트, 매니지먼트 투데이, 비즈니스 인사이더, INC., 미디엄, 월스트리트 저널

"내 가방에 넣어 다니며 읽는 책."

— 빌 게이츠

"사피 바칼의 책에는 새로운 아이디어, 대담한 통찰력, 재미있는 역사, 설득력 있는 분석 등 모든 요소가 담겨 있다. 작은 아이디어가 세상을 어떻게 변화시키는지 이해하고 싶다면 놓쳐서는 안 된다."

— 대니얼 카너먼 노벨 경제학상 수상자, 《생각에 관한 생각》 저자

"왜 어떤 사람들은 성공하고 어떤 사람들은 실패하는지에 대해 지금까지와는 전혀 다른 방식으로 접근한다. 사소한 아이디어를 발굴하고 이를 집단의 행동 원리로까지 확장하는 저자의 방법론은 글에 리듬감이 있고, 유머가 넘치며, 범위가 적절해 모든 것이 좋다."

— 로버트 러플린 노벨 물리학상 수상자

"경영서에서 '상전이'라니! 하지만 물리학자들은 안다. 상전이야말로 얼마든지 다양한 상태로 이동할 수 있는 자연의 가장 창조적인 혼돈상태라는 것을. 이곳에서 물리량들은 절묘한 균형을 통해 놀랍도록 경이로운 자연현상들을 만들어낸다는 것도. 저자는 상전이를 통해 창의적인 발상이 경영 환경에서 적절한 동적 균형을 이루며 결국 창조적인 결과물로 만들어지는 과정을 설명한다. 역사 속 현장에서 창조적인 상전이의 순간들을 종횡무진 포착하는 이 책에서 독자들은 쓸모없어 보이는 아이디어가 놀라운 발견으로 변모하는 상전이의 매력에 빠져들 것이다."

— **정재승** 뇌를 연구하는 물리학자, 《열두발자국》《과학콘서트》 저자

"사피 바칼은 물리학 이론으로 인간의 조직을 변화시키는 방법을 제안한다. 혁신에 관심 있다면 생생한 사례가 넘쳐나는 이 책을 읽어야 한다."

— **에릭 매스킨** 노벨 경제학상 수상자, 하버드 대학교 교수

"포함이 떨어지는 해전과 귀뚜라미의 합창, 그리고 현대 과학의 탄생을 하나의 아이디어로 연결시킬 수 있다는 것을 누가 알았겠는가? 《다빈치 코드》와 《괴짜경제학》이 함께 아이를 가진다면, 그 이름을 《룬샷》이라고 지었을 것이다. 사업, 교육, 공공 서비스 분야에서 누구나 반드시 읽어야 할 책이다."

— **밥 케리** 전 미국 상원의원, 네이비 실 출신의 메달 오브 아너 수상자

"흥미로운 이야기들이 넘쳐난다. 심리학과 물리학이 조합된 이 책은 새로운 아이디어를 실용적으로 변화시키는 방식을 흥미롭게 풀어내고 있다."

— **에이미 에드먼슨** 하버드 비즈니스 스쿨 종신교수, 《두려움 없는 조직》 저자

"내가 읽은 창의성에 관한 가장 흥미롭고 상상력이 풍부한 책. 아이디어 창발과 조직 혁신의 비기가 담겼다."

— **로버트 서튼** 스탠퍼드 대학교 공과대학 경영학 교수

"천재의 작품이다. 문제해결, 집단역학, 사상과 성찰의 가치에 대한 여러 가지 교훈을 대단히 재미있는 방법으로 훌륭하게 전달한다."

— **조셉 풀러** 하버드 비즈니스 스쿨 교수, 모니터 그룹 창업자

"아이디어의 아름다움, 기묘함, 복잡성을 탐구하는 멋진 책. 지식과 즐거움 모든 측면에서 대단하다."

— **싯다르타 무케르지** 퓰리처상 수상 작가, 《암: 만병의 황제의 역사》 저자

"경이롭고 즐겁다. 세상을 변화시키는 아이디어들이 어떻게 창조되고 육성되었는지 풍부한 통찰력으로 분석한다. 과학자이자 기업가라는 두 측면의 성공 비결이 모두 담겨 있다."

— **리처드 프레스튼** 뉴욕 타임스 베스트셀러 《핫존: 에볼라 바이러스 전쟁의 시작》 저자

"올해 읽은 가장 뛰어난 책."

— **모건 하우젤** 컬래버레이티브 펀드 파트너

"끊임없는 소란과 소음 때문에 몰입을 할 수 없는 시대에 《룬샷》은 신선한 공기 한 모금 같다. 사업과 조직을 혁신할 수 있는 급진적인 아이디어를 찾아내고 육성하고 싶다면 이 책을 읽어라."

— **바이크란트 바트라** HP 최고 마케팅 책임자

룬샷

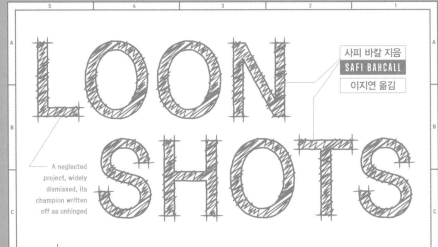

LOON SHOTS

사피 바칼 지음
SAFI BAHCALL
이지연 옮김

A neglected
project, widely
dismissed, its
champion written
off as unhinged

전쟁, 질병, 불황의 위기를
승리로 이끄는 설계의 힘 **룬샷**

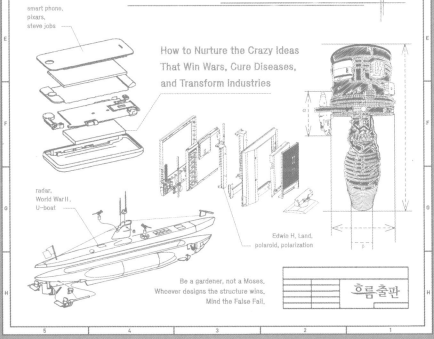

smart phone,
pixars,
steve jobs

How to Nurture the Crazy Ideas
That Win Wars, Cure Diseases,
and Transform Industries

radar,
World War II,
U-boat

Edwin H. Land,
polaroid, polarization

Be a gardener, not a Moses.
Whoever designs the structure wins.
Mind the False Fall.

흐름출판

나를 비롯한 많은 이들에게

끝까지 진리를 소중히 하는 모습을 알려주신

내 아버지, 존 바칼을 위해

지난 세기 '한국의 기적'을 기억합니다. 농업 중심의 어려웠던 경제는 강력한 공업 중심 경제로 발돋움했습니다. 세계 최빈국 중 하나였던 나라가 이제는 세계 최고 부국들 가까이에 이름을 올리게 됐습니다. 오늘날 한국의 교육, 의료, 교통, 산업 시스템은 전 세계의 모범입니다.

그런데 그 다음은 어떻게 될까요?

위대한 기업과 유망 스타트업이 공통적으로 겪었던 운명을 대한민국과 한국의 뛰어난 기업들은 피해갈 수 있을까? 어마어마한 성장의 역사, 단기간 유명세를 달성하고도 그 성공이 낳은 파괴 속으로 불꽃처럼 사라져간 기업들의 운명을 어떻게 하면 피할 수 있을까?

나는 이 책에 이 질문들에 대한 나름의 답을 담았습니다. 특히 기업뿐만 아니라 국가가 이 수수께끼를 푸는 데 도움이 될 만한 집단행동의 과학적 원리를 소개합니다.

경영서에서 과학적 원리라니, 다소 뜬금없이 들릴 수도 있겠습니다. 바이오테크 기업을 설립하고 10여 년 간 최고 경영자로 일하기 전까지 나는 이론물리학자였습니다. 이 덕분에 오바마 대통령의 과학자문위원회에서도 일하게 됐고 경영자이자 물리학자의 입장에서 나의 탐구를 한층 발전시킬 수 있었습니다.

이를 통해 팀이나 기업, 심지어 국가가 극적 변화를 겪는 이유를 '상전이'(복잡계의 갑작스러운 변화)라는 과학적 원리로 답해보게 됐습니다. 그 과정에서 조직의 '문화'보다는 '구조'의 작은 변화가 대단한 발전을 이끌 수 있다는 사실을 알게 됐습니다.

0도의 경계에서 물이 얼음으로, 얼음이 물로 자유롭게 순환하는 것처럼 창의성과 효율성의 동적 균형을 이룬 조직은, 창조적 해결책을 도출해 위기를 성공으로 바꿀 수 있습니다. 이런 생각을 풀어내기 위해 물리학과 비즈니스, 역사를 결합하고, 자명한 원칙에서 출발한 방정식을 이 책에 담았습니다. 이는 지금까지 출간된 책 중에 최초이자 유일한 시도일지 모릅니다.

한국은 과학과 기술, 수학의 역할을 오랫동안 강조해왔으며 이 분야 연구자와 학생들은 세계 최고 수준입니다. 그렇기 때문에 내 아이디어가 한국 독자들에게는 더 깊은 울림을 주지 않을까 기대합니다. 이 책에 실린 아이디어들을 적용하는 데 한국만큼 최적화된 국가는 없을지 모르니까요.

　모쪼록 여러분에게 내 탐구의 여정이 도움이 되길 바랍니다.

2020년 4월

매사추세츠주 케임브리지에서

사피 바칼

룬샷loonshot [ĺuːnʃɑt]

1. 주창자를 나사 빠진 사람으로 취급하며,
2. 다들 무시하고 홀대하는 프로젝트

문샷moonshot [ḿuːnʃɑt]

1. 달에 우주선을 보내는 프로젝트
2. 아주 중요한 결과가 나올 거라고 다들 기대하는,
   많은 것을 투자한 야심찬 목표

프랜차이즈franchise [f́ræntʃaiz]

1. 룬샷으로 탄생한 제품의 후속작 또는 업데이트 버전
   예시) 스타틴 계열의 아홉 번째 약
         '제임스 본드' 시리즈의 스물여섯 번째 영화
         아이폰 X

주도자가 될 것인가,
희생자가 될 것인가

10여 년 전에 어느 친구를 따라 〈셰익스피어의 모든 것〉이라는 연극을 보러 갔다. 배우 세 명이서 97분 동안 37개의 희곡을 소화하는 공연이었다(그중 〈햄릿〉이 43초였다). 배우들은 지루한 부분은 그냥 건너뛰었다. 얼마 후 나는 어느 경제인 모임에 강연자로 초청을 받았다. 강연 주제는 내 마음대로 고를 수 있었지만, 내 직업과 관련이 없는 내용이어야 했다. 나는 '45분 만에 끝내는 3000년 물리학의 역사'라는 제목으로 강연을 했다. 물리학 분야에서 가장 위대한 아이디어 여덟 가지를 추린 내용이었다. 나도 지루한 부분은 그냥 건너뛰었다.

강연은 대히트를 쳤고 이후 나는 간간이 같은 주제의 강연을 해왔다. 그러던 2011년 이 취미 생활이 내 직업과 만나는 일이 생겼다.

미국의 국가 추진 연구 과제 목록을 개발해 오바마Barack Obama 대통령에게 추천하는 위원회에 합류하게 된 것이다. 첫날 위원장이 우리의 미션을 알려주었다. 국가 추진 연구를 통해 향후 50년간 계속해서 이 나라의 행복과 안전을 증진시키려면 대통령은 무엇을 해야 하는가? 의장은 차세대 '버니바 부시Vannevar Bush 보고서'를 만드는 게 우리의 과제라고 말했다.

버니바 부시? 그때까지 나는 버니바 부시라는 사람의 이름이나 그의 보고서에 관해 들어본 적이 없었다. 하지만 곧 그가 2차 세계대전 중에 새로운 시스템을 개발한 사람이라는 것, 그 시스템이 획기적인 여러 아이디어를 놀랄 만큼 빠른 속도로 만들어냈다는 것을 알게 됐다. 부시가 만든 시스템은 연합군이 2차 세계대전에서 승리하도록 도왔고, 이후 미국은 과학과 기술 분야에서 전 세계를 선도하게 됐다. 버니바 부시의 목표는 간단하면서도 단호했다. '미국은 혁신의 주도자가 되어야지, 희생자가 되어서는 안 된다.'

부시가 했던 작업과 그 목적을 알고 나니, 내가 강연했던 물리학의 가장 위대한 아이디어 여덟 가지 중 하나가 생각났다. 바로 상전이相轉移, phase transition였다.

이 책에서 나는 여러분에게 상전이의 과학적 원리를 이용해 우리 주변의 세상에 대해, 그리고 집단 행동의 미스터리에 대해 완전히 새롭게 통찰하는 방법을 제시할 것이다. 훌륭한 팀들이 왜 위대한 아이디어를 사산시키려고 하는지, 많은 것이 걸려 있을 때 '군중의 지혜'는 왜 '군중의 폭정'이 되는지 보여줄 것이다. 이들 질문에 대한 답은 모두 물 한 잔 속에 담겨 있다.

이 책에서는 먼저 과학적인 내용을 짧게 설명할 것이다(이 책은 과학책이 아닌 만큼 지루한 부분은 건너뛴다). 그리고 이어 온도의 작은 변화가 딱딱한 얼음을 흐르는 물로 바꾸는 것처럼, **문화가 아닌 구조**(시스템)의 작은 변화가 조직의 행동을 바꾸는 이유를 설명할 것이다. 이를 통해 우리는 깜짝 놀랄 혁신의 주도자가 될 수 있는 툴tool을 발견할 것이다.

그 과정에서 여러분은 닭 몇 마리가 어떻게 수백만 명의 목숨을 구했는지, 제임스 본드James Bond와 리피터Lipitor(콜레스테롤 저하제)의 공통점은 무엇인지, 아이작 뉴턴Isaac Newton과 스티브 잡스Steve Jobs는 어디서 아이디어를 얻었는지 보게 될 것이다.

나는 늘 직설적이고 간단하게 자기 요지를 설명하는 저자들을 높이 샀다. 그들에게 배운 대로 이 책의 요지를 짧게 설명하면 아래와 같다.

1. 가장 중요한 획기적인 아이디어는 **룬샷**loonshot으로부터 나온다. 룬샷은 종종 그 주창자가 '미친 자' 취급을 받는, 많은 이들이 무시하는 아이디어다.
2. 언뜻 미친 것처럼 보이는 획기적 아이디어를 전쟁을 이기는 기술, 생명을 살리는 제품, 업계를 바꿔놓는 전략으로 탈바꿈시키려면 대규모 인원이 필요하다.
3. **상전이**라는 과학적 원리를 팀이나 기업, 혹은 어떤 형태든 목적을 가진 집단의 행동에 적용해보면 룬샷을 더 빨리, 더 잘 키워내는 실용적 법칙을 도출할 수 있다.

대규모 집단의 행동을 이런 식으로 생각해보는 것은 최근 과학계에서 점점 커지는 움직임과도 궤를 같이한다. 지난 10년간 연구자들은 상전이의 툴과 기법을 활용해 새 떼의 움직임, 물고기의 이동, 뇌활동, 투표 성향, 범죄 행동, 뉴스 전파, 질병 발발, 생태계 붕괴 등을 설명하려는 노력을 이어왔다. 양자역학이나 중력 같은 근본 법칙을 탐구하는 것이 20세기 과학의 특징이었다면, 바로 위와 같은 새로운 종류의 과학이 21세기 과학의 특징이다.

그러나 물리학과 인간 행동 연구가 서로 섞이기 힘든 분야라는 것은 이미 정평이 나 있는 사실이니, 약간의 설명이 필요하다.

나는 타고난 물리쟁이다. 부모님 두 분이 모두 과학자이고, 나도 두 분을 따라 일찌감치 가업에 발을 들였다. 그런데 가업을 이어받은 사람들이 흔히 그렇듯, 몇 년 지나고 보니 세상의 다른 측면을 경험해야겠다는 생각이 들었다. 부모님은 경악했지만 나는 비즈니스계를 골랐다. 부모님은 내가 과학계를 떠나자 전형적인 '슬픔의 다섯 단계'를 보였다. 부정으로 시작해(친지들에게 그저 잠깐의 방황이라고 얘기하셨다), 분노 단계를 빠르게 건너뛰더니, 협상과 우울 단계로 넘어갔다가, 결국 체념하고 수용하는 단계에 안착했다. 하지만 나도 과학이 많이 그리웠고, 결국 몇몇 생물학자·화학자와 함께 새로운 항암제를 개발하는 바이오테크(생명공학) 회사를 차리게 됐다.

내가 대규모 집단의 이상행동에 관해 관심을 갖게 된 것은 회사를 차린 직후 어느 병원을 방문하면서였다. 그 이야기부터 시작해보겠다.

문화보다 구조,
혁신보다 설계가 중요하다

2003년 겨울 어느 아침, 나는 보스턴에 있는 베스 이즈리얼 디커너스 메디컬 센터Beth Israel Deaconess Medical Center를 향해 차를 몰았다. 알렉스*를 만나기 위해서였다. 서른세 살의 알렉스는 운동선수처럼 강인하고 우아한 몸을 가진 사내였으나, '카포시 육종'이라는 공격적인 형태의 암 진단을 받았다. 여섯 차례 화학요법을 쓴 뒤에도 병세는 멈추지 않았고 예후가 나빴다. 나와 몇몇 과학자들이 2년간 준비해온 순간이 다가왔다. 알렉스는 우리가 개발한 암 치료용 신약을 처음으로 투여받을 계획이었다.

---

* 사생활 보호를 위해 이름은 가명으로 처리했다.

내가 병실에 들어섰을 때 알렉스는 정맥주사를 꽂은 채 침대에 누워 간호사에게 작은 소리로 무어라 속삭이고 있었다. 우리가 개발한 노란색 액체가 서서히 그의 팔에 들어가고 있었다. 의사는 방금 다녀갔고, 한쪽 구석에서 뭔가를 적고 있던 간호사는 파일을 접더니 손짓을 하고는 병실을 나섰다. 온화한 미소와 함께 나를 돌아본 알렉스는 얼굴에 물음표가 가득했다. 이날을 위해 미친 듯이 뛰어다녔던 일들(인허가 논의, 자본 조달, 실험 연구, 안전성 실험, 제조 시설 점검, FDA(미국 식품의약국)의 서류 심사, 치료 계획서 초안, 수년간의 연구)이 눈 녹듯 다 사라져버렸다. 알렉스의 두 눈은 그의 유일한 관심사를 묻고 있었다. '이 노란 액체가 나를 살려줄 건가요?'

의사들이야 늘 보는 표정이겠지만, 나는 아니었다.

나는 의자를 당겨 앉았다. 우리는 두 시간 가까이 이야기를 나눴고, 대화 내내 그의 팔에는 약이 계속 들어가고 있었다. 맛집, 스포츠, 보스턴에서 자전거 타기 좋은 길. 대화가 거의 끝나갈 무렵 알렉스는 잠시 말을 멈추더니 다음은 뭐냐고 물었다. 우리 약이 듣지 않는다면 그다음은 뭐냐고. 나는 답이 안 되는 답을 더듬거렸지만, 우리 둘 다 알고 있었다. 여러 국립연구소와 대형 연구업체들이 매년 수백억 달러를 쏟아붓고도, 지난 수십 년간 육종에 대한 치료법은 바뀌지 않았다. 우리가 개발한 약이 그가 기댈 수 있는 마지막 희망이었다.

2년 뒤 나는 다른 병원의 또 다른 침대 곁에서 의자를 끌어당기고 있었다. 아버지가 공격적인 형태의 백혈병에 걸렸다. 나이 지긋한 의사는 안타깝다는 듯이, 권할 수 있는 치료법이 40년 전에도 똑같이 썼던 화학요법뿐이라고 말했다. 두 번째, 세 번째, 네 번째 의사를 만

나보고, 수십 통의 간절한 전화를 돌려봤지만 같은 얘기만 돌아왔다. 신약은 없었다. 유망해 보이는 임상시험조차 없었다.

항암제 개발이 이토록 어려운 데는 몇 가지 기술적인 이유가 있다. 암이 확산될 즈음이면 암세포 내에 너무나 많은 것이 고장 나 있기 때문에 쉽게 고칠 방도가 없다. 실험실 모델은 환자에게 투여했을 때 결과 예측력이 형편없어서 실패율이 매우 높다. 임상시험에만 몇 년이 걸리고, 수억 달러의 비용이 들 수도 있다. 이 모든 부분이 사실이다. 하지만 그 이상의 문제가 있다.

밀러의 피라냐

"다들 나를 미치광이 보듯 하더군요." 리처드 밀러Richard Miller의 표현이다.

밀러는 60대에 접어든 상냥한 성품의 종양학자다. 그는 자신이 연구 중이던 신약을 써보자고 제안했을 때 대형 제약회사 연구팀들이 보인 반응을 내게 설명해주고 있었다. 사실 그의 신약이라는 게 원래는 실험실에서 순전히 실험용으로 개발된 화학물질이었다. 표백제처럼 그냥 어떤 용도로 사용하는 물질 말이다.

대부분의 약은 세포 내에 질병을 일으키는 과활성 단백질에 부드럽게 들러붙는 형태로 작동한다. 과활성 단백질은 과부하가 걸린 로봇 군대처럼 세포들을 얽어버리는데, 그러면 세포는 무분별한 증식을 시작해서 암이 될 수도 있고, 환자의 세포를 공격해 중증 관절염

같은 질병을 일으킬 수도 있다. 약은 그런 과활성 단백질에 들러붙어서 활동을 늦추고 세포를 진정시켜 신체의 질서를 회복한다.

그런데 밀러의 약은 살짝 들러붙는 정도가 아니었다. 그의 약은 피라냐(화학자들은 '비가역적 결합자irreversible binder'라고 부른다)였다. 한 번 물면 놓지 않는 피라냐. 피라냐의 문제점은 뭔가가 잘못되더라도 몸 밖으로 씻어낼 수가 없다는 점이다. 예컨대 피라냐가 엉뚱한 단백질에 들러붙는다면 심각한 독성, 자칫 치명적인 독성을 유발할 수 있었다. 환자에게 피라냐를 줄 수는 없다.

밀러는 당시 어려움을 겪고 있던 한 바이오테크 기업의 CEO였다. 그로부터 10년 전에 개발했던 이 회사의 첫 프로젝트는 결과가 좋지 않았다. 회사의 주가는 1달러 이하로 곤두박질쳤고, 나스닥에서 상장 폐지 경고를 받았다. 쉽게 말해 밀러의 회사는 제대로 된 회사들이 모인 시장에서 추방돼, 한때 잘나갔지만 기억에서 사라진 회사들이 모여 있는 연옥으로 떨어질 날이 얼마 남지 않았다.

나는 밀러에게 왜 그런 위태로운 상황에서 의사들이 싫어하는 피라냐를 고집하는지 물었다. 수없이 거절당하고 조롱까지 받으면서 말이다. 밀러는 자신의 신약에 대한 논란을 모두 이해한다고 말했다. 그러나 반전이 있었다. 이 약은 너무 강력해서 환자에게 아주 적은 양만 투여해도 됐다. 밀러는 스탠퍼드 대학교에서 파트타임 의사로 근무한 경험이 있었다. 그는 환자들이 놓인 상황을 잘 안다고 했다. 수많은 이들이 겨우 몇 달밖에 남지 않은 시한부 인생을 산다. 그들은 절박한 심정으로 대안을 찾고 있고, 신약의 위험성을 충분히 인지하고 있다. 이런 맥락을 고려한다면, 피라냐의 잠재적 가능성은 위험성을 정당화할 수 있었다.

밀러는 이렇게 말했다. "제가 아주 좋아하는 프랜시스 크릭Francis Crick의 명언이 있습니다." 크릭은 제임스 왓슨James Watson과 함께 DNA의 이중나선 구조를 발견한 공로로 노벨상을 수상한 과학자다. "노벨상을 타려면 어떻게 해야 하느냐는 질문에 크릭은 이렇게 답했죠. '아, 그건 아주 간단합니다. 저의 비결은 어떤 얘기를 무시해야 하는지 알고 있었다는 겁니다.'"

밀러는 피라냐의 초기 실험 결과를 몇몇 의사와 공유했고, 말기 백혈병 환자에게 임상시험을 해보는 데 승낙을 받아냈다. 그러나 그는 투자자들을 설득하지 못했다. (밀러는 말했다. "지금까지도 그 사람들한테 [신약의 작용 원리를] 물어보면 모른다고 할 거예요.") 밀러는 이사회의 싸움에서 졌고, CEO 자리를 내놓았다.

다행히 임상시험은 계속됐고, 밀러가 떠난 지 얼마 안 되어 초기 결과가 나왔다. 내용은 고무적이었다. 회사는 FDA에 제출할 수 있는 형태의 대규모 임상시험을 시작했다. 절반의 환자에게는 통상의 치료를 진행하고, 나머지 절반 환자에게는 신약을 투여했다. 2014년 1월 400명에 가까운 환자가 등록돼 있던 이 연구를 살펴보던 의사들은 임상시험 중지를 권고했다. 임상시험 결과가 너무나 놀라운 나머지, 대조군에 있는 환자들에게 이브루티니브ibrutinib라는 밀러의 신약을 주지 않는 게 오히려 비윤리적이라고 판단한 것이다. 이브루티니브를 투여받은 환자들은 통상적 치료를 받은 환자들보다 거의 열 배 높은 치료 효과를 보였다.

곧이어 FDA가 이 약을 승인했다. 몇 달 뒤 밀러의 회사 파머사이

과학자와 피라냐

클릭스Pharmacyclics는 한때 이 약의 아이디어를 조롱했던 어느 대형 제약회사에 인수되었다.

인수 가격은 210억 달러였다.

밀러의 피라냐는 전형적인 **룬샷**이다. 가장 중요한 획기적 돌파구가 마련되었을 때 중앙 권력이 거기에 각종 수단과 돈을 쏟아부으며 레드 카펫을 깔고 팡파르를 울리는 경우는 거의 없다. 획기적 아이디어는 놀랄 만큼 위태로운 처지에 있다. 회의주의와 불확실성이라는 기나긴 터널을 통과하는 동안 부서지고 방치되기 십상이다. 그 주창자들은 종종 '미친 자' 취급을 받기도 하고, 밀러처럼 마냥 무시되기도 한다.

문화보다 구조

업계를 바꿔놓는 기술이 그렇듯, 생명을 구하는 신약도 발명가 혼자 미친 아이디어를 주창하며 시작되는 경우가 많다. 하지만 그런 아이디어를 제대로 기능하는 제품으로 바꿔놓으려면 대규모 조직과 인력이 필요하다. 대형 연구업체들이 하나같이 밀러의 피라냐를 거절했던 것처럼, 아이디어를 제품으로 개발할 수단을 보유한 팀들이 아이디어를 거절해버리면 획기적 아이디어는 연구실 한구석에 파묻히거나 실패한 기업들의 폐허 더미에 깔린다.

밀러 역시 하마터면 자신의 아이디어를 구해내지 못할 뻔했다. 대부분의 룬샷은 영영 기회를 잡지 못한다.

연구 결과는 산더미같이 쌓여 있지만, 대규모 집단이 행동하는 방식에는 아직 우리가 잘 이해하지 못하는 핵심적인 무언가가 있다. 번지르르한 잡지들은 혁신적 팀에는 승리를 가져온 조직 문화가 있다며 해마다 극찬한다. 표지에는 횃불을 든 성화 봉송 주자마냥 번쩍이는 신제품을 들고 미소 띤 직원들의 사진이 실리고, 리더들은 자신의 성공 비결을 털어놓는다. 그런데 이 영원할 것 같던 회사가 어느 날 풍비박산 나버리는 일은 너무나 잦다. 사람도 그대로이고, 조직 문화도 그대로인데 회사는 하루아침에 돌변한 것처럼 보인다. 대체 왜일까?

내가 느끼기에 조직 문화에 관한 논문이나 책은 늘 귀에 걸면 귀걸이, 코에 걸면 코걸이 같았다. 예를 들어 이 분야에서 전형적으로 인기 있는 책을 한 권 살펴보면, 주가 실적을 기준으로 최고의 기업을 몇 개 선정한 후 그 기업들의 유사점을 도출해, 승리하는 조직 문화에 관한 교훈을 자의적으로 뽑아내고 있다. 그런 기업 가운데 내가 잘 아는 바이오테크 회사인 암젠Amgen도 포함되어 있었는데, 암젠으로부터 뽑아낸 교훈 중에 이런 것도 있었다. "암젠은 수많은 위험 요소를 적극적으로 수용함으로써 우월한 위치를 확보했다."

틀렸다. 암젠은 설립된 지 2년 만에 파산 직전까지 갔었다. 처음에 시작한 프로젝트(그중에는 닭 성장 호르몬이나 돼지용 백신도 있었다)는 모조리 실패했고, 적혈구의 성장을 자극하는 약물인 마지막 프로젝트를 추진할 수 있는 시간도 얼마 남지 않았다. 몇몇 회사가 암젠과 똑같은 목표를 좇고 있었기 때문이다. 암젠은 가까스로 경쟁사들보다 한발 먼저 결승선을 통과했다. 여기에는 시카고 대학교 유진 골드워서Eugene Goldwasser 교수의 역할이 컸다.

골드워서 교수는 이 문제를 20년간 연구했고, 경쟁에서 승리할 수 있는 핵심 열쇠를 쥐고 있었다. 2550리터의 소변에서 어렵사리 추출한 8밀리그램의 정제 단백질이 그 열쇠였다. 골드워서 교수는 이 단백질을 암젠의 경쟁사인 바이오젠Biogen이 아니라, 암젠에 넘기기로 결정했다. 이유는? 바이오젠의 CEO가 어느 저녁 식사비 지불을 거절했기 때문이다.

에리스로포이에틴erythropoietin 혹은 줄여서 에포epo라고 부르는 이 약은 암젠을 비롯해 그 누구도 상상하지 못했을 만큼 대대적인 성공을 거뒀고, 이후 매년 100억 달러를 벌어들이게 된다. 암젠은 신약 발견이라는 로또에 당첨된 것이다.

신약을 손에 넣은 암젠은 더 이상 아무도 경쟁 상대가 될 수 없도록 업계의 모든 회사를 고소했다(그중에는 암젠이 고전할 때 도움을 준 파트너 회사인 존슨앤드존슨Johnson & Johnson도 있었다). 이후 15년간 암젠은 다시는 신약 발견의 성공 스토리를 쓰지 못했다. 조직 문화를 분석해놓은 그 책은 암젠이 특허 획득 개수로 측정되는 연구 성과가 보잘것없다고 지적하면서, 기업의 성공에 "혁신은 별로 중요하지 않은 듯하다"고 결론 내렸다.

암젠의 연구는 훌륭하지 않았을지 모르나 법무팀은 훌륭했다. 암젠은 소송마다 승소했고 경쟁자들은 나가떨어졌다. 업계 사람들은 암젠을 "신약을 가진 로펌"이라고 불렀다.

저녁 식사비를 내라는 것과 훌륭한 변호사를 고용하라는 것도 암젠의 성공 스토리에서 얻을 수 있는 유용한 교훈이다. 하지만 그 밖에 이런저런 사실을 고려할 때, 탁월한 주가 실적을 가진 기업으로부터 조직 문화의 성공 팁을 뽑아내겠다는 것은 마치 방금 로또에 당첨된 사람에게 로또 살 때 무슨 색 양말을 신고 있었느냐고 물어보는 것과 같다.

성공한 기업의 조직 문화를 사후 약방문 식으로 분석하는 데 거부감을 느끼는 이유는 내가 물리학 교육을 받은 사람이기 때문이다. 물리학에서는 근본 진리를 알려주는 단서들을 찾아낸다. 모델을 세우고 그 모델이 주변 세상을 제대로 설명해내는지 살펴본다. 이 책에서 우리도 그렇게 할 것이다. 우리는 **구조**(시스템)가 왜 **문화**보다 더 중요한지 살펴볼 것이다.

잘나가던 그들은 왜 바보가 됐을까

알렉스는 베스 이즈리얼 디커너스 메디컬 센터에서 몇 달간 치료를 받은 후 회복되었다. 그는 내가 이 책을 쓰고 있는 지금까지 생존해 있다. 내 아버지는 회복하지 못했다. 나는 아무런 치료법도 찾아내지 못했다. 그렇게 간절히 전화를 돌리고 전문가인 지인과 동료를 총동원하고, 무슨 짓을 해봐도 아버지의 병세를 바꿀 수 없었다. 아버지는 진단을 받고 몇 달 만에 돌아가셨지만, 세월이 한참 흐른 뒤에도 여전히 나는 그 싸움에서 벗어나지 못한 기분이었다. 내가 조금만 더 노력했더라면 뭔가를 찾아내 아버지의 병세를 바꿀 수 있었을 것만 같았다. 그랬다면 아버지를 실망시켰다는 기분은 더 이상 느끼지 않아도 될 것 같았다. 나는 아버지의 침대 곁에 서서 간호사에게 약병을 건네는 꿈을 자주 꿨다. 간호사는 그 약을 아버지의 정맥주사에 주입했고 병은 사라졌다. 당시 아버지의 병을 치료할 수 있었던 수십 개의 유망한 약물 후보가 어딘가에는 파묻혀 있었다. 지금도 여전히 파묻혀 있다.

그렇게 묻혀 있는 신약을 비롯해 다른 귀중한 제품이나 기술을 현실로 끄집어내려면 무엇이 필요할까? 우선 좋은 의도와 탁월한 인재를 보유한 훌륭한 팀들이 왜 위대한 아이디어를 사산시키는지부터 이해해보기로 하자.

1970년대에 노키아Nokia는 주로 고무장화와 화장지로 유명한 대기업이었다. 이후 20년간 노키아는 세계 최초 셀룰러 네트워크와 세계 최초 카폰, 최초로 대대적 성공을 거둔 무선전화 시장을 개척했다. 2000년대 초반까지 노키아는 지구상 스마트폰의 절반을 팔아 치우며 유럽에서 가장 가치 있는 기업이 됐다.《비즈니스 위크 *Businessweek*》는 "노키아가 곧 성공의 동의어가 됐다"는 커버스토리를 실었다.《포춘*Fortune*》은 "세계에서 가장 위계서열이 없는 대기업"이라는 점이 노키아의 비결이라고 했다. 노키아의 CEO는 조직 문화가 성공의 핵심 열쇠라고 설명했다. "좀 재미나게 일해도 되고, 정도正道에서 벗어나는 생각을 해도 되고…… 실수를 해도 되는 거죠."

2004년 신이 난 노키아의 엔지니어 몇몇이 완전히 새로운 종류의 전화기를 만들었다. 인터넷이 가능하고 커다란 컬러 터치스크린에 고해상도 카메라가 달린 전화기였다. 엔지니어들은 이 전화기에 어울리는 미친 아이디어를 하나 더 제안했다. 바로 '온라인 앱스토어'를 만들자는 것이었다. 기업의 지도부(널리 칭송받으며 잡지 커버스토리에도 실렸던 바로 그 지도부)는 두 가지 아이디어 모두를 깔끔히 묻어버렸다.

3년 뒤 엔지니어들은 자신들의 미친 아이디어가 샌프란시스코를 무대로 구체화되는 것을 목격했다. 애플Apple의 스티브 잡스가 아이폰iPhone을 공개한 것이다. 5년 뒤 노키아는 업계의 관심에서 멀어진 회사가 됐다. 2013년 노키아는 모바일 사업 부문을 매각했다. 모바일 사업이 정점이었던 때와 매각 시점 사이에 노키아의 기업 가치는 대략 2500억 달러나 폭락했다. 혁신에 거침없던 팀은 변해 있었다.

의학 연구 분야에서 머크Merck는 수십 년간 가장 존경받는 기업이었다.《포춘》이 해마다 선정하는 '가장 존경받는 기업' 목록에서 머크는 1987년부터 1993년까지 1위를 차지했다. 7년 연속 1위 기록은 2014년 애플이 기록을 깰 때까지 유례가 없던 일이다. 머크는 최초의 콜레스테롤 저하제를 출시했다. 최초의 사상충증 약을 개발해 아프리카와 라틴아메리카의 수많은 나라들에 무료로 기증하기도 했다. 하지만 1993년 이후 10년간 머크는 중요한 신약 발견의 획기적 돌파구를 번번이 놓쳤다. 머크가 우습게 보았던 유전공학 기술은 업계의 판도를 바꿔놓았고(좀 더 자세한 이야기는 뒤에 소개한다), 역시 간과했던 항암제, 자가면역질환 치료제와 정신과 치료제는 1990년대와 2000년대 초반 가장 큰 성공 스토리를 썼다.

창의성이 중요한 모든 분야에서 우리는 전설의 팀들이 어느 날 갑자기 묘하게 변질되는 것을 본다. 에드윈 캣멀Edwin Catmull은 픽사Pixar에서 보낸 시절을 멋지게 기록한 회고록에서 디즈니Disney에 관해 다음과 같이 썼다.

1994년 〈라이온 킹The Lion King〉이 개봉해 최종 9억 5200만 달러의 수익을 올린 다음부터 [디즈니] 스튜디오는 서서히 내리막을 걷기 시작했다. 처음에는 그 이유를 추론하기 어려웠다. 지도부에 약간의 변화가 있긴 했지만 직원은 대부분 그대로였고, 여전히 위대한 작품을 만들려는 욕망과 이를 해낼 수 있는 재능이 있었다.

그럼에도 당시 시작된 가뭄은 이후 16년간 지속됐다. 1994년부터 2010년까지 디즈니 애니메이션 가운데 박스오피스 1위로 문을 연 작품은 단 한 편도 없었다. (…) 나는 그 뒤에 숨은 요인들을 빨리 알아내야 한다는 다급함을 느꼈다.

이제 노키아, 머크, 디즈니처럼 한때 혁신의 아이콘으로 불리던 기업이 침체를 겪게 된 그 숨은 요인들을 이야기해보자.

많으면 달라진다

앞의 사례처럼 팀이나 기업의 행동이 갑작스레 바뀌는 패턴(똑같은 사람들이 갑자기 아주 다른 행동을 보이는 것)은 비즈니스계와 사회과학계의 미스터리다. 예를 들어 스타트업 사업가들은 대기업이 자주 실패하는 이유가 대기업형 사람들이 보수적이며 리스크 회피적이기 때문이라고 말한다. 반면 본인들은 리스크를 기꺼이 감수할 진정한 열정을 가졌다고 자부하며, 그렇기에 작은 기업에서 흥미진진한 아이디어가 나오는 것이라고 믿는다.

하지만 그 대기업형 사람을 스타트업에 한번 넣어보라. 그런 연관성은 끊어지고 그는 아주 과격한 아이디어를 옹호하려고 테이블을 쾅쾅 내리칠 것이다. '똑같은' 사람이 어느 맥락에서는 프로젝트를 무산시키는 보수주의자가 되고, 다른 맥락에서는 깃발을 휘두르며 달려가는 혁신가가 될 수도 있다.

이렇게 비즈니스에서는 미스터리일 수 있는 행동 변화가 물리학에서는 **상전이**라는 괴상한 행동 패턴의 핵심을 이룬다. 물이 가득 찬 커다란 욕조를 한번 떠올려보자. 물 표면을 망치로 내려치면? 물이 튀면서 망치가 액체 속으로 쏙 미끄러져 들어간다. 이번에는 온도를 낮춰 물을 얼린 다음, 다시 망치로 내려치자. 어떻게 될까? 표면이 산

산조각 날 것이다.

'똑같은' 분자가 이 맥락에서는 액체처럼 행동하고, 다른 맥락에서는 딱딱한 고체처럼 행동한다.

이유가 뭘까? 갑자기 행동을 바꿔야 한다는 걸 분자들은 '어떻게 알까?' 리스크를 회피해야 할 것 같은 대기업형 사람의 미스터리에 좀 더 다가갈 수 있게 질문을 살짝 바꿔보자. 얼음 덩어리 위에 물 분자를 하나 떨어뜨리면 어떻게 될까? 얼어붙는다. 똑같은 물 분자를 수영장에 떨어뜨리면 어떻게 될까? 다른 물 분자에 섞여버린다. 이 현상을 어떻게 설명해야 할까?

물리학자 필립 앤더슨Philip Anderson은 바로 이런 질문의 답이 될 수 있는 핵심 아이디어를 "**많으면 달라진다**more is different"라는 말로 표현한 바 있다. "전체란 부분의 합보다 많을 뿐만 아니라 부분의 합과는 매우 다르다." 그가 이렇게 말한 것은 액체의 유동성과 고체의 딱딱함뿐만 아니라 금속 내 전자의 독특한 행동까지 설명하기 위해서였다(그는 이것으로 노벨상을 받았다). 물 분자 하나 혹은 금속 내의 전자 하나를 분석해서 그런 집합적 행동을 설명할 방도는 없다. 이 행동은 완전히 새로운 것이다. 이게 바로 '물질의 상태phases of matter'다.

이와 똑같은 원리가 팀이나 기업에도 적용된다. 어느 개인의 행동을 분석해서 집단의 행동을 설명할 도리는 없다. 룬샷을 잘 키워낸다는 것은 (액체가 물질의 어떤 상태인 것과 마찬가지로) 인간 조직의 어떤 상태다. 프랜차이즈(예컨대 영화의 후속 시리즈 같은 것)를 잘 개발한다는 것은 (고체가 물질의 또 다른 상태인 것처럼) 조직의 '다른' 상태다.

이렇게 조직의 상태를 이해하고 나면 팀의 성격이 **왜** 바뀌는지 뿐만 아니라, (온도 변화가 물의 어는점을 제어하듯) 그런 변화를 어떻게 **제어**해야 할지도 이해가 가기 시작한다.

기본 아이디어는 단순하다. 우리가 알아야 할 모든 것은 저 욕조 안에 있다.

상전이: 모든 것이 변화하는 순간

액체 분자는 사방을 돌아다닌다. 욕조 안의 물 분자는 제각기 운동장을 뛰어다니는 한 무리의 훈련병과도 같다. 온도가 어는점 아래로 내려간다는 것은 교관이 갑자기 호루라기를 불었다는 뜻이다. 훈련병들은 일제히 대형을 맞춘다. 고체의 단단한 질서는 망치를 튕겨낸다. 반면 액체의 무질서한 혼란은 망치가 미끄러져 들어가게 한다.

시스템이 전환되는 것은 현미경으로 봐야 할 미세한 세상의 줄다

리기 형세가 바뀔 때다. '결합 에너지'는 물 분자를 고체 대형으로 잡
아두려고 한다. '엔트로피entropy' 즉 무질서를 지향하는 시스템은 물
분자를 돌아다니도록 부추긴다. 온도가 내려가면 결합 에너지는 강
해지고 엔트로피의 힘은 약해진다. 이 두 가지 힘이 역전될 때 시스
템이 전환된다. 물이 얼어붙는 것이다.

모든 상전이는 (물속에서 줄다리기를 하고 있는 결합 에너지와 엔트로피
처럼) 경쟁하는 두 힘이 만들어낸 결과다. 사람들이 하나의 팀이나
기업, 혹은 어떤 형태든 목적을 가진 조직을 이룰 때도 경쟁하는 두
힘이 만들어진다. 말하자면 두 가지 형태의 인센티브(동기부여 요소)
가 생기는 셈이다. 이 경쟁하는 두 가지 인센티브를 대략 '판돈'과
'지위' 정도로 생각할 수 있겠다.

예를 들어 집단의 규모가 작을 때는 집단 프로젝트의 결과에 따라
누구에게나 큰 '판돈'이 걸려 있다. 작은 바이오테크 회사에서 신약
이 성공하면 모두가 영웅 대접을 받거나 백만장자가 된다. 실패하면
모두 실업자다. 이렇게 큰 판돈에 비하면 '지위'에 따른 특전(승진에
따른 연봉 인상이나 직책명의 변경 따위)은 미미해 보인다.

팀이나 회사의 규모가 커지면 결과에 따라 주어지는 '판돈'은 줄

어드는 반면, '지위'에 따른 특전이 커진다. 이 두 가지 조건의 크기가 역전될 때 시스템이 전환된다. 두 인센티브는 누구도 원치 않는 행동을 부추기기 시작한다. 조직이 커지고 안정될수록 똑같은 사람으로 구성된 똑같은 집단임에도 룬샷을 퇴짜 놓기 시작한다.

나쁜 소식은, 상전이가 피할 수 없는 현상이라는 점이다. 모든 액체는 얼어붙는다. 좋은 소식은, 이 힘들을 잘 이해하면 상전이를 관리할 수 있다는 점이다. 물은 0도에서 얼어붙는다. 그러나 눈이 오는 날이면 길에 소금을 뿌려서 물의 어는점을 낮출 수 있다. 이러면 눈은 딱딱한 얼음이 되지 않고 녹아버린다. 얼음에 미끄러져 일주일을 입원하느니 진창에 신발이 젖는 편이 낫다.

똑같은 원칙을 이용하면 더 좋은 물질을 만들어낼 수도 있다. 철에 탄소를 조금만 추가하면 훨씬 강한 물질인 강철이 만들어진다. 강철에 니켈을 추가하면? 우리가 아는 가장 튼튼한 특수강들, 제트기 엔진과 원자로에 쓰이는 특수강을 만들 수 있다.

우리는 앞으로 상전이의 원리를 활용해서 어떻게 하면 더 혁신적인 조직을 만들 수 있을지 알아볼 것이다. '문화'가 아니라 '구조'의 작은 변화를 통해 경직된 팀을 탈바꿈시킬 수 있다.

리더들은 많은 시간을 들여 혁신을 역설한다. 하지만 온도가 떨어지고 있는데, 분자 하나가 절박하게 애쓴다고 해서 주변 분자가 얼음이 되는 것을 막을 수는 없다. 그러나 구조의 작은 변화는 강철도 녹일 수 있다.

이 책은 3부로 이뤄져 있다. 1부에서는 뛰어난 다섯 사람의 이야기를 할 것이다. 이 이야기들이 들려주는 중심 아이디어는 한 가지다. '대규모 집단의 행동에서 룬샷(오리지널)을 잘하는 것과 프랜차이즈(후속작)를 잘하는 것은 완전히 서로 구별되고 별개인 상태다.'

그 어느 집단도 동시에 두 가지 상태의 행동을 할 수는 없다. 동시에 두 가지 상태로 존재할 수 있는 시스템은 없다. 그러나 예외가 하나 있다. 앞서 말한 욕조의 물이 정확히 0도일 때 얼음 덩어리와 액체 상태의 물이 공존한다. 0도보다 조금만 낮거나 높아도 전체가 얼어붙거나 액체로 변할 것이다. 하지만 상전이의 바로 그 경계에서는 두 가지 상태가 공존할 수 있다.

룬샷을 육성하는 법칙 가운데 1부에서 먼저 소개할 첫 번째와 두 번째 법칙은 벼랑 끝 삶을 지배하는 원칙이다. 세 번째 법칙은 조직이 상전이의 이점을 오래도록 누릴 수 있는 방법을 설명한다. 세 번째 법칙은 물리학이 아니라 체스에서 빌려 왔는데, 역사상 가장 오랜 기간 체스 챔피언 자리를 지켰던 인물이 자신의 성공 비결을 바로 이 법칙 때문이라고 말했다.

2부에서는 여러 법칙의 바탕에 놓인 과학적 원리를 설명한다. 상전이의 과학적 원리가 어떻게 산불의 확산을 막고 교통 흐름을 개선하며 온라인으로 테러리스트를 검거하게 돕는지 살펴볼 것이다. 욕조의 물이 액체와 고체 사이를 오가듯, 팀이나 기업 혹은 다른 목적을 가진 집단이 두 가지 상태를 오가는 이유에 대해서도 비슷한 아이디어를 가지고 알아볼 것이다.

이렇게 이야기의 조각들을 맞춰보면 '매직넘버 150' 뒤에 숨은 과학적 원리, 즉 팀과 회사가 돌변하는 시기를 설명하는 공식이 드러날 것이다. 우리는 그 공식을 통해 매직넘버를 '높일' 수 있는 추가 법칙을 찾아낼 것이다.

마지막 장에서는 '모든 룬샷의 어머니'라 부를 만한 것에 관해 설명한다. 우리는 집단의 행동에 관한 이런 아이디어를 사회나 국가의 행동에까지 연장해 역사의 과정을 이해해볼 것이다. 이를테면 왜 작디작은 영국이 훨씬 더 크고 부유했던 인도나 중국 같은 제국을 쓰러뜨렸는지를 말이다.

이 모든 얘기가 다소 엉뚱한 소리처럼 들릴 수도 있겠다.

그게 바로 핵심이다.

먼저 살펴볼 것은 국가 위기를 건네받았던 어느 엔지니어의 이야기다.

2차 세계대전 직전으로 가보자.

차 례
Contents

들어가며

문화보다 구조, 혁신보다 설계가 중요하다

1부 | 우연의 설계자들

2부 | 우연한 발견을 위대한 성공으로 이끄는 설계의 원리

막간의 이야기 창발적 사고 · 273

3부 | 세계사의 흐름을 바꾼 룬샷들

1부

—

우연의 설계자들

1장

룬샷, 2차 세계대전을
승리로 이끌다

1939년이라면 도박사들은 나치 독일의 승리에 걸었을 것이다.

세계열강의 한판 승부가 다가오고 있었다. 윈스턴 처칠Winston Churchill이 '비밀 전쟁secret war'이라 불렀던, 더 강력한 기술을 향한 경쟁에서 연합군은 독일군보다 한참 뒤처져 있었다. U보트U-boat라는 독일의 신형 잠수함이 대서양을 장악하고 유럽으로 가는 보급로를 차단할 위기였다. 폭격으로 유럽을 항복시킬 준비가 돼 있던 독일 공군의 비행기는 다른 나라의 비행기들과는 급이 달랐다. 그해 초 독일의 두 과학자가 핵분열까지 발견하면서 히틀러Adolf Hitler는 곧 가공할 무기를 손에 넣을 듯했다.

처칠은 만약 "우리가" 기술 경쟁에서 졌다면 "그 많은 용기와 희생이 모두 무위로 돌아갔을 것"이라고 썼다. 1940년 여름, MIT 공과 대학 학장이었던 버니바 부시가 학장을 그만두고 워싱턴으로 건너가 대통령을 만났을 때, 미국 해군은 기술 경쟁에서 이길 수 있는 열쇠를 이미 손에 쥐고 있었다. 무려 18년 동안이나 손에 쥐고 있으면서도 그 사실을 몰랐을 뿐이다.

바로 그 열쇠를 찾아내 이 기술 경쟁에서 승리하기 위해 버니바 부시는 이제까지 존재하지 않았던 시스템, 곧 급진적이며 획기적인 돌파구들을 만들어낼 수 있는 시스템을 발명했다.

그게 바로 미국을 '비밀 전쟁'의 승리로 이끈 비결이 된다.

"허무맹랑한 아이디어"

시계를 1940년에서 18년 전으로 돌려보자. 1922년 9월 말 워싱턴 D.C. 외곽의 미국 해군항공기지. 포토맥Potomac강이 내려다보이는 기지 끄트머리에서 아마추어 무선통신 애호가 두 명이 단파 송신기를 설치하고 있었다. 오하이오주의 작은 농촌 출신인 서른한 살의 리오 영Leo Young은 고등학교 때부터 전파 송신기를 만들어왔다. 그의 동료인 마흔두 살의 호이트 테일러Hoyt Taylor는 물리학과 교수를 지내다가 당시 해군에서 무선통신 과학자로 있었다. 두 사람은 고주파 전파를 이용해 해상에서 배들이 더 안정적으로 통신할 수 있는 방법을 실험하러 나온 참이었다.

영은 송신기를 원래 설계된 것보다 20배나 높은 수준인 60메가헤

르츠에 맞췄다. 그는 어느 공학 저널에서 발견한 기술을 이용해 수신기의 감도를 높였다. 장비 조정을 끝낸 두 사람은 송신기를 켜고 수신기를 트럭에 실은 다음, 해군항공기지에서 포토맥강 맞은편에 있는 헤인스포인트Hains Point 공원으로 차를 몰았다.

두 사람은 공원 끝에 있는 석조 방조제에 수신기를 설치하고 강 건너 송신기를 향하게 했다. 수신기는 일정한 톤의 선명한 신호음을 냈다. 그러다 갑자기 신호음이 두 배로 커지더니, 몇 초간 신호음이 완전히 사라졌다. 그리고 다시 몇 초 후 두 배 큰 소리로 잠깐 돌아왔다가 원래의 일정한 톤으로 되돌아갔다.

두 사람이 고개를 들어보니 도체스터Dorchester호가 송신기와 수신기 사이를 지나고 있었다.

두 엔지니어는 신호음의 강도가 두 배로 강해진 것은 '전파 간섭' 때문이라고 판단했다. 똑같이 움직이는 두 개의 전파가 겹쳐지면 전파 간섭이 일어나고 신호의 강도가 증폭한다. 도체스터호의 선체가 송신기와 수신기의 가시선可視線으로부터 스위트스폿sweet-spot(최적 지점) 거리에 도달하자, 선체에서 튕겨져 나온 전파(다음에 나오는 맨 왼쪽 그림의 1번 전파)가 가시선상의 전파(2번 전파)보다 파장의 정확히 절반만큼 더 긴 경로를 따라 움직였다. 그러자 두 전파가 정확히 겹쳐졌고, 그게 수신기의 신호음이 두 배로 커진 이유였다. 하지만 가운데 그림처럼 배가 가시선상을 통과할 때는 신호를 완벽히 차단했다. 그러다 맨 오른쪽 그림처럼 배가 가시선상에서 벗어나자 신호음이 다시 살아났다. 배의 후미가 가시선으로부터 똑같이 스위트스폿 거리에 도달했을 때 굴절된 전파와 직선 전파가 또 한 번 정확히 겹

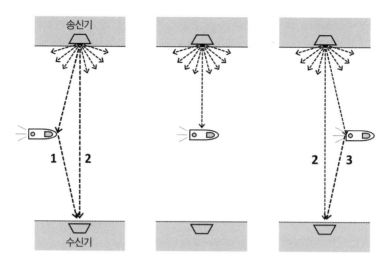

도체스터호가 포토맥강의 송신기와 수신기 사이를 지나가고 있다.

처졌다. 그래서 다시 두 배로 큰 신호음이 들린 것이다.

통신 장비를 테스트하던 영과 테일러는 우연히도 '탐지 장비'를 발견한 것이었다.

두 엔지니어는 이 실험을 여러 차례 더 시도해 성공했고, 며칠 뒤 9월 27일 상사에게 편지를 보내 어떤 환경에서도 적선을 탐지할 수 있는 새로운 방법을 설명했다. 미국 선박들이 함께 다니면서 송신기와 수신기를 갖춘다면 "안개나 어둠, 연막에 상관없이 (…) 적군의 선박이 지나는 것을" 즉각 탐지할 수 있다고 말이다.

알려진 바로는 이게 전투에서 레이더 사용을 제안한 최초 사례다. 나중에 어느 전쟁사학자는 레이더 기술이 "비행기가 개발된 이래 단일 발전으로는 가장 많이" 전쟁의 양상을 바꿔놓았다고 썼다.

그러나 해군은 이 제안을 무시했다.

영과 테일러는 그들의 제안을 지지해주는 사람도 없고 요청한 자금 지원도 거부되자 아이디어를 포기했다. 두 사람은 해군의 다른 무선통신 프로젝트에서 일했으나 이 아이디어를 잊지는 않았다. 8년 뒤인 1930년대 초 영은 같은 연구실에 있던 엔지니어 로런스 하일랜드Lawrence Hyland와 함께 비행기 착륙을 도와줄 새로운 아이디어를 시험해보기로 했다. 활주로 근처 땅에 설치된 송신기가 하늘을 향해 무선 신호를 보내면, 접근하는 비행기의 조종사가 이 신호를 따라 착륙을 하면 됐다. 후덥지근한 6월의 어느 오후 하일랜드는 하늘을 향해 있는 송신기로부터 약 3킬로미터 떨어진 들판에서 두 사람이 사용하려는 수신기를 시험하기 시작했다. 장비를 조정하고 있는데 수신기 소리가 갑자기 시끄러워졌다가 다시 조용해졌다. 잠시 후 수신기는 다시 큰 소리를 냈다가 또 잠잠해졌다. 이런 패턴이 계속됐다. 하일랜드는 장비를 계속 점검했으나 문제점을 찾을 수 없었다. 고장난 수신기를 수거해 연구실로 가져가려고 준비하다가 하일랜드는 이상한 점을 눈치챘다. 머리 위로 비행기가 지나갈 때만 신호음이 시끄럽게 들렸던 것이다.

하일랜드는 영에게 이 얘기를 들려줬다. 영은 그런 현상이 몇 년 전 포토맥강에서 보았던 현상과 관련 있다는 사실을 금세 깨달았다. 하늘로 쏜 전파가 머리 위 비행기를 맞고 튕겨 나와 하일랜드의 수신기에 떨어진 것이다. 얼마 후 두 사람이 확인한 것처럼, 전파를 반사시키면 배뿐만 아니라 8000피트 상공을 날아가는 비행기도 탐지할 수 있었다. 심지어 비행기가 지상에서 수 킬로미터 떨어져 있을 때도 탐지가 됐다. 두 사람은 면밀한 검증 과정을 거친 후 또 한 번 전쟁터에서 듣도 보도 못한 무언가를 제안하는 보고서를 제출했다. 그것은 적군 항공기에 대비한 조기 경보 시스템이었다.

역시 누구도 관심을 갖지 않았다. 5000달러의 자금 지원 요청은 거부당했다. 결과를 보려면 "2~3년이 훌쩍 지날 수도 있다"는 게 이유였다. 또 다른 사무직 간부는 이 아이디어가 현실성 없는 이유를 열거하며 "성공할 가능성이 전혀 없는 허무맹랑한 꿈"이라고 일축했다. 군이 이 프로젝트에 전담 인력을 배치하는 데는 5년이 걸렸다.

해군 내에서 레이더 개발을 촉구하려고 힘든 싸움을 벌인 어느 장교는 나중에 이렇게 회상했다. "1941년 이전에 2년간만 레이더를 사용해봤더라면, 태평양전쟁 초기에 얼마나 많은 생명과 비행기, 군함을 구하고 얼마나 많은 전투에서 이겼을지 생각하니 (…) 정말로 고통스러웠다."

1941년 12월 7일 아침, 레이더 조기 경보 시스템은 아직 하와이에서 현장 테스트 중이었다.

그날 일본군의 항공기 353대가 진주만을 기습 공격했고 2403명이 전사했다.

미국을 설계한 사나이, 버니바 부시

책 도입부에서 소개했던 밀러의 피라냐와 마찬가지로, 영과 테일러의 발견도 룬샷의 전형이다. 전쟁의 향방을 가르게 될 이 아이디어는 홀대와 회의주의의 긴긴 터널을 10년이나 지나야 했다. 그 터널

속으로 걸어 들어왔던 사람, 남들의 의심 너머를 볼 수 있는 흔치 않은 능력을 가졌던 사람이 바로 버니바 부시였다.

큰 키에 마른 몸매를 가진 부시는 강직한 목사의 아들로 재단사처럼 말끔히 옷을 차려입고 뱃사람처럼 욕을 하는 인물이었다. 1차 세계대전이 시작됐을 때 이제 막 공학 석사학위를 받았던 그는 코네티컷주 뉴런던에 있는 잠수함 연구기지에 자원했다. 그리고 그곳에서 8년 뒤, 영과 테일러가 겪었던 것과 비슷한 일을 겪는다. 부시가 애지중지하던 아이디어를 해군이 땅속에 파묻어버린 것이다. 그 아이디어는 잠수함을 탐지하는 자기 장치에 관한 것이었다. 부시는 이 경험을 통해 "전쟁에서 싸우지 않는 법"을 배웠다고 썼다. 새로운 무기와 거기에 대항할 더 새로운 무기를 개발해야 하는, 많은 것이 걸린 경쟁에서 약한 고리가 있다면 그것은 새로운 아이디어의 공급 문제가 아니라, 그 아이디어를 현장으로 가져가는 일이었다.

아이디어가 현장에 적용되려면 양측의 신뢰와 존중이 필요하다. 그러나 부시가 적어놓은 말에 따르면, 당시 관료들은 "연구소에 고용된 과학자나 엔지니어가 자신들보다 낮은 계급이라는 사실을 아주 분명히 했다". 이는 뉴런던 및 그와 유사한 여러 센터의 현실을 표현한 말이었다. 1차 세계대전(처음으로 독가스가 사용된 전쟁이다) 초기에 미국화학회American Chemical Society가 군을 돕겠다고 나섰으나 전쟁부 장관이 이를 거절했다. "그 문제를 살펴보니 전쟁부에 이미 화학자가 한 명 있더라"는 게 거절 이유였다.

이런 마찰이 있었지만 부시는 전후에도 해군과 인연을 이어가기로 했다. 그리고 이를 위해 새로운 능력, 즉 자기 자신과 남들을 포용하는 능력을 배워야 했다. 훗날 이 능력은 대단히 값진 능력임이 드러난다. 부시는 해군 예비역으로 8년을 복무했고, 그동안 학자, 엔지니어, 비즈니스맨으로서 경력을 키워나갔다. 그는 MIT 공과대학 교수로 임명됐고, 세계 최초의 컴퓨터 중 하나(아날로그 기기)를 발명했다. 그가 출범을 도운 회사는 나중에 거대 전자회사 레이시언 Raytheon으로 성장했다.

1930년대 중반이 되어 부시는 MIT 부총장 자리까지 올랐으나 여전히 해군에 자문을 제공하고 있었다. 그는 군대에서 목격한 일들이 우려스러웠다. 유럽과 아시아에서는 파시즘의 위협이 커지고 있는데, 1936년 군사위원회는 새로운 기술에 필요한 연구 예산을 전함한 척을 제조하는 비용의 20분의 1 수준으로 삭감했다. 국방부에서는 중요한 전력은 "소총과 총검을 든 보병"이라고 설명했다. 부시는 독일과의 기술 격차가 벌어지고 있다고 경고했다. 그러나 부시의 뉴런던 시절 이후 바뀐 것은 거의 없었다. 군 장성들은 "빌어먹을 교수들"(군 장성들이 민간인 과학자를 일컫는 말)의 생각 따위는 안중에도 없었다.

1938년 히틀러는 오스트리아와 수데텐란트 지역을 기습적으로 독일에 병합했다. 스페인의 프랑코Francisco Franco 장군과 그 추종자들이 스페인 대부분을 점령했다. 무솔리니Benito Mussolini는 이탈리아를 완전히 장악했다. 일본은 중국을 침략해 베이징을 함락시켰다. 부시를 비롯한 미국 과학계의 몇몇 지도자들(그중에는 하버드 대학교 총장이었던 화학자 제임스 코넌트James Conant도 있었다)은 곧 전쟁이 닥칠 텐데 미국은 위험하리만치 준비가 안 되어 있다고 판단했다. 부시와 코넌트는 군 장성들이 구식 무기와 전술을 가지고 싸우는 모습을 목격한 일이 있었다. 훨씬 더 강력해진 독일의 위협을 맞아 이번에도 그런 실수를 저지른다면 결과는 치명적일 터였다.

군은 전쟁에 대비해 그냥 똑같은 무기를 더 많이 생산할 준비를 하고 있었다. 더 많은 비행기, 더 많은 군함, 더 많은 총을 만들려고만 했다. 대형 영화사가 속편에 속편을 계속해서 찍어내듯이 군은 우리가 '프랜차이즈 상태franchise phase'*라고 부르는 상태로 운영되고 있었다.

그러나 독일을 격퇴하는 데 필요한 완전히 새로운 기술을 발명하기 위해서는 군이 전혀 다른 상태로 운영되어야 했다. 부시가 글에서 쓴 것처럼, 과학자와 엔지니어에게 "괴상한 것을 탐구할 수 있는 기회와 독립성"을 제공하는 상태로 운영되어야 했다.

부시는 프랜차이즈를 잘하거나 룬샷을 잘하는 것은 조직의 '상태' 때문이라는 사실을 직관적으로 알고 있었다. 한 조직이 동시에 두 가지 상태일 수는 없다. 물이 고체이면서 동시에 액체일 수 없는 것처럼 말이다. 적어도 평범한 상황에서는 그렇다.

하지만 1938년은 평범한 상황이 아니었다. 군 장성들은 유례없는 속도로 군수품을 생산하고, 병력과 보급품을 4개 대륙에 배치하고, 전장에서는 수백만의 군인을 지휘해야 했다. 그러면서도 처칠이 말한 '비밀 전쟁'에서도 이겨야 했다. 아직 존재하지 않는 기술을 만들

---

* '프랜차이즈'라는 용어는 영화나 신약 개발, 기타 비즈니스에서 편의상 사용하는 약어다. 이 용어를 사용하는 이유에 대해서는 뒤에서 이야기할 것이다.

어내는 전쟁 말이다.

미국이 살아남으려면 그 두 가지가 모두 필요했다.

분자 하나가 바로 옆에 있는 분자에게 결박을 조금만 풀라고 소리친다고 해서 고체인 얼음이 액체인 물로 바뀌지는 않는다. 부시는 군대 '문화'를 바꾸려고 시도하지 않았다. 그들에게 필요한 것은 전혀 다른 형태의 압력이었다. 그래서 부시는 새로운 '구조'를 만들었다. **그는 '상전이'라는 벼랑 끝 삶의 원칙**을 채택했다. 두 가지 상태가 공존할 수 있는 독특한 조건을 조성한 것이다.

1944년 4월 《타임*Time*》은 버니바 부시를 비밀 과학자 부대의 장군으로 소개하며, 워싱턴에서 "거의 경외의 대상"이 되고 있다고 했다. 1945년 10월 미국 하원 세출위원회는 부시의 조직이 없었다면 "우리는 분명 아직 승리를 쟁취하지 못했을 것"이라고 선언했다.

그러나 1938년까지만 해도 부시의 전투는 이제 겨우 시작이었다.

과학연구개발국

1930년대 중반에 이미 부시는 과학계와 산업계, 정부를 잘 이어주는 것으로 정평이 나 있었다. 그러니 1938년 과학 연구를 지원하는 워싱턴 D.C. 소재 싱크탱크였던 카네기 연구소Carnegie Institution가 부시에게 연구소장 자리를 제안한 것은 놀라울 게 없었다. MIT 총장은 부시가 연구소장 자리를 거절하고 대학에 남아준다면, 자신의 총장직을 내주겠다고 했다. 부시는 거절했다.

몇 대에 걸쳐 뉴잉글랜드 지역에 살았고 명망 있는 경력 덕분에 보스턴에 뿌리를 내리긴 했지만, 부시는 국방 전략을 선도하는 곳이 워싱턴임을 잘 알고 있었다. 두 세계를 본인만큼 잘 연결할 수 있는 사람은 없었다. 전쟁을 치르기 위해 나라의 과학자들을 동원해야 한다면 자신이 최적임자라는 것을 부시 스스로도 알고 있었다.

　　나중에 부시는 이렇게 말했다. "가까운 조상들이 모두 선장이었어요. 다들 단호하게 상황을 주도할 줄 아셨죠. 아마 일부는 그 탓일 테고, 일부는 포경선 선장이던 할아버지와 가깝게 지낸 탓일 거예요. 일단 어디든 들어가면 내가 그 상황을 주도해야 하는 성향이 생긴 거죠."

　　부시는 카네기 연구소의 제안을 받아들여 워싱턴으로 이주했다.

　　카네기 연구소 이사들(그중에는 프랭클린 루스벨트Franklin Roosevelt 대통령의 삼촌도 있었다)의 도움으로 부시는 계획을 하나 세웠다. 그는 이렇게 회상했다. "빌어먹을 그 동네에서는 아무것도 진행되지 않는다는 것을 알고 있었습니다. 대통령의 비호를 받는 조직을 꾸리지 않는 이상에는."

　　부시가 '비호를 받는 자리'를 차지하는 것은 불가능해 보였다. 변호사 출신의 대통령은 사회 개혁가들에게 둘러싸여 있었고 과학이나 과학자에는 거의 관심을 보이지 않았다. 태생으로 보나, 양육 과정으로 보나 보수주의자였던 부시는 루스벨트 대통령과 그의 뉴딜New Deal 정책 담당관들을 회의적으로 보았다. 부시는 차츰 "사회 개혁가들"을 불신하게 됐고, "머리를 기른 이상주의자들 내지는 공상적 개혁가들 무리"라고 여겼다.

부시는 대통령의 삼촌을 통해 루스벨트와 지근거리였던 참모, 해리 홉킨스Harry Hopkins를 만났다. 홉킨스는 사회사업을 하던 사람으로 공상적 개혁가들의 우두머리 격이었으니, 그가 부시의 지지자가 되어줄 가능성은 희박해 보였다. 나중에 부시는 이렇게 썼다. "홉킨스와 내가 죽이 맞았던 것은 작은 기적의 하나다." 두 사람은 정말로 죽이 척척 맞았다. 홉킨스는 대담한 아이디어를 좋아했다.

1940년 6월 12일 오후 4시 30분 부시와 홉킨스는 백악관 대통령 집무실에서 루스벨트를 만났다. 두 사람의 메시지는 다음과 같았다. '우리 육군과 해군은 다가올 전쟁을 이기는 데 꼭 필요한 기술 면에서 독일에 한참 뒤처져 있다.' 군 스스로는 제때에 그 기술 격차를 따라잡을 수 없었다. 부시는 루스벨트에게 연방정부 내에 새로운 과학기술 그룹을 만들어달라고 했다. 부시가 수장이 되어 대통령에게 직접 보고할 수 있는 체제로 말이다.

그 말을 경청하며 부시의 제안서(종이 한 장 가운데에 달랑 짧은 문단 네 개로 적힌 게 전부였다)를 읽은 루스벨트는 "오케이 - 프랭클린 델러노 루스벨트"라고 서명했다. 회의는 10분 만에 끝났다.

결국 과학연구개발국Office of Scientific Research and Development, OSRD이라는 이름을 갖게 되는 새 조직은 부시가 대학과 민간 연구소의 과학자·엔지니어·발명가들을 찾아내 괴상한 것을 탐구할 수 있는 기회를 만들어낸다. 유망하지만 바람 앞 등불처럼 위태로운 전국 각지의 아이디어들을 보호하고 확산시킬 국가기관이, 룬샷을 위한 국가기관이 출범한 것이다. 과학연구개발국은 군에서 자금 지원을 꺼리는 증명되지 않은 기술을 개발하고, 그 수장은 '빌어먹을 교수'가 맡을 예정이었다.

예상대로 군과 그 지지자들은 격렬히 반대했다. 그들은 부시에게 새 조직이 "기존 채널 밖에서 활동하는 몇 안 되는 과학자와 엔지니어 무리가 신무기 개발에 필요한 돈과 권한을 탈취해 가려는 수작"이라고 말했다.

부시는 이렇게 썼다. "실은 정확한 관찰이었다."

0도에서 균형 잡기

물이 가득 담긴 욕조를 얼어붙기 직전으로 만들어보자. 어느 쪽으로든 조금만 움직이면 전체가 얼거나 녹아버린다. 그런데 바로 그 접점에서는 얼음 덩어리와 액체 상태의 물이 공존한다. 상전이의 경계에서 두 가지 상태가 공존하는 현상을 **상분리**相分離, phase separation 라고 한다. 얼음과 물의 상태는 서로 나눠지면서도 여전히 연결되어 있다.

두 상태의 관계는 주고받는 것이 서로 균형을 이루는 순환관계 형태를 띤다. 얼음 조각의 분자들은 인접한 물웅덩이로 녹아든다. 얼음 조각 옆을 헤엄치던 액체 분자들은 얼음 표면에 붙잡혀 얼어붙는다. 어느 쪽 상태도 압도적이지 않은 이 순환관계를 **동적평형**動的平衡, dynamic equilibrium이라고 한다.

앞으로 보겠지만 상분리와 동적평형은 부시의 마법에서 핵심 재료였다. 부시는 이렇게 썼다. "건전한 군 조직의 핵심은 긴장감이다.

온도 < 섭씨 0도	온도 = 섭씨 0도	온도 > 섭씨 0도
전체가 얼음	경계선	전체가 물

벼랑 끝 삶

긴장한 조직은 혁신을 만들어내지 못한다. 그렇다고 전시에 긴장을 풀게 되면 (…) 위험이 난무할 것이다." 그러나 부시는 또 이렇게 썼다. "군과 [일부] 조직은 의도적으로 구조를 느슨하게 만든 긴밀한 협력관계에 있어야 한다."

다시 말해 두 상태는 반드시 분리되는 동시에 서로 계속 연결되어 있어야 한다.

이 두 원칙 중에서 첫 번째, 그러니까 상분리 원칙(전적으로 본인이 지휘하는 새로운 기관)을 적용해보려던 부시의 시도는 출발이 좋지 않았다. 어느 장교는 부시에게 "빌어먹을 민간인 중에 군의 문제를 이해할 사람은 아무도 없다"고 했다. 부시는 이렇게 반응했다. "나는 그를 마구 공격했다. (…) 그리고 안타깝게도, 주위에서 온통 전쟁 기술에 혁명이 일어나고 있는 것조차 모를 만큼 멍청한 장교들이 아직도 있다고 말해버렸다."

부시의 조직이 내놓은 수륙양용 트럭 제안서를 본 어느 고위 장교는 부시에게 이렇게 말했다. "군은 그런 물건을 원하지 않고, 갖게 된

다고 해도 사용하지 않을 겁니다." (부시는 그의 말을 무시했다. 'DUKW'
라고 하는 이 트럭은 전쟁 후반기에 널리 사용됐다.) 부시의 이전 동료였던
대학 연구진들 역시 어떤 식으로든 군과 관계를 맺는 데 대해서는
회의적이었다. 과학자들은 정부의 감독이라면 무엇이든 간섭으로
이해했다.

부시는 두 집단을 규합해야 했다. 과학자들에게는 학자로서 자신
의 신망을 이용해 독립성을 보장하겠다고 약속했다. 그러면서도 자
신들의 목표는 단순히 기발한 아이디어를 내놓는 것 이상이라는 사
실을 강조했다. 그들의 목표는 실전에 쓸 수 있는 물건을 만드는 일
이었다. 부시는 새로운 팀원이 될 과학자를 뽑을 때 다음과 같이 난
감한 질문을 던졌다. "당신은 한밤중에 고무보트를 타고 독일군이
점령한 해안에 상륙하려고 합니다. 목표는 적군에게 반드시 필요한
무선 장비를 파괴하는 겁니다. 적군은 무장한 호위병과 군견, 서치라
이트로 무선 장비를 방어하고 있습니다. 당신은 상상할 수 있는 어떤
무기든 휴대할 수 있습니다. 그 무기를 묘사해보세요." 과학자들은
부시의 메시지를 알아들었다. 실용성은 생사의 문제였다.

부시는 빠르게 움직였다. 대통령을 만나고 6개월 뒤인 1940년 말
이 됐을 때 과학연구개발국은 이미 19개 기업 연구소 및 32개 대학
연구소와 126건의 연구 용역 계약을 체결했다.

그런 계약 중에 대학의 과학자나 기업 연구소가 아닌 부유한 투자
은행가 앨프리드 리 루미스Alfred Lee Loomis와 체결한 계약도 있었다.
루미스는 체스와 마술 전문가로서, 완벽하게 다림질이 된 흰색 정장
을 입고 이중생활을 하는 인물이었다. 낮에는 월스트리트에서 일했

다. 저녁이나 주말이 되면 맨해튼에서 60킬로미터 떨어진 뉴욕주 턱시도파크Tuxedo Park의 거대한 성에 틀어박혔다. 그곳이 루미스의 개인 실험실이라는 사실은 공공연한 비밀이었다. 성은 그가 호기심에 구입하거나 제작한 장비로 넘쳐났다. 1930년대 중반 루미스의 성에 초대된 손님이라면 안락의자에 앉으라는 말을 따랐다가 어디선가 작은 가위를 든 조수가 나타나 한쪽 머리카락을 싹둑 자르고 그 자리에 알코올 칠을 하고는 전극을 부착하고 '긴장을 풀라'고 말하는 소리를 듣게 될지도 몰랐다. 당신은 방금 루미스의 연구 대상이 된 것이다. 루미스는 초기 뇌전도electroencephalography, EEG 장비의 개척자 중 한 명이었다.

루미스는 알베르트 아인슈타인Albert Einstein과 엔리코 페르미Enrico Fermi를 비롯해 자신의 실험실을 방문한 유럽 출신 과학자들에게서 충격적인 소식을 전해 들었다. 독일이 선진 과학을 전쟁 무기에 적용하고 있으며, 핵물리학 분야에서 뭔가 무시무시한 것을 발견한 듯하다는 소식이었다. 부시, 코넌트와 마찬가지로 루미스도 1차 세계대전 때 군대와 일해본 경험이 있었다. 그리고 두 사람과 마찬가지로 육군이나 해군이 자력으로는 도저히 독일군의 기술을 따라잡을 수 없다는 결론에 도달했다. 그러니 루미스는 새 조직에 합류해달라는 부시의 연락을 받자마자 다른 프로젝트를 모두 중단했다. 이어 부시와 자문가들이 제안한 새로운 기술을 개발하는 일에 온전히 매달리기 시작했다. 마이크로파를 이용한 레이더 기술이었다.

1940년 말 루미스는 MIT에 있는 어느 이름 없는 건물에 미국 최고의 엔지니어와 물리학자 수십 명을 집결시켰다. 이들은 장파장(파장이 수십 혹은 수백 미터에 이르며 '라디오파' 또는 '전파'라고 부른다)이 아닌 단파장(파장이 10센티미터 정도이며 '마이크로파'라고 부른다)을 이용한 레이더 시스템을 개발해야 했다. 파장 길이가 짧을수록 해상도가 좋다. 해군이 실험실에서 개발한 라디오파 시스템(나중에 영국도 독자적으로 발견했다)이 적의 선박과 항공기를 탐지할 수 있다면, 마이크로파 시스템은 잠수함의 잠망경을 탐지하거나 날아오는 미사일까지 추적할 수 있었다.

그러나 이보다 더 중요한 이점은 '크기'였다. 파장의 길이는 곧 안테나의 크기를 결정한다. 마이크로파 오븐은 부엌에 둘 수 있어도 라디오 방송탑을 부엌에 넣을 수는 없다. 마이크로파 레이더 시스템을 만들 수만 있다면 휴대가 가능하고 모든 배와 비행기, 심지어 트럭에까지 레이더 장치를 부착할 수 있게 된다.

루미스가 레이더 연구를 시작할 즈음 영국에서는 이미 어느 연구팀이 국가 레이더 방어 시스템을 거의 완성하기 일보직전이었다. (영국이 레이더를 발견할 수 있었던 것은 항공성에 살상용 광선 무기를 연구하라는 공개 요구가 있었던 덕분이다. 가장 완강하게 그런 요구를 했던 사람은 다들 무시하던 전직 정부 관료였는데, 그는 앞으로 런던이 공습을 당할 수도 있다며 고함을 지르곤 했다. 그의 이름은 윈스턴 처칠이라고 했다.) 1930년대 말이 되자 레이더 안테나 망은 영국 해안을 뺑뺑 돌아 에워쌌다.

독일은 1939년 가을 폴란드로 진격했고, 1940년 봄에는 나머지 유럽까지 순식간에 접수했다. 히틀러는 북쪽으로 관심을 돌렸다. 그해 6월 처칠은 의회에 나와 이렇게 선언했다. "영국에서도 곧 전투가 시작될 겁니다. (…) 히틀러는 영국 본토를 치지 않고서는 전쟁에 이길 수 없다는 사실을 잘 알고 있습니다."

이어 처칠은 20세기의 가장 유명한 연설 중 하나가 될 말을 남겼다. "그러니 이제 다 함께 전열을 가다듬고 우리의 의무를 다합시다. 대영제국과 영연방이 앞으로 천년을 지속하더라도 사람들이 여전히 '그때가 저들의 가장 멋진 순간이었다'고 말할 수 있게 행동합시다."

1940년 7월 히틀러는 영국 본토를 공습했다. 독일 공군이 영국 공군보다 두 배나 많은 비행기를 보유하고 있었기 때문에 히틀러 휘하의 장군들은 2주에서 4주면 공중전에 우위를 점할 것으로 예상했다. 그동안 유럽 전역에서 이미 그래왔기 때문이다. 히틀러의 장군들은 공중전에서 승리하고 나면 해상으로 영국에 상륙한다는 '바다사자 작전'까지 수립해두었다.

그러나 독일은 영영 공중전에서 승리하지 못했다. 영국 해안을 삥삥 둘러싼 레이더 안테나 망 덕분에 영국 공군은 적기가 해안 근처에 오기도 전에 적을 탐지할 수 있었다. 레이더가 전달하는 정보에 힘입어 영국은 공격을 받을 때마다 한정된 병력을 효율적으로 전장에 투입할 수 있었다.

영국인들이 '영국 전투 기념일'로 기념하는 9월 15일, 144명의 독일 조종사와 승무원이 격추당하는 동안 영국 공군 사상자는 열세 명에 불과했다. 한 시간 만에 항공기의 3분의 1을 잃은 어느 독일군 부대의 폭격기 조종사는 이렇게 썼다. "그런 임무가 또 내려온다면 우리의 생존 확률은 0이다."

이틀 뒤 히틀러는 영국 상륙 침공을 무기한 연기했다. 10월 말이 되자 독일군의 공격은 끝난 것이나 다름없었다. 이 전쟁에서 독일이

패배한 최초의 전투였다.

당시 영국과 미국의 관계는 미묘했다. 공식적으로 미국은 아직 중립이었고 루스벨트 대통령은 고립주의자들로부터 전쟁에 끼어들지 말라는 압박을 받고 있었다. 런던 주재 미국 대사였던 조지프 케네디 Joseph Kennedy는 독일의 공격에 영국이 금세 꺾일 것이라는 자신의 생각을 여기저기 말해둔 상태였다(영국의 한 외교관은 조지프 케네디를 "더러운 배신자이자 패배주의자의 전형"이라고 표현하기도 했다). 게다가 런던의 미국 대사관 직원 중 한 명이 독일 스파이였던 것으로 드러났다. 그는 처칠과 루스벨트의 가장 은밀한 연락까지 모두 접할 수 있는 위치에 있었다.

그럼에도 1940년 8월 6일 처칠은 미국에 영국의 과학 사절단을 파견하는 것을 허락했다. 사절단은 레이더에 관해 알고 있는 모든 지식을 루미스의 팀에 공개할 계획이었다.

사절단이 알려준 기술은 루미스의 연구에 기폭제가 됐다. 그리고 새로운 무언가를 하루빨리 만들어야 한다는 사실을 뼈저리게 느끼게 될 충격적인 사건이 터졌다.

U보트가 나타났다!

독일이 공중전에서 영국에 패하고 넉 달이 지난 1941년 2월, 히틀러는 새로운 지시를 내렸다. '폭격으로 영국을 항복시킬 수 없다면 굶겨 죽이자!' 독일의 영국 포위 작전이 시작된 것이다. 포위에 동원

될 주요 무기는 U보트였다.

연합군에게는 안된 일이지만, 독일 전투기를 효과적으로 탐지해낸 장파장 레이더는 잠수함에는 무용지물이었다. 장거리 안테나는 너무 많은 에너지를 소모했고, 무게도 무거워서 배나 비행기에 실을 수가 없었다. 수중 음파 탐지기 역시 히틀러의 잠수함을 막는 데는 큰 도움이 되지 않았다. 탐지 반경이 너무 짧을 뿐만 아니라 수면에 떠 있는 잠수함은 탐지할 수 없다는 한계가 있었다.

연합군이 U보트에 잃은 배는 1939년 75만 톤 규모에서 1941년에는 430만 톤 규모로 급증했다. 매달 연합군이 건조할 수 있는 배보다 더 많은 배를 U보트가 침몰시키고 있었다. 피해가 산더미처럼 불어났다.

그해 말 12월 11일, 진주만 공격이 있고 나흘 뒤 히틀러는 미국에 선전포고를 한다. 히틀러는 잠수함단을 책임지고 있던 카를 되니츠Karl Doenitz 해군 중장에게 대서양에 있는 미국 선박을 무차별 공격하라고 지시한다.

영국과 달리 미국은 그때까지 잠수함과 싸워본 적이 없었다. 한밤의 어두운 바다에는 놀이동산과 카지노에서 나온 환한 불빛이 파도 위로 죽 드리워져서 U보트 지휘관들에게 미국의 해안을 고스란히 안내했다. 한 독일군 장교는 정전 조치로 칠흑같이 어두웠던 유럽의 해안과 대조적인 미국의 풍경에 놀라 이렇게 썼다. "지나가는 배의 윤곽이 하나하나 다 보일 정도였다. (…) 이건 그냥 접시에 담겨서 '나 잡수시오!' 하고 들이미는 격이었다."

1월 13일 라인하르트 하르데겐Reinhard Hardegen 함장이 지휘하는 장거리형 U보트 'U-123'이 뉴욕항으로 미끄러져 들어왔다. 자정이 조금 지난 시각 그는 배 한 척이 좌측으로 접근하는 것을 알아챘다. 불빛과 랜턴이 환하게 빛나고 있었다. 하르데겐은 쌍안경을 들어올렸다. "대형 선박이네." 그가 당직 항해사에게 말했다. "엄청 커." 그는 잠수함을 남쪽으로 돌려 선박이 가는 길을 노렸다. 800미터 거리에서 어뢰 두 발을 쏘도록 명령했다. 어뢰는 조용히 물살을 가르며 나아가더니, 잠시 후 폭발의 여파가 잠수함을 뒤흔들었다. 대형 선박에서 불길이 하늘로 치솟다가 "150미터 높이의 시커먼 버섯구름으로" 바뀌었다. 몇 척 되지도 않는 U보트는 9577톤급 선박인 노니스 Norness호를 첫 번째 희생양으로 삼아, 미국 해안을 돌아다니며 거의 400척에 가까운 배를 파괴하고 5000명에 가까운 승객과 승무원을 살상했다.

처칠은 전쟁 회고록에서 연합군의 함대 보호 능력이 "절망적으로 부족했다"며 "한 주 한 주 대량 학살의 규모가 커졌다"고 묘사했다.

1942년이 되자 연합군의 선박 피해는 780만 톤 규모로 커졌다. 1943년 초에는 영국으로 들어가는 식품 공급량이 평소의 3분의 2 수준으로 줄었다.

정부는 기본 생필품을 배급제로 바꾸었다. 민간의 석유 비축량은 석 달분도 남지 않았다. 군의 비상 비축유까지 모두 합한다면 열 달 정도를 버틸 수 있었다. 석유가 없다는 말은 비행기도, 배도, 수송도 없다는 얘기다. 다시 말해 독일군의 기계에 저항할 수 없다는 뜻이었다. 영국은 근근이 버티고 있었다.

1943년 3월 초 독일군의 암호해독가들이 연합군의 통신 내용을

레이더가 전장에 투입되기 전까지 U보트는 공포의 상징이었다.

해독해보니 합하면 100척이 넘는 대규모 수송대 두 팀이 미국에서
영국으로 향하고 있었다. 이들을 도중에 낚아채기 위해 U보트 43척
이 출격했다. U보트들은 48시간 만에 20척의 배를 침몰시켰다. U보
트의 손실은 단 한 척도 없었다.

3월 18일에는 영국의 커네이디언 스타Canandian Star호가 공격을
당했다. 생존자 가운데 한 명은 그날을 이렇게 회상했다. "바닷물이
배를 이쪽 끝에서 저쪽 끝까지 덮쳤다. 사람들이 보였다. 한 명씩 한
명씩 눈빛이 흐려지다가 결국은 붙잡은 손을 놓쳤고, 배 위를 이리저
리 휩쓸려 다니다 결국은 [바다로] 떨어졌다."

이 배의 목수였던 쉰여덟 살의 사내는 가망이 없다고 판단했다.
"그는 장교들을 향해 '잘들 계세요, 사는 동안 좋았었네요' 하고 외
친 다음 손을 흔들더니 태연히 '후갑판을 후려치는 파도 속으로 걸

어 들어갔다. 마치 피라미가 고래에게 꿀꺽 잡아먹히는 것 같았다'."

베를린에서는 되니츠와 그 부하들이 축배를 들었다. 2차 세계대전의 해전 중 단일 공격으로는 가장 큰 승리였다.

그러나 그 승리가 그들에게는 마지막 축배였다.

커네이디언 스타호가 침몰한 그달, 미국 육군 항공대 'B-24 리버레이터Liberator' 폭격기가 대서양에 배치된다. 리버레이터는 루미스의 팀이 만든 새로운 기기 두 가지를 장착하고 있었다. 첫 번째 기기는 강력한 마이크로파 레이더였다. 30개월도 안 되어 개발된 이 레이더는 밤낮으로, 구름이나 안개도 뚫고, 수면으로 올라온 잠수함의 잠망경까지 탐지할 수 있었다.

그러나 광대한 바다에서 잠수함을 사냥하려면 비행기들이 호출을 받았을 때 재빨리 수송대의 위치를 찾아내 그곳으로 날아갈 수 있어야 했다. 별을 보고 위치를 찾아간다는 것은, 특히나 날씨까지 궂은 날이면 거의 불가능했다. 루미스의 팀은 또 다른 아이디어를 생각해냈다. 전파 신호망을 구성해 대서양 전체를 커버하는 것이었다. 특별히 설계된 해독기를 사용하면 조종사는 적군의 선박에 들키지 않고 그 망 위 자신의 위치를 계산할 수 있었다.

1943년 봄이 되자 마이크로파 레이더와 무선항법 장치를 탑재한 장거리 리버레이터 폭격기들이 완벽하게 가동되어 대서양을 정찰하기 시작했다.

룬샷의 대반격

5월 11일 'SC-130'으로 명명된 37척의 수송대가 캐나다를 떠나 동쪽으로 영국을 향해 나아가기 시작했다. 엿새 후 통신 신호를 가로챈 독일 정보국은 항로를 파악하고 이리 떼 같은 25척의 잠수함에 그 정보를 알렸다. 5월 18일 저녁 수송대는 대서양 한가운데서 이리 떼 중 첫 번째 U보트와 마주쳤다. 수송대의 호위선 지휘관이었던 피터 그레턴Peter Gretton은 무전으로 지원을 요청했다. 몇 시간 만에 리버레이터 폭격기들이 도착했다. 폭격기의 마이크로파 레이더는 어둠과 안개도 통과했다. 보이지 않던 잠수함들이 오실로스코프 스크린에 환하게 나타났다.

모습을 드러낸 U보트들을 그레턴과 폭격기들이 모조리 사냥했다. U보트는 폭뢰와 사격을 피하기 위해 비행기나 구축함이 보이는 순간 깊이 잠수했다. U-645는 베를린으로 다시 무전을 쳤다. "낮은 구름 밖으로 나타난 비행기와 구축함에 쫓겨 지금까지 계속 수중으로 이동 중." U-707은 이렇게 보냈다. "계속해서 수중으로 쫓기고 있음." 현장에 도착한 리버레이터 P/120은 잠수함 몇 대를 발견했다. 조종사는 최우선 타깃이 어느 것인지 확인하려고 그레턴에게 무전을 쳤다. 그레턴은 목록을 불러주었다. 조종사는 이렇게 농담을 건넸다. "메이 웨스트Mae West(20세기 초 미국의 영화배우 – 옮긴이)도 그랬잖아요. 제군들, 한 번에 하나씩 합시다요."

사흘간의 전투 동안 독일의 U보트는 단 한 차례의 공격도 성공시키지 못했다. 베를린에 있던 되니츠는 대서양 전역의 U보트 지휘관들로부터 비슷한 메시지를 받았다. 폭격기에 의해 계속 물속에서 쫓기고 있고 피해가 늘어나고 있다고.

U보트는 사냥꾼에서 사냥감으로 전락했다.

5월 20일 되니츠는 SC-130 수송대와 싸우고 있는 U보트 군단에 무전을 쳤다. "수송대 공격 작전 중단." 전투가 끝났다. 연합군은 선박을 한 척도 잃지 않았다. U보트는 세 척이 침몰했고 승조원 전원이 바다에 수장됐다. 그중 한 척에는 첫 임무에 나섰던 스물한 살의 장교도 타고 있었는데, 되니츠의 아들이었다.

연합군의 비행기와 선박은 5월에만 모두 41척의 U보트를 침몰시켰다. 전쟁이 시작되고 3년간 '고작 한 달 만에' 이렇게 많은 잠수함을 침몰시킨 적은 없었다. 되니츠가 지휘하는 작전 함대의 3분의 1에 가까운 잠수함이었다. 5월 24일 결과가 뻔히 눈앞에 그려지자 되니츠는 대서양에서 U보트를 철수시켰다. 그해 말 되니츠는 이렇게 썼다. "지난 몇 달간 적들은 U보트 전쟁을 무력하게 만들었다. 저들의 전략이나 전술이 우리보다 뛰어나서가 아니라 과학 분야의 우위를 바탕으로 그런 일을 쟁취했다. 현대 전투에서는 그런 우위를 '탐지 능력'이라고 부른다."

90일 만에 연합군의 선박 피해 규모는 3월 51만 4000톤에서 6월에는 2만 2000톤으로 95퍼센트가 줄었다. "우리는 대서양 전투에서 패했다." 되니츠는 이렇게 썼다.

U보트는 다시는 수송대를 위협할 수 없었다. 이제 연합군이 유럽을 공격할 길이 활짝 열린 셈이었다.

레이더가 전쟁의 향방에 미친 영향은 흔히 생각하는 것보다 훨씬 컸다. U보트와 싸우는 것 이상으로 말이다. 비행기에서 레이더를 이용해 목표물을 찾아내게 되자 연합군은 날씨에 관계없이 밤낮으로 적군의 보급품과 교량, 이동수단 등을 정교하게 폭격할 수 있었다. 레이더로 조종하는 대공포는 항공모함을 방어하는 데 핵심적인 역할을 했고, 태평양전쟁에서 일본군과 싸울 때 결정적 우위를 제공했다.

1944년 독일은 런던에 최초의 로켓 추진 미사일 V-1 '폭명탄'을 투하했다. 폭명탄은 곤충 울음소리 같은 무시무시한 소리 때문에 폭탄이 접근하는 것을 희생자들도 즉각 알 수 있었다. 큰돈을 들여 개발한 폭명탄을 히틀러는 기적의 무기라고 선전했다. 적의 항공기는 손도 대지 못할 이 폭탄이 연합군을 몰살시킬 거라고 말이다. 독일이 마지막으로 희망을 걸었던 공습이었다. 하지만 레이더 덕분에 연합군의 대공포는 폭명탄을 추적할 수 있었고 금세 격추해버렸다.

레이더는 또 1944년 말 벨기에에서 벌어진 벌지 전투Battle of the Bulge에서도 결정적인 역할을 했다. 벌지 전투는 독일이 마지막 희망이라 여긴 육로 공격이었고 연합군을 깜짝 놀라게 했다. 미국 육군은 레이더를 장착한 새로운 퓨즈가 달린 포탄을 사용했다. 이 퓨즈는 목표물에 가까워지면 폭발하게끔 설계되어 있어서 폭격 효율을 일곱 배나 높여주었다(일곱 배 많은 수의 대포를 갖고 있는 것이나 마찬가지였다). 나중에 연합군이 승리한 이후 패튼George Patton 장군은 이렇게 말했다.

"그 재미난 퓨즈가 벌지 전투에서 우리에게 승리를 가져다줬다."

부시의 시스템은 엄청난 속도와 효율성으로 룬샷을 키워냈다. 그 능력은 비단 레이더에만 한정되지 않았다. 과학연구개발국은 페니실린, 말라리아, 파상풍을 연구해 병사들이 감염질환으로 사망할 확률을 20배나 낮추었다. 과학연구개발국의 과학자들은 혈장 수혈을 연구해 전장에서 수천 명의 목숨을 구했고, 이는 이후 일반 병원의 표준 절차로 자리 잡았다.

그러나 단 하나의 발명품, 처음에는 기적으로 여겼으나 곧이어 공포로 뒤바뀐 발명품이 이 모든 공적을 무색하게 만들었다.

1939년 핵분열(원자핵이 둘로 쪼개지는 것)이 발견된 이후 첫 2년간은 대부분의 물리학자가 이게 아무런 실용적 용도가 없을 것으로 생각했다. 군사적으로든 다른 용도로든 말이다. 새로운 유형의 폭탄의 위험성을 경고하는 아인슈타인의 저 유명한 편지를 받은 루스벨트 대통령이 소집한 과학위원회도 같은 결론을 내렸다.

1941년 영국의 어느 원자 물리학자 그룹이 만들어낸 새로운 결과는 부시가 다른 마음을 먹게 만들었다. 부시는 루스벨트 대

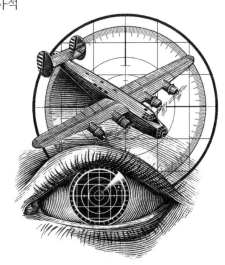

"과학 분야의 우위를 바탕으로."

통령과 헨리 스팀슨Henry Stimson 전쟁부 장관에게 비록 핵무기가 만들어질 가능성은 낮지만, 독일이나 일본이 먼저 핵무기를 손에 넣는 위험을 감수할 수는 없다는 점을 지적했다. 루스벨트는 부시의 논리를 받아들여 그에게 이 문제를 맡겼다. 부시는 대대적인 연구 프로그램을 개시하고 군과 정치 지도자들 사이에 지지를 확보한 후 '맨해튼 프로젝트Manhattan Project'라는 이름으로 이 프로그램을 군에 이양했다.

3년 뒤 만들어진 원자폭탄은 유럽에서 승리하는 데는 아무런 도움을 주지 않았다. 태평양전쟁을 끝내는 데 원자폭탄이 했던 역할에 대해서는 80년이 지난 지금까지도 논란이 있다. 하지만 미국이 그 경쟁에서 졌더라면(당시 추축국이 먼저 개발에 성공할지 어떨지 미리 알 방도는 없었다), 세상은 지금보다 훨씬 더 어두운 곳이 됐으리라는 점은 의심의 여지가 없다.

미국이 기초과학에 투자한 이유

1944년 11월 독일에게 승리할 것이 점차 확실해지자 루스벨트는 부시를 집무실로 불렀다.

루스벨트 전쟁이 끝나면 과학계는 어떻게 되겠소?
부시   완전히 고꾸라질 겁니다.
루스벨트 그래서 우리는 어찌해야 하오?

부시   뭔가 빨리 조치를 취해야 합니다.

부시는 전쟁 이전에 미국 과학계에 대한 지원이 형편없었다는 사실을 잘 알고 있었다. 또 기초과학 연구와 관련해 다른 나라 연구진에 의존하는 관행을 바꿔놓지 않으면 나라의 장래를 기약할 수 없다는 사실도 잘 알았다. 나중에 부시는 이렇게 썼다. "초토화된 유럽이 계속 기초학문을 공급해줄 거라고 기대해서는 안 된다."

위 대화가 있고 얼마 후 루스벨트는 부시에게 과학 지원을 위한 국가 계획의 대요를 작성하라는 공문을 보냈다. 루스벨트는 전시에 부시가 만든 시스템이 "평화의 시기에 적용하더라도 유익하지 않을" 이유가 전혀 없다고 썼다.

부시는 몰랐지만 당시 루스벨트는 심각한 심장질환을 앓고 있었고 이는 전이성 암일 수도 있었다. 공문에서 루스벨트는 의학 연구를 강조했다.

매년 이 나라에서는 우리가 이번 전쟁의 전투로 잃은 사람들보다 훨씬 더 많은 사람들이 한두 가지 질병으로 사망하고 있습니다. 그렇다면 우리는 미래 세대에 큰 의무를 지고 있다는 사실을 인식해야 할 것입니다. (…) 지성의 새로운 전선戰線이 우리 눈앞에 있습니다. 우리가 이번 전쟁을 헤쳐 나올 때 가졌던 비전과 대담함, 추진력을 가지고 이 새로운 전선을 개척한다면 더 의미 있는 고용을 더 많이 창출할 뿐만 아니라 더 충만하고 보람찬 삶을 살 수 있을 것입니다.

루스벨트가 죽고 두 달 지난 1945년 6월 부시가 해리 트루먼Harry S. Truman 대통령에게 보고하고 그다음 달에 공개한 〈과학: 그 끝없는 전선Science: The Endless Frontier〉이라는 보고서는 센세이션을 일으켰다. 부시는 미국에 과학 정책이라는 게 없다고 단언했다. "기술 발전의 페이스메이커"인 기초과학 연구 자금을 자선사업이나 민간 기업에만 의존할 수는 없다. 기초과학 연구는 국가 안보와 경제 성장, 질병 퇴치에 필수적이다. 이 보고서는 새로운 국가적 연구 시스템의 큰 그림을 제시했다.

보고서가 발표되고 며칠이 지나자 온갖 주요 언론이 부시의 보고서를 극찬했다. 다만 《뉴욕 타임스The New York Times》는 보고서의 결론에 의문을 제기하면서 부시(와 41명의 공동 저자 박사들)에게 과학의 본질을 찬찬히 설명했다. "연구 대상이 레이더이든 질병이든 과학적 방법은 늘 동일하다. 부시 박사의 보고서는 이 점을 무시하고 있다." 《뉴욕 타임스》는 더 나아 보인다는 모델을 제시하며 기사를 마무리했다. "이 과업에 대한 접근법은 소련의 방식이 더 현실적이다."

어찌 되었건 부시를 "학자일 뿐만 아니라 실용성을 중시하는 비즈니스맨"이라고 옹호한 《비즈니스위크》는 〈과학: 그 끝없는 전선〉이 "신기원을 이룬" 논문이며 "미국의 사업가라면 반드시 읽어봐야 할" 글이라고 했다.

오래지 않아 예언력에서는 《비즈니스위크》가 《뉴욕 타임스》보다 뛰어난 것으로 밝혀졌다. 2차 세계대전 이후 미국에서는 업계를 바꿔놓고 새로운 산업을 창출할 발견들이 수백 가지 이어졌다. 그중에는 GPS, 개인용 컴퓨터PC, 바이오산업, 인터넷, 심박조율기, 인공심장, MRI, 소아 백혈병에 쓰이는 화학요법, 심지어 구글Google 검색 알고리즘의 원형까지 있었다. 모두 부시의 보고서에 자극받아 만들어진 시스템을 통해 탄생한 작품들이었다. 예컨대 고체의 띠 이론이나 고품질 게르마늄 혹은 실리콘 결정을 만드는 기술에 연방정부가 투자하지 않았다면 전자 시대를 열어줄 트랜지스터는 결코 만들어지지 못했을 것이다.

이런 발명의 영향력을 수치로 나타내거나 민간과 공공 투자의 기여분을 구분하는 것은 어려운 일이다. 그러나 경제학자들은 한 가지 척도로서 2차 세계대전 이후 미국 GDP 성장분의 대략 '절반'에 해당하는 수조 달러가 기술 발전 덕분인 것으로 평가한다.

부시의 아이디어를 평화의 시기에 '유익하게 적용'하여 향후 어떤 성장을 이루게 될지는 부시 본인도, 루스벨트도 예상하지 못했다. 그러나 두 사람 모두 실제로 비즈니스 경험이 있는 사람들이긴 했다. 사실 부시의 시스템은 비즈니스 세계에서 가져온 것이었다.

행운은 설계의 흔적이다

버니바 부시는 강력한 프랜차이즈가 장악하고 있던 거대 조직인 미국 군대가 혁신에 실패하고 위기에 놓인 때에 등판했다. 그런데 1907년에도 또 다른 강력한 프랜차이즈가 장악한 거대 조직이 역시나 같은 이유로 심각한 위기에 놓여 있었다.

알렉산더 그레이엄 벨Alexander Graham Bell과 그의 장인이 '벨 전화회사Bell Telephone Company'를 만든 지 30년이 지났을 때 이 회사가 계속 생존할 수 있을지는 의문에 싸여 있었다. 벨의 전화기 특허권이 만료된 이후 수천 개의 새로운 전화회사가 생기면서 경쟁이 치열해져 벨의 회사는 재무 상황이 급속도로 악화됐고, 대중은 통화 품질이 하락하는 것에 분노했다. 회사 경영진은 벨의 특허에서 나오는 라이선스 수익을 쥐어짜 꼬박꼬박 월급을 받아갈 뿐 별로 하는 일이 없었다.

1907년 금융업자 모건J.P. Morgan이 이끄는 금융 그룹이 벨 전화회사 경영권을 손에 넣었다. 그들은 회사명을 'AT&T'로 바꾼 후 기존 경영진을 잘라냈다. 모건은 당시 예순두 살이던 시어도어 베일Theodore Vail을 새로운 책임자로 앉혔다.

베일은 CEO가 되고 나서, 미국인들이 뉴욕에서 샌프란시스코까지 전국 어디든 누구에게든 전화를 걸 수 있게 하겠다고 약속했다. AT&T 내부에서 베일의 약속을 믿는 사람은 별로 없었다. 동부의 뉴욕에서 서부의 샌프란시스코까지는커녕 가까운 거리조차 전화가 되지 않는 경우가 많았다. 전화선을 타고 가다 보면 전기 신호가 약해지는데도 아무도 그 원인을 정확히 설명하지 못했다. 전자라는 게 발견된 지 10년밖에 안 되던 때였다. 해답의 열쇠를 쥐고 있는 양자역학이 나오려면 20년을 더 기다려야 했다. 베일이 목표를 달성하기 위해서는 아직 알려지지 않은 과학적 원리에 기초한, 아직 존재하지 않는 기술이 필요했다.

베일은 이 문제를 해결하려면 '기초'연구를 수행하는 별도 그룹을 만들어야 한다며 이사진을 설득했다. 베일도 부시와 마찬가지로 과격한 아이디어들을 격리시켜 보호해야 한다는 사실을 알고 있었다.

괴상한 것들을 자유롭게 탐구할 수 있는 부서, 즉 미치광이loon들이 운영하는 룬샷 부서가 필요했다. 베일은 MIT 출신 물리학자 프랭크 주잇Frank Jewett을 책임자로 임명했다. 이후 몇 년간 주잇의 그룹은 과학적 원리를 파고들었고 결국은 신호가 약해지는 문제를 해결했다. 이들은 진공관을 발명했다. 모든 현대 전자 기기의 전신인 세계 최초의 증폭기였다.

베일이 경영권을 넘겨받은 지 8년이 채 안 된 1915년 1월 25일, 뉴욕에 있는 베일의 사무실 15층 회의실에 수백 명의 사람이 모여들었다. 은퇴 중에 불려나온 알렉산더 그레이엄 벨이 샌프란시스코에 있는 토머스 왓슨Thomas Watson에게 전화를 걸었다. 두 사람이 보스턴에 있는 두 빌딩에서 세계 최초의 전화 통화를 나눈 지 39년 만이었다. 왓슨이 전화를 받았다.

벨이 말했다. "왓슨 씨, 이쪽으로 와요. 만납시다."

왓슨이 대답했다. "이번에는 그리로 가려면 족히 일주일은 걸리겠는데요."

나중에는 '벨 전화연구소Bell Telephone Laboratories'로 불리게 될 베일의 조직은 이후 50년간 트랜지스터, 태양전지, CCD 칩(모든 디지털 카메라에 들어간다), 지속적으로 작동하는 최초의 레이저, 유닉스 OS, C언어를 개발했고 여덟 번의 노벨상을 수상했다. 벨은 역사상 가장 성공한 기업 연구소를 세웠고, 그 결과 AT&T는 미국 최대 회사로 성장했다.

베일의 후배이자 벨 전화연구소의 소장인 프랭크 주잇은 1차 세

1940년 캘리포니아 대학교 버클리 캠퍼스에서 찍은 사진. 왼쪽부터 버니바 부시, 제임스 코넌트, 칼 콤프턴, 앨프리드 리 루미스.

계대전 중에 해군을 위한 잠수함 탐지 기술을 연구하며 버니바 부시와 만나게 된다. 이후 30여 년간 주잇은 부시에게 친한 친구이자 멘토가 돼주었다. 2차 세계대전 때 부시는 자기 팀 핵심 멤버 다섯 명중 한 명으로 주잇을 초빙했다. 전쟁 중 부시가 활용한 많은 원칙들이 실은 베일과 주잇이 벨 전화연구소에서 먼저 적용한 것들이었다.

베일이 기업 연구를 바꿔놓은 것처럼 부시는 국가적 연구를 바꿔놓았다. 두 사람 모두 큰 아이디어(과학·비즈니스·역사의 물줄기를 바꿀 수 있는 획기적 아이디어)는 수많은 실패를 거쳐야만 나올 수 있다고 믿었다. 때로는 대단한 기술과 개인의 근성이 필요했고, 때로는 순전히 운 덕분이었다. 다시 말해 세상을 바꿔놓는 획기적 아이디어는 천재와 우연이 결합할 때 탄생한다.

버니바 부시와 시어도어 베일의 마법은 천재의 힘과 우연의 힘이 서로 방해하지 않고 서로를 도울 수 있는 환경을 조성한 데 있었다. 행운은 설계의 흔적이다.

이제 바로 그 마법을 조금 더 자세히 들여다보자.

- - - - - - - - - - - - - - - - **핵심 정리** - - - - - - - - - - - - - - -

구조를 설계하는 자가 지배한다

천재 기업가가 새로운 아이디어나 발명품을 가지고 건설한 제국이 오랫동안 건재하면 그를 둘러싼 신화가 널리 퍼진다. (이 신화와 그에 따른 함정에 대해 앞으로 몇 개 장에 걸쳐 살펴볼 것이다.) 그러나 정말로 성공을 이루는 사람들, '우연의 설계자들'은 그보다 덜 화려한 역할을 맡는다. 그들은 어느 한 룬샷을 열렬히 지지하기보다는 많은 룬샷을 육성할 수 있는 뛰어난 **구조**를 만든다. 그들은 예지력 있는 혁신가라기보다 세심한 정원사에 가깝다. 그들은 룬샷과 프랜차이즈 양쪽을 모두 잘 돌보며, 어느 한쪽이 다른 쪽을 압도하지 못하게 한다. 서로가 서로를 성장시키고 지원하게 하는 것이 그들의 역할이다.

이런 정원사가 만들어내는 구조에는 공통된 원칙들이 있다. 그런 원칙들을 나는 '부시-베일 법칙'이라고 부른다.

'부시-베일 법칙'의 첫 두 가지는 앞서 '0도에서 균형 잡기' 핵심 열쇠로 언급했다. 상태들(문샷을 만들어내는 그룹과 프랜차이즈를 이어가는 그룹)을 분리하고, 동적평형(양쪽 그룹 사이에 프로젝트나 피드백이 수월하게 오가는 상태)을 조성하라. 분리되는 동시에 서로 계속 연결되게 하라.

상태를 분리하라

예술가와 병사를 분리하라

위험성이 높은 초기 단계의 아이디어를 개발하는 사람들('예술가'라고 부르자)은 조직 내에서 이미 성공해 꾸준히 성장하는 부문을 책임지고 있는 '병사들'로부터 공격받지 않아야 한다.

초기 단계의 프로젝트는 바람 앞 등불과 같다. 부시는 "군대 장교들은 어느 무기가 실전에서 완전히 증명되고 나면 새로운 무기 개발을 회피한다"고 쓰고 있다. 그 장교들은 '배아 단계'의 무기는 모조리 묵살했다. 레이더도 그랬고, 수륙양용 트럭도 그랬고, 혁신 초기의 거의 모든 무기가 같은 일을 겪었다. 초기 단계의 무기는 늘 허점투성이였기 때문이다. 그런 초창기 아이디어를 보호해주는 단단한 보호막이 없다면 아이디어는 폐기되거나 묻히고 만다. 영과 테일러가 일찌감치 발견한 레이더처럼 말이다.

업종을 막론하고 강력한 프랜차이즈의 리더들은 자잘한 허점을 집어내 초기 단계의 프로젝트를 묵살하는 것이 일상이다(그들이 그렇게 하는 이유에 관해서는 2부에서 자세히 다룬다). 대형 제약회사들은 종양에 대한 혈액 공급을 차단하는 방식으로 암을 치료하자는 획기적인 아이디어를 그냥 지나쳤다. 종양을 둘러싸고 있는 것으로 알려진 혈관들을 무관한 염증으로 일축했다. 대형 영화제작사들은 메트로섹슈얼한 영국인 스파이가 세상을 구한다는 아이디어를 흘려보냈다(악당 두목이 원숭이라는 것을 문제 삼았다). 그들은 '루크 스타킬러의 모험 The Adventures of Luke Starkiller'이라는 제목의 시나리오도 놓쳤다. 플롯이 이해가 안 가고 '메이스 윈디'라는 주인공이 거품 가득한 슈퍼히어로를 연상시킨다고 했다.

나중에 다시 보겠지만, 제약과 영화 산업은 모두 (강력한 대기업들의 지배력에도 불구하고) 룬샷을 살리고 키우는 '구조'를 진화시켰다. '혈관 형성 억제 요법anti-angiogenesis therapy'이라고 하는, 종양에 대한 혈액 공급을 차단하는 치료법은 지난 20년간 암 치료에서 가장 획기적인 아이디어 중 하나가 됐다. 그런 방식으로 가장 먼저 나온 치료제인 아바스틴Avastin은 연매출 70억 달러를 달성했다. 한편 가망이 없어 보이던 두 영화는 역사상 가장 성공한 프랜차이즈 영화가 됐다. '제임스 본드'와 '스타워즈Star Wars' 시리즈 말이다.

상분리의 목표는 '룬샷 배양소'를 만드는 것이다. 룬샷 배양소는 배아 단계의 프로젝트를 보호하는 곳이다. 돌보미들이 보호시설 같은 환경을 설계해, 배아 단계의 프로젝트들이 성장하고 번창하고 허점을 보완할 수 있게 하는 곳이다.

상태에 딱 맞는 툴을 마련하라

룬샷 그룹과 프랜차이즈 그룹을 분리한 것만으로는 충분하지 않다. 조직도에 박스 하나를 더 그려 넣고 새로운 건물을 하나 임차하는 것은 어렵지 않다. 그러나 번쩍이는 연구소를 갖고도 실패한 기업은 많다. 진정한 상분리가 되려면 맞춤식 니즈를 충족하는 맞춤식 집이 필요하다. 각 상태의 니즈에 딱 맞는 별개의 시스템이 필요하다.

버니바 부시는 레이더 연구팀을 MIT에 있는 이름 없는 사무용 건물에 격리시켰다. 부시는 앞서 언급한, 군대에 필요한 긴장된 조직이 괴상한 것을 탐구하는 과학자들에게 도움이 되지 않는다는 사실을 알고 있었다. "연구소에 적합한 조직이 전장에 있는 전투 연대에 적합하지 않은 것"과 마찬가지였다.

시어도어 베일은 장거리 전화 기술 연구팀을 맨해튼 남부에 있는 어느 사무용 건물에 격리시켰다. 베일도 부시처럼 시스템을 딱 맞게 바꾸었다. 그 역시 전화 사업의 "엄격한 과업 할당 방식과는 거리가 먼", 간섭이 적은 방식을 택했다.

부시도, 베일도 오늘날 우리가 계속 재발견하는 사항을 이미 수십 년 전에 직관적으로 알고 있었다. 식스시그마Six Sigma나 전사적 품질경영Total Quality Management처럼 효율을 중시하는 시스템은 프랜차이즈 프로젝트에는 도움이 될지 몰라도 예술가들을 숨 막히게 한다. 예컨대 포스트잇과 스카치테이프를 발명했던 3M이 2000년에 식스시그마의 열혈 전도사를 새 CEO로 들이자, 혁신은 곤두박질쳤다. 이런 상황은 그 사람이 떠나고 새로 부임한 CEO가 옛 시스템을 복원한 후에도 한참이 지나서야 회복될 수 있었다. 새로 부임한 CEO는 효율주의 시스템을 실수라고 설명했다. "할당된 발명 개수를 채우지 못했으니 수요일에 좋은 아이디어 세 개, 금요일에 좋은 아이디어 두 개를 생각해내야겠어……라고 할 수는 없는 노릇이죠." 은퇴한 포스트잇 발명가 아트 프라이Art Fry는 자신의 아이디어가 그 새로운 체제에서라면 결코 빛을 보지 못했을 거라고 말했다.

그렇다고 해서 효율성을 중시하는 시스템이 아무짝에도 쓸모없다는 얘기는 아니다. 느슨한 목표와 몽상하는 시간이 예술가들에게는 도움이 될지 몰라도, 군대의 일관성을 유지하는 데는 해가 된다.

동적평형을 만들어내라

예술가와 병사를 똑같이 사랑하라

균형을 유지해서 어느 한 상태가 다른 상태를 압도하지 않게 하려면 필요한 부분이 있다. 바로 룬샷을 도모하는 예술가와 프랜차이즈를 도모하는 병사가 똑같이 사랑받는다고 느껴야 한다는 것. 나약하고 모호한 소리처럼 들릴 수 있지만, 아주 현실적인 얘기이자 자주 간과되는 요소다.

벨 연구소Bell Labs의 전신이 되는 조직을 만든 뒤에 베일은 이렇게 썼다. "나머지를 희생시키면서 어느 한 사업부나 부서, 지부, 그룹을 무시하거나 편애한다면 반드시 전체의 균형이 깨진다." 그러나 대부분의 집단이 자연스레 병사는 병사를 편애하고, 예술가는 예술가를 편애하는 함정에 빠진다.

동등하게 존중하는 것은 보기 드물고 귀한 능력이다. 전쟁이 시작됐을 때 버니바 부시는 베테랑 학자였지만 군을 진심으로 존중했다.

나중에 그는 이렇게 썼다. "나는 과학자나 비즈니스맨, 교수를 비롯해 다른 어느 집단보다도 군인들과 어울리는 것이 즐겁다." 버니바 부시는 그런 존중심을 가지고 장교들을 대했기 때문에, 앞서 실패한 수많은 과학자·엔지니어들보다 군대를 훨씬 더 잘 이해했고 결과적으로 군에 큰 영향력을 행사할 수 있었다.

어느 인물의 유명세에 비해서는 덜 알려진 어떤 역사를 보면 그가 이런 균형에 도달하기 위해 어떻게 진화해갔는지를 엿볼 수 있다. 애플 첫 재임 시절에 스티브 잡스는 맥Mac 컴퓨터를 연구하던 자신의 룬샷 그룹을 "해적들" 내지는 "예술가들"이라고 불렀다(물론 그는 본인이 최고의 해적이자 예술가라고 생각했다). 반면 애플 II 프랜차이즈를 개발 중이던 그룹은 "평범한 해병"이라고 일축했다. 잡스가 예술가를 떠받들고 병사를 업신여김으로써 두 그룹 사이에 형성된 적대감이 얼마나 컸던지, 사람들은 두 그룹이 각각 입주해 있던 건물 사이의 샛길을 '비무장지대'라고 불렀다.

이 적대감은 양쪽 제품 모두에 손해가 됐다. 잡스와 함께 애플을 설립한 스티브 워즈니악Steve Wozniak은 다른 중요 직원들과 함께 남아 애플 II 프랜차이즈 개발을 계속했다. 잡스가 아끼던 맥 컴퓨터는 시장에 출시됐으나 상업적으로 실패했다. 애플은 심각한 재정 압박에 직면했다. 잡스는 축출됐고 존 스컬리John Sculley가 그 자리를 이어받았다(결국 스컬리가 맥 컴퓨터도 구해내고 재정 안정성도 회복했다).

12년이 흘러 다시 애플로 돌아온 잡스는 조니 아이브Jony Ive 같은 예술가와 팀 쿡Tim Cook 같은 병사를 똑같이 사랑하는 법을 터득한 상태였다. 기회를 동등하게 부여하는 능력을 우리가 타고나기는 어렵다. 하지만 연습을 통해 키울 수는 있다(더 자세한 내용은 5장에서 다룬다).

기술이 아닌 기술이전을 경영하라

버니바 부시는 스스로도 뛰어난 발명가이자 엔지니어였으나 룬샷의 세부 사항에 대해서는 일절 관여하지 않는다는 원칙을 칼같이 지켰다. 그는 자신이 "전쟁 준비에 기술적으로 도움을 주거나 한 적은 전혀 없었다"고 쓰고 있다. "내가 갖고 있던 기술적 아이디어를 구현한 적은 한 번도 없었다. 사람들은 종종 나를 '원자과학자'라 부르기도 했지만, '아동심리학자'라 부르는 편이 훨씬 정확하다."

베일 역시 기술 프로그램의 상세한 부분에는 관여하지 않았다. 부시도, 베일도 본인들의 할 일은 **룬샷과 프랜차이즈 사이의 균형과 소통을 관리하는 것**이라고 생각했다. 괴상한 것을 탐구하는 과학자와 탄약을 조립하는 병사들 사이의 균형과 소통, 벨 전화연구소의 뜬구름 잡는 연구와 전화 사업의 고된 업무 사이의 균형과 소통 말이다. 두 사람은 어느 한쪽에 깊이 뛰어들기보다는 둘 사이의 이전移轉에 초점을 맞췄다.

간혹 균형이 깨지면 본인들이 직접 끼어들었다. 앞서 말했듯 획기적 돌파구를 만들어내는 과정에서 가장 약한 고리는 아이디어를 이전하는 일이다. 과학자는 병사나 마케팅 담당자가 안중에 없을지 모른다. 병사나 양복쟁이는 실험실 괴짜들이 지껄이는 소리를 일축할지 모른다. 부시와 베일은 바로 이 접점에 초점을 맞췄다. 레이더 탐지 장치가 물리학자들만 가득한 건물에 파묻혀 있었더라면 U보트를

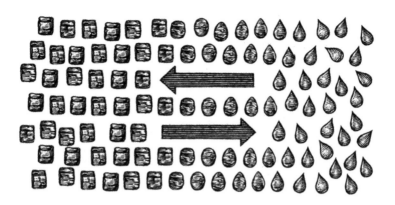

리더는 조직의 균형과 소통을 관리해야 한다.

한 척도 침몰시키지 못했을 것이다. 반도체로 만든 작은 스위치가 벨 전화연구소에 그냥 파묻혀 있었더라면 세기의 발견인 트랜지스터가 되지 못한 채 그냥 호기심의 대상으로 남았을 것이다.

다음 장들에서 계속 볼 테지만, 균형과 소통을 관리하는 것은 하나의 정교한 기술이다. 과잉 관리도 일종의 함정을 유발한다. 과소 관리는 또 다른 함정을 낳는다.

발명가가 현장으로 아이디어를 이전할 때 생기는 흠결만이 위험 요소가 아니다. 현장에서 발명가에게 아이디어를 이전하는 것도 위험 요소이긴 매한가지다. 처음부터 완벽하게 작동하는 제품은 없다. 현장의 피드백을 발명가가 무시한다면 처음의 열광적 반응은 빠르게 식어버리고 유망한 프로젝트도 중도 폐기된다. 예를 들어 초창기 항공 레이더는 사실상 무용지물이어서 조종사들은 레이더를 무시하고 운행했다. 버니바 부시는, 조종사들이 다시 과학자를 찾아가 '왜'

자신들이 레이더를 사용하지 않는지 반드시 설명하게끔 했다. 알고 보니 그 이유는 레이더 기술과는 전혀 무관했다. 조종사들은 정신없는 전투의 와중에 초창기 레이더 박스에 달려 있던 복잡한 스위치들을 조작할 시간이 없었을 뿐이다. 요즘으로 치자면 사용자 인터페이스가 형편없었다. 과학자들은 금세 딱 맞는 디스플레이 기술을 고안해냈다. 지금 우리가 'PPI 디스플레이'라고 부르는, 선이 화면을 훑고 지나갈 때 점들이 움직이는 화면이 그것이다. 조종사들은 그제야 레이더를 이용하기 시작했다.

앞서 언급한 벌지 전투를 승리로 이끈 레이더 장착 퓨즈가 달린 포탄의 사례처럼, 어떤 경우에는 약한 고리를 감지한 부시가 단독으로 움직이기도 했다. 처음에 육군이 이 퓨즈에 별 관심을 보이지 않자, 부시는 직접 비행기를 타고 유럽에 있는 작전 본부로 곧장 날아갔다. 부시를 맞이한 사람은 아이젠하워Dwight D. Eisenhower의 수석 부관 월터 베델 스미스Walter Bedell Smith였다.

스미스가 물었다. "대체 여기까지 웬일이십니까? 국장님이 오시지 않아도 구경 온 민간인은 충분할 것 같은데요?"

부시가 대답했다. "무지가 만연한 것 같아서요. 전쟁 역사상 최고의 무기가 폐기되는 걸 막으러 왔습니다."

부시의 말에 따르면 이후 두 사람은 금세 죽이 맞았다고 한다.

부시는 루스벨트 정부의 전쟁부 장관 헨리 스팀슨과 긴밀히 협업한 적도 있었다. 처음에 장성들이 레이더를 쳐다보지도 않으려 하자 부시는 스팀슨에게 연락했다. 스팀슨은 레이더 기술이 장착된 시험용 비행기에 올라서 레이더가 금세 먼 곳의 목표물을 포착하는 모습을 직접 지켜보았다. 다음 날 육군 및 공군 대장들의 책상에는 전쟁부 장관의 메모가 똑같이 놓여 있었다.

새로운 레이더 장비를 보고 왔소. 장군은 왜 안 봤소?

동적평형을 이루는 데 가장 중요한 동력의 핵심은 최고책임자의 지원이다. 부시가 장군들에게 자유롭게 이야기할 수 있었던 것도 그 덕분이었다. 힘든 마찰을 해결하던 때에 부시는 이렇게 썼다. "루스벨트 대통령에게 '뜨거운 감자를 나한테 넘기셨으니, 내가 몇몇 사람과 의논을 좀 해야 할 것 같습니다'라고 말했다. 그의 답변을 똑똑히 기억한다. '얼마든지 하세요. 내가 지원사격 할 테니.'"

얼마 지나지 않아 부시의 의논 상대가 됐던 사람 중 한 명이 대통령에게 가서 부시와 그의 조직을 성토했다. 배석했던 보좌관의 말에 따르면 당시 대통령은 어느 문서에 서명을 하고 있었다고 한다. 대통령은 잠시 손길을 멈추고 귀를 기울이더니, 다시 서명을 이어가며 말했다. "이봐요, 맥. 그 문제는 부시한테 일임했어요. 부시가 책임자라고요. 그러니 이제 좀 나가주쇼."

. . .

처음의 두 가지 법칙과 앞으로 나올 법칙들을 시각적으로 표현해보면 다음 그림과 같다.

부시와 베일은 침체에 빠진 조직을 곧장 사분면의 오른쪽 상단으

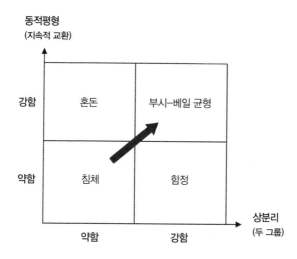

동적평형
(지속적 교환)

강함　　　혼돈　　　　　부시-베일 균형

약함　　　침체　　　　　함정

　　　　　약함　　　　　강함

상분리
(두 그룹)

로 데려오는 데 성공했다. 룬샷 그룹과 프랜차이즈 그룹이 잘 분리돼 있으면서 똑같이 강한 힘을 발휘하는 한편(상분리), 지속적으로 프로젝트와 아이디어를 양방향으로 교환하는 상태(동적평형)로 말이다.

그러나 많은 기업이, 특히나 위기에 직면하면 창의성과 혁신을 사방에 심으려고 기를 쓴다("우리 CEO는 CIO인 게 틀림없어. 최고혁신책임자Chief Innovation Officer 말야!"). 그 결과는 보통 사분면의 왼쪽 상단, 즉 혼돈이 되고 만다.

세상의 모든 전화 사업자가 혁신의 전도사일 필요는 없다. 때로는 전화만 잘 걸려도 충분하다.

그러나 가장 흔한 함정은 사분면의 오른쪽 하단(함정)으로 직진하는 경우다. 앞서 언급한 것처럼 리더는 자랑스럽게 조직도에 박스를 하나 더 그려 넣고 새로운 건물을 임차해 새 연구소의 간판을 내건다. 이 책 3장부터 5장까지 우리는 왜 이런 행보가 그토록 자주 실패하는지, 어떻게 하면 사분면의 오른쪽 상단으로 돌려놓을 수 있을지 알아볼 것이다.

하지만 그 전에 먼저 룬샷의 '본질'에 관해 조금 더 알아둘 필요가 있다. 룬샷을 그토록 세심하게 보호해야 할 이유가 무엇인가? 룬샷은 왜 그토록 깨지기 쉬운가?

2장

세 번의 죽음 끝에
질병을 정복하다

제임스 블랙James Black 경은 신약 개발에 관한 현대적 접근법을 개척한 공로로 1988년 노벨 의학상을 받았다. 그는 5~6년간 꾸준히 멀리 영국에서부터 날아와 우리 회사의 몇 안 되는 연구진을 만났다. 바이오테크 사업을 하는 우리에게 연구에 관한 조언을 들려주기 위해서였다. 그날도 하루 종일 과학적인 내용을 상의하고 밤늦은 시간이 됐다. 블랙 경과 나는 위스키 한 잔을 사이에 두고 마주 앉았다. 녹초가 되어 쓰러지기 일보직전이었던 나는 여든두 살의 노장이 어떻게 4800킬로미터를 날아와서 온종일 떠들고도 나보다 더 생생할 수 있을까 의아해하고 있었다. 아마도 내가 실험실에서 두어 번 실패한 어느 프로젝트가 희망이 보이지 않는다고 중얼거렸던 것 같다.

제임스 경은 내 쪽으로 몸을 굽히더니 내 무릎을 토닥이며 이렇게 말했다.

"여보게나…… 좋은 약이라면 적어도 세 번은 죽었다가 살아나야 해."

세 번의 죽음

교과서나 알록달록한 기업 홍보물이 들려주는 얘기는 보통 이와는 다르다. 그런 데서는 아이디어 단계부터 질병 치료까지 일사천리로 이어지는 행복한 이력을 소개한다. 예를 들어 오늘날 진행되는 대부분의 암 연구는 표적 치료를 중심으로 한다. 암세포만 공격하고 정상세포는 남겨두는 약물을 연구하는 것이다. 그런 '마법의 탄환'으로 첫 테이프를 끊었던 것이 암 치료 역사상 가장 큰 돌파구 가운데 하나였던 글리벡Gleevec이다.

책이나 잡지에 실린 글리벡에 관한 이야기는 이 약이 얼마나 빨리 개발됐는지를 잔뜩 미화해놓았다. 실제로 글리벡은 임상 프로그램을 놀랄 만큼 신속히 완료해서 아직도 그 부문의 기록으로 남아 있긴 하다. 이 약으로 환자를 처음으로 치료한 것이 1998년 6월, FDA 승인을 받은 것이 2001년 5월이니 35개월밖에 걸리지 않았다. 그러나 이 임상시험이 진행되기 전에 이 약을 개발한 과학자 브라이언 드러커Brian Druker는 대학에 종신재직권을 신청했다가 거절당했다. 대학의 연구위원회는 드러커의 연구가 잠재력이 없다고 판단했다.

주류 과학 저널은 그의 연구 결과를 담은 논문을 실어주지 않으려 했고, 드러커는 수년간 제약회사를 설득한 후에야 프로젝트를 진행할 수 있었다. 그 제약회사의 어느 경영진은 "내가 죽기 전에는" 드러커의 프로젝트가 결과를 내지 못할 거라고 단언했다.

현실에서 아이디어는 조롱당하고, 실험은 실패하며, 예산은 삭감되고, 훌륭한 사람이 말도 안 되는 이유로 해고된다. 회사는 풍비박산이 나고, 회사 최고의 프로젝트는 지하에 묻혀 영영 세상 밖으로 못 나오기도 한다. '세 번의 죽음'이라는 표현은 수정주의자들의 역사가 아니라 정직한 역사다. 내가 알고 있거나 직접 겪은, 거의 모든 중요한 돌파구가 이런 과정을 거쳤다(세 번의 죽음은 종종 네 번, 다섯 번 혹은 열 번으로 늘어나기도 한다). 이런 장벽과 차질은 자초한 것일 수도 외적 요인에 의한 것일 수도 있다. 어쨌거나 이를 이겨낼 수 있도록 바람 앞 등불 같은 룬샷을 보호하고 성장시켜야 한다는 게 부시와 베일의 시스템 이면에 자리한 핵심 목적이다.

앞으로 보겠지만 룬샷이 바람 앞 등불처럼 얼마나 위태로운지 이해하지 못한다면, 또 최고의 아이디어가 그 자체의 탁월함만으로 장벽을 뚫고 나오리라 생각한다면 값비싼 대가를 치르게 될 수도 있다. 그런 착각 때문에 세기의 가장 중요한 의학적 발견 중 하나를 그대로 놓쳐버릴 수도 있다. 3000억 달러어치의 기회까지 말이다.

· · ·

1943년 11월 28일 테헤란. 연합군이 육로로 서유럽을 공격해야 하느냐는 중대한 전략을 상의하기 위해 루스벨트와 처칠, 스탈린Iosif Stalin이 처음으로 만났다. 저녁 식사로 스테이크와 감자가 나왔다. 스탈린은 종이에 붉은색 펜으로 늑대 머리를 끄적거렸다. 처칠은 시가에 불을 붙였다. 밤 10시 30분쯤 프랭클린 루스벨트는 "안색이 창백해지더니 얼굴에 굵은 땀방울이 맺히기 시작했다. 그는 떨리는 손을 이마에 가져다대었다". 휠체어를 탄 루스벨트는 본인의 방으로 가 의사의 진찰을 받았다. 의사는 먹은 게 체했다고 했다. 이후 1년 사이에 루스벨트의 건강은 급속도록 악화됐다. 친구들은 그가 말도 못하게 수척해지고 체중이 심하게 빠지는 것을 보았다. 1945년 4월 12일 그의 주치의가 공식적으로 "마른하늘에 날벼락"이라고 기록한 날, 프랭클린 루스벨트는 갑작스러운 뇌출혈로 사망했다. 그러나 주치의들에게 루스벨트의 죽음은 결코 마른하늘에 날벼락은 아니었다. 그는 오랫동안 심각한 만성 심장질환을 앓고 있었다.

당시 사람들은 심장질환이 나이가 들면 어쩔 수 없이 걸리는 질병이라고 믿었다. 원인도 치료법도 알려져 있지 않았다. 1768년 윌리엄 히버든William Heberden은 런던에 있는 왕립의사협회Royal College of Physicians 연설에서 "지금까지 의학서에 기록되거나 이름 붙은 적이 거의 없는 질병"을 설명했다. 그는 이것을 '협심증'이라 불렀다. "그 결말은 눈여겨볼 만합니다. (…) 환자는 갑자기 쓰러져 거의 즉시 사망합니다." 심장마비는 이미 수천 년간 기록되어왔다. 성서에도 "그가 낙담하여 몸이 돌과 같이 되었더니"라는 구절이 있다(〈사무엘 상〉 25장 37절). 그러나 기저 질환을 알아내고 치료하려는 체계적인 시도를 한 사람은, 100명에 가까운 환자를 연구한 히버든이 최초였다. 히버든은 환자에게 추천할 수 있는 방법이 별로 없다고 결론 내렸다. 휴식과 술, 아편이 전부였다.

전 세계에서 가장 유명한 미국인이 심장질환으로 사망한 사건은 연구 지원을 강화하는 계기가 됐다. 1948년 트루먼 대통령은 국립심장연구소National Heart Institute를 설립하는 법안에 서명했다. 버니바 부시가 〈과학: 그 끝없는 전선〉에서 밝힌 아이디어를 원형으로 삼아 설립된 이 연구소는 대학과 각종 연구소, 병원에 있는 과학자들이 심장질환과 그 치료법을 연구할 수 있도록 지원금을 수여했다.

해당 법안에는 나중에 사상 최대 규모의 집단 연구로 발전하게 될 '프레이밍엄 심장 조사Framingham Heart Study'에 대한 재정 지원 내용도 포함되어 있었다. '프레이밍엄 심장 조사'의 결과는 1961년 '관상동맥성 심장질환 발병의 위험 요인Factors of Risk in the Development of Coronary Heart Disease'이라는 제목으로 발표됐고, 혈중 콜레스테롤 농도가 높으면 심장마비나 뇌졸중 위험이 높아진다는 사실을 확인했다('위험 요인'이라는 단어는 이 논문에서 비롯했다).

미국에서 심장질환에 따른 사망률은 20세기 초부터 서서히 증가해 1960년대 말에 최고점을 찍었다. 하지만 그때부터 지금까지 심장질환 사망률은 대략 75퍼센트 감소했고, 이는 지난 50년간 1000만 명이 넘는 목숨을 구했다는 뜻이다. 여기에는 식이요법이나 운동, 흡연 감소와 같은 생활양식의 변화도 한몫했다. 나머지 많은 부분은 버섯광이자 미생물학자였던 한 일본인이 도쿄에 있는 어느 곡물 창고에서 발견한 청록색 곰팡이로부터 분리한 약물 덕분이다.

다음은 그 약물에 관한 이야기다.

곰팡이 박사, 엔도 아키라

'프레이밍엄 심장 조사'는 콜레스테롤에 대한 관심에 불을 붙였다. 새로운 약물이나 식단 조절이 콜레스테롤을 낮추고 심장마비 및 뇌졸중 위험을 줄일 수 있는지 평가하려는 임상 연구가 수십 개 개시됐다. 1964년 콘라트 블로흐Konrad Bloch와 페오도어 리넨Feodor Lynen은 세포 내에서 콜레스테롤이 만들어지고 처리되는 과정을 규명해 노벨상을 받았다. 그리고 1966년 일본 북부 어느 산골에서 농부의 아들로 태어난 서른세 살의 일본인 과학자가 미국으로 건너왔다. 그는 이 새로운 분야에 관해 더 많은 것을 배우겠다는 결의에 차 있었다. 일본의 대기업 산쿄Sankyo의 식품가공 사업부 연구원 출신인 엔도 아키라遠藤章는 콜레스테롤 연구를 전문으로 하는 뉴욕 알베르트 아인슈타인 의과대학Albert Einstein College of Medicine의 한 실험실에 들어갔다.

엔도가 미국에 도착했을 무렵 식단이 심장질환에 영향을 줄 수 있다는 아이디어가 막 각광을 받고 있었다. 《타임》은 식단과 건강의 "문제를 가장 꽉 쥐고 있는" 미네소타 대학교의 과학자 앤설 키스Ancel Keys가 내놓은 새로운 연구 결과를 표제로 다루었다. 7개국 1만 명을 조사한 그의 유명한 연구는 혈중 콜레스테롤이 상승한 것과 심장질환이 상관관계가 있음을 확인해주었다. 하지만 키스는 거기서 더 나아가 식단에 관해 암시했다. 그는 지방 섭취, 특히 포화지방 섭취가 문제라고 했다. 그는 돌려 말하지 않았다. 키스는 비만이 "역겹다"며, "어쩌면 비만이 부도덕하다는 생각이 다시 널리 퍼진다면 뚱

뚱한 사람도 생각이라는 것을 시작할지 모른다"고 했다. 결국 키스가 이런 주장을 펴자, 더 엄밀한 증거도 없이 저지방 고탄수화물 식단을 추천하는 공식 가이드라인까지 나오게 됐다(지금은 좋게 인식되지 않는 이런 식단이 공식 가이드라인에서 빠지는 데 이후 60년이 걸렸다).

좀 덜 알려진 별개의 연구에서 키스는 일본에 사는 일본인과 하와이로 이주한 일본인의 심장질환 발생률을 비교했다. 서구식 식생활을 하는 하와이 거주 일본인들은 일본에 계속 살아온 일본인들보다 콜레스테롤 농도와 심장질환 발생률이 훨씬 더 높았다. 엔도 아키라는 뉴욕에서 이를 직접 눈으로 보며 그 연관성을 직감했다. 엔도는 미국인들의 심장질환 발생률이 높은 것에 한 번 놀라고, 미국의 식단이 기름진 것에 또 한 번 놀랐다("스모 선수들처럼 과체중인 사람이 많았다"). 키스와 마찬가지로 엔도는 일본인들의 식습관이 더 서구화된다면 심장질환도 흔해질 것이라고 결론 내렸다. 그리고는 콜레스테롤을 낮출 수 있는 약을 찾아내겠다고 결심하며 일본으로 돌아갔다.

그런 약물을 찾기 위해 엔도는 균류, 즉 곰팡이와 버섯에 주목했다. 어린 시절 엔도는 할아버지와 함께 숲속을 거닐며 특정 버섯이 인간에게는 안전하지만 파리에게는 독성을 지닌다는 사실을 알게 됐다. 전쟁이 끝난 후 동네에는 파리가 들끓었다. 그래서 엔도는 고등학교 과학 과제 삼아 버섯으로 만든 죽에 독성이 있다는 사실을 증명했다. 파리를 죽일 수 있는 수용성 물질이 버섯에 들어 있다는 사실을 밝혀낸 것이다.

엔도는 균류가 비록 도망은 칠 수 없지만 훌륭한 화학자라는 사실을 알고 있었다. 버섯은 포식자로부터 달아날 수 없기 때문에 포식자들을 단념시키는 화학물질을 분비했다(수많은 버섯에 독성이 있는 것은 그 때문이다). 곰팡이는 음식을 찾아 뛰어다닐 수 없기 때문에 숙주를 더 맛있고 영양가 있게 만드는 화학물질을 분비한다. 사실 엔도가 뉴욕에 갈 수 있었던 것도 숙주를 더 맛있게 만들어주는 곰팡이 덕분이었다. 엔도는 '흰빛썩음병 병원균Coniella diplodiella'을 발견했다. 이 병원균은 포도를 하얗게 썩게 만드는데, 거기서 만들어지는 효소가 포도즙이나 와인에 뜻하지 않게 생긴 오염물질을 분해한다. 이 정화 효소는 산쿄의 큰 히트 상품이 됐고 그 보상으로 엔도는 뉴욕에 갈 수 있었다.

엔도는 균류가 그토록 위대한 화학자이니 거기서부터 연구를 시작해야겠다고 마음먹었다. 엔도는 박테리아가 원래부터 곰팡이와 버섯을 먹어치우는 포식자라는 사실을 알고 있었다. 균류는 스스로를 보호하려고 박테리아를 죽일 수 있는 다양한 방법을 진화시켰다. 예를 들어 '페니킬리움 노타툼Penicillium notatum'은 박테리아의 세포벽을 붕괴시키는 화합물을 분비해 박테리아를 죽인다. 그 추출물인 페니실린의 원리도 동일하다.

뉴욕에서 엔도는 박테리아가 살아남으려면 콜레스테롤이 필요한 경우가 많다는 사실을 알았다. 그렇다면 균류가 박테리아의 콜레스테롤을 차단해 포식자인 박테리아를 죽이는 화학물질을 분비하는 게 아닐까? 다시 말해 엔도는 버섯을 죽이는 아무 곰팡이나 필요한 게 아니었다. 엔도는 특별한 무기를 사용하는 킬러가 필요했다. 정교하게 콜레스테롤 생산을 차단해줄 '칼' 말이다. 살인범이 사용한 흉기를 알아내기 위해 법의학자들이 특별한 도구를 사용하듯이, 엔도도 특별한 도구가 필요했다. 법의학자들의 것과 유사하지만 100만 배는 더 작은 도구가 필요했다. 엔도는 예술의 경지에 이른 미세한 탐지 시스템을 구축하고 가다듬느라 2년을 보냈다.

1971년 4월 엔도 아키라는 마침내 균류를 걸러내기 시작했다. 그는 6000가지가 넘는 균류를 시험했다. 1972년 여름 어느 샘플이 엔도가 만든 시스템에 불을 밝혔다. 신약 개발자들이 말하는 '당첨hit' 이었다. 교토의 어느 곡물 창고에 있는 쌀에서 발견된 청록색 곰팡이가 콜레스테롤을 만드는 핵심 효소를 차단했다. 바로 '페니킬리움 시트리눔Penicillium citrinum'이었다. 페니실린을 생산하는 곰팡이와 같은 속屬이지만 종이 달랐다. 1년 뒤 엔도는 콜레스테롤을 낮추는 분자를 추출해 'ML-236B'라고 이름 붙였다. 이것이 오늘날 '메바스타틴mevastatin'으로 알려져 있는 약이다. 이것을 종자(원본)로 삼아 리피토Lipitor, 조코Zocor, 크레스토Crestor 등 수많은 스타틴statin(콜레스테롤 억제제) 계열 약들이 나왔다. 스타틴 계열 약은 역사상 가장 널리 처방되는 약물 프랜차이즈로 성장해 수백만 명의 목숨을 구하게 된다.

하지만 그 전에 엔도의 약은 세 번의 죽음을 겪고 살아남아야 했다.

닭이 구원한 신약

첫 번째 죽음

엔도 아키라가 일본에서 균류를 걸러내기 시작했을 때 미국에서는 몇 년 전 대단한 열기로 시작된 콜레스테롤 저하 효과 연구의 임상시험 결과가 속속 나오고 있었다. 기대와 달리 식단 조절은 거의 도움이 되지 않는 듯했다. 《뉴잉글랜드 의학 저널New England Journal of Medicine》에 발표된 사설 〈심장 다이어트: 시대의 종언Diet-Heart: End of an Era〉은 식단과 심장질환 사이에 연관이 있다는 생각 자체를 매장시켰다. 사설은 콜레스테롤을 낮추려는 연구들이 "심장협회Heart Association의 기금 모집 수단이며 지방질을 연구하는 화학자 수천 명을 위한 호들갑"이라고 했다.

콜레스테롤 저하 약물의 효과를 평가하려는 임상시험들은 식단 연구보다 결과가 더 나빴다. 가장 널리 조사된 세 가지 약은 임상시험에서 전반적 사망률을 오히려 '높이는' 것으로 드러났다. 백내장을 유발하는 게 분명한 약도 있었다. 《영국 의학 저널British Medical Journal》은 영국에서 가장 존경받는 심장병 전문의 중 한 명이 쓴 사설을 통해 당시에 만연한 시각을 이렇게 요약했다. "콜레스테롤을 낮추는 식단이나 약물과 관련해 엄밀하게 진행된 모든 임상시험이 관상동맥성 질환 발병률이나 사망률을 줄이는 데 실패했다." 또 다른 사설은 이렇게 선언했다. "위험 요인을 제거하는 것이 심장질환을 없애준다는 증거는 0에 가깝다."

세포가 정상적으로 기능하기 위해서는 콜레스테롤이 필요하기 때문에 저명한 과학 평론들은 상식적 생물학을 동원해 실패를 설명했다. 콜레스테롤을 낮추는 '모든' 약물은 정상적 세포 기능을 방해하기 때문에 위험할 것이 틀림없다. 학계는 흥미를 잃었고 기업들은 대부분 포기했다. 그즈음 엔도 아키라는 메바스타틴의 효과가 유망해

보인다는 결과를 어느 학회에서 발표했다. 하지만 그때쯤에는 이미 콜레스테롤을 낮춘다는 아이디어 자체를 일축해버리는 분위기였다. 그의 발표를 들으러 온 사람은 거의 없었다. 엔도는 실의에 차서 회의장을 떠났다.

두 번째 죽음

산쿄 내에 있던 엔도의 소규모 팀은 경영진과 동료들의 엄청난 회의적 태도에 직면했다. 최악의 경우를 예상한 엔도는 아내에게 혹시 자신이 해고되면 아내의 수입만으로 가족을 부양할 수 있을지 상의까지 했다. 엔도는 요청이 있으면 언제든 내놓으려고 사직서를 한 장 써서 품 안에 넣고 다녔다. 품위 있게 회사를 떠날 작정이었다.

그런데 놀랍게도 아무도 엔도에게 사직을 요구하지 않았다. 엔도는 앞서 여러 성공으로 호의를 사두었고 인내심이 있던 상사도 엔도의 방패막이가 되어주었다. 적어도 당분간은 그랬다. 곧이어 메바스타틴은 중요한 단계에 접어들었다. 살아 있는 동물에 대한 시험이었다. 최초의 실험 대상이 되는 영광은 보통 설치류에게 돌아간다. 팀원들은 쥐에게 약을 주고 몹시 떨리는 마음으로 지켜보았는데…… 아무 일도 일어나지 않았다. 콜레스테롤 수치는 낮아지지 않았다. 신약 개발이라는 세상에서 표준적 동물 연구가 실패하면 거의 어김없이 프로젝트가 중단된다. 한참 지나 엔도가 회상하기를, 그런 결과를 가지고는 산쿄에 있는 생물학자들에게 약물 평가를 계속하자고 설득할 희망이 없었다고 했다.

세 번째 죽음

다행히 엔도는 회사에 간청해서 왜 자신의 약이 효과가 없는지 알아낼 시간을 벌었다. 연구소에서 가까운 어느 술집에서 엔도는 기타노 노리토시北野訓敏와 마주쳤다. 기타노는 회사에서 닭을 연구하는 부서에 있었다. 술이 몇 잔 들어가고 기타노는 다음 달에 자신의 연구 프로젝트가 끝나면 닭들이 아주 맛있는 닭꼬치로 변신할 거라고 했다. 그때 문득 엔도는 어쩌면 닭들은 혈중 콜레스테롤 농도가 높을지도 모른다는 생각이 들었다. 달걀에 콜레스테롤이 그토록 많으니 말이다. 콜레스테롤 수준이 높은 데서 시작하면 자신의 약이 효과가 있는지 알아내기도 더 쉬울지 몰랐다. 엔도는 기타노에게 군침이 도는 것은 잠시만 미뤄두고 남는 닭들에게 메바스타틴을 시험해보자고 설득했다. 두 사람은 공식적인 허락도 없이 실험을 시작했다. 내가 엔도에게 비밀 실험을 계속할 수 있었느냐고 묻자 엔도는 웃음을 터뜨리며 이렇게 말했다. "닭들이 꼬꼬댁거려서요. 그놈들을 숨기는 건 불가능하죠."

결과는 눈부셨다. 메바스타틴은 콜레스테롤을 거의 절반 수준으로, 트리글리세리드(중성지방의 일종-옮긴이)는 그보다 더 많이 감소시켰다. 부작용도 없었다. 한참 후에 과학자들은 쥐의 혈액에는 HDL(소위 '좋은 콜레스테롤')이 대부분이고, 심장질환을 일으키는 LDL('나쁜 콜레스테롤')이 거의 없다는 사실을 알게 됐다. 그러니 LDL만을 감소시키는 스타틴 계열 약을 평가하기에 쥐는 좋은 선택이 아니었던 셈이다. 닭은 인간처럼 두 종류의 콜레스테롤을 모두 가지고 있다.

엔도가 자신의 약이 닭에게, 곧이어 개와 원숭이에게도 효과가 있다는 사실을 발견했을 즈음, 댈러스의 텍사스 대학교에서는 의사이자 연구자인 두 과학자가 머지않아 놀라운 과학적 합주가 될 작업을 막 시작한 참이었다. 마이클 브라운Michael Brown과 조지프 골드스타인Joseph Goldstein은 1966년 보스턴에 있는 매사추세츠 종합병원Massachusetts General Hospital에서 레지던트 신분으로 처음 만났다. 1968년 두 사람은 모두 메릴랜드에 있는 국립보건원National Institutes of Health에서 교육을 이어갔다. 그곳에서 골드스타인은 반복적으로 심장마비를 겪는 여섯 살 소년과 여덟 살 누나를 치료하게 됐다. 남매는 유전질환인 '가족성 고콜레스테롤 혈증' 진단을 받았다.

대략 500명 가운데 한 명은 LDL 콜레스테롤을 혈액 밖으로 빼내는 단백질에 유전적 결함을 갖고 태어난다. 이들은 콜레스테롤을 혈액 밖으로 펌프질 하는 능력이 약화되어 있기 때문에 콜레스테롤 농도가 정상보다 두 배 수준까지 올라간다. 환자는 흔히 30대부터 심장마비를 겪는다. 100만 명 가운데 한 명 정도는 부모 모두에게서 결함이 있는 유전자를 물려받아 가족성 고콜레스테롤 혈증을 갖고 태어난다. 골드스타인이 만난 남매가 바로 그런 경우였다. 남매는 혈중 콜레스테롤 농도가 정상 수준보다 최대 열 배나 높았고, 아동기 초반부터 자주 심장마비를 겪기 시작했다. 브라운과 골드스타인은 함께 치료법을 찾아보기로 했다.

마침내 두 사람은 1973년 텍사스 대학교에서 공동으로 첫 논문을 발표했고, 지난 40년간 500편이 넘는 논문을 발표했다(두 사람은 매번 '브라운-골드스타인' 혹은 '골드스타인-브라운' 식으로, 논문에 게재되는 이름

순서를 바꾸었다). 두 사람은 의학계의 길버트W.S. Gilbert와 설리번Arthur Sullivan으로 불린다(길버트와 설리번은 각각 영국의 극작가와 작곡가로 오페라 협업으로 유명하다 – 옮긴이).

텍사스에 온 브라운과 골드스타인은 자신들의 논문을 인용한 글이 발표되면 알림이 오는 컴퓨터 기반 서비스에 등록했다(인터넷이 보편화되기 전에는 흔한 일이었다). 1976년 7월 이 서비스는 도쿄에 있는 엔도 아키라가 일본의 어느 과학 저널에 두 사람의 논문 결과를 논평하는 글을 발표했다고 알려주었다. 두 사람은 일본어를 몰랐으나 논문에 실린 숫자는 알아볼 수 있었다. 두 사람은 자신들의 연구가 바다 건너까지 전해진 사실에 기뻐하며 엔도를 알림 저자 목록에 추가했다. 몇 달 후 알림 서비스는 엔도가 1976년 12월에 새로운 논문 두 편을 발표했다고 일러주었다. 논문에는 엔도가 메바스타틴을 발견했다고 되어 있었다. 브라운과 골드스타인은 이 약이 가족성 고콜레스테롤 혈증을 가진 환자들에게 얼마나 중요한 의미를 가질지 즉각 알아보았다.

골드스타인은 엔도에게 메바스타틴 샘플을 요청하는 편지를 썼고, 엔도는 즉시 샘플을 보냈다. 텍사스의 두 과학자는 자신들의 실험실에서 엔도의 실험 결과를 재확인하고 엔도에게 이 약을 환자들에게 시험해보자고 제안했다. 그해 여름, 그러니까 1977년 일본에 있던 의사 야마모토 아키라山本章 역시 엔도의 연구에 관한 글을 읽었다. 야마모토는 엔도에게 전화를 걸어 중증 가족성 고콜레스테롤 혈증을 가진 열여덟 살 소녀에 관해 이야기했다. 소녀의 상태는 심각했다. 브라운과 골드스타인의 지지에 힘을 얻은 엔도는 자신의 약을 시험해보기로 했다. 1978년 2월 2일, 훗날 문헌을 통해 'S.S.'라는 약어로만 알려질 이 소녀는 스타틴 계열 약으로 치료를 받는 첫 번째 환자가 됐다.

임상시험에 접어든 지 2주차가 됐을 때, 한밤중 집에 있던 엔도에게 야마모토의 전화가 걸려왔다. 'S.S.'의 콜레스테롤이 30퍼센트 감소했다고 했다. 약이 효과가 있었다! 임상시험은 성공했고 메바스타틴은 위험하리만치 높은 콜레스테롤 수치를 가진 환자들에게 처음으로 큰 희망이 됐다. 산쿄는 공식 임상시험 프로그램을 개시했고, 1979년이 되자 이 임상시험은 열두 군데 병원에서 진행하는 큰 연구로 확대됐다. 메바스타틴의 성과는 전 세계 관심을 모았다. 1980년 5월 이탈리아에서 메바스타틴에 관한 특별 워크숍이 열렸다. 메바스타틴으로 환자를 치료 중이던 일본인 의사 여덟 명이 참석해 발표를 했다.

엔도는 본인의 신약 프로젝트가 임상시험을 진행하고 당국의 승인을 받을 수 있는 유능한 의사들의 손에 들어간 것에 만족했다. 사내 투쟁에 지친 그는 산쿄에서 은퇴하고 도쿄에 있는 한 대학에서 연구 및 강의를 맡았다.

그러나 메바스타틴에 대한 전 세계적 열기는 오래가지

최초로 스타틴 치료를 받은 환자 'S.S.'가 7년 뒤에 자녀를 안고 있다.

못했다. 이탈리아에서 워크숍이 있고 석 달 후, 산쿄에서 진행된 안정성 연구는 충격적인 결과를 알렸다. 고용량의 메바스타틴이 개에게 암을 유발하는 것으로 보인다는 내용이었다. 산쿄는 더 이상 참을 수 없었다. 산쿄는 임상시험과 메바스타틴 연구를 중단했다. 약의 부작용으로 암이 유발된다는 소문은 빠르게 확산됐다. 다른 기업이나 연구소에서도 스타틴 연구를 접었다. 엔도는 개를 대상으로 한 연구에 문제가 없었을지 의심스러웠지만, 멀리서 자신의 프로그램이 주저앉는 모습을 지켜볼 수밖에 없었다.

3000억 달러짜리 '우연'

스타틴은 그렇게 끝날 수도 있었다. 그런데 비슷한 연구 프로그램에서 놀라운 발견이 일어났다. 앞서 2년 전 대형 제약회사 머크 '역시나' 균류를 검토하기 시작했고, '역시나' 엔도가 발견한 것과 똑같은 효소의 억제제를 발견했고, '역시나' 이 물질이 콜레스테롤을 낮추는 데 효과가 좋다는 사실을 알아냈다. 놀랍게도 머크에서 발견한 물질은 엔도의 것과 원자가 네 개밖에 다르지 않았다.

또 하나 놀라웠던 사실은 머크의 과학자들이 프로그램을 시작한 지 '며칠' 만인 1978년 11월에 약을 발견했다는 사실이다. 수년을 투자했던 엔도와 대조되는 일이었다. 당시 머크 연구소Merck Research Lab의 소장이었던 로이 바젤로스Roy Vagelos는 이 "갑작스러운" 발견이 "믿기지 않았다"고 표현했다. 회고록에서 그는 자신의 팀이 스타틴 계열 약을 발견한 과정의 하이라이트는 산쿄에 대한 경쟁심이었다고 설명한다. "속도가 점점 붙으면서 흥분은 계속 쌓여갔다. 산쿄와의 경쟁은 발견의 스릴을 한층 높여주었다."

그러나 경쟁에는 스스로 경쟁 상대라고 믿는 참가자가 필요하다. 스타틴 계열 약을 발견한 데 대해 머크의 과학자들이 쓴 글, 내가 읽은 그 모든 글에는 한 가지 중요한 디테일이 빠져 있다. 그 갑작스러운 발견이 있기 2년 반 '전에' 머크가 엔도의 팀에 접근해 경쟁이 아닌 '협업'을 제안했다는 사실 말이다. 머크는 엔도의 팀에 최고의 기밀 데이터를 보여달라고 요청했다. 1966년 봄부터 1968년 가을까지 이어진 머크의 문서로 된 확약("엔도 박사의 연구 프로그램을 통해 실질적인 치료약이 개발될 것이 분명해 보입니다" "우리는 이런 교류의 결과로 라이선스에 적합한 제품이 발견되기를 바라고 있습니다")에 엔도의 팀은 산쿄의 승인을 받아 시험할 수 있는 엔도의 신약 샘플만이 아니라 중요한 실험의 공통 결과까지 모두 제공했다. 거기에는 이 약의 생화학적·약리학적 효능과 독성이 죄다 포함되어 있었으니, 돈으로 값을 매길 수 없는 정보였다. 이들 문서를 보면 엔도와 팀원들이 뉴저지주에 있는 머크 실험실을 방문했고 머크의 과학자들은 일본을 방문했으며, 이 약에 관해 머크의 과학자들이 질문한 상세 내용에 엔도의 팀이 답변해준 것을 알 수 있다. 이런 맥락에서 보면 2년 뒤에 머크가 거의 동일한 약을 '갑작스럽게' 발견한 것은 '믿기지 않는' 일은 아니다.

산쿄가 프로그램을 종료할 즈음, 바젤로스는 산쿄의 약이 개들에게 암을 유발한다는 소문을 들었다. 그래서 두 물질이 매우 유사함을 알고 있던 바젤로스 역시 머크의 프로그램을 종료했다. 그러나 소문의 결과는 당시에도, 이후의 많은 연구에서도 한 번도 발표되거나 확인되지 않았다. 그즈음 도쿄 농공대학교에 자리를 잡고 있던 엔도는 의심이 들어 산쿄에 데이터를 공유해달라고 요청했다. 산쿄는 거절했다. 텍사스 대학교의 브라운과 골드스타인 역시 결과를 의심했다. 얼마 안 가 이들은 이 약을 초고농도로 개에게 사용하면 암처럼 보이지만 실제로 암은 아닌, 무해한 증상을 유발할 수 있음을 증명했다. 말하자면 거짓 양성반응이었다. 브라운과 골드스타인은 몇몇 의사와 함께 FDA의 지원을 받아 프로그램을 다시 시작하게끔 머크를 압박했다.

머크에서는 이들의 주장을 받아들여 새로운 안전성 연구를 시작했다. 이 연구에서 약이 개들에게 암을 유발할 기미가 보이지 않자 머크는 그제야 약의 안전성과 효능을 확인할 수 있는, FDA가 요구한 대규모 임상시험을 시작했다. 결과는 놀라울 만큼 긍정적이었다. 엔도나 야마모토가 임상 연구에서 관찰한 초기 데이터와도 일치했다. 1987년 2월 FDA의 자문위원회는 만장일치로 첫 번째 스타틴 계열 약의 승인을 권고했다. 머크가 만든 메바코Mevacor였다.

머크와 여러 의사 집단의 초기 연구는 오직 스타틴 계열 약만이 위험하리만치 높은 콜레스테롤 수치를 낮출 수 있음을 보여주었다. 이는 중요하고 고무적인 '표지'였지만 건강을 개선한다는 확정적 증거는 아니었다. 이후 수백 명의 연구자가 수십 개의 임상시험을 개시했다. 이들 임상시험에는 지금까지 10만 명이 넘는 사람들이 참여했고, 스타틴 계열 약을 20세기 최고의 의학적 돌파구 중 하나로 만들

세 번의 죽음을 버텨낸 엔도 아키라

어졌다. 스타틴 계열 약은 이미 심장마비를 겪은 환자(2차 예방)뿐만 아니라, 아직 심장마비를 겪지 않았으나 그럴 위험이 있는 환자(1차 예방)에게서 심장마비와 뇌졸중 발병률을 줄이고 생존률을 높였다. 미국에서 스타틴 계열 약은 '매년' 대략 50만 건의 심장마비와 뇌졸중을 예방하고 있다. 최근《뉴잉글랜드 의학 저널》의 사설은 "이처럼 건강에 극적인 영향을 준 약물은 거의 없다"고 결론 내렸다.

메바코와 그 후속작인 조코는 머크 역사상 가장 성공한 제품이 됐다. 머크의 스타틴 프랜차이즈의 누적 매출은 900억 달러를 넘어섰고, 스타틴 계열 모든 약의 누적 매출은 3000억 달러를 초과한다.

바젤로스는 1985년 머크의 연구소장에서 CEO로 승진했다. 1987년부터 1993년까지 머크는《포춘》에서 선정한 '가장 존경받는 기업'

목록에서 1위의 영광을 차지했다. 1985년 브라운과 골드스타인은 콜레스테롤 연구에 대한 공로로 노벨상을 공동 수상했다.

반면 엔도 아키라의 기여분은 심장 전문의라는 좁은 분야 밖에서는 대체로 인정받지 못하고 있다. 다만 이 분야에서만큼은 엔도 아키라도 뒤늦게 인정을 받았다. 2008년 그는 스타틴을 발명한 공로로 저명한 래스커-드베이키Lasker-DeBakey상을 받았다. 브라운과 골드스타인은 최근 역사적인 어느 평론에서 "콜레스테롤계의 페니실린을 발견한 엔도 아키라에게 바친다"라고 헌사를 쓴 뒤 "스타틴 요법을 통해 생명을 연장하게 될 수백만 명의 사람들은 모두 산쿄에서 균류를 추출한 엔도 아키라와 그의 연구에 빚지고 있다"고 썼다.

• • •

엔도의 이야기는 극단적 사례가 아니다. 위대한 발견으로 가는 길이 얽히고설킨 것은 예외라기보다는 원칙에 가깝다. 수정주의자들의 역사도 마찬가지다. 승자는 역사를 그냥 쓰는 게 아니라 다시 쓴다.

스타틴 계열의 첫 번째 약이 FDA 최종 승인을 받기까지 엔도의 여정은 16년간 지속됐다. 나의 하소연을 들어주던 제임스 블랙 경(고혈압 치료제의 일종인 베타 차단제를 발명했다)이 '세 번의 죽음'을 넘는 데는 7년이 걸렸다.

그런데 이보다 훨씬 오랜 세월을 견디며, 개인적으로 훨씬 더한 노력을 쏟아온 사람이 있다. 그가 주창한 룬샷은 연구소의 수많은 동

마이클 브라운(왼쪽), 엔도 아키라, 조지프 골드스타인(오른쪽)

료를 비롯해 전 세계 동종 업자로부터 무려 32년 동안 조롱받았다.

그는 나에게 위대한 발견의 긴 여정과 관련해 가장 많은 것을 가르쳐준 사람이다. 이번 장을 마무리하며 간략히 그의 이야기를 할까한다. 또한 '세 번의 죽음'을 넘긴다는 게 과연 무엇인지를 둘러싸고그와 엔도의 이야기가 주는 교훈을 설명할 것이다.

리더는 엉덩이에 박힌 화살을 세는 사람

2001년 혹은 2002년 어느 땐가 나는 하버드 대학교에서 생물학자로 재직 중이던 내 친구에게 어떤 사람에 관해 물었다. 우리 회사는 암 치료에 관해 획기적인 아이디어를 내놓은 그 사람과의 협업을고려하고 있었다. 학계에서 성품이 좋기로 소문이 자자한 내 친구는 당황한 표정을 짓더니, 그 사람과는 거리를 좀 두는 게 좋을지도 모른다고 중얼거렸다. "아무도 그의 데이터를 재현할 수 없다"는 게 이유였다. 친구는 얼른 대화 주제를 바꿔버렸다. 당시 주다 포크먼Judah Folkman에 대한 세간의 평가는 그랬다.

1971년 포크먼은 암세포가 숙주와 상호작용을 한다는 아이디어를 제시했다. 암세포가 주변 조직을 속이는 신호를 내보내 종양이 자랄 수 있게 준비시킨다는 얘기였다. 이를테면 집에는 물과 가스가 들어올 파이프가 필요한 것처럼, 종양은 산소와 다른 영양분을 가져다줄 혈관이 필요하다. 포크먼은 암세포가 주변 조직에 그런 혈관을 만들라는 신호를 보낸다고 했다. 그가 내놓은 아이디어는 전혀 새로운 형태의 약, 그러니까 암세포의 신호를 차단해서 파이프를 파괴하는 약을 설계하는 것이었다. 그는 종양을 굶겨 죽일 약을 만들고자 했다.

당시에는 암을 치료하는 방법으로 화학요법이 유일한 접근법이었다. 환자를 죽이지 않는 한에서, 종양에다 최대한 많은 독을 들이붓는 방식이었다. 종양과 주변 조직 사이에 있는 의문의 소통 채널을 방해하자는 아이디어는 조롱을 받았다. 포크먼이 친분관계로 똘똘 뭉친 박사 연구자 출신이 아니라 소아과의사라는 사실도 불리하게 작용했다. 학회에서 그가 발언하려고 일어서면 사람들은 방을 나가버렸다. "다들 동시에 화장실에 가야만 하는 거죠." 어느 해에는 비판이 너무 심한 나머지, 그가 일하던 보스턴 아동병원Boston Children's Hospital에서 외부 위원회를 소집해 그의 주장을 검토하기도 했다. 위원회는 그의 연구 가치가 0에 가깝다고 판단했다. 그는 해당 연구를 계속하려면 외과 과장 자리를 내놓으라는 요구를 받았다. 세월이 한참 흐른 뒤 어느 강연에서 포크먼은 이렇게 말했다. "혹시 조롱을 받았다고 생각된다면 저한테 연락을 주세요. 제가 1970년대부터 받은 논문 게재 거절 이유서와 보조금 지급 거절 사유서를 보내드릴게요. 그중에는 실제로 '광대'라는 단어가 나오는 문서도 있습니다."

30년간 포크먼의 아이디어는 대략 7년마다 죽음과 화려한 부활을 반복했다. 예컨대 1998년 포크먼의 실험실에서 만든 유망한 약이 쥐의 종양을 제거하는 것으로 나타났다. 《뉴욕 타임스》 1면에 실린 어느 기사는 노벨상 수상자 제임스 왓슨의 말을 인용하며 "주다 포크먼이 2년 내에 암을 치료할 것"이라고 보도했다(왓슨은 나중에 인용이 잘못됐다고 주장했다). 반응은 폭발적이었다. 기자들은 포크먼을 알렉산더 플레밍Alexander Fleming이나 루이 파스퇴르Louis Pasteur와 비교했다. 대장암 진단을 받았던, 퓰리처상을 수상한 어느 칼럼니스트는 자신의 칼럼에서 이렇게 단언했다. "어쩌면 우리는 죽지 않아도 될지 모른다." 약을 구해보려는 환자들이 포크먼의 병원을 포위할 정도였다. 약은 아직 임상시험도 들어가지 않았는데 말이다. 신약 발견 과정에서 새로운 아이디어들이 대개 그렇듯 포크먼의 첫 번째 약은 성공하지 못했다. 관심은 곧바로 훅 꺼져버렸다.

이런 과정이 몇 차례 반복되자 과학계는 포크먼이나 그의 아이디어를 목록에서 대부분 지워버렸다. 포크먼은 발표 도중, 사람들이 구석에서 웃음 터뜨리는 소리를 들어야 했다. 동료들은 "아, 포크먼이 또 암을 치료했군요"라며 비꼬았다. 종종 그의 말이 끝나면 과학자들이 자리에서 일어나 그의 아이디어는 절대로 성공할 수가 없다고 공개적으로 단언하는 경우도 있었다. 포크먼은 이렇게 답했다. "제가 작은 책을 한 권 갖고 다니는데요. (…) 저한테 사인을 좀 해주시겠어요? 그토록 확신을 하시니 당신 말씀을 그대로 출판하면 정부나 납세자들의 돈을 많이 절약할 수 있겠네요. 우리도 실험을 할 필요가 없고요. (…) 그냥 효과가 없을 거라고 할게요." 그렇게 말해놓고도 집에 돌아오면 기운이 빠졌다.

언젠가 포크먼은 아내인 폴라에게 상의를 하기도 했다. 연구를 집어치우고 실험실도 닫고 그냥 전업 의사로 돌아갈까 하고 말이다. 이때 폴라가 해준 격려를 그는 '배우자 활성인자'라고 불렀다. 결국 포크먼은 정반대로 나아갔다. 병원을 그만두고 전업 연구자가 됐다. 아주 뛰어난 학생 몇 명을 모집했다. 포크먼은 훗날 이렇게 회고했다. 그간 학생들은 여기저기서 '포크먼과 그의 연구를 멀리하라'는 경고를 들었다. 그럴 때 학생들에게 "여러분은 정말 뛰어나니, 연구가 잘 안 돼서 1년 뒤에 떠나더라도 경력에 아무런 해가 되지 않을 것"임을 상기시켜주었다. 이겨내는 것은 온전히 그의 몫이었다. 포크먼은 실험실에서 이 학생들과 함께 주말도 없이 밤낮으로 연구에 매달렸다.

2003년 6월 1일 시카고의 매코믹 플레이스McCormick Place 컨벤션 센터 대강당이 사람들로 가득 찼다. 듀크 대학교 종양학자 허버트 허위츠Herbert Hurwitz 박사는 포크먼의 아이디어를 기초로 개발된 '아바스틴'이라는 약의 새 결과를 발표했다. 포크먼이 새로운 방식의 암 치료법을 최초로 제안한 뒤로 32년이 흘러, 많은 이들 기억 속에 포크먼의 주장과 호소가 희미해진 지 오래였다. 813명의 환자가 참여한 임상시험에서 아바스틴은 대장암 환자의 생존 연장 측면에서 이제껏 보지 못한 최상의 결과를 냈다. 허위츠가 생존률 데이터를 보여주자 강당에서는 박수가 터져 나왔다. 이 약과 포크먼의 아이디어가 앞으로 암 치료 방식을 획기적으로 바꿔놓을 것임을 그 자리의 누구라도 즉시 알 수 있었다.

객석에 있던 한 사람은 이렇게 말했다. "포크먼 박사가 살아서 이 장면을 보셨더라면 좋았을 것을." 근처에 앉아 있던 포크먼은 미소만 지었다.

아바스틴은 FDA에서 신속하게 승인이 났다. 수십 개의 기업과 수백 개의 연구소가 이 분야에 뛰어들었다. 오늘날에는 종양과 숙주 환경 사이의 대화를 방해한다는 아이디어가 표적 치료와 면역요법을 비롯한 거의 모든 암 연구 프로그램의 기초가 됐다.

아바스틴을 개발한 회사의 이름은 제넨테크Genentech다. 처음 데이터를 발표한 날과 FDA가 이 약을 승인한 날 사이에 제넨테크의 시장가치는 380억 달러 상승했다. 아바스틴의 가치가 대략 그 정도였던 셈이다. (포크먼은 회사 지분을 하나도 보유하고 있지 않았다. 그는 지분이나 상금 등을 받으면 늘 자신의 병원에 기부했다.)

나중에 포크먼은 이렇게 말했다. "엉덩이에 화살이 몇 개나 박혔는지 보면 누가 리더인지 알 수 있죠."

다행히 나는 친구가 중얼거리듯이 했던 말을 무시하고, 기쁘게 주다 포크먼과 그의 인생 마지막 7년가량을 함께 작업했다. 그가 그립다.

가짜 실패를 경계하라

엔도 아키라와 주다 포크먼의 이야기는 '세 번의 죽음'뿐만 아니라 룬샷에 흔한 '특정 유형의 죽음'을 여실히 보여준다. 예를 들어 쥐 실험에서 엔도의 약이 실패했을 때(두 번째 죽음), 산쿄에서 그의 프로그램은 거의 종료될 뻔했다. 비첨 제약Beecham Pharmaceuticals이라는 다른 회사에서는 똑같은 실패가 일어나자, 비슷한 프로그램을 '영구적으로' 끝내버렸다. 나중에 비첨은 스미스클라인앤드프렌치SmithKline & French와, 다음에는 글락소 웰컴Glaxo Wellcome과 합병해 오늘날의 글락소스미스클라인GlaxoSmithKline이 됐다. 연구를 계속했다면 비첨도 3000억 달러라는 스타틴 매출의 일부를 챙겼을지 모른다. 전체 매출이 3000억 달러라면 작은 일부라도 꽤 쏠쏠했을 것이다. 하지만 비첨은 포기했고 결국 아무것도 손에 쥐지 못했다.

쥐 실험에서 부정적 결과가 나온 것은 '가짜 실패'였다. 룬샷의 탓인 줄 알았지만 알고 보니 테스트에 결함이 있었던 것이다. 산쿄가 초창기 실패에도 연구를 계속 밀어붙인 것은 엔도 때문이었다. 산쿄는 경쟁에서 앞서가고 있었다. 산쿄는 엔도 덕분에 스타틴을 처음으로 발견했고, 처음으로 스타틴 특허를 냈고, 처음으로 스타틴을 사람에게 시험했고, 처음으로 환자에게서 임상적 효과를 보았다. 하지만 산쿄는 엔도가 떠난 후 나타난 다음번 '가짜 실패'에 무릎을 꿇고 말았다. 개 실험에서 나타난 가짜 결과 때문이었다. 산쿄는 3000억 달러 중 그들 몫이 될 수 있었던 것을 머크에 넘겨주고 말았다.

우리는 이런 '가짜 실패'를 도처에서 발견할 수 있다. 가짜 실패는 과학계에도 있고 비즈니스계에도 있다. 프로젝트가 폐기될 수 있는 이유는 수없이 많다. 자금 지원이 줄어들 수도 있고, 경쟁자가 승리할 수도 있고, 시장이 변화하거나 핵심 인물이 떠날 수도 있다. 그러나 룬샷이 폐기되는 흔한 이유는 가짜 실패 때문이다. 우리는 가짜 실패 때문에 프로젝트가 폐기될 위험을 완전히 없앨 수는 없다. 부정적 결과에는 '당신의 아이디어에 결함이 있습니다'라든가 '당신의 테스트에 결함이 있습니다'라는 번쩍이는 네온사인이 따라오지 않는다. 그러나 이 위험성을 줄일 수는 있다. 엔도와 포크먼이 했던 일이 바로 그것이고, 이 책에서도 그 부분을 더 얘기할 것이다. 엔도와 포크먼이 위대한 발명가였다 해도 그들의 가장 뛰어난 능력은 실패를 철저히 수사하는 능력이었다. 두 사람은 진짜 실패와 가짜 실패를 구분할 줄 알았다.

실패를 수사하는 능력은 괜찮은 과학자와 위대한 과학자를 구별할 뿐만 아니라 괜찮은 사업가와 위대한 사업가를 구별해준다.

예를 들어보자. 2004년에 페이스북Facebook이 출시됐을 때는 이미 많은 소셜 네트워크가 사용자들의 충성도를 얻으려 했으나 실패한 뒤였다. 사용자들은 이 네트워크에서 저 네트워크로 옮겨 다녔다. 클래스메이츠Classmates, 식스디그리즈SixDegrees, 케어투Care2, 에이전 애비뉴Asian Avenue, 블랙플래닛BlackPlanet, 키위박스Kiwibox, 라이브저널Live-Journal, 스텀블어폰StumbleUpon, 엘프우드Elfwood, 미트업Meetup, 다지볼Dodgeball, 딜리셔스Delicious, 트라이브Tribe, 허브 컬처

Hub Culture, 하이파이브Hi5, 어스몰월드ASmallWorld 모두가 그랬다. 마크 저커버그Mark Zuckerberg가 스타트업을 세울 자금을 모집하려고 투자자들을 만났을 때도 사용자들은 가장 최근에 성공 스토리를 썼던 프렌드스터Friendster를 버리고 마이스페이스Myspace로 갈아타기 시작하고 있었다. 대부분의 투자자는 이런 웹사이트들이 옷이 유행을 타는 것과 같다고 결론 내렸다. 사용자들은 청바지 갈아입듯 소셜 네트워크를 갈아탔고, 투자자들은 두 손을 들었다.

그러나 파운더스 펀드Founders Fund의 피터 틸Peter Thiel과 켄 하워리Ken Howery는 프렌드스터의 배후에 있는 지인들에게 연락을 취해 봤다. 두 사람은 사용자들이 '왜' 프렌드스터를 떠나는지 파고들었다. 다른 사용자들과 마찬가지로 틸과 하워리도 프렌드스터가 종종 먹통이 된다는 사실을 알고 있었다. 또한 프렌드스터를 만든 팀이 사이트 확장 방법에 관해 중요한 조언을 받았으나 무시했다는 사실도 알게 됐다. 겨우 수천 명의 사용자를 염두에 두고 만들어진 시스템을 수백만 명이 이용할 수 있게 변신시키는 방법에 관한 아주 중요한 조언이었는데 말이다. 틸과 하워리는 프렌드스터의 고객 유지 현황에 관한 데이터를 부탁해 받아보았다. 그러고는 프렌드스터가 그토록 짜증스럽게 먹통이 되는데도 사용자들이 거기 얼마나 오래 머무는지 알고 충격을 받았다.

틸과 하워리는 무슨 의류 브랜드처럼 소셜 네트워크의 비즈니스 모델이 약하기 때문에 사용자들이 떠나고 있는 게 아니라고 결론 내렸다. 사용자들이 떠나는 이유는 소프트웨어상의 결함 때문이었다. '가짜 실패'였다.

피터 틸은 저커버그에게 50만 달러짜리 수표를 써줬다. 8년 뒤에 틸은 자신의 지분 대부분을 페이스북에 팔고 대략 10억 달러를 받았다.

틸은 프렌드스터의 가짜 실패를 알아보았다. 엔도 아키라가 스타틴의 가짜 실패를 알아보고, 포크먼이 혈관 신생 억제 요법의 가짜 실패를 알아봤던 것처럼 말이다.

프로젝트 수호자를 만들어라

바람 앞 등불 같은 프로젝트에는 확고부동한 사람이 필요하다. 예를 들어 엔도가 떠난 이후 산쿄의 스타틴 프로그램은 시들해지더니 결국 주저앉았다. 내부적으로 가짜 실패를 조사하고 대처할 사람이 아무도 없었다. 다른 목적을 가진 사람들, 스타틴의 예산을 빼서 자기네 프로그램에 쓰고 싶어 하는 사람들의 비판으로부터 프로그램을 지켜낼 사람이 아무도 없었다.

엔도는 아이디어의 창안자일 뿐만 아니라 그 아이디어의 유능한 수호자였다. 주다 포크먼도 마찬가지다. 하지만 두 가지를 모두 갖춘 사람은 흔치 않다. 아이디어 창안자가 당연히 그 아이디어를 주도적으로 홍보하고 방어해야 하는 것 아닌가 하는 생각이 자연스럽게 든다. 하지만 최고의 창안자가 꼭 최고의 수호자가 되라는 법은 없다. 두 역할은 서로 다른 능력을 필요로 하고, 그 능력들은 종종 같은 사람에게서 발견되지 않을 수도 있다.

1장에서 1920년대 레이더의 원리를 발견한 호이트 테일러와 그 팀원들을 보았다. 그들은 훌륭한 창안자였으나 수호자로서의 능력은 형편없었다. 그들은 새로운 아이디어를 어떻게 포장해서 홍보해야 할지 감을 잡지 못했다. 회의적인 리더를 설득하는 방법도, 내키지 않아 하는 조직 내에 지원군을 확보하는 방법도 몰랐다.

미국 군대 레이더의 기원에 관한 설명을 읽어보면, 미국이 제때 기술을 발전시켜 세상을 바꾼 데 대해 가장 큰 공로를 인정받아야 할 사람이 늘 빠져 있다. 바로 윌리엄 '딕' 파슨스William 'Deak' Parsons 소위다(나중에 그는 제독이 된다). 직업 해군 장교였던 파슨스는 여가 시간에 《현대 물리학 리뷰Reviews of Modern Physics》를 읽었다. 1933년 봄 그는 서른한 살의 나이로 두 번째 파견에서 돌아왔다. 군수품 사무국은 그를 해군연구소Naval Research Laboratory라고 하는, 해군 내 "잘 안 알려진 조그만 곳"에 연락관으로 임명했다. 그곳에 간 파슨스는 스스로 알아낸 사실에 어안이 벙벙해지고 말았다.

파슨스는 테일러가 설명해놓은 실험적 작업을 군에서 활용할 경우 어떤 가능성이 펼쳐질지 즉각 이해했다. (…)

육안으로 보이지 않는 항공기를 라디오 에코 장치로 탐지할 수 있다면 선박이나 항구가 기습당하지 않게 보호하고, 인명을 구하고, 어쩌면 전투의 흐름을 바꿀 수도 있었다. 그러나 황당하게도 이 과감한 콘셉트를 제대로 탐구하려는 연구는 아무런 우선순위도 부여받지 못한 채 절름대고 있었다. 전문가 두 명이 파트타임처럼 작업하고 있는 것이 전부였다. 해군도, 두 과학자도 파슨스만큼 흥분하는 것 같지 않았다. (…)

　파슨스가 한눈에 봐도 명백한 것을 아무도 알아보지 못하는 듯했다. 라디오 에코를 발견한 것이 해군 무기에 혁명을 가져올 수 있다는 사실을 말이다.

　테일러의 팀에서 더 많은 정보를 알아낸 파슨스는 즉각 5000달러의 자금 지원을 요청했다. 경악스럽게도 요청은 거절되었다. 테일러를 침묵하게 만들었던 그 똑같은 회의적 시선이 파슨스의 전투욕을 자극했다. 파슨스는 "집집마다 문을 두드리는 세일즈맨의 집요함으로" 해군 부서장들을 일일이 찾아다니며 아이디어를 소개하고 자신의 주장을 펼쳤다. 그의 경력이 위험해질 지경이었다. 그러나 파슨스는 해군연구소에 있는 과학자들에게 다시 힘을 불어넣었다. 그는 테일러에게 용기를 북돋워 처음으로 이 프로젝트에 전담 엔지니어 한 명을 배치하게 했다. 전담자가 된 로버트 페이지Robert Page는 연속적 신호가 아닌 펄스형 신호를 이용해 중요한 돌파구를 만들었다. 파슨스는 최고위 해군 장교들이 이 프로젝트를 위해 나서서 싸우도록 설득했다. 파슨스는 잠자던 곰이 깨어날 때까지 찌르고 또 찔렀다.

　세월이 한참 흐른 후, 전쟁 중에 대공 선박 보호를 감독했던 프레더릭 엔트위슬Frederick Entwistle 해군 소장과 버니바 부시는 파슨스의 공을 치하했다. 2차 세계대전이 시작됐을 때 실전에서 사용할 수 있도록 레이더가 준비되어 있던 것은 모두 파슨스 덕분이라고 말이다.

　이게 바로 프로젝트 수호자다. 오늘날에는 발명가와 수호자의 역할을 분리할 줄 아는 훌륭한 바이오테크 회사나 제약회사가 많다. 그곳에선 프로젝트 수호자의 능력(파슨스의 능력)을 발휘할 이들을 훈련하고 그들의 권위를 높여준다. 이게 자연스러운 일은 아니다. 창의적 측면에서 보면 발명가(예술가)들은 남들이 자기 작품을 저절로 알아줄 거라고 생각할 때가 많다. 비즈니스 측면에서 보면 라인 매니저(병사)들은 아무것도 만들거나 팔지 않는 사람, 그저 어느 아이디어를 내부적으로 홍보할 뿐인 사람의 필요성을 느끼지 못한다. 그러나 훌륭한 프로젝트 수호자는 단순한 홍보 역할을 훌쩍 넘어선다. 그들은 두 가지 언어를 구사하는 전문가로, 예술가의 언어와 병사의 언어 모두에 능하기 때문에 양측을 한자리에 불러 모을 수 있다.

이런 수호자 역할을 만들어두면 이를 못마땅해하는 사람들도 있다. 하지만 그걸 잘하는 팀이나 회사는 해군이 레이더와 관련해 겪었던 일을 겪지 않아도 된다. 그럴 경우 훌륭한 수호자가 없어서 위대한 아이디어가 땅에 묻히는 일은 없을 것이다.

호기심을 갖고 실패에 귀 기울여라

나는 차질이 생기거나 거절당할 때마다(자주 있는 일이다), 룬샷의 위태로운 처지에서 비롯하는 세 번째 교훈을 되새긴다. 엔도 아키라, 주다 포크먼, 피터 틸이 가짜 실패를 넘어설 수 있었던 요령도 바로 이것이다. 나는 이것을 '호기심을 갖고 실패에 귀 기울이기'라고 생각한다. 공격을 받았을 때 방어하거나 무시하고 싶은 충동을 극복하고 열린 마음으로 실패를 조사하는 것 말이다.

예를 들어 동물 실험이 효과가 없었을 때 엔도는 남들처럼 포기하는 것이 아니라 '왜' 효과가 없는지 물었다. 그리고 여러 아이디어를 테스트하려고 했다. 친구에게 이제 곧 닭꼬치가 될 닭들에게 스타틴을 시험해보자고 설득하기 한참 전에 이미 엔도는 왜 자신의 약이 예상처럼 움직이지 않는지 이해하려고 여러 달을 실험하며 노력했다. 엔도는 이미 '종의 차이'(동물 종에 따라 약물의 효과가 매우 달라지는 것)를 의심하고 있었다. 그랬기 때문에 기회가 나타났을 때 재빨리 행동할 수 있었다.

남들은 프렌드스터가 소셜 네트워크 유행의 또 다른 사례일 뿐이라고 생각했을 때, 틸과 하워리는 더 깊이 파고들어서 '왜' 사용자들이 떠나는지 조사했다. 그리고 정반대의 답을 찾아내고 거기에 확신을 가졌다. 반대 의견에 확신이 선다면 아주 매력적인 투자처가 만들어진다.

앞서 생물학자인 내 친구가 "아무도 그의 데이터를 재현할 수 없다"며 주다 포크먼을 멀리하라고 조언해주었다는 얘기를 했다. 실제로 처음에 일부 사람들은 정말로 포크먼의 데이터를 재현할 수 없었다. 포크먼이 1997년 획기적 논문을 발표한 직후 다른 연구소들이 그 결과를 확증하고 확장하기 위해 자료와 지침을 요청하는 편지를 보냈다. 포크먼은 즉시 두 가지를 모두 보내주었다. 일부 연구소에서는 실험이 효과가 없었다(성공한 연구소들도 있었다). 어느 기자가 실패에 관한 이야기를 전해 들었고, 1998년 《월스트리트 저널*The Wall Street Journal*》에는 "결과 재현 실패로 새로운 암 치료법 휘청이다"라는 기사가 걸렸다. 학계에서는 결과가 재현되지 않으면 경력이 끝장 난다. 특히나 전국 신문에 표제로 실렸다면 말이다.

그러나 포크먼은 평론가들에게 화풀이하는 대신, 조사를 했다. 다른 연구소가 정확히 뭘 어떻게 하고 있는지, '왜' 그들의 실험이 실패하는지 알아내려고 했다. 결국 그는 자신의 실험실이 보내준 민감한 일부 샘플 자료가 장거리 배송을 위한 동결 과정에서 손상을 입었음을 발견했다. 그는 샘플 배송 방법을 바꿨다. 실험은 효과를 내기 시작했고 전국의 연구소들은 다시 그의 연구를 지원하기 시작했다.

실제로 '호기심을 갖고 실패에 귀 기울이기'가 집요하게 실행되는 것을 내가 처음 목격한 것은 주다를 통해서였다. 그는 공격을 받았을 때 상대를 반박하고 싶은 충동을 (보통은) 극복해내곤 했다. 그는 계속해서 열린 마음을 유지하고 진정한 관심과 배우고자 하는 열망으로 조용히 조사에 임했다.

왜 '호기심'이라고 표현했을까? 나는 자의로든 타의로든 경영자 교육 워크숍이나 감수성 교육을 꽤 자주 받았다. 그래서 '능동적으로 듣기'라는 주문이 머릿속에 박혀 있다. 방금 들은 얘기를 그대로 따라 해서 내가 이해했다는 사실을 보여라. 하지만 투자자들이 내 제안에 퇴짜를 놓거나 고객이 내 제품을 거절하거나 배우자가 방을 나가버렸을 때는 상대의 메시지를 알아들었다고 표시하는 것만으로는 충분치 않다. 어느 프로젝트에 내 영혼을 담았다면 나쁜 결과를 무시해버리고 싶은 유혹이 커진다. 내가 옳은 길로 가고 있다는 확인을 받고 싶어진다. 그래서 반대하는 사람을 무시하거나 공격하면서 친구나 멘토, 엄마에게서 확신을 얻으려 한다.

'호기심을 갖고 실패에 귀 기울이기'는 사탕발림에만 귀 기울이거나 단순히 반응을 듣고 마는 일이 아니다. 이는 진짜 호기심을 갖고서 '왜' 어떤 것이 잘 안 되는지, '왜' 사람들이 구매하지 않는지 더 깊이 파보는 행위다. 당신이 애지중지하는 무언가를 아무도 좋아하지 않는다는 얘기를 듣는 건 쉬운 일이 아니다. 거기에 이유까지 계속 물어본다면 더더욱 힘든 일이 될 것이다.

"언제 포기해야 하는지는 어떻게 알 수 있나요?" '호기심을 갖고 실패에 귀 기울이기'는 사업가를 비롯한 룬샷의 수호자들이 가장 괴로워하며 물어 오는 그 질문에 내가 제시하는 답변이기도 하다. 이 질문은 꼭 밤늦은 시간에 술이 몇 잔 들어간 뒤에야 등장하곤 한다. 일상적 어려움에 관한 이야기가 잦아들고 실존의 문제로 대화가 옮겨 갈 즈음, 수년간 쌓인 피로가 몸에서 서서히 빠져나갈 즈음 말이다.

과연 끈기와 고집은 어떻게 구분해야 할까?

내 경우에는 '호기심을 갖고 실패에 귀 기울이기'가 하나의 신호다. 내가 수년을 투자한 프로젝트에 누군가 이의를 제기할 때 분노하며 방어할 것인가, 아니면 진정한 호기심을 가지고 조사에 임할 것인가.

내가 알아낸 바로는, 스스로 더 이상 질문하지 않을 때가 가장 걱정해야 할 때다. 이제 그 이야기를 해보자.

3장

위대한 기업의 착각

1968년 회사 설립자 겸 CEO가 은퇴한 '팬 아메리칸 월드 항공Pan American World Airways'(이하 팬암)은 세계에서 가장 크고 수익성이 좋은 항공사였다. 코카콜라 다음으로 인지도 높은 브랜드이기도 했다. 팬암은 미국 항공사 가운데 최초로 대서양을 횡단했고, 최초로 태평양을 횡단했으며, 최초로 세계일주 비행에 성공했고, 최초로 제트기를 운항했다. 영화 〈007 위기일발From Russia with Love〉에서 제임스 본드는 팬암을 탄다. 비틀스의 첫 번째 미국 기자회견도 팬암 로고 앞에서 이뤄졌다. 팬암의 기장들은 영화배우처럼 사인 요청을 받았다. 1963년 완공되어 꼭대기에 7.6미터짜리 파란색 지구본 문양(팬암 로고)이 그려진 뉴욕의 팬암 빌딩은 전 세계에서 가장 큰 사무용 건물이었다. 1968년 개봉한 영화 〈2001 스페이스 오디세이2001: A Space Odyssey〉에는 팬암의 우아한 승무원이 팬암 슬리퍼를 신고 미끄러지듯 팬암 우주선을 누비며 맛있는 음식을 내오는 장면이 나온다.

그러나 1968년 설립자가 떠난 다음 해에 팬암은 첫 번째 적자를 기록했다. 이후 22년간 팬암은 고작 4년을 제외하고는 매년 적자를 기록했다.

1991년 12월 4일 아침 보잉Boeing 727기 '팬 아메리칸 클리퍼 굿윌Pan American Clipper Goodwill'의 기장 마크 파일Mark Pyle은 바베이도스의 아스팔트 위에서 이륙을 기다리고 있었다. 그때 항공사 관리자가 비행기 쪽으로 걸어오더니 조정석에서 좀 보자고 신호를 보냈다. 몇 분 뒤 파일은 승무원들 앞에 나타나 팬암이 운항을 중단한다고 알렸다. 사람들은 눈물을 터뜨렸다. 몇 시간 뒤 파일은 마이애미 공항에 도착했다. 비행기가 천천히 게이트를 향해 이동할 때는 활주로의 직원들과 항공사 직원들이 차렷 자세로 서서 경례를 했다. 비행기 위로 물대포가 발사됐다. 몇 달 뒤 뉴욕에 있는 건물에서는 파란색 지구본이 내려지고 어느 보험사의 굵은 흰색 글씨가 올라갔다.

도대체 무슨 일이 있었던 걸까?

· · ·

1장과 2장에서 우리는 부시-베일 시스템이 왜 필요한지 보았다. 우리는 바람 앞 등불처럼 위태위태한 룬샷을 육성하고 보호해야 한다. 우리는 룬샷과 프랜차이즈 사이에 균형을 잡아 서로를 강화할 수 있게 만들어야 한다. 이런 필요성 때문에 두 가지 법칙이 등장했다. '상분리'와 '동적평형'이 그것이었다.

이제 3장부터 5장까지는 룬샷의 두 가지 '유형'을 살펴보고 이를 구분하는 법을 알아볼 것이다.

한 종류의 룬샷을 놓친 것이 전 세계에서 가장 잘나가던 항공사를 무너뜨렸다. 다른 종류의 룬샷을 놓친 것은 전 세계에서 가장 잘나가던 소비자 기술 기업을 무너뜨렸다. 돌이킬 수는 없었으나, 두 회사는 버니바 부시와 시어도어 베일이 이미 알고 있던 사실을 배우게 됐다.

아무리 위대한 기업도 룬샷을 놓치면 그 결과는 치명적일 수 있다는 사실 말이다.

룬샷의 두 가지 유형

'제품' 측면에서 놀라운 돌파구(최종적으로 승리하기 전까지 많은 사람이 무시했던 기술)가 마련되는 것을 **제품형 룬샷**P-type loonshot이라고 부르기로 하자.

"비즈니스계에서 전화는 그냥 장난감이었다." 1921년에 나온 시어도어 베일의 전기에는 그렇게 적혀 있다. "[투자자들은] 우리 주식에 투자하라고 하면 미소를 짓거나 장난스런 농담을 했다." 벨 전화회사의 이야기다. 이 기업은 나중에 미국에서 가장 가치 있는 기업으로 성장하게 되고, 정점에 이르렀을 때는 애플이나 마이크로소프트Microsoft, 제너럴 일렉트릭General Electric 혹은 이들을 합한 것보다 더 지배적인 위치에 있었다. 제품형 룬샷에 대해 사람들은 초기에는 "절대로 성공 못 한다" 혹은 "절대로 유행 못 한다"고 말하지만, 결국은 성공하고 또 유행한다.

'전략' 측면에서의 놀라운 돌파구(새로운 기술의 개입 없이 사업을 하는 새로운 방식 혹은 기존 제품의 새로운 활용)는 **전략형 룬샷**S-type loonshot이라고 부르기로 하자.

샘 월턴Sam Walton(월마트Walmart의 설립자 – 옮긴이)은 대도시 외곽에 엄청난 크기의 매장을 세워 1.2달러짜리 여성 속옷을 1달러에 팔았다. 신기술은 없었다. 샘 월턴은 똑같은 제품을 약간 더 싸게 파는 남다른 방법을 찾아냈다. 2018년 현재 월마트는 지구상에서 가장 큰 소매상이다. 만약 월마트가 국가였다면 GDP 규모로 세계 25위를 차지할 것이다. 한때 월마트의 경쟁자로 불리던 울워스Woolworth, 페더레이티드Federated, 몽고메리 워드Montgomery Ward, 깁슨스Gibson's, 에임스Ames 등은 사라진 지 오래다. 전략형 룬샷에 대해 사람들은 초기에는 "절대로 돈이 될 리 없다"고 말하지만, 결국은 돈이 된다.

월마트가 제품을 싸게 파는 방법을 발명한 게 아니듯이, 페이스북이 소셜 네트워크를 발명한 것도, 구글이 검색엔진을 발명한 것도 아니다. 초기 투자자들이 페이스북을 건너뛴 것은 소셜 네트워크가 돈이 되지 않는다는 것을 누구나 알고 있었기 때문이다. 투자자들이 구글을 건너뛴 것은 검색엔진이 돈이 되지 않는다는 것을 누구나 알고 있었기 때문이다. 두 기업이 성공한 이유는 아무도 생각지 못한 약간의 전략상 변화로 큰 차이를 만들어냈기 때문이다. 두 기업은 '전략

형 룬샷'으로 성공을 이뤘다.[*]

제품형 룬샷이 불러오는 죽음은 빠르고 극적인 경우가 많다. 화려한 신기술(스트리밍 비디오)이 나와서 이전에 있던 것(대여 서비스)을 대체하고, 챔피언(넷플릭스Netflix, 아마존Amazon)이 나타나 창단 멤버(블록버스터Blockbuster)가 무너지고 만다. 전략형 룬샷이 불러오는 죽음은 이보다 점진적이고 눈에 덜 띈다. 월마트가 소매시장을 점령하고 잡화점이 사라지는 데는 30년이 걸렸다. 월마트가 뭘 하고 있는지, 왜 계속 승리하는지 제대로 알았던 사람은 아무도 없었다.

전략형 룬샷은 시간이 지나도 눈치채기도, 이해하기도 매우 어렵다. 왜냐하면 구매자, 판매자, 시장의 복잡한 행동이라는 가면을 쓴 경우가 많기 때문이다. 과학에서도 복잡성은 종종 깊숙한 진실을 가려버린다. 노이즈가 너무 많으면 신호가 보이지 않는 것과 같다. 그런 복잡성을 벗겨내고 숨은 진실을 드러내고자 우리는 실험실에서 실험을 설계한다. 하지만 종종 자연에서 보기 드문 일이 일어나 우리가 할 일을 대신해주기도 한다.

'일식'은 바로 그런 자연이 대신해주는 보기 드문 실험이다. 일식이 일어나는 동안 달은 태양에서 오는 빛을 차단해 우리가 낮에도 먼 별에서 오는 빛을 희미하게 볼 수 있게 해준다. 1919년 영국의 어느 연구팀이 일식 시간 동안 먼 곳의 별빛이 태양에 의해 휘어지는

---

[*] 비즈니스 이론가들에게: 룬샷의 두 유형은 루이스 갈람보스가 1992년 '적응적 혁신'과 '조성적 혁신'이라 부른 것이나, 1997년 클레이턴 크리스텐슨이 '존속적 혁신'과 '파괴적 혁신'이라 부른 것과는 무관하다. 그 차이점에 관해서는 이 책의 에필로그에 밝혀두었다.

현상을 측정했다. 그들은 겨우 4년 전에 나온 아인슈타인의 이론이 뉴턴의 이론보다 빛의 굴절을 훨씬 더 잘 설명한다는 사실을 밝혀냈다.

1978년 미국 의회가 항공 산업 규제를 철폐한 것은 비즈니스계의 일식이라 부를 만한 사건이었다. 50년간 미국 정부는 항공사들이 어디를 날 수 있고, 무엇에 요금을 청구할 수 있는지 아주 세세하게 규제했다. 심지어 칵테일 가격과 영화 시청에 필요한 헤드셋 대여 비용까지 정해두었다. 갑자기 그런 규제를 철폐하자 전략형 룬샷, 즉 전략상의 작은 변화들이 물밀듯 쏟아져 나왔다. 변화는 화려하지 않았다. 다소 따분하게도 보였다. 기껏해야 마일리지 프로그램, 직항이 아닌 허브를 이용한 비행 시스템, 전산화된 여행사 예약 시스템 같은 것들이었다. 제품형 룬샷, 예컨대 제트엔진이나 점보 비행기는 신문의 표제를 장식한다. 그러나 전략상의 작은 변화는 눈에 잘 띄지도 않는다. 규제 철폐는 잠시나마 전략형 룬샷의 그 숨겨진 희미한 빛이 밖으로 뚫고 나오게 만들었다.

항공 업계의 전략형 룬샷 대부분을 발명하고 완성시킨 사람은 아메리칸 항공American Airlines의 CEO 로버트 로이드 크랜들Robert Lloyd Crandall이다. 크랜들은 전략형 룬샷의 대가였다. 반면 항공 업계에서 제품형 룬샷 대부분을 발명하거나 완성한 사람은 팬암의 설립자이자 CEO였던 후안 테리 트립Juan Terry Trippe이다. 트립은 제품형 룬샷의 대가였다.

1978년에서 2008년 사이 규제 철폐 이후 170개 항공사가 문을 닫거나 파산했다. 팬암을 비롯한 대형 항공사가 모조리 파산 명단에 이름을 올렸지만 단 하나, 아메리칸 항공만은 예외였다. 1978년 이전의 항공사들만큼 규제를 많이 받는 산업은 지금 거의 없다. 하지만 언제든 갑작스러운 충격은 발생할 수 있다. 어느 날 아침 구글이 새로 만든 휴대전화 운영체제인 안드로이드를 공짜로 나눠주겠다고 하자, 일순간 휴대전화 세상의 법칙이 바뀐 것처럼 말이다. 그 발표는 (마치 규제 철폐가 그랬던 것처럼) 준비되지 않은 모든 기업에 깜짝 놀랄 만큼 수많은 전략형 룬샷이 밀고 들어오게 했다.

이게 바로 반짝이는 제품형 룬샷만이 아니라 더 미묘한 전략형 룬샷까지 육성할 줄 알아야 하는 이유다. 팀이나 기업과 마찬가지로 대부분의 사람에게는 맹점이 있다. 미묘한 것은 빛나는 것보다 훨씬 놓치기 쉽다.

당신이 만약 사업가이거나 창의적인 일에 종사한다면 두 가지 유형의 룬샷에 모두 능한 것이 아이디어 확장에 도움이 된다. 그런 당신은 뭔가 괜찮은 것을 훌륭한 것으로 탈바꿈시킬 수 있다. 예컨대 구글은 새로운 알고리즘으로 인터넷 검색 결과의 순위를 매기는 데서 출발했다. 괜찮은 제품형 룬샷이다. 하지만 구글은 열여덟 번째 검색엔진이었다. 그래서 광고주들에게 매력적인 검색엔진이 되기 위해 몇 가지 영리한 전략형 룬샷을 추가했다. 그 덕분에 구글은 전 세계에서 가장 지배적인 웹사이트로 성장할 수 있었다.

만약 당신이 어느 업계에 도전장을 내미는 입장이라면, 두 가지 모두를 잘하는 법을 알아두어야 더 크고 강한 경쟁자들을 물리칠 수 있다. 미들급 선수가 깜짝 놀랄 만한 레프트훅을 작렬해 헤비급 선수를 쓰러뜨리듯 말이다.

그리고 만약 당신이 이미 대단히 성공한 혁신가이고 이미 경이로운 제국을 세웠다면, 자신의 맹점을 주시하는 법을 배워야 한다. 당신을 향해 날아올 룬샷들을 알아채는 법을 배워야 한다. 제2의 팬암이 되지 않는 법을 알아야 한다.

팬암 vs. 아메리칸 항공

팬암은 거의 존재하던 내내 후안 테리 트립과 동의어였고, 아메리칸 항공은 18년간 로버트 로이드 크랜들과 동의어였다.

1929년 팬암을 설립한 트립은 스페인어 느낌을 주는 본인의 이름('후안'은 그 어머니의 이복자매인 '후아니타'의 이름에서 가져온 것이다)이 싫어서 이름을 'JT'로 바꿨다. 그는 뉴욕의 어느 투자은행가의 아들로, 그의 집안은 이미 1663년에 미국으로 건너왔다. 트립은 휘트니Whitney 집안과 밴더빌트Vanderbilt 집안, 록펠러Rockefeller 집안 자녀들과 함께 성장했다(휘트니, 밴더빌트, 록펠러는 미국의 전통적인 대부호 가문이다 - 옮긴이). 예일 대학교를 나와 미식축구와 골프를 했던 트립은 스페인어를 단 한마디도 할 줄 몰랐다. 그러나 팬암이 처음으로 라틴아메리카에서 사업을 시작했을 때 그는 자기 이름을 다시 '후안'으로 바꾸고, 2개 국어에 능한 비서를 채용해 그 지역 대통령과 독재자에게 자기 명의로 유창한 스페인어 편지를 보냈다. 5년 만에 그는 라틴아메리카의 하늘을 장악했고, 10년 뒤에는 국제 항공을 장악했다. 프랭클린 루스벨트 대통령은 후안 트립을 "내가 본 가장 멋진 예일

대 깡패"라고 표현했다. 어느 동료는 그를 "내가 아는 가장 공손하면서 가장 인정머리 없는 사람"이라고 했다.

트립이 공손하고 귀족적이며 쿨했다면, 크랜들은 줄담배를 피우며 날것 느낌을 풍기는, 남성 호르몬 넘치는 사람이었다. 크랜들은 자칭 '분노의 경쟁심'이라고 하는 철학을 믿었다. "우리는 상대편에게도 화가 나야 하고, 이기지 못했다면 나 자신에게도 화가 나야 한다."

그는 '훈족의 아틸라' '도살자 밥' '다스 베이더' '송곳니'(그는 송곳니가 두드러졌다) 같은 별명으로 불렸다. 또한 주말에도 어김없이 출근해서 사람들 책상에 이런 메모를 남겨놓곤 했다. "나는 출근했네. 자네는 어디 있었나?" 1987년 회사 동영상을 보면 군복을 입고, 얼굴에는 페이스페인팅을 하고, 목에는 군용 스카프를 두른 채 플라스틱 기관총을 들고 있는 크랜들이 불쑥 화면에 등장한다. 어느 전기 작가는 크랜들이 정리 정돈에 집착했다고 말한다. "부엌 조리대 위에 아내의 지갑이 놓여 있다면, 그는 일부러 열어서 검사를 할지 모른다. 지갑이 여느 지갑과 다름없는 상태라면, 내용물을 쏟아 지갑 바닥의 주름에 낀 모래를 털어낸 후 다시 가지런하게 정리해둘 사람이다. 그는 니코틴에 찌든 쉰 목소리로 낄낄대며 '그러니 아내가 미치려고 하지'라고 말하곤 했다."

스타일은 달랐지만 트립도, 크랜들도 무자비한 야심가이긴 마찬가지였다. 두 사람 모두 전 세계 하늘을 장악하고 싶어 했다. 두 사람다 규제 철폐를 결코 원하지 않았으나 1978년 마침내 그런 일이 일어나고 말았다. 미국 상원 청문회에 참석한 로버트 크랜들은 경제학자·법률가들 앞에서 자신의 관점을 이렇게 설명했다. "망할 놈의 교수 인텔리들! 당신들이 항공 산업을 망쳐놓고 말 거야!"

그러나 앞서 언급한 것처럼 규제 철폐 이후 크랜들의 아메리칸 항공은 살아남아 번창했고, 트립의 팬암은 시들어 죽어버렸다. 정반대였어야 할 것 같은데 말이다. 트립과 달리 크랜들은 '비행인'이 아니었다. 그는 한 번도 비행기를 몰아본 적이 없었고, "핏속에 기름"이 한 방울도 없었다. 크랜들은 MBA를 나온 금융 전문가였다. 아메리칸 항공으로 옮기기 전에 그는 홀마크 카드Hallmark Cards(문구류 제조업체)와 블루밍데일스Bloomingdale's(백화점)에서 일했다.

크랜들은 창의적인 방안을 찾아내 엉망진창인 사업을 정리하는 데 천부적인 소질이 있었다. 지갑의 내용물을 탈탈 털어 가지런히 정리해 효율을 높이듯이 말이다. 그리고 크랜들은 그 누구의 눈치도 보지 않았다. 그는 입에서는 불을 뿜고 손에는 총을 든 전략형 혁신가였다.

반면 트립은 엔진이 뭔지를 아는 조종사였다. 그는 비행을 사랑했고 엔지니어처럼 비행기를 설계했다. 대학을 졸업한 트립은 부유한 친구들에게서 약간의 돈을 모아(돌아가신 아버지가 유산을 거의 남기지 않았다), 전쟁이 끝난 후 싸게 처분되는 비행기들을 사들였다. 그리고 롱아일랜드 항공Long Island Airways이라는 회사를 차렸다. 스콧 피츠제럴드F. Scott Fitzgerald가 제이 개츠비와 데이지 뷰캐넌, 재즈와 신여성에 관한 이야기를 썼던 1922년의 롱아일랜드였다. 돈 많은 커플들은 롱아일랜드로 가려고 기꺼이 비행기 삯을 냈다. 트립의 비행기는 손쉬운 교통편이었으나 기장 한 명에 승객 한 명밖에 태울 수 없는 점이 단점이었다. 커플은 태울 수가 없었다. 그래서 트립은 비행기를 개조하기로 했다. 힘이 더 좋은 프랑스제 최신 엔진을 설치하고 거대한 프로펠러는 잘라냈다. 연료 탱크를 기체 밖으로 옮겨 좌석을 하나 더 만들었다. 비행기 개조와 함께 사업은 날개를 달았다.

이후 40년간 트립은 이런 전략을 쓰고 또 썼다. 그는 아무도 생각지 못한 더 크고 빠른 비행기를 설계하고 주문하는 방식을 고수했다. 좌석 세 개짜리 에어택시로 시작해 보잉 747까지 말이다. 팬암은 제트기 시대를 열어 국제 여행을 보편화시켰고 전 세계에서 가장 큰 항공사가 됐다. 트립은 제품형 문샷의 화신이었다.

아메리칸 항공은 어떠했을까? 아메리칸 항공이 마일리지 프로그램을 만들었다는 사실을 기억하는가? 특별 할인 항공 운임은? 2단계 고용이 뭔지 혹시 아는가? 항공 업계 역사 전문가가 아닌 이상, 아마 모를 것이다. 반면 나이가 좀 있는 사람이라면 팬암과 제트족(제트기로 자주 여행을 다니는 부자들 – 옮긴이)을 기억할 것이다. ABC 방송은 팬암 조종사와 승무원의 삶을 다룬 시리즈물을 만들었다. 아메리칸 항공이 도입한 항공 예약 시스템에 관한 시리즈물을 만들 사람은 없을 테지만 말이다. 그러나 규제 철폐 조치는 후안 트립 스타일의 눈부신 변화를 잠시 차단하고 로버트 크랜들 스타일의 흐릿한 변화에 더 유리한 특수 상황을 만들어냈다.

로버트 크랜들 스타일의 변화를 하나만 더 자세히 알아보기로 하자. 크랜들은 나중에 인터뷰에서 이 변화가 아메리칸 항공의 성공에 가장 주효했다고 밝혔다. 동시에 이 변화는 가장 덜 멋있고, 덜 눈에 띄는 변화이기도 했다. 너무 기술적이어서 이를 설명하려면 다른 업계를 떠올려봐야 할 정도인데, 그 변화란 과연 무엇이었을까?

규제 철폐라는 기회

여러분이 작은 도시에서 파이를 구워 파는 장사를 한다고 생각해 보자. 그런데 이 도시의 법률에 따르면, 파이 가게 주인은 파이를 굽는 제빵사에게 시간당 15달러를 반드시 지불해야 한다. 당신을 비롯해 이 도시의 파이 가게 주인들은 제빵사에게 시간당 15달러를 지불하는 계약을 수년간, 어쩌면 수십 년간 체결해왔다.

그러던 어느 날 도시의 시장이 '에라, 모르겠다. 파이 업계 사람들은 알아서 해라. 나는 더 이상 파이에 신경 쓰지 않으련다' 하고 결정을 내렸다. 원하는 대로 뭐든 해도 된다. 다음 날 이 도시의 모든 엄마, 아빠는 파이 장사가 근사한 아이디어라고 생각하게 됐다. 온 동네에 새로운 파이 가게가 문을 열었다. 규제는 지나간 일이니 제빵사에게 시간당 8달러만 지불하기 시작했다! 당신은 어떻게 할까? 새로 생긴 가게들은 들어가는 비용이 훨씬 낮으니 당신보다 훨씬 낮은 가격에 파이를 팔 수 있게 됐다. 당신은 가격을 낮출 수 없다. 당신은 말도 안 되게 높은 임금의 장기 계약에 묶여 있다. 이러다가는 얼마 못 가 쫄딱 망하게 생겼다.

1978년의 항공 업계가 바로 이랬다. 항공사들은 장기 계약에 묶여서 새로 생긴 경쟁자들보다 훨씬 높은 임금을 지불하고 있었다.

크랜들은 문제를 피해 갈 방법을 고안했다. 그는 미국 업계에서 처음으로 2단계 임금 체계를 생각해냈다. 1978년 이전에 고용한 직원에게 적용하는 임금 기준 A와 새로 고용한 직원에게 적용하는 임금 기준 B를 만들었다. 그는 극도로 회의적인 노조에게 똑같은 일을 하는 두 사람도 전혀 다른 월급을 받을 수 있다고 설득했다. 시장 수준의 임금인 B를 적용하게 해주면 크랜들은 더 많은 비행기를 사서 사업을 확장하겠다고 약속했다. 그러면 일자리도 늘어나고 승진 기회도 늘어난다. 노조도 이 제안을 마음에 들어 했다. 사업 확장으로 아메리칸 항공의 '평균' 노동비용은 손익분기점까지 내려왔고, 회사가 크고 노선이 더 많다 보니 염가에 적은 노선을 가진 신생 항공사들에 대한 열세를 만회할 수 있었다. 효과가 있었다. 아메리칸 항공은 도산을 면했다. 오히려 사업을 확장해서 결국 미국의 1위 항공사가 됐다. 화려한 신기술은 없었다. 그저 창의적인 임금 전략이 있었을 뿐이다.

크랜들식 룬샷 키우기의 또 다른 사례가 있다. 아까 말한 소도시의 상황은 아직 구글이 생기기 전이다. 그렇다면 내 집 근처에서 가장 맛있는 파이 가게가 어디인지 주민들은 어떻게 알까? 정확히 내가 찾는 그 파이를 파는 곳은? 벼룩시장을 봐야 할까? 파이 가게마다 직접 전화를 걸어봐야 하나? 비효율적이다.

그래서 배고픈 이 도시 사람들을 돕기 위해 양심적인 파이 공급자인 당신이 컴퓨터 장치를 하나 만들었다. 스크린 하나로 도시의 모든 파이 가게를 보여주고, 무엇을 얼마에 파는지 표시해서 누구나 어디서나 본인이 원하는 파이를 주문할 수 있게 했다. 게다가 당신은 인심 좋게도 집집마다 이 파이 찾기 장치를 '공짜로' 나눠주었다. 하지만 잠깐! 다른 파이 가게 주인들이 가만있으려고 할까? 당연히 당신은 당신네 파이 가게만 보여줄 것 아닌가? 하지만 당신은 아니라고 했다. '모든' 파이 가게를 보여주지 않으면 아무도 이 장치를 받지 않을 것이기 때문이다. '아하!' 경쟁자들은 수긍했다.

하지만 당신이 승자다. 이내 도시의 거의 모든 집이 당신의 장치를 사용하게 됐다. 당신은 공정하겠다고 약속했다. 하지만 이상하게도 당신네 가게는 번창하고 경쟁자들의 파이 매출은 감소한다. 그것도 눈에 띄게 감소한다. 왜 그럴까? '노출 위치' 때문이다. 스크린마다 당신네 파이가 제일 윗줄에 표시되었던 것이다.

전산화된 예약 시스템을 아메리칸 항공이 처음 개발한 것은 아니지만, 이 정도로 잘 작동하는 시스템은 처음이었다. 모든 항공사의 운임이 표시되는 '세이버Sabre'라는 시스템은 전국의 여행사에 보급됐다. 한 연구에 따르면, 다른 예약 시스템을 사용하는 여행사들보다 세이버를 사용하는 여행사들이 아메리칸 항공에 적어도 50퍼센트의 매출을 더 올려주었다고 한다. 1퍼센트의 차이로 판도가 나뉘는 업계에서 이 정도면 정말 큰 차이였다.

크랜들은 항공업을 "합법적 전쟁에 가장 가까운 사업"이라고 표현했다. 어느 경쟁자는 크랜들의 전략을 두고 "식인종이나 다름없다. 그의 목표는 약자를 죽이는 것이다"라고 표현했다. 세이버는 치열한 전투에서 아메리칸 항공에 어마어마한 이점을 제공했다.

그러나 세이버는 크랜들과 직원들조차 깜짝 놀랄 아주 중요한 이점을 갖고 있었다. 얼마 지나지 않아 지금까지 그 누구도 보지 못한 데이터들이 마구 밀려들기 시작한 것이다. 그것은 수년치 쌓인 예약 데이터들이었다. 어느 분석가는 이렇게 말했다. "이 데이터를 통해 아메리칸 항공은 푸에르토리코로 가는 휴가객들이 며칠 전에 티켓을 예매하는지, 디트로이트로 가는 출장객들이 얼마나 일찍 티켓을 예매하는지, 5월인지 9월인지, 화요일인지 금요일인지 추론할 수 있게 됐다." 아직 빅데이터가 실리콘밸리의 유행어가 되려면 30년이나 남았던 시점에 아메리칸 항공은 이미 빅데이터를 손에 쥐었다. 크랜들은 이 데이터를 이용해 좌석당 이윤을 극대화하는 방법을 실행하는 부서를 신설했다. 짐작 가겠지만 이 기술에는 '수익 관리yield management'라는 아주 지루한 이름이 붙었다.

그즈음 아메리칸 항공이 고안해 고객 충성도를 높인 마일리지 프로그램이라든지, 마지막 순간의 예약으로 빈 좌석을 채우는 슈퍼세이버SuperSaver 프로그램은 세이버보다 훨씬 더 눈에 띄었기 때문에 다른 항공사들도 얼른 따라했다. 하지만 그 이면에서 세이버가 마련해준 확고부동한 (그러나 별로 멋있진 않은) 유통 채널이라든가, 빅데이터를 이용한 수익 관리 기법은 오랜 세월 남들이 따라 하기가 거의 불가능했다. 이런 변화들이 아메리칸 항공을 구원했다.

예약 시스템에 열광할 사람은 거의 없다. 대부분의 사람들은 더 근사한 유형의 룬샷만 찾아다닌다. '공손한 예일대 깡패'였던 후안 트립도 마찬가지였다. 후안 트립의 전성기를 살펴보자.

더 크게, 더 빨리, 더 많이

후안 트립은 엔진 한 개에 좌석 세 개짜리 롱아일랜드 에어택시를 설계하고 몇 년 지나 새로운 회사를 차렸다. 그는 네덜란드 태생의 비행기 설계사인 앤서니 포커Anthony Fokker와 협업해 이 회사에서 사용할 엔진 세 개에 좌석 여덟 개짜리 맞춤식 비행기를 만들었다. 1928년 1월 16일 '포커 F-VIIa/3m' 비행기로 미국 플로리다주 키웨스트에서 쿠바 아바나까지 운항하는 팬 아메리칸 항공Pan American Airways의 첫 번째 여객 서비스가 시작됐다. 트립의 안내 책자는 고리버들 의자와 미닫이 유리창을 광고하며 이렇게 물었다. "거친 바다에 울렁이며 증기선 갑판에 서 있던 적이 몇 번인가요? (…) 갈매기처럼 매끄럽고 빠르게 날기를 얼마나 바랐는지."

사업은 성장했지만 성장 속도가 빠르진 않았다. 대중적으로 비행에 관한 열기를 불러일으킬 방법을 찾아야 했다. 마침 트립의 사업에서 가장 큰 행운이 찾아온다. '러키 린디Lucky Lindy'를 만나 그를 고용하게 된 것이다.

1927년 5월 20일 아침 7시 51분 롱아일랜드 루스벨트 필드에서 오래지 않아 '러키 린디'라는 별명으로 사랑받을 스물다섯 살의 찰스 린드버그Charles Lindbergh가 자신의 싱글 엔진 비행기 스틱을 서서히 당겼다. 엔진에 활기가 돌면서 무거운 짐을 잔뜩 실은 비행기는 뒤뚱뒤뚱 활주로를 내려가기 시작했다. '스피릿 오브 세인트 루이스Spirit of St. Louis'라는 이름을 가진 그의 비행기는 이렇게 무거운 중량으로 날아본 적이 한 번도 없었다. 활주로의 절반 지점을 넘어섰지만 비행기는 아직 이륙 속도에 도달하지 못했다. 하지만 린드버그는 "바퀴에서 날개로 하중이 옮겨 가는 것"을 느꼈다. 그는 활주로 끝을 6미터 남겨두고 전화선을 아슬아슬하게 넘어 날아올랐다.

2만 5000달러의 상금이 걸린 뉴욕과 파리 사이의 무착륙비행. 린드버그의 전설적 여정은 그렇게 시작됐다. 이 구간의 단독 비행을 시도한 사람은 그가 유일했고, 싱글 엔진 비행기로 시도한 사람도 그뿐이었다. 린드버그는 샌드위치 다섯 개, 물 한 병을 챙기고 나침반과 지도 외에는 아무런 항법 장치도 없이 날았다. 런던 로이즈Lloyd's of London(국제 보험업자 협회)라면 그의 비행이 리스크가 너무 크다며 생존 확률을 아예 제시하지도 않았을 것이다. 그해에만 비행기로 대서양 횡단을 시도했다가 열여덟 명이 사망했다.

린드버그는 오늘날엔 상상하기 힘든 방식으로 대중의 상상력을 자극했다. 그가 인터뷰를 거절하면 할수록 그의 명성은 더 높아졌다. 비행 전날 어느 카메라맨이 그의 어머니에게 사진을 찍게 린드버그에게 키스를 좀 해달라고 부탁했다. 어머니는 미소를 지으며 거절했다. "그렇게 우리를 이용하는 건 상관없지만, 우리는 감정을 잘 드러내지 않는 북유럽 출신이에요." 기자들은 중립적인 '척'조차 하지 않았다. 어느 칼럼니스트는 이렇게 썼다. "큰 키에 호리호리하고 숫기 없이 미소를 짓는 미국 청년이 그 누구도 감히 도전해보지 못한 대서양 한가운데 어딘가에 있다. 그를 잃게 된다면 지금껏 보지 못한, 누구나 가장 안타까워하는 죽음이 될 것이다." 린드버그의 비행기가 대서양을 날던 날 밤, 양키 스타디움에 모여 있던 4만여 명의 복싱 팬들은 잠시 다 함께 기도를 올리기도 했다. 어느 전기 작가는 이렇게 썼다. "콜럼버스조차 혼자서 항해하지는 않았다. 사실상 린드버그가 비행하는 동안 미국에 있던 모든 사람이 그 첫날 밤 자신이 느낀 감정을 정확히 기억할 것이다."

미국의 신문은 이 비행에 관해 25만 개가 넘는 이야기를 실었다. 33.5시간 뒤에 린드버그가 파리에 착륙했을 때는 약 15만 명의 사람들이 린드버그와 그의 비행기를 향해 달려가 찬사의 말을 쏟아냈다. 횡단 성공을 홍보하기 위해 그가 석 달에 걸쳐 82개 도시를 돌아다니는 동안에는 당시 미국 인구의 4분의 1이 넘는 3000만 명의 사람들이 '러키 린디'를 보러 나왔다. 영화사에서부터 면도 크림 회사에 이르기까지 그에게 일감과 협찬 제안을 폭탄처럼 퍼부었다.

멕시코 주재 미국 대사였던 드와이트 모로Dwight Morrow는 라틴아메리카 친선 투어에 린드버그를 초대해 양국 간의 얼룩진 정치 관계를 바로잡아 보려 했다. 온갖 사회적 초청으로부터 도망치고 싶었던 린드버그는 초청을 수락했다. 그가 멕시코시티에 도착한 날 모로 대사의 딸인 앤은 일기에 이렇게 썼다. "거대한 돌기둥에 기대서서 큰 키에 호리호리한 청년이 정장을 입고 있는 모습을 보았다. 내가 예상한 것보다 훨씬 더 날씬하고, 훨씬 더 키가 크고, 훨씬 더 침착했다." 1년 반 뒤에 두 사람은 결혼한다.

친선 투어 중 아바나에 도착했을 때 린드버그는 또 다른 젊고 애국적인 미국 비행사와 인연이 닿았다. 그는 국제 비행에 관해 원대한 비전을 품고 있었다. 린드버그는 이전까지 모든 영화사와 면도 크림 회사의 제안을 거절했다. 그러나 후안 트립의 제안은 수락했다. 린드버그는 트립과 협업해서 팬 아메리칸 항공을 세우고 홍보하기로 했다. 이후 두 사람의 관계는 40년간 지속됐고 둘 모두의 인생을 바꿔놓았다.

린드버그는 트립에게 라틴아메리카로 운행할 비행기를 고르는 것부터 조언하기 시작했다. 린드버그는 수륙양용 디자인을 추천했다. 라틴아메리카에는 활주로가 부족했기 때문이었다. 린드버그는 러시

1929년 찰스 린드버그(왼쪽)와 후안 트립은 팬암으로 라틴아메리카를 정복할 계획을 세운다.

아 이민자 출신의 엔지니어 이고리 시코르스키Igor Sikorsky와 협력해 맞춤형 비행기를 설계했다. 수상비행기 S-38이었다. 이 비행기 덕분에 겨우 공항 두 개를 왕복하던 팬암은 중앙아메리카와 남아메리카, 캐리비언 일대까지 30개가 넘는 도시와 항구를 오가도록 사업을 확장할 수 있었다.

그러나 린드버그가 트립에게 가장 큰 도움을 준 것은 워싱턴에서였다. 당시 미국 우편국은 우편물 수송을 위해 민간 하청업체를 고용했다. 트립의 요청으로 린드버그는 라틴아메리카 권역을 팬암이 맡을 수 있게 로비를 벌였다. 당신이 평생 우편국에서 일한 공무원인데 가로세로 3미터짜리 칙칙한 사무실에, 지구상에서 가장 숭배받는 청년이 성큼성큼 걸어 들어온다고 한번 생각해보라. 팬암은 이 지역으로 가는 미국 우편국의 계약을 '모조리' 따냈다. 부에노스아이레스로 왕복 세 번 우편물만 배송해도 시코르스키의 S-38 수상비행기 한 대 값이 떨어졌다. 항공우편 계약을 따내지 못한 트립의 경쟁자들(다른 신생 항공사들도 똑같은 노선에 눈독을 들이고 있었다)은 사업을 접어야 했다.

이제 트립에게는 노선도 있고 비행기도 있었지만 한 가지 문제가 있었다. 바로 '내비게이션'이었다.

트립의 조종사들은 린드버그처럼 나침반과 지도, 두 눈을 사용하는 '추측항법'으로 비행했다. 플로리다 해협을 건너는 비행이 린드버그의 대서양 횡단 비행보다는 훨씬 짧았으나 여전히 위험했다. 플로리다키스 제도를 비롯한 섬들은 유럽의 해안선에 비하면 훨씬 작은 목표물이었고, 상업용 비행기들은 꼭 필요한 것 외에 무게 나가는 것을 모두 빼버렸던 린드버그의 싱글 엔진 비행기에 비하면 항속거리가 훨씬 짧았다. 린드버그는 회고록에서 1928년 초 아바나에서 출발했던 야간 비행을 묘사해놓았다.

플로리다 해협 위에서 자기나침반 바늘이 멈추지 않고 계속 돌았다. (…) 지금 내가 동, 서, 남, 북 어느 쪽으로 날고 있는지 전혀 알 수 없었다. 안개 속 머리 바로 위로 별 몇 개가 희미하게 보였지만, 별자리를 그려낼 수는 없었다.

나는 머리 위 어딘가에 있을 맑은 하늘을 향해 위로 오르기 시작했다. 북극성이 보인다면 그걸 보고 어느 정도 정확하게 길을 찾을 수 있을 것이다. 하지만 고도가 높아질수록 안개는 더 짙어졌다. 저 높이서 옅은 구름이 몰려들자 별빛은 명멸했다.

린드버그는 동틀 때까지 주위를 선회했다. 여명 속에서 지도를 확인하고서야 다음과 같은 사실을 알았다. "가야 할 방향으로 거의 제대로 날고 있었다. (…) 루트에서 500킬로미터밖에 벗어나지 않았다!" 그는 플로리다가 아니라 바하마 상공에 있었다. 린드버그가 살아남은 것은 그가 '스피릿 오브 세인트 루이스'에 여분의 기름을 실어둔 덕분이다. (이 유명한 비행기의 거의 마지막 비행이었다. 두 달 후 린드버그는 이 비행기를 스미소니언 박물관에 기증했다. 지금도 박물관에 가면 '스피릿 오브 세인트 루이스'를 볼 수 있다.) 그러나 '스피릿 오브 세인트 루이스'와는 달리 S-38은 최장 항속거리가 1000킬로미터 정도밖에 되지 않았다. 조종사가 노선을 500킬로미터 정도 벗어난다면 심각한 위험이 될 수 있었다.

팬암이 첫 승객을 태운 지 여덟 달 지난 8월 15일 오후 3시 55분이었다. 최근 고용한 세 번째 조종사, 그러니까 서른세 살의 전직 육군 조종사 로버트 팻Robert Fatt은 승객 두 명과 항법사를 태우고 아바나를 출발해 키웨스트로 향했다. 팻은 엔진이 둘 이상인 비행기를 몰아본 것이 모두 합쳐 네 시간밖에 되지 않았다. 비행기의 전파 수신기는 수리를 맡긴 상태라 팻은 송신만 할 수 있었다. 한 시간 뒤 팻은 키웨스트에 무전을 쳤다. 시야가 흐렸다. 비가 오고 있었다. 비행기는 육지를 찾아보려 했으나 전혀 보이지 않았다. 걱정하지 않았다.

다시 한 시간 뒤 여전히 아무것도 보이지 않았다. 육지도 없었다. 걱정하지 않았다.

이륙한 지 세 시간 가까이 됐을 때 팻은 마지막 무전을 치고 바다에 추락했다. 그는 노선에서 약 500킬로미터 벗어나 있었다. 다행히도 근처에 대형 선박이 있었다. 팻과 항법사를 포함해 세 사람은 구조되었다. 그러나 네 번째 탑승자였던 승객 한 명은 바닷속으로 사라졌다. 이 추락과 사망 사고는 전 세계적으로 팬암에 대한 신뢰뿐만 아니라 상업용 비행의 미래에 대한 신뢰까지 흔들어놓았다. 트립은 용케도 그럴듯한 말로 이 혼란을 빠져나갔다. 하지만 항법 문제를 해결해야 한다는 사실은 알고 있었다. 서둘러야 했다.

트립은 답을 찾기 위해 새로운 아이디어를 냈다. 전파를 이용해 항로를 찾으면 어떨까? 시야가 흐릴 때 비행기가 육지에 있는 오퍼레이터에게 신호를 보내면, 오퍼레이터가 어떤 방식으로 조종사의 위치를 찾아내 다시 실시간으로 노선에 대한 지침을 무전으로 알려주는 것이다. 하지만 조종사들은 그 아이디어를 싫어했다. 그들은 수 킬로미터 떨어진 곳에 있는 누군가가 비행기를 통제하도록 내맡기고 싶지 않았다. 게다가 당시 전파 장비란 선박에서 이용하는 것으로, 신뢰성도 떨어지고 무게도 수백 킬로그램씩 나갔다. 비행기에 싣기엔 너무 무거웠다. 처음에는 모두 입을 모아 "절대로 성공할 수 없다"고 했다. 그러나 이 아이디어는 결국 성공했고 또 유행했다.

트립은 전자회사 RCA의 무선 기사 휴고 루터리츠Hugo Leuteritz에게 RCA를 그만두고 팬암의 정식 직원으로 들어오라고 제안한다. 트립은 루터리츠가 이미 휴대 가능한 비행기용 무선항법 장치에 대한 아이디어를 냈지만 RCA가 퇴짜를 놓았다는 사실을 알고 있었다. 서른한 살의 루터리츠는 트립의 제안에 구미가 당겼으나 그에게는 이미 안정된 일자리와 얼마 전 결혼해서 꾸린 가정이 있었다.

루터리츠는 트립에게 말했다. "비행기가 몇 대 안 되시잖아요. 그걸로는 제가 할 일이 많지 않을 텐데요."

트립이 대답했다. "앞으로는 비행기가 엄청 늘어날 거예요. 우리 회사는 내년에 라틴아메리카로 출항하고, 그다음에는 대서양과 태평양을 횡단할 겁니다." (당시 트립은 스물여덟 살로 사업을 시작한 지 1년밖에 되지 않았다.)

루터리츠는 RCA를 그만두고 트립과 함께하기로 했다. 그가 새 사무실이라고 해서 가본 곳에는 달랑 의자 하나 놓여 있었다. 1년 뒤루터리츠는 트립에게 퍼즐의 마지막 조각을 선물했다. 1929년 말 팬암의 지상 수신국 25개소는 60대의 비행기에 방향을 알려주었으며, 비행기마다 업계 최초 경량 무선항법 장치를 구비하게 됐다. 그해 팬암은 2만 728명의 승객을 태우고 28개국 60개 공항을 오가며 443만 331킬로미터를 비행했다. 더 이상 바다에 추락하는 비행기는 없었다. 팬암은 전 세계에서 가장 큰 국제 항공사가 됐다.

이제 트립은 팬암에 한 가지 요소를 더 추가했다. 바로 '매력'이었다. 1929년 가을 린드버그와 그의 아내가 된 앤은 트립과 그의 아내베티와 함께 S-38 비행기를 타고 라틴아메리카를 여행했다. 두 여자는 흰색 옷을 입고 차를 내왔다. 두 남자는 비행용 고글을 쓰고 정치가들과 함께 사진 찍는 포즈를 취했다. 이들 20대 부부 두 쌍이 방문하는 도시마다 군중이 환호로 답했다. 종종 앤 린드버그가 비행기 멀미를 하던 것이 입덧으로 밝혀지자, 이들의 방문은 더 큰 환영을 받았다. 대중은 마치 왕실에 후사라도 생긴 것처럼 앤의 임신을 관심 있게 지켜봤다.

성공의 선순환

제품형 룬샷을 양성하며 더 크고 빠른 것에 베팅하는 트립의 전략은 약간의 마케팅까지 가미되어 기가 막히게 들어맞았다. 기술 발전으로 비용을 낮추면서 더 많은 기술 발전에 투자할 수 있는 돈이 생겼다. 더 큰 비행기는 더 많은 승객을 더 멀리, 더 빠르게 실어 날랐다. 이런 선순환은 계속해서 트립의 프랜차이즈를 성장시켰고, 그는 경쟁자들을 훨씬 앞서가며 명성을 쌓아나갔다. 20세기의 나머지 기간 동안 폴라로이드Polaroid에서부터 IBM과 애플에 이르기까지 최고의 기술 기업이 그랬던 것처럼 말이다. 제품형 룬샷은 프랜차이즈를 키우고, 프랜차이즈는 다시 제품형 룬샷을 키웠다. 그렇게 탄력이 붙으면서 시야는 점점 더 좁아졌지만, 수레바퀴는 점점 더 빨리 굴러갔다.

한 바퀴 순환할 때마다 팬암의 비행기와 영향력도 늘어났고, 트립의 야심도 커졌다. 신세계와 구세계를 오가는 것은 더 이상 엘리트들의 특권이 아니었다. 팬암은 누구나 저렴한 가격으로 하루 만에 대양을 건널 수 있게 해주었다.

트립은 우선 가장 돈이 될 항로인 대서양을 횡단하는 루트부터 개척하기로 했다. 매년 증기선을 타고 열흘씩 바다를 여행하는 승객은 약 100만 명, 화물은 약 3400만 킬로그램이었다. 그에 비하면 팬암의 라틴아메리카 사업은 소꿉장난 같았다. 하지만 유럽의 공중권 및 착륙권을 놓고 4년간이나 지속된 협상이 실패로 돌아가자 트립은 관심을 태평양으로 돌렸다. 대서양을 건너는 상업 비행이라는 목표는 야심 차고 도전적인 것으로 간주됐다. 반면에 태평양을 횡단한다는 아이디어는 자살행위로 여겨졌다. 당시 전 세계에서 가장 긴 항로는 아프리카와 브라질 사이에 항공우편이 오가는 3000킬로미터짜리 항로였다. 트립은 우편만이 아니라 승객까지 태우고 해도조차 완벽하지 않은 바다를 1만 4000킬로미터 날겠다고 선언했다. 불과 몇 년 전에 대대적인 홍보와 함께 하와이까지 가는 최초의 무착륙비행 경쟁이 펼쳐졌다. 여기에 도전한 비행기 여섯 대 중 세 대가 바다로 사라졌다. 하와이까지 비행은 그나마 쉬운 부분이었다. 대서양 너비보다 두 배 거리인 호놀룰루와 중국 사이에는 연료를 채울 기지가 확인된 바 없었다. 트립이 가진 비행기 중 가장 장거리용인 '시코르스키 S-42'가 연료를 가득 채웠을 때 날 수 있는 거리는 호놀룰루와 중국 사이 거리의 5분의 1밖에 되지 않았다.

트립이 공개적으로 팬암에서 중국 노선을 운항하겠다고 발표하자 팬암 이사회 구성원 중 두 명이 사퇴했다. 그들은 트립이 항공사를 비극으로 이끌고 있다고 확신했다. 항공 운항을 관장하는 연방위원회 의장이 트립의 친구였는데, 그는 정부에서 안전을 이유로 공개적으로 트립의 계획에 반대해줄 테니 계획을 철회하고 면을 세우는 게 어떻겠느냐고 물었다. 트립은 거절했다.

확률적인 어려움과 대중의 반대, 국가적 재난의 위협에 맞닥뜨렸다면 어디서부터 시작해야 할까? 당연히 뉴욕 공립도서관이다. 트립은 42번로와 5번가가 만나는 곳에 위치한 도서관 본관으로 갔다. 그는 안내 데스크에서 태평양을 오가며 무역을 했던 19세기 쾌속범선들의 항해일지를 보고 싶다고 했다. 트립은 수기로 적힌 오래된 문서들 한가운데서 호놀룰루와 상하이의 중간쯤에 웨이크섬이라고 하는 무인도를 언급해놓은 부분을 찾아냈다. 미국의 어느 탐험대가 1899년 이 섬을 발견한 것으로 되어 있었다. 트립은 워싱턴 여기저기에 문의를 해보았으나 누가 이 섬을 관장하는지 아는 사람이 없었다. 트립이 전화를 몇 통 돌리고 편지를 몇 통 쓴 끝에 대통령의 행정 명령이 떨어졌다. 몇 달 뒤 미국 해군은 팬암을 도와서 웨이크섬에 공군기지를 지었고, 얼마 뒤 하와이 서쪽의 또 다른 미국령 무인도 두 곳에도 기지를 건설했다. 바로 미드웨이와 괌이었다. 이렇게 섬 세 군데가 디딤돌이 되어 미국 본토와 아시아를 잇는 항로 개척이 가능해졌다. 나중에 이 섬들은 2차 세계대전에서 중요한 역할을 하게 된다.

다음으로 트립은 메릴랜드주 볼티모어에 있는 글렌 마틴 컴퍼니Glen Martin Company에 "시속 50킬로미터 역풍에도 4000킬로미터로 운항할 수 있는 엔진이 여러 개 달린 고속 비행정"을 만들어달라고 요청했다. 마침내 1935년 11월 11일 볼티모어에서 이제 막 만들어진 따끈따끈한 세계 최대 수륙양용 비행기가 샌프란시스코만으로 미끄러져 들어왔다. 날개폭 40미터, 무게 25톤에 830마력의 프랫앤드휘트니Pratt & Whitney 엔진 네 대를 탑재한 비행기였다. 은색과 파란색으로 빛나는 '마틴 M-130' 기종은 파도에 일렁이며 오클랜드

건너편 앨러미다Alameda 부두에 정박했다. 트립은 이 비행기에 '차이나 클리퍼China Clipper'라는 이름을 붙였다.

캘리포니아 주지사는 11월 22일을 '팬 아메리칸 항공의 날'로 공표했다. 오후 2시 45분 라디오 아나운서는 해안에 수만 명의 사람들이 모였고 수백만 명은 라디오로 듣고 있다고 설명했다. "우리는 지금 현대 역사상 가장 극적인 이벤트를 목격하기 위해 기다리고 있습니다." 우정청장은 루스벨트 대통령의 축전을 읽고 나서 오늘이 "우리나라의 영광스러운 역사에 새로운 장으로서 영원히 남을 것이며, 국제 교통이 신기원을 연 날로서 이 새로운 유대의 끈이 사상 처음으로 동서양의 사람들을 서로 이어줄 것"이라고 선언했다. 그리고 마치 대기석에서 나타난 야구선수들처럼 승무원 일곱 명이 차례로 부두에 나와 비행기를 향해 걸어갔다. 아나운서가 한 명 한 명 이름과 이력을 이야기할 때마다 박수와 응원이 쏟아졌다.

승무원들이 탑승하고 문이 잠겼다. 중간에 서게 될 비행장들이 차례로 무전을 보내왔다. "호놀룰루, 미드웨이, 웨이크, 괌, 마닐라. 스탠딩 바이." 트립은 모든 비행장이 준비됐다고 보고했고, 우정청장은 출발하라는 명령을 내렸다. 차이나 클리퍼의 엔진이 굉음을 냈다. 미국 국가가 울려 퍼지고 수백 명의 운전자들이 자동차 경적을 울렸다. 예포를 대신해 스물두 발의 공중 폭탄이 터졌다. 서른 대의 작은 비행기들이 선회하며 내려와 작은 수벌들처럼 여왕벌의 첫 비행에 동행했다.

차이나 클리퍼가 날아올랐다. 그런데 거의 2톤에 가까운 항공우편을 실은 탓에 비상하는 데 어려움을 겪었다. 점점 속도를 내더니

1935년 '차이나 클리퍼'가 샌프란시스코만 다리 밑을 지나고 있다.

비행기는 곧장 샌프란시스코와 오클랜드를 잇는 아직 완성되지 않은 다리의 케이블로 향했다. 마지막 순간, 조종사는 다리를 넘으려던 계획을 포기하고 기수를 낮춰 다리 밑으로 날았다. "다들 머리를 수그렸지요"라고 나중에 한 공병 장교는 말했다. 아나운서와 군중은 이것도 모두 쇼의 일부인 줄 알고 환호성을 질렀다. 부두 위에 서 있던 트립은 무슨 일인지 알았기에 움찔했다. 다리 아래서 나타난 비행기는 그제야 양력을 받았는지 금문교(역시나 아직 건설 중이었다)를 타고 올랐다. 그리고 안정을 되찾아 호놀룰루까지 21시간의 비행을 시작했다. 여정의 나머지 시간 동안 별다른 사건은 없었다.

일주일 뒤 차이나 클리퍼가 돌아올 때는 기장인 에드 무직Ed Musick이 미국에서 (린드버그의 뒤를 이어) 가장 유명한 조종사가 되어 있었고, 팬암은 가장 유명한 항공사가 되어 있었다. 잡지에는 새하얀 식탁보가 깔린 식당 칸과 턱시도를 입은 남자 승무원이 승객에게 어니스트 헤밍웨이Ernest Hemingway의 책을 가져다주는 장면이 근사하게 사진으로 실렸다. 극장에는 〈차이나 클리퍼〉라는 영화가 걸렸다. 젊은 사업가가 비행기를 만들어 태평양을 횡단하는 내용이었다. 네 번째로 기장 역할을 제안받아 결국 맡게 된 사람은 서른일곱 살의 B급 배우였는데, 이름이 험프리 보가트Humphrey Bogart라고 했다.

성장하는 프랜차이즈에서 현금이 쏟아져 들어오자, 그 현금으로 다시 제품형 론샷을 만들어 프랜차이즈를 키우는 선순환이 점점 더 속도를 높여갔다. 이 가속도가 이후 20년간 계속 쌓이면서 팬암을 놀라운 성공으로 이끌게 된다. 트립의 비전이 가져다준 영광의 정점이었다.

전쟁과 뻐꾸기시계

이탈리아는 보르자 가문이 지배한 30년 동안 전쟁과 테러, 살인, 유혈사태를 겪었지만 미켈란젤로와 레오나르도 다빈치, 르네상스도 만들어냈다. 스위스는 형제애가 있어서 500년간 민주주의와 평화를 유지했지만, 그들이 만들어낸 건 뭘까? 뻐꾸기시계다.

— 영화 〈제3의 사나이〉(1949)에서 오슨 웰스가 연기한 해리 라임의 대사

1939년 5월 팬암은 마침내 대서양 횡단 항로를 취항한다. 그러

나 평화로운 여행은 겨우 넉 달밖에 지속되지 못했다. 그해 9월 히틀러가 폴란드를 침공했다. 트립은 공군 장성으로 복무해달라는 요청을 받았다. 그는 이를 거절했으나 팬암은 전쟁에 휘말리게 된다. 얼마 못 가 트립은 영화 〈제3의 사나이〉에서 '해리 라임'(오슨 웰스Orson Welles가 연기한 이 인물은 빈에서 전후 혼란을 틈타 활동한다)이 순진한 친구 '홀리 마틴스'에게 그토록 끈질기게 설명해준 내용을 알게 된다. 바로 전쟁은 제품형 론샷을 가속화한다는 사실이었다.

1940년 6월 루스벨트 대통령은 트립에게 남아메리카에 25개 공항을 지어달라고 부탁한다. 그렇게 되면 미국은 팬암의 상업적 용도라는 미명 아래 해외 공군기지를 두 배로 늘릴 수 있었다. 공식적으로 미국은 중립이었지만, 루스벨트는 독일이 유럽 대륙과 강하게 결속해 있다는 사실을 알고 있었다. 트립은 그러겠다고 했다. 1년 뒤 런던의 총리 관저에서 열린 조용한 저녁 모임을 통해 처칠은 트립에게 아프리카에 갇혀 있는 영국 군대에 보급품을 보낼 수 있는 항로를 마련해달라고 부탁했다. 이번에도 트립은 그러겠다고 했다.

그러나 가장 이상한 요청을 받은 것은 중국에서 열린 비밀 회동 때였다. 전쟁이 끝난 직후 트립은 세계 최초 민간 세계일주 비행 중에 상하이를 경유하게 됐다. 저녁 식사를 마치고 호텔 방에서 느긋하게 쉬고 있는데 누군가 방문을 두드렸다. 문을 열어보니 중국의 재무부 장관 장자아오張嘉璈가 서 있었다.

장자아오는 늦은 시간 방해를 해서 미안하다며 아침에 1층 현관 앞에 붉은색 동그라미가 그려진 택시가 기다리고 있을 거라고 했다. 택시를 타고 사저의 뒷문으로 오면 '계획'을 보여주겠다고 했다. 그는 정중히 인사를 하고 사라졌다.

트립은 장난일 수도 있겠다고 여겼다. 하지만 다음 날 아침 정말로 붉은색 동그라미가 그려진 택시가 그를 기다리고 있었다. 택시는 사저에서 그를 내려주었다. 지하를 통과해 정원을 지나 장자아오 앞으로 안내받았다. 그는 총통인 장제스蔣介石가 미국이 중국을 공산주의자들로부터 구해주기를 바라고 있다고 설명했다. 미국이 일본에 한 것처럼 총독을 파견해 중국을 다스리고, 장제스의 국민군이 마오쩌둥毛澤東의 공산주의자들과 싸울 수 있도록 훈련시켜주면 좋겠다는 얘기였다. 또한 마오쩌둥의 군대는 아직 규모가 작지만 소련의 자금 지원을 받아 빠르게 성장하고 있다고 했다.

장자아오는 이 계획을 트루먼 대통령에게 구두로 전달해달라고 부탁했다. 본인이 생각하기에 트립이 미국 대사보다 더 영향력이 있을 거라면서 말이다. 믿기 어려웠던 트립은 그 계획을 서명이 들어간 서면으로 작성해달라고 했다.

다음 날 아침 장자아오는 또 한 번 호텔에서 트립을 놀라게 했다. 그는 트립의 비행기가 기다리고 있는 비행장까지 배웅하겠다고 나섰다. 비행장에 도착하자 그는 트립에게 비행기 내부를 보여달라고 했다. 트립은 그러겠다고 했다.

그러나 장자아오는 비행기 내부 투어에는 관심이 없는 듯했다. 그는 트립에게 함께 비좁은 화장실로 들어가자며 속삭였다. 180센티미터가 넘는 키에 한 덩치 하는 트립이 좁은 화장실 안에서 몹시 불편하다고 느끼는 순간 바싹 붙어선 장자아오가 약속했던 서류를 꺼냈다. 그는 장제스의 서명을 가리키며 트루먼 대통령에게 직접 전

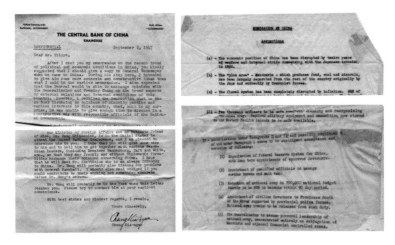

1947년 9월 8일 장자아오가 후안 트립에게 건네준 문서의 일부. 장자아오는 트립에게 중국을 공산주의자들로부터 구해달라고 했다.

달해달라고 부탁했다. 트립은 중국어로 된 서명을 뚫어져라 쳐다봤다. 트립은 장자아오에게도 서명을 해달라고 했다. 두 사람 다 펜이 없었다. 그래서 트립이 조정석으로 가서 펜을 하나 빌려 와 다시 화장실로 돌아왔다. 장자아오는 손바닥만 한 세면대 위에서 서명을 했다. 워싱턴으로 돌아간 트립은 이 계획서를 트루먼에게 정확히 전달했다.

느와르 영화 같았던 트립의 아시아 여행이 끝내 중국이나 팬암의 운명을 바꾸지는 못했다. 전쟁이 끝을 향해 갈 즈음 유럽에서는 새로이 위험한 룬샷이 떠오르고 있었고, 그 룬샷은 비행기가 발명된 이래 그 무엇보다 더 크게, 트립의 인생과 전 세계 여행 문화를 바꿔놓을 참이었다.

• • •

1944년 7월 25일 'DH-98 모스키토Mosquito'를 몰고 있던 영국 공
군 조종사는 새로운 종류의 독일 비행기가 자신을 향해 쏜살같이 날
아오는 것을 목격했다. 독일 비행기는 프로펠러도 없이 그 어느 영국
항공기나 미국 항공기보다 시속 190킬로미터는 더 빠르게 날았다.
근접 공중전을 한 차례 벌인 다음 영국 조종사는 용케도 구름 속으
로 숨어들 수 있었다.

7주 뒤 영국 육군 소속의 엔지니어였던 버나드 브라우닝Bernard
Browning이 여자 친구를 만나려고 런던의 스테이블리 로드Staveley
Road를 걷고 있을 때 폭발이 일어났다. 그가 서 있던 자리에 남은 것
이라고는 지름 9미터짜리 분화구뿐이었다. 영국 관리들은 폭발이 가
스관 때문이라고 했다. 기자들은 정부의 설명을 믿지 않았다. 기자들
짐작이 맞았다. 그 구덩이는 독일 신형 미사일의 흔적이었다.

증기기관이 발명된 지 200년, 첫 가솔린 연소기관이 나온 지 80년
만에 독일인들은 새로운 동력 장치를 발명한다. 바로 제트엔진이다.
영국 공군 조종사 월A.E. Wall이 목격한 것은 제트엔진을 단 최초의
비행기 '메서슈미트Messerschmitt Me 262'였고, 브라우닝을 죽인 것
은 제트엔진이 장착된 최초의 탄도 미사일 'V-2' 로켓이었다.

그보다 앞서 25년 전에 제트엔진과 로켓의 원리 및 디자인을 정립
한 사람은 미국의 물리학자 로버트 고더드Robert Goddard였다. 그는
로켓 비행의 수학적 원리를 최초로 설명했고(1912), 액체 연료를 사
용하는 로켓을 처음으로 설계하고 만들었으며(1926), 자이로스코프

를 이용한 로켓 안정화 시스템을 최초로 시연했다(1932). 그러나 그의 아이디어는 미국의 학계 및 군대에서 묵살됐다.

《뉴욕 타임스》사설은 고더드가 "고등학교에서 매일 배우는 지식조차 결여된 것처럼" 보인다며, 뉴턴의 작용-반작용 원리 때문에 로켓 비행은 불가능하다고 했다. (그로부터 49년이 지나 '아폴로Apollo 11호' 로켓이 달을 향해 성공적으로 발사된 다음 날 《뉴욕 타임스》는 철회 기사를 냈다. 《뉴욕 타임스》는 로켓이 실제로 물리법칙을 위반하지 않는다며 "저희는 오류에 대해 유감스럽게 생각한다"고 밝혔다.)

그러나 독일 과학자들은 고더드의 아이디어를 진지하게 받아들였다. 그들은 고더드의 논문을 읽고 새로운 프로젝트를 시작했다. 나중에 미국 장교들에게 V-2 로켓 프로그램에 관해 추궁을 당하던 독일 장교는 "너희 고더드 박사한테 물어보면 되잖아?"라며 소리쳤다고 한다.

미국에서도 유명한 비행 전문가 중에 로켓 추진 아이디어를 진지하게 받아들인 사람이 있었다. 찰스 린드버그는 고더드를 격려하며 그의 연구에 자금을 지원해줄 후원자들을 소개해주었다. 당시 린드버그는 공군 대령이었으나 군대가 고더드의 로켓에 관심을 갖게 만들 수는 없었다. 그 이유의 많은 부분은 루스벨트 대통령이 린드버그를 상대로 유례없는 인신공격을 벌였기 때문이었다.

두 유명 인사 사이의 불화는 전쟁이 시작되기 전부터 오랫동안 조금씩 조짐이 보였다. 마찰이 시작된 것은 루스벨트가 육군 항공단 Army Air Corps이 항공우편을 배달하게 하려고 우정청 항공우편 하청 계약을 취소하면서부터였다. 린드버그는 군대가 극단적인 날씨 조건 속에서 수많은 우편 노선을 비행한 경험이 없기 때문에 이는 위험한 조치라며 공개적으로 강하게 반대했다. 결과적으로 항공단의 조종사들은 66차례 추락했고 열두 명이 숨졌다. 루스벨트는 결정을 번복할 수밖에 없었다. 이런 수모는 신문 1면을 장식했다. 한 역사가는 이 싸움이 "루스벨트의 무적 신화에 흠집을 냈다"며 "프랭클린 루스벨트를 제외하면 그 누구보다 많은 미국인들의 마음을 움직일 수 있는 사람이 찰스 린드버그라는 사실을 들춰냈다"고 썼다.

1939년 린드버그는 미국이 유럽 문제에 개입하는 것을 공개적으로 반대하기 시작했다. 린드버그는 대규모 반전 집회에서 연설하며 루스벨트를 공격했다. 린드버그 주위로 모여든 군중은 "차기 대통령!"이라고 소리를 질렀다. 기억력이 뛰어난 루스벨트는 린드버그를 흔들어놓을 작전을 펼치기 시작했다. 공개적으로는 린드버그를 "패배주의자이자 유화론자"라고 부르면서, 사석에서는 "저 어린놈의 날개를 꺾어버리겠어"라며 이를 갈았다. 얼마 못 가 린드버그는 기피 대상이 됐다. 언론은 그를 나치 동조자 내지는 배신자로 몰아붙였고, 여기저기 그의 이름을 딴 거리들은 곧 이름이 바뀌었다. 린드버그의 책들을 광장에서 불태우겠다고 위협한 도시도 있었다.

린드버그의 여동생은 이렇게 말했다. "겨우 15년 만에 오빠는 예수에서 유다가 됐어요." 린드버그는 고더드의 로켓이든 그 어떤 기술이든 더 이상 군대에 추천할 영향력이 없었다.

또한 린드버그는 20년 만에 처음으로 실업자가 됐다. 공식적으로 그는 트립이나 팬암을 위해 일해본 지가 오래되었으나, 도움을 청하자 트립은 따뜻하게 받아주었고 원하는 자리는 무엇이든 주겠다고 했다. 며칠 후 트립은 다시 전화를 걸어와 제안을 철회했다. 백악관에서 화를 내며 팬암이 린드버그와 아무런 관계도 가져서는 안 된다고 으름장을 놓았다는 것이었다.

1945년 4월 독일이 항복하기 1개월 전 루스벨트가 죽었다. 린드버그에 반대하는 정부의 분위기가 사라지자 해군은 린드버그를 워싱턴에 불렀다. 독일이 새로운 유형의 비행기와 미사일을 만들고 있었다는 루머가 떠돌았다. 린드버그가 6년 전에 언급했던 로켓과 비슷한 것이었다. "비밀 임무를 맡고 독일로 떠나는 팀에 합류해줄 수 있는가?"

국무부는 해군의 비밀 기술 파견단에 린드버그가 합류할 수 있도록 재빨리 허가를 내주었다. 유럽에서 린드버그는 최초의 제트 전투기 메서슈미트를 설계한 빌리 메서슈미트Willy Messerschmitt를 찾아냈다. 빌리는 자신의 유명한 비행기에 관해 자세한 내용까지 모두 알려줬다. 제트엔진을 생산하던 BMW 공장의 어느 독일인 엔지니어가 "다소 창백하고 불안해 보이는" 얼굴로 린드버그에게 다가왔다. 그 엔지니어는 미국 군대가 도착하기 전에 제트엔진의 도면 하나를 받았고, 폐기하라는 명령도 함께 떨어졌다고 말했다. 하지만 그는 차를 타고 금방 갈 수 있는 곳의 큰 소나무 밑에 그 도면을 묻어두었다고 했다. "린드버그 씨, 그 파일들을 보시겠어요?" 두 사람은 차를 타고 소나무까지 가서 주차한 다음, 땅을 파기 시작했다. 금세 삽 끝에 딱딱한 금속 상자가 부딪혔다. 린드버그는 독일의 제트엔진 설계도를 손에 넣었다.

린드버그는 미국으로 돌아오자마자 트립을 찾았다. 트립은 그 자리에서 린드버그를 다시 고용했다. 룬샷-프랜차이즈 사이클을 다시 시작할 때였다.

새로운 유형의 비행기를 만들 때였다.

제트기 시대

트립은 얼른 보잉과 논의를 시작했다. 당시 보잉은 주로 군대에 비행기를 납품하고 있었으나 경쟁자인 록히드Lockheed와 더글러스 Douglas가 장악한 민간 시장에 들어갈 방법을 모색하고 있었다. 보잉은 트립에게 정식 발주를 내준다면 팬암에 민간 제트기를 만들어주겠다고 했다. 그러나 보잉이 제시한 사양은 트립이 생각한 것보다 비행 거리는 너무 짧고 연료 소모는 너무 많았다. 트립은 거절했다.

린드버그와 트립은 제트기 제조에서는 영국이 미국보다 훨씬 앞서 있다는 사실을 알았다. 영국해외항공British Overseas Airways Corporation은 이미 영국의 제조업체 드 하빌랜드de Havilland Aircraft에 민간 제트기의 발주를 낸 상태였다. 1952년 드 하빌랜드에서 만든 '코밋Comet'은 의기양양하게 영국 국기를 휘날리며 비행을 시작했다. 영국해외항공 회장은 이렇게 선언했다. "작금의 현대판 엘리자베스 시대는 지난 엘리자베스 시대에 우리가 바다에서 목격했던 것을 하늘에서 되풀이하고 있습니다." 그러나 자축은 2년도 가지 않았다. 1953년과 1954년에 코밋 세 대가 알 수 없는 이유로 공중에서 폭발했고 탑승자 전원이 사망했다. 정부는 코밋 시리즈 전체의 운행을 중

지시켰다.

코밋의 폭발 사고로 항공 업계 전체가 겁을 잔뜩 먹어서 제트기를 멀리했다. 여기에 더해 국가 정책 및 안보 분야의 최고 컨설팅 회사인 랜드 연구소Rand Corporation에서 나온 보고서는 제트기 여행이 절대로 경제성을 가질 수 없다고 선언했다(영국해외항공 역시 적자를 내며 제트기를 운영했다). 아메리칸 항공과 트랜스 월드 항공Trans World Airlines의 회장은 제트기를 운행할 계획이 없다고 발표했다.

이쯤에서 다시 말하지만, 사람들이 "절대로 성공 못 한다"고 하는 것들이 결국엔 성공한다.

엔지니어들과 수없이 많은 논의를 하고 코밋의 데이터를 들여다본 트립은 코밋의 안전 문제와 재무적 문제를 해결할 수 있다고 결론 내렸다. 코밋의 폭발 사고는 비극적 실패였다. 그러나 2장에서 제시한 용어를 쓰자면 그 실패는 '가짜 실패'였다. 피터 틸과 켄 하워리가 프렌드스터의 실패를 파고들어 소셜 네트워크에 대한 미래를 내다본 것과 마찬가지로, 트립과 린드버그는 제트 여객기에 대해 남들과 반대되는 의견을 냈다.

영국 정부의 조사단은 결국 안전에 관한 트립의 생각이 옳았음을 확인했다. 사고 원인은 독특한 창문 디자인에 따른 '금속 피로'로 밝혀졌다. 경제적인 문제는 비행기 디자인을 바꿔 해결할 수 있었다. 코밋은 비행 거리가 너무 짧고, 좌석 수(44석)가 너무 적으며, 연료 소비가 너무 많았다.

트립은 다시 보잉을 찾아갔다. 당시 보잉은 '707'이라는 민간 제트기 시제품을 이미 개발해놓은 상태였다. 트립은 보잉 707기가 코밋과 똑같은 문제점을 안고 있다는 사실을 즉시 알아챘다. 트립은 중간 기착 없이 대서양을 횡단할 수 있는 제트기를 원했다. 그는 공손히 재설계를 주장했다. 보잉은 꿈쩍도 하지 않았다. 이미 보잉 707기 시제품을 만드는 데 수백만 달러를 투자했는데 이제 와 폐기할 수는 없었다.

결국 트립의 팀은 보잉의 가장 큰 경쟁사인 더글러스의 설립자 도널드 더글러스Donald Douglas를 설득해 트립이 원하는 제트기를 만들고자 샌타모니카로 떠났다. 더글러스 역시 거절했다. 더글러스로서는 다른 항공사들 모두 자사의 시장 1위 프로펠러 비행기 DC-7을 주문하고 있었기 때문에 제트기를 제조해야 할 이유가 없었다. 그러나 트립은 포기하지 않았고 결국 더글러스에게서 제안서를 받아냈다. 디자인은 보잉의 것과 비슷했다. 그 정도로는 안 됐다. 트립은 문제가 엔진이라는 사실을 깨달았다. 프랫앤드휘트니의 J-57 엔진은 업계 최고였지만 무기착 대서양 횡단을 할 수는 없었다. 그래서 트립은 린드버그를 포함한 직원들을 프랫앤드휘트니로 보냈다.

프랫앤드휘트니에 도착한 린드버그 팀은 최대 50퍼센트 더 많은 동력을 생산해 연료 효율을 극적으로 향상시킬 수 있는 새로운 고압축 기술이 적용된 엔진이 시험 단계에 있다는 사실을 알게 됐다. 그 정도면 될 것 같았다. 하지만 사용하기에는 아직 한참 더 준비해야 했고, 여전히 군의 기밀 목록에도 올라 있었다.

트립은 프랫앤드휘트니의 설립자이자 회장인 프레더릭 렌츨러Frederick Rentschler에게 군대 기밀 문제는 본인이 해결할 테니 새 엔진을 공개해달라고 요청했다. 그러나 답은 확고하게 '안 된다'였다.

해당 엔진은 아직 실험 단계였고 렌츨러는 현재 갖고 있는 엔진 주문을 처리하기에도 힘이 달렸다.

이쯤이면 포기할 만도 한데, 바로 그때 트립은 사업상 기적을 일궈낸다. 그의 경력상 가장 큰 마지막 기적이었다. 전설적 사업가·비즈니스맨들이 경영하는 전 세계적으로 가장 성공한 제조사 세 군데가 자신을 실망시켰지만, 트립은 그 모두의 생각을 바꿔놓는다.

먼저 트립은 영국의 엔진 제조사 롤스로이스Rolls-Royce와 대화를 시작했다. 롤스로이스도 비밀리에 차세대 제트엔진을 연구 중이었다. 트립의 계획대로 프랫앤드휘트니의 렌츨러는 이들이 논의를 진행 중이라는 얘기를 듣게 된다. 렌츨러는 긴급 내부 회의를 소집했다. 프랫앤드휘트니가 팬암과의 사업을 잃을 여력이 되는가? 저들이 엔진 개발에 속도를 낼 수 있을 것인가?

얼마 후 트립은 렌츨러에게 전화를 걸어 새로운 제안을 했다. 팬암이 엔진을 직접 구매하겠다는 것이었다. 항공사가 엔진을 넣을 비행기도 없이 엔진부터 구매한다고? 바로 그랬다. 트립은 120개가 필요하다고 했고, 그건 4000만 달러어치의 주문량이었다. (1950년대라는 사실을 감안하자. 이 금액은 팬암의 연간 수입의 네 배에 해당하는 엄청난 규모였다.) 렌츨러는 최종 결정을 내렸다. "좋소." 트립은 이제 새 엔진이 생겼다.

다음으로 트립은 시애틀로 날아갔다. '이제 엔진이 있으니 보잉은 우리가 원하는 비행기를 만들어주겠는가? 없다면 다른 곳을 찾아보겠다.' 보잉 회장 빌 앨런Bill Allen은 트립이 허풍을 친다고 봤다. 답은 여전히 '안 된다'였다. 그래서 트립은 곧장 샌타모니카로 날아갔다.

'우리가 엔진을 갖고 있으니 더글러스가 비행기를 만들어주겠는가?' 더글러스는 트립이 이미 엔진을 갖고 있다는 것은 '모든 것을 걸었다'는 뜻이며, 어딘가에서 제조사를 찾아내 비행기를 만들 가능성이 크다는 사실을 깨달았다. 그 비행기는 세계에서 가장 훌륭한 비행기가 될지도 몰랐다. 더글러스는 항복했다. 더글러스는 트립의 설계대로 DC-8이라는 비행기를 만들어주겠다고 했다. 트립은 25대를 주문하기로 약속하면서 더글러스에게 발표를 미뤄달라고 했다.

트립은 다시 시애틀로 날아가 보잉 팀을 만났다. 그리고 그들의 제안을 수락했다. 트립은 자신이 원하는 것보다 더 작은 비행기인 보잉 707기 20대를 사겠다고 했다. 사실 보잉 707기는 대서양을 횡단할 수 없었다. 트립은 더글러스에 비행기를 주문한 이야기는 하지 않았다. 보잉 팀은 축배를 들었다. "고집스럽기로 유명한 트립을 설득하는 데 성공하다니!"

트립은 합동 언론 홍보 시기를 정했다. 1955년 10월 14일 보잉 회장 빌 앨런과 더글러스 회장 도널드 더글러스는 《월스트리트 저널》을 펼쳐보고 서로가 받은 주문 내용을 알게 됐다. 나중에 보잉의 빌 앨런은 "지진 피해의 희생자가 된 기분"이었다고 말했다. 《월스트리트 저널》을 읽는 누구에게나 메시지는 분명했다. 팬암이 더글러스의 우월한 비행기를 25대, 보잉의 열등한 비행기를 20대 주문한 것이었다. 앨런은 트립에게 전화를 걸어 패배를 인정했다. 그는 트립이 원하는 설계대로 만들어주겠다고 했다. 보잉이 2등 회사가 될 수는 없는 노릇이었다.

이제 두 제조사는 트립의 설계대로 최고의 비행기를 만들기 위해

팬암, 제트기 시대를 열다.

경쟁하는 신세가 됐다. 다른 항공사들도 프로펠러 비행기 계약을 폐기하고 서둘러 새로운 제트기를 주문하기 시작했다. 트립은 그때까지 비즈니스 역사상 가장 큰 판돈을 걸고 포커 게임을 벌였고(유례없는 민간 제트기를 2억 6900만 달러어치 주문했다), 승자가 됐다.

완성된 보잉 707기와 더글러스 DC-8은 여행 문화를 바꿔놓았다. 역사상 처음으로 중산층 가정이 하루 안에 편리하게 해외로, 심지어 다른 대륙으로 여행할 수 있게 됐다.

팬암과 트립은 제트기 시대에 올라타 프랜차이즈의 수레바퀴를 점점 더 빠르게 돌렸다. 보잉 707기의 첫 비행 이후 7년 만인 1965년까지 운행편은 400퍼센트 이상 증가했고, 순이익은 1000퍼센트가 넘게 성장했다. 트립은 사업부를 늘려 인터콘티넨털 호텔 Intercontinental Hotels 사업부와 비즈니스 제트기 사업부를 만들었다. 그는 뉴욕의 파크 애비뉴에 세계에서 가장 큰 사무용 건물을 발주했다. 공군에서 장거리 미사일 개발 사업에 참여해달라는 요청이 들어왔기에 트립은 유도미사일 사업부를 개설했다. 그리고 얼마 뒤에는 항공우주 사업부가 아폴로의 달 착륙 계획을 지원했다. 1968년부터 1971년까지 팬암은 달 여행 계획을 앞두고 9만 3005명의 예약을 받았다.

프랜차이즈는 성장하고 있었다. 말 그대로 '달'까지 닿을 기세였다.

어느 순간 멈춰버린 성공 공식

그러다가 트립은 새로운 유형의 엔진에 관한 이야기를 들었다. 또한 번의 룬샷처럼 보였다. 최대 이륙 중량을 '네 배'나 높일 수 있는 기술이었다. 새로운 바이패스 제트엔진을 장착하고 전면에 추가 프로펠러까지 달면, 보잉 707기보다 2.5배나 많은 500명에 가까운 승객을 한 번에 태울 수 있었다. 재즈 시대가 아니라 이제 제트기 시대의 음악이 계속 울려 퍼지고 있었다. 하늘의 바퀴는 계속 돌아갔다. 프랜차이즈는 제품형 룬샷을 키우고, 제품형 룬샷은 다시 프랜차이즈를 키웠다. 더 크게, 더 빨리, 더 많이. 트립은 그걸 이루고 싶었다.

전설의 첫 계약이 있은 지 10년이 지난 1965년 8월, 여전히 보잉 회장이던 빌 앨런과 트립은 부부 동반으로 알래스카에 연어 낚시를 갔다. 트립이 앨런에게 새로운 엔진과 자신이 갖고 싶은 비행기에 관해 이야기했다.

트립이 말했다. "만들어주시면, 살게요."

앨런이 대답했다. "사겠다면, 만들어드리지요."

12월 22일 두 사람은 또 한 번 당시 역사상 가장 큰 기업 거래 계약서에 서명했다. 보잉이 새로운 혁신적 모델의 비행기 25대를 만들어주는 데 5억 2500만 달러를 지불하는 계약이었다. 프로젝트 이름은 앨런이 붙였다. '보잉 747.'

2.5배로 늘어난 좌석을 채우려면 2.5배의 승객이 필요했다. 팬암은 해외여행을 꽉 잡고 있었으나 점점 영향력이 약해지고 있었다. 의회는 팬암의 1950년대 해외 노선에 대한 독점금지법 위반 여부에 대한 조사에 착수했다. 대중은 정부가 소비자가 아니라 업계 거물을 비호하고 있다며 불평했다. 가장 큰 불만의 목소리 중 하나는 신생 기업들로부터 나왔다. 텍사스 항공Texas Air, 브래니프Braniff, 그리고 나중에는 사우스웨스트 항공Southwest Airlines까지 항공 규제에 불만을 내비쳤다.

신생 기업들은 또한 업계에 새로운 아이디어를 도입했다. 거점이 되는 곳에 허브 공항을 운영하고, 2차 공항으로 날아가서 적하와 재적재에 걸리는 시간을 20분까지 줄였다. 샘 월턴이 도시에서 한참 떨어진 곳에 초대형 매장을 설치했을 때처럼 여기에는 획기적인 신기술이 전혀 필요하지 않았다. 그저 아무도 생각지 못한 전략상의 작은 변화가 대단한 결과를 냈다. 항공 업계에 전략형 룬샷들이 등장하기 시작한 것이다.

보잉 747이 첫 승객을 태운 것은 1969년 1월이었다. 그때부터 이미 음악은 멈췄으나, 팬암은 눈치채지 못했다. 팬암은 2억 달러를 더 주고 보잉 747 여덟 대를 더 주문했다. 그리고 뉴욕 케네디 공항에 새로운 터미널을 만드느라 1억 달러를 펑펑 썼다. 경쟁자들이 전략형 룬샷을 키우고 있을 때 팬암은 프랜차이즈를 두 배로 늘렸다. 그런 전략형 룬샷에서 나온 희미한 빛은 그 시대 가장 반짝이는 제품형 룬샷, 즉 '보잉 747'이라는 점보제트 여객기에 비하면 아무것도 아닌 것처럼 보였다.

적어도 규제 철폐 조치가 나오기 전까지는 그랬다. 효율성을 향상하고 비용을 낮춘 작은 변화들(반짝이지 않고 지루해 보이는 조치)이 갑자기 생존의 열쇠가 돼버렸다. 사우스웨스트 항공 같은 신생 기업이나 로버트 크랜들의 아메리칸 항공 같은 대형 항공사가 양성한 이런 전략형 룬샷들이 순식간에 업계로 확산됐고, 준비되지 않은 항공사들을 멸절시켜버렸다.

규제 철폐 이후 팬암은 꾸준히 하락세에 접어들어 다시는 회복하지 못했다. 8년 동안 내리 적자를 보았지만 회사가 도산하지 않은 이유는 조금씩 회사의 자산을 내다 팔았기 때문이다. 뉴욕에 있는 사무용 건물, 호텔 사업, 중국으로 가는 마법의 노선, 케네디 공항에 지은 새 터미널. 그러다가 결국은 더 이상 팔 것도 남지 않은 때가 왔다.

1968년 봄, 트립은 돌연 은퇴를 선언했다. 그때가 이미 예순여덟 살이었으니 어쩌면 지쳤던 것일 수도 있다. 아니면 엔진과 프랜차이즈에서 눈을 떼고 고개를 들어보니, 본인이 41년간이나 출연한 영화의 테마송이 더 이상 울리지 않는다는 사실을 깨달았을 수도 있다. 그는 1981년에 죽었다. 회사의 쇠락을 지켜보았으나 최후를 목격하지는 않았다.

회전문을 오가듯 새로운 CEO들이 들어왔다가 나갔다. 그러나 팬암은 이미 경직돼 있었다. 상전이 단계를 이미 지난 상태였다. 팬암은 프랜차이즈만 키울 수 있었고, 더 이상 룬샷을 육성할 수 없었다. 3억 7400만 달러를 들여 미국의 국내 항공사와 내셔널 항공National Airlines을 인수하고 수십 개의 새로운 노선을 추가하며 프랜차이즈를 키우려 한 CEO도 있었다. 30억 달러로 노스웨스트 항공을 사들이려고 한 CEO도 있었다. 하지만 굳어버린 조직을 바꿀 수 없었다.

1991년 12월 '팬 아메리칸 월드 항공'은 더 이상 세상에 존재하지 않았다.

- - - - - - - - - - - - - - - **핵심 정리** - - - - - - - - - - - - - - -

나의 맹점을 직시하라

팬암의 죽음이 놀랍기는 해도 특별한 경우는 아니다. 후안 트립 같은 제품형 룬샷의 대가들이 이끈 기업은 거의 모두가 그런 충격을 받는다. 규제 당국이 되었든, 새로운 경쟁자가 되었든 갑작스러운 변화가 출현하는 순간 음악은 뚝 그치게 마련이다. 더 이상 룬샷-프랜차이즈 선순환이 작동하지 않는다. 바퀴가 한 바퀴만 더 돌아도 그 많은 보잉 747을 아무도 타려 하지 않는다. 반면 자체 룬샷을 계속 키워오다 그중 하나라도 새롭게 바뀐 세상에 꼭 맞는 것이 있는 경쟁자는 게임을 계속 이어간다.

아메리칸 항공의 로버트 크랜들을 비롯해 경쟁자들의 전략형 룬샷이 트립의 맹점을 덮쳤고 거인을 쓰러뜨렸다. 이런 일은 그 어느 업계에서든, 기업에서든, 팀에서든 벌어질 수 있다.

예를 들어 전설적인 IBM의 하드웨어 사업 80년 역사가 1990년대에 붕괴된 것은 전형적인 제품형 룬샷의 사례처럼 들릴지 모른다. 신기술(개인용 컴퓨터)이 구기술(메인프레임 컴퓨터)을 대체하면서 챔피언(IBM)을 완패시켰다고 말이다. 하지만 진실은 그렇지 않았다. 메인프레임 컴퓨터계의 다른 '모든' 경쟁자와는 달리 IBM은 신기술에 통달해 있었다. IBM은 자사의 첫 번째 개인용 컴퓨터를 출시하고서 3년 만인 1981년 매출 50억 달러를 달성하며 시장점유율 1위를 차지했다. 애플, 탠디Tandy, 코모도어Commodore, 덱DEC, 허니웰Honeywell, 스페리Sperry 등 모든 기업이 저 멀리 뒤처지거나 문을 닫았을 때 말이다.

팬암이 국제 여행을 장악했던 것처럼 IBM은 수십 년간 컴퓨터 업계를 지배했다. 1981년 IBM이 올린 130억 달러의 매출은 2위부터 일곱 개 경쟁사의 매출을 합한 것보다 많았다(컴퓨터 업계를 흔히 'IBM과 일곱 난쟁이'라고 불렀다). 트립이 새로운 제트엔진에 뛰어들었던 것처럼 IBM도 새로운 사업(개인용 컴퓨터)에 뛰어들었다. IBM은 컴퓨터 세상을 지배하고 있었기에 개인용 컴퓨터의 핵심 요소 두 가지, 즉 소프트웨어와 마이크로프로세서를 각각 마이크로소프트와 인텔Intel 이라는 작디작은 기업에서 아웃소싱했다.

마이크로소프트는 직원이 고작 32명이었다. 인텔은 살아남기 위해 현금 수혈이 절박했다. 하지만 IBM은 이내 알게 된다. 개인 구매자들은 컴퓨터 박스에 적힌 브랜드보다는 친구들과의 파일 교환에 더 관심이 있다는 사실을 말이다. 파일 교환을 쉽게 하려면 중요한 것은 컴퓨터를 조립한 회사의 로고가 아니라 소프트웨어와 마이크로프로세서였다. IBM은 전략형 룬샷의 변화를 놓쳤다. 변화는 고객들이 중시하는 지점이 바뀐 데서 비롯했다.

마이크로소프트의 소프트웨어와 인텔의 칩을 발 빠르게 도입한 복제품이 시장에 쏟아져 나오자 IBM의 시장점유율은 훅훅 줄어들었다. 1993년 IBM은 81억 달러의 적자를 기록했다. 창립 후 최대 규모의 적자였다. 그해에만 10만 명의 직원을 내보냈다. 역시 창립 후 최대 규모의 해고였다. 10년 뒤 IBM은 남아 있던 개인용 컴퓨터 사업 전체를 레노버Lenovo에 매각했다.

한때 IBM의 조그만 공급자였던 마이크로소프트와 인텔의 현재 시가총액을 합하면 1조 5000억 달러에 육박한다. IBM의 열 배 이상이다. IBM은 제품형 룬샷을 정확히 예측해 전투에서 승리했다. 그러나 소프트웨어 표준이라는 중요한 전략형 룬샷을 놓침으로써 전쟁에서 패배했다.

자신의 맹점에 유의하라는 것은 중요한 교훈이다. 하지만 훨씬 더

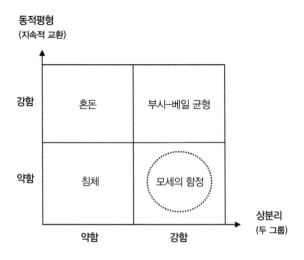

동적평형
(지속적 교환)

	강함	혼돈	부시–베일 균형
약함	침체	모세의 함정
	약함	강함

상분리
(두 그룹)

큰 교훈이 있다. 이 교훈이 바로 1장 끝부분에서 보았던 4사분면, 즉 '함정'으로 가는 열쇠다.

41년간 후안 트립은 산 정상에 서서 룬샷을 지목했다. 자신의 프랜차이즈를 성장시켜줄지 모를 신기술이나 제품형 룬샷(더 빠른 엔진이나 항법 시스템 같은 것들)을 보면 그는 그것들을 꼭 가져야 했다. 이성적인 그 어떤 전략으로도 더 크고, 더 빠르고, 더 많은 것을 정당화할 수 없을 때조차 그는 그것들을 가져야만 했다.

이것을 **모세의 함정**Moses Trap이라고 부르자. 현장의 병사와 벤치의 예술가 사이에 오가는 균형 있는 아이디어와 피드백을 통해 가장 유리한 룬샷을 고르는 게 아니라, 오직 신성한 리더의 뜻에 따라 아이디어가 정지될 때, 팀이나 기업은 함정에 빠진다. 리더는 자신의 보좌진을 승진시키고, 바다를 갈라 선택받은 룬샷을 위한 길을 낸다.

위험한 선순환의 주기는 점점 더 빨라진다. 룬샷과 프랜차이즈는 서로를 더 크게, 더 빨리, 더 많이 키운다. 전지전능한 리더는 전략상의 이점을 바탕으로 움직이는 게 아니라 룬샷에 대한 애정에 따라 행동하기 시작한다. 그러다가 바퀴가 헛도는 일이 일어난다.

리더와 그 추종자들은 팬암처럼 달을 향해 팔을 뻗다가 날개가 꺾일 수도 있다. 아니면 정반대로 더 높은 곳까지 오를지도 모른다. 우리가 다음 장에서 보게 될 어느 모세처럼 말이다.

4장

눈먼 선지자

이런 장면을 한번 상상해보라. 동굴처럼 거대한 창고에 대중적 인기를 한 몸에 받고 있는 소비자 기술 기업의 열렬한 추종자들이 한가득 들어차 있다. 카리스마 넘치는 CEO가 성큼성큼 무대 위로 걸어 나온다. CEO의 손에는 1년 넘게 소문만 무성하던 신제품이 들려 있다. 군중의 소리는 잦아들고 CEO는 신제품을 높이 치켜든다. 무대 뒤에서는 이 순간만을 위해 몇 주 동안 준비해온 직원들이 숨죽이고 있다. CEO가 버튼을 누른다. 신제품이 작동하고 군중은 열광한다. 신제품과 CEO는 모든 뉴스 잡지의 표지를 장식한다. 《타임》은 이 제품이 "깜짝 놀랄 기술적 업적"이라고 선언한다. 《포춘》은 이 제품이 "업계 역사상 가장 놀라운 성취 중 하나"라고 말한다. CEO는 이

제품이 어마어마한 히트작이 되어 업계를 혁신할 거라고 약속한다. "일단 한번 써본 사람은 절대로 손에서 놓을 수 없을 겁니다!"

스티브 잡스가 아이폰을 소개하는 장면 같은가? 아니다. 이 사람은 에드윈 랜드Edwin Land다. 랜드는 폴라로이드사Polaroid Corporation 의 상징과도 같은, 피라미드 모양의 접이식 즉석 컬러 인화 카메라, 폴라로이드 SX-70을 소개하는 중이다. 지금으로부터 거의 반세기 전인 1972년이었다.

30년간 폴라로이드의 연구진은 노벨상급의 획기적인 돌파구를 계속해서 만들어냈다. 그들은 새로운 기술을 만들어냈다. 그것은 이전에 보았던 그 무엇과도 달랐고, 불가능을 가능으로 돌려놓았다. 바로 '즉석 컬러 인화' 기술이었다. 연구진은 컬러사진에 대한 새로운 이론을 만들어내 우리가 뇌를 이해하는 방식을 바꿔놓았다. 또한 빛의 구성 성분들을 분리해내는, 수백 년 묵은 문제를 해결했다. 이 기술은 지금도 세상 모든 스마트폰 디스플레이와 컴퓨터 모니터에 적용되고 있다. 전성기의 폴라로이드는 주식시장의 군계일학이었다. 광분한 팬들이 계속해서 주식을 사들이는 바람에 매년 최고가를 경신했다.

그러다가 무언가 바뀌었다. 마법은 빛이 바랬다. 폴라로이드는 내리막을 타더니, 부채에 시달렸고, 결국 파산했다.

후안 트립은 조그만 에어택시 서비스로 시작해 거대한 제국을 건설했다. 에드윈 랜드는 빛의 숨겨진 속성에 주목해 유명한 제국을 세웠다. 두 제국은 비슷한 사이클을 따라가다가 비슷한 종말을 맞았다. 룬샷은 프랜차이즈를 성장시키고, 그 프랜차이즈는 다시 더 많은 룬샷을 양성했다.

그러나 최근 공개된 문서들을 보면 랜드에게는 또 다른 삶이 있었다. 그 삶이 이 사이클의 끝에서 '모세의 함정'에 새로운 빛을 던져준다. 과연 함정에서 어떻게 탈출할지 그 단서를 찾아보자.

스티브 잡스가 사랑한 남자

빛 한 줄기에는 세 가지 속성이 있다. 바로 방향, 강도, 색상이다. 그런데 빛에는 숨겨진 네 번째 속성이 있는데 이를 '편광偏光'이라고 한다. 땅 위에 수평으로 날고 있는 드론 한 대를 상상해보자. 드론은 날개를 땅과 수평으로 놓을 수도 있고, 90도로 돌릴 수도 있고, 그 사이의 어떤 각도로든 둘 수 있다. 빛의 편광은 바로 이 드론의 날개처럼 작용한다. 바닥과 평행하게 움직이는 빛줄기는 수평, 수직 또는 그 사이의 어떤 각도로든 편광을 가질 수 있다. 다만 우리의 눈은 편광을 감지할 수 없기 때문에 편광은 눈에 보이지 않는다.

'폴라로이드'라는 회사명은 이제 그들이 생산하는 제품과 동의어가 됐지만, 에드윈 랜드가 폴라로이드를 세운 것은 이 숨은 빛의 속성을 활용할 수 있는 놀라운 용도를 발명한 덕분이었다.

영화 '스타워즈' 시리즈의 팬이라면 〈스타워즈 에피소드 5: 제국의 역습The Empire Strikes Back〉(1980)에 나오는 소행선 장면이 기억날지 모르겠다. 제국의 전투기들이 한 솔로가 조종하고 츄바카, 레아 공주가 함께 타고 있는 밀레니엄 팰컨호를 뒤쫓는다. 한 솔로는 추적을 피해 소행성 지대로 진입한다("살 수 있는 거냐고는 묻지 마!"). 그리고 어느 소행성의 커다란 동굴로 깊숙이 들어가 우주선을 착륙시킨 후 제국의 추적에서 벗어나기를 기다린다. 셋은 밖으로 나와 주위를 둘러보다가 '동굴'이 동굴이 아님을 순식간에 깨닫는다. 셋은 미친 듯이 달려서 다시 팰컨호로 돌아가 우주선을 출발시키고는, 빠르게 닫히고 있는 뾰족한 이빨을 향해 전속력으로 날아간다. 셋은 거대한 벌레(정확한 이름은 '엑소고스')의 입속에 내려앉았던 것이다. 팰컨호는 납작한 모양이고 벌레의 이빨들은 수직으로 뾰족뾰족하다. 마지막 순간 한 솔로는 우주선을 90도 비틀어서 비좁은 이빨 사이를 빠져나오고, 등 뒤로 벌레의 턱이 쾅 닫힌다.

편광 필터는 이 벌레의 이빨 같은 작용을 한다. 수직으로 된 필터는 수직으로 편광된 빛만 통과시킨다. 즉 세로로 선 팰컨호는 통과할 수 있지만 가로로 선 팰컨호는 통과할 수 없다.

랜드는 여름 캠프의 교관이 되어 '아이슬란드 크리스털'(천연 편광자偏光子, 자연광을 직선 편광으로 바꾸는 소자)을 이용해 테이블 위의 빛을 사라지게 만들었던 열세 살 때부터 자기만의 편광자를 만들고 싶었다. 100년간 사람들은 빛의 신비를 풀기 위해 실용적인 편광자를 만들어보려 했으나 아무도 성공하지 못했다. 나중에 랜드는 이렇게 말한 것으로 유명하다. "엄연히 중요하면서도 달성이 거의 불가능한 목표가 아니라면, 시작도 하지 마라." 그에게는 그 여름이 시작이었다. 그는 베개 밑에 《물리 광학Physical Optics》이라는 책을 넣어두고 잠이 들었다. 그는 이 책을 "선조들이 성경 읽듯 밤마다" 읽었다.

열일곱 살 때 랜드는 하버드 대학교에 등록했다. 몇 달 뒤 그는 학교를 떠났는데 아무런 야망도 없는 부유한 아이들에 둘러싸여 있는 게 따분해서 그랬다고 한다. 랜드는 뉴욕으로 옮겨 갔다. 아버지는 회의적이었으나 랜드는 꿈을 좇을 수 있게 대학 등록금을 계속 내달라고 아버지를 설득했다(그 조건 중 하나로 랜드는 뉴욕 대학교에 한 학기 등록하기로 했다). 랜드는 타임스 스퀘어 바로 옆에 방 한 칸을 빌리고 지하실에 작은 실험실을 꾸려 밤낮없이 자신의 아이디어를 탐구하기 시작했다. 훗날 랜드는 이렇게 말했다. "하버드 비즈니스 스쿨에서 알려주지 않는 법칙이 있다. 무언가 할 만한 가치가 있는 일이라면, 지나치리만큼 할 가치가 있다." 랜드는 집요하게 매달렸으나 그가 가진 편광자 아이디어에 어떤 행운도 따라주지는 않았다.

불가능한 도전과 마주한다면 어디로 가야 할까? 3장에서 보았듯이 42번로에 있는 뉴욕 공립도서관 본관으로 가야 한다. 이곳에서 랜드는 광학에 관해 찾아낼 수 있는 책이란 책은 모조리 뒤졌다. 그가 고용한 헬렌 테러 메이슬런Helen Terre Maislen이라는 젊은 연구 조교도 함께 갈 때가 많았다. 트립과 마찬가지로 랜드도 오래된 서적 귀퉁이에서 단서를 찾아냈다.

기생충 치료를 위해 퀴닌quinine을 먹인 아픈 개는 소변에 이상한 형태의 결정이 나타난다. 헤라파타이트herapathite라고 하는 그 미세한 결정들이 알고 보니 지금까지 발견된 가장 질 높은 편광자였다. 과학자들은 19세기 중반부터 이 결정을 키워서 쓸모 있는 편광자를 만들어보려고 수십 년간 노력했지만 실패했다. 그 작은 결정들이 너무나 쉽게 부서졌기 때문이다. 결국 그 분야 학자들도 포기한 상태였다. 이 발견은 물리학 교과서와 《브리태니커 백과사전》에서 삭제됐고,《웹스터 사전》은 '헤라파타이트'라는 단어를 '폐어廢語'로 표시했다. 머지않아 랜드가 보여주겠지만, 아직 설명되지 않은 실험들의 공동묘지는 '가짜 실패'를 찾아낼 수 있는 훌륭한 장소다.

랜드는 미친 아이디어를 생각해냈다. '이 작은 결정 수백만 개를 끈적거리는 반죽(그는 니트로셀룰로스 래커nitrocellulose lacquer를 사용했다)에 집어넣어 일렬로 줄 세울 방법을 찾자.' 몇 번의 실패 끝에 랜드는 자석으로 작은 쇳가루를 정렬하는 것처럼 자기장을 이용해 결정들을 줄 세워 보기로 했다. 랜드는 컬럼비아 대학교의 어느 물리학 실험실에 강력한 자석이 있다는 정보를 알고 있었다. 컬럼비아 대학교 학생이 아니어서 학교 시설을 이용할 수 없었던 랜드는 몰래 이 건물에 침입해 벽을 타고 6층 창턱까지 올라간 후 창문을 통해 실험실에 들어갔다. 그는 시커먼 결정 반죽을 동전 크기의 플라스틱 통 안에 얇게 펴서 넣어 왔다. 그 통을 자석 가까이 가져가자마자 시커먼 통이 투명해졌다. 자석이 마법을 부렸다. 미니어처 결정들을 정렬해 빛이 통과하게 만든 것이다. '편광.' 수백만 개의 미니어처 '밀레니엄 팰컨호'들이 플라스틱 통을 향해 달렸으나 수직으로 세워진 것들만 그 사이를 빠져나왔다.

나중에 랜드는 이렇게 말했다. "단연코 내 인생에서 가장 흥분되는 사건이었습니다." 그는 세계 최초로 인공 편광자를 만들어냈다. 그가 열아홉 살 때의 일이다.

이듬해 랜드는 하버드 대학교로 돌아갔다. 두 달 뒤엔 연구 보조원이었던 테러와 결혼했다. 랜드는 이제 실험실을 이용할 수 있었지만 테러는 아니었다. 당시에는 여자가 실험실에 들어가는 게 허용되지 않았다. 그래서 랜드는 테러를 물리학 실험실에 몰래 들이곤 했다. 얼마 후 랜드는 다시 마음이 요동쳤다. 2년 뒤 그는 학계를 떠나 새로이 회사를 차렸다. 머지않아 '폴라로이드'라고 알려질 회사였다.

사라진 물고기

랜드가 처음에 떠올린 사업 아이디어는 자신의 신기술을 이용해 자동차 헤드라이트에서 나오는 불빛을 차단하는 것이었다. 당시 헤드라이트 불빛 때문에 매년 고속도로에서 수천 명이 목숨을 잃었다. 랜드는 모든 자동차의 헤드라이트와 앞유리에 45도 필터를 칠해놓으면 운전자가 자신의 헤드라이트에서 나오는 빛은 볼 수 있지만 맞은편에서 오는 차량의 불빛에는 방해를 받지 않을 것임을 깨달았다.

왜인지 이해하려면 어린아이가 비행기 흉내를 내면서 앞으로 달려오는 장면을 떠올려보면 된다. 아이는 왼쪽 팔은 땅을 향해 45도 아래로 쭉 뻗고, 오른쪽 팔은 하늘을 향해 45도 위로 쭉 펼치고 있다. 그런데 두 번째 아이가 똑같은 자세를 한 채로 첫 번째 아이를 향해 달려온다고 생각해보면 이 아이의 팔은 첫 번째 아이와 정확히 수직이 된다(팔 네 개가 겹쳐지면 X 자가 된다). 교차 편광을 이루는 맞은편 차의 불빛은 내 차 앞유리를 통과하지 못한다. 납작한 배가 수직으로 뻗은 절벽 사이를 통과하지 못하는 것과 같은 이유다. 랜드는 20년 동안 자동차 제조사들을 찾아다니며 이 아이디어를 채택해달라고 부탁했으나 단 한 곳도 설득할 수 없었다.

그러는 동안 랜드는 편광렌즈의 놀라운 이점을 하나 발견했다. 수평인 표면(예컨대 잔잔한 호수나 눈밭)에 반사된 햇빛은 수평으로 편광되는 경향이 있다. 그렇게 반사된 빛을 세로 틈이 있는 필름을 코팅한 렌즈에 통과시키면 단순히 색깔만 칠한 렌즈보다 훨씬 더 효과적으로 빛이 차단됐다. 결과는 놀라울 정도였다.

1934년 7월 자동차 제조사들이 아직 갑론을박하며 랜드의 헤드라이트 아이디어를 거절하고 있을 때, 랜드는 유리 제조사인 아메리칸 옵티컬American Optical과 보스턴에 있는 코플리 호텔에서 미팅을 잡았다. 랜드는 약속 장소에 일찍 도착했다. 호텔을 방문한 어느 손님이 보았더라면 말쑥하게 차려입은 청년의 눈빛이 마치 무언가를 꿰뚫는 듯했다고 말했을 것이다. 폴라로이드 초창기의 어느 직원은 랜드를 처음 만난 경험을 이렇게 설명했다. "[랜드는] 내 머릿속을 들여다볼 수 있는 것 같았다. 잠깐 누군가가 내 머릿속에 들어 있는 것을 훑어보는 느낌은 정말로 흥미로웠다." 반짝이는 두 눈에 단단한 턱을 가지고 어두운색 머리카락에 가르마를 타서 매끈하게 넘긴 랜드의 모습은 마치 영화배우 같았다. 캐리 그랜트Cary Grant가 무언가에 몰두한 천재 역할을 맡았다고 상상해보면, 그게 바로 에드윈 랜드였다.

코플리 호텔에 도착한 랜드는 금붕어 어항을 들고 있었다. 랜드는 안내 데스크에 있는 직원에게 지는 해를 볼 수 있게 서쪽으로 창이 난 방을 잡아달라고 부탁했다. 그다음에 벌어진 일을 어느 저널리스트는 다음과 같이 묘사했다.

벨보이가 나가고 랜드는 햇빛을 잘 받을 수 있게 어항을 창틀에 올려놓았다. 이어 뒤로 물러나 한번 살펴본 뒤 반사된 빛이 더 선명히 보이게 어항의 위치를 바꿨다. 그리고 초조하게 방 안을 오가며 누군가 방문을 두드리기를 기다렸다.

손님인 아메리칸 옵티컬의 직원이 도착하자마자 랜드는 그를 창가로 데려가 어항 속을 한번 보라고 했다.

랜드가 물었다. "물고기가 한 마리라도 보이나요?"

남자는 미간을 찡그리며 고개를 저었다. 물에서 반사된 빛이 너무 눈부셨다.

"다시 한 번 보세요." 청년은 그렇게 말하더니 어항 앞에서 연기에 그을린 셀로판지 같은 것을 한 장 들어 보였다.

눈부심이 마법처럼 사라지더니, 유유히 헤엄치고 있는 물고기의 작은 비늘 하나하나까지 선명하게 보였다. 손님은 (…) 시중에 나와 있는 선글라스라는 선글라스는 모두 다 아는 사람이었지만 이런 것은 한 번도 본 적이 없었다.

랜드는 첫 계약을 따냈다. 선원, 항공기 조종사, 스키 애호가를 비롯해 야외 활동을 하는 사람이라면 너도나도 '편광 선글라스'를 사 갔다. 폴라로이드의 첫 번째 히트 상품이었다.

이후 군에서는 햇빛의 눈부심을 제거하면 사수가 비행기나 탱크, 수면에 떠오른 잠수함을 더 잘 볼 수 있다는 사실을 알게 됐다. 육군과 해군이 '편광 고글' 수백만 개를 주문했다. 2차 세계대전 기간에 《뉴스위크Newsweek》 표지에 실린 패튼 장군도 폴라로이드 고글을 쓰고 있었다. 《라이프*Life*》에는 "전투에 나간 병사 둘 중에 한 명"이 폴라로이드 고글을 쓰고 있다는 기사가 실렸다.

그렇게 프랜차이즈의 씨앗이 자라났다.

이내 랜드는 편광 필터 두 장을 함께 사용하면 충격적이면서도 아주 쓸모 있는 무언가를 만들 수 있다는 사실을 깨달았다. 고글 앞면에는 수직 편광 필름을 코팅하고, 뒷면에는 고글의 프레임 안에서 회전시킬 수 있는 편광자를 설치한다. 뒷면의 편광자에 12시 방향으로 고글 밖으로 튀어나오는 조그만 손잡이를 붙인다. 이 손잡이가 12시 방향에 있으면 필터 두 개가 일렬이 되면서 앞에서 들어오는 모든 빛이 통과한다. 하지만 손잡이를 밀어서 3시 방향으로 최대 90도까지 뒷면의 편광자를 돌리면 점점 더 적은 빛이 통과하다가, 정확히 90도가 되는 순간(앞쪽 필터는 수직, 뒤쪽 필터는 수평이 된다) 아무런 빛도 통과하지 못하게 된다. 희미한 빛에서 밝은 빛으로 바뀔 때 조종사가 빠르게 적응할 수 있도록 해주는 이 명암조절 고글은 폴라로이드의 또 다른 히트 상품이 됐다.

도대체 이 기술이 어디에 쓰이길래 히트 상품이 됐느냐며 의아해할 수 있다. 우리가 노트북이나 스마트폰 혹은 LCD 화면을 통해 무언가를 볼 수 있는 것은 바로 이 기술 덕분이다. 약간씩 조정은 했더라도 그 모두가 에드윈 랜드의 발명품에서 시작한 기술이다.

서로 마주 보는 면에 미닫이문이 설치된 헛간이 있다고 생각해보자. 뒷문은 하나가 천장 쪽에서 내려오고 다른 하나가 땅 쪽에서 올라와 가운데서 만나며 수평으로 닫히는 식이다. 앞문은 각각 왼쪽과 오른쪽에서 밀려 나와 가운데서 만나며 수직으로 닫히는 식이다. 드

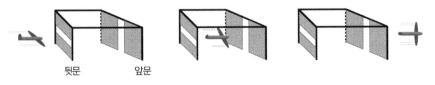

뒷문   앞문

편광 필터의 원리

론은 날개를 수평으로 두고 뒷문 틈으로 들어와, 헛간 안에서 몸통을 90도 돌려, 날개를 수직 방향으로 만들어 앞문으로 빠져나간다.

이제 이 헛간에 스위치가 달려 있다고 생각해보라. 스위치를 켜면 그 어떤 전자제품이든 먹통으로 만들 수 있다. 헛간 안에 들어온 드론은 몸통을 회전시키지 못한다. 뒷문에서 날개를 수평으로 펼쳐 들어온 드론이 계속 수평을 유지하다가 앞문에 가서 부딪힌다. 단 한 대의 드론도 헛간을 통과하지 못한다.

LCD 화면의 픽셀이 바로 이 헛간과 같은 원리로 작동한다.

LCD 화면 픽셀의 뒷면에는 수평 필터가 있고, 앞면에는 수직 필터가 있다. 드론과 달리 빛은 빈 공간을 통과할 때 스스로 회전하지 못하기 때문에 도움이 필요하다. 그래서 픽셀에는 액정liquid crystal이라고 하는 특별한 형태의 반죽이 채워져 있다. 액정은 아주 작은 이쑤시개 같은, 현미경을 사용해야 보이는 수십억 개의 미세한 막대로 이뤄져 있는데, 랜드가 처음 만들었던 편광자와 아주 유사하다. 하지만 이 경우에는 반죽의 앞뒤로 마치 샌드위치 빵처럼 뒷문 역할을 하는 수평 필터와 앞문 역할을 하는 수직 필터가 설치되어 있다. 뒷문 곁에 있는 이쑤시개들은 자동으로 수평으로 줄을 서고, 앞문 곁에 있는 이쑤시개들은 수직으로 줄을 선다. 그 중간에 있는 이쑤시개들은 4분의 1회전 나선계단 같은 모양을 형성하면서 앞쪽 및 뒤쪽과 연결되어 있다. 이 나선계단이 빛을 회전시키는 역할을 한다. 뒷면의 수평 틈으로 들어온 빛은 계단을 통과해서 편광이 4분의 1회전을 한 뒤 앞쪽의 수직 틈으로 나와 우리 눈에 들어온다. 헛간을 통과했던 드론처럼 말이다.

하지만 각 픽셀에는 아주 작은 디지털 스위치가 달려 있다. 스위치를 켜면 아주 작은 전기장이 만들어져 이쑤시개들을 흩뜨려 나선계단을 없애버린다. 그러면 아무런 빛도 통과할 수 없기에 픽셀은 어두워진다. 스위치를 끄면 나선계단이 복구되면서 픽셀에 다시 불이 들어온다. 이렇게 해서 디지털로 불을 켜고 끌 수 있는 픽셀이 생기는 것이다.

최초의 아이폰 화면에는 가로로 320개, 세로로 480개의 디지털

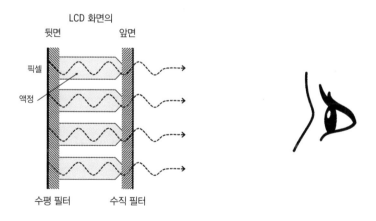

LCD는 편광과 두 가지 필터를 이용해서 빛을 켜고 끄는 픽셀을 만든다.

픽셀이 빽빽이 들어가 있었다. 오늘날 스마트폰 화면과 HDTV에는 200만 개 이상의 픽셀이 들어가 있다.

4장을 시작하면서 사람의 눈은 편광을 감지할 수 없다고 했다. 그런데 많은 사람들이 훈련을 통해 미묘한 신호 한 가지를 감지할 수 있는 것으로 드러났다. LCD 모니터의 흰색 영역을 쳐다보며 머리를 돌리면 희미하게 작은 노란색 모래시계 모양이 나타났다가 사라질지 모른다. 그 이미지는 하이딩거 브러시Haidinger's brush라고 하는 이상한 광학적 효과인데, 우리 눈의 뒷면에서 편광된 빛을 어렴풋이 감지했을 때 나타나는 것이다.

랜드의 편광 필터는 스마트 디스플레이와 이상한 속임수만 만들어낸 게 아니라, 신기하게도 예술가와 군인을 모두 흥분시킨 한 가지 기술을 탄생시켰다. 이 발견을 통해 랜드는 폴라로이드의 가장 유명한 발명품을 향해 나아가게 된다. 이는 가장 극단적인 형태의 '모세의 함정'을 보여주는 30년 여정의 시작이었다.

선지자, 에드윈 랜드

1920년대와 1930년대에 매사추세츠주 서부에 위치한 스미스 칼리지Smith College의 역사학 교수 클래런스 케네디Clarence Kennedy는 한 번 보면 자꾸만 생각나는 사진들을 만들어냈다. 조각상, 특히 이탈리아 거장들의 조각을 촬영한 사진이었다. 그의 사진이 원본 조각상보다 아름답다고 말하는 사람들도 있었다. 케네디는 뉴욕과 보스턴, 샌프란시스코에서 유명 컬렉션에 작품을 골라주기도 하고, 미술관이나 박물관에 자문을 제공하기도 했다. 이탈리아의 여러 도시는 그를 고용해 오래된 기념비적 작품들을 복원했다(2차 세계대전 당시 연합군이 이탈리아를 침공할 때도 어떤 작품을 피해야 하는지, 미국의 폭격 지휘관이 케네디에게 자문을 구했다). 동료의 말에 따르면 그는 완벽주의자였으나 "짜증 나는 유형은 아니었다".

1930년대에 케네디는 조각상 촬영술을 개선하는 데 집착하게 됐다. 2차원 이미지로 3차원 형상의 깊이와 아름다움을 표현할 수는 없을까? 그는 당시 사진 업계를 평정하고 있던 이스트먼 코닥Eastman Kodak의 연구진과 얘기를 나눴다. 연구진은 케네디에게 보스턴에 젊은 발명가가 한 명 있다고 알려주었다. 얼마 전 새로운 편광 필터를 발명해 명성이 날로 커지고 있는 청년이라고 했다.

랜드는 자신의 편광 필터를 이용하면 케네디의 문제점에 놀라운 해결책을 제시할 수 있다는 사실을 금세 알아차렸다. 어린 시절 장난감에서 영감을 얻은 해결책이었다. 어릴 적 랜드는 입체경을 가지고 놀았다. 쌍안경처럼 생긴 그 작은 장치를 들여다보면 3차원의 선박이나 다리, 동굴 같은 마법의 세계로 들어갈 수 있었다. "늘 앉던 서재 의자에 다리를 꼬고 앉아 있는데도 물이 뚝뚝 떨어지는 소리가 들릴 듯하고, 축축한 냄새가 나는 듯하고, 어둠이 무서워지는" 그런 세계였다.

쌍안경이 그런 세상을 만들어낼 수 있는 것은 양쪽 눈에 약간 다른 이미지를 보여주기 때문이다. 뇌는 양쪽 눈에 보이는 이미지의 차이를 이용해 깊이를 재구성한다. 예를 들면 조각상의 3차원 형상처럼 말이다. 보통의 사진이 납작하게 보이는 이유는 양쪽 눈이 정확히 똑같은 이미지를 보기 때문이다. 랜드는 케네디의 조각상 사진을 3차원으로 '보려면' 양쪽 눈에 약간 다른 각도에서 찍은 사진을 보여주기만 하면 된다는 사실을 깨달았다. 그가 가장 좋아하는 빛의 숨은 속성을 이용한다면 충분히 가능한 일이었다.

먼저 랜드는 편광 이미지 두 개(하나는 수직 편광, 다른 하나는 수평 편광)를 한 장의 사진에 결합하는 방법을 발명했다. 다음으로는 한쪽 렌즈에 수직 편광자를, 다른 쪽 렌즈에 수평 편광자를 넣은 값싼 안경을 만들었다. 그렇게 하면 왼쪽 눈은 첫 번째 이미지를, 오른쪽 눈은 두 번째 이미지를 볼 수 있었다.

얼마 지나지 않아 대통령 선거 운동이 한창일 때 랜드는 이 기술을 어느 광학 학회에 가지고 나가서 시연했다. 랜드는 스크린에 뿌연 이미지를 비추고, 사람들에게 폴라로이드에서 만든 특수 안경을 쓰게 했다. 그리고 민주당 지지자들에겐 왼쪽 눈을 감고, 공화당 지지자들에겐 오른쪽 눈을 감으라고 했다. 각 지지자에게는 자신이 지지하는 정당의 후보가 보였다.

다음으로 랜드는 케네디에게 촬영할 조각상을 달라고 했다. 랜드는 사진을 한 장 찍고, 카메라를 몇 인치 옮겨서 다시 사진을 찍었다. 그렇게 카메라 앵글을 바꾸면 우리 눈이 사물을 볼 때의 이미지 간 차이를 포착할 수 있었다. 랜드는 이미지 하나는 수직 편광으로, 다른 하나는 수평 편광으로 만든 다음 한 장의 사진으로 합성했다. 그가 만든 특수 편광 안경을 쓰고 사진을 보면 평면의 사진이 종이에서 불쑥 튀어나와 눈부시게 아름다운 3차원 형상을 빚어냈다. 랜드

1952년 3D 영화를 보는 관객들

는 자신이 만든 새로운 시스템을 벡터그래프vectograph라 불렀다.

워싱턴에서는 버니바 부시가 프랭클린 루스벨트 대통령을 처음으로 만나고 얼마 지나지 않아 랜드의 벡터그래프에 관한 얘기를 들었고 바로 그의 기술을 군에 도입했다. 1년 뒤 미국 육군과 해군은 3D로 된 지형도를 보며 유럽에서의 전투를 준비하게 됐다. 비행기가 들판과 상륙 해안 위를 날며 400미터 떨어진 곳에서 사진을 찍었다. 합성된 사진을 이용하면 병사들은 매복에 이용할 나무며 배수로, 타고 올라가야 할 언덕의 높낮이, 심지어 적군의 공장에 위장으로 그려진 그림자까지 볼 수 있었다.

예술사 프로젝트가 군용으로 무기화된 사례는 아마도 이 경우가 처음이자 마지막일 듯하다.

랜드의 3D 정지화상은 이내 영화용으로 개조돼 선풍적 인기를 끌었다. (그 인기가 절정에 달했던 1953년 폴라로이드는 매주 600만 개의 3D 안경을 만들었다.) 초창기 질 낮은 3D 영화들이 가졌던 신선함은 사라졌지만, 오늘날에도 3D 영화는 1940년 랜드가 개발한 과학적 원리를 그대로 사용하고 있다.

클래런스 케네디가 랜드와 폴라로이드에 미친 영향력은 3D 사진 이후에도 계속됐다. 케네디는 랜드가 예술계에 관심을 키우도록 도와줬다. 케네디는 랜드를 앤설 애덤스Ansel Adams, 앤디 워홀Andy Warhol, 로버트 메이플소프Robert Mapplethorpe, 척 클로스Chuck Close를 비롯한 많은 예술계 인사들에게 소개했다. 특히 앤설 애덤스는 폴라로이드의 긴밀한 자문이 됐을 뿐만 아니라 랜드의 가족과도 가까운 친구가 됐다. 예술계의 인정은 폴라로이드의 기술에 매력을 더해 주었다. 린드버그를 비롯해 각양각색 유명인들이 제트기를 타면서 후안 트립과 팬암이 매력적으로 비쳤던 것처럼 말이다.

또한 클래런스 케네디는 이례적인 아이디어를 하나 내놓았다. 스미스 칼리지에서 예술사를 전공한 학생들을 채용하게 한 것이다. 1940년대와 1950년대 당시 기술직에 여성을 채용하는 기업은 거의 없었을뿐더러, 예술사 전공자를 채용하는 경우는 더더욱 드물었다. 케네디는 두 가지 금기를 모두 깨보라며 랜드를 격려했고, 결과적으로 이는 폴라로이드의 큰 이점이 됐다. 오늘날처럼 다양성이 창의력을 높인다는 생각이 일반화되기 몇십 년 전에 벌써 케네디와 랜드는 여기에 대한 이해가 있었던 셈이다.

폴라로이드의 가장 중요한 기술적 돌파구 가운데 하나는 하프시코드를 연주할 줄 아는 예술사 전공자 메로에 모스Meroë Morse가 낸

메로에 모스

것이었다. 모스는 나중에 랜드의 주요 연구소 소장 자리까지 올랐다. (모스와 랜드는 점점 가까워졌다. 한 전기 작가는 모스가 폴라로이드에서 20년 간 랜드와 긴밀하게 작업하며 지낸 뒤 결혼하지 않고 사망한 것과 관련해 이렇게 설명했다. "[랜드는] 소울메이트이자 직장 동료이자 보호자를 잃었다. 회사의 기술적 혹은 비기술적 측면에서 랜드가 가장 심한 싸움을 벌인 것은 모두 그녀가 죽고 난 다음이었다.")

그러나 랜드가 3D 이미지와 직장 내 다양성에 관심을 갖도록 영향을 준 것 외에 케네디가 비즈니스와 기술의 역사에 두드러지게 기여한 부분이 있다면, 그것은 바로 랜드의 관심을 사진으로 돌린 일이었다.

우연한 질문, 비즈니스 판을 뒤집다

1943년 12월 산타페에서 가족 휴가를 보내고 있던 랜드는 세 살배기 딸 제니퍼를 데리고 산책을 나갔다. 그가 사진을 몇 장 찍자, 제니퍼가 물었다. "왜 사진은 찍고 나서 바로 볼 수가 없어요?"

질문에 깜짝 놀란 랜드는 제니퍼를 엄마에게 돌려보냈다. 그러고는 혼자서 계속 걸으며 이 문제를 처음부터 끝까지 찬찬히 생각해봤다. 그는 마음속으로 질문을 곱씹으며 그동안 3D 사진 기술을 통해 알게 된 여러 통찰을 적용해봤다.

30년 뒤 그는 과학자와 엔지니어 앞에서 자신의 발명품이 나오게 된 과정을 다음과 같이 회상했다. "이상하게도 그날 그 산책이 끝날 때쯤 문제[즉석 사진]에 대한 해결책은 꽤나 잘 그려졌어요. 모든 게 다 그려졌는데, 몇몇 세부 사항을 해결하는 데 1943년부터 1972년까지 걸렸네요."

전통적 필름 사진은 광자光子라고 하는 빛의 입자가 필름에 내려 앉아 아주 미세한 잔여물을 남기며 만들어진다. 말하자면 '화학적 기억'이다. 조그만 소행성이 달 표면에 부딪혀 아주 작은 분화구를 남기는 것을 떠올리면 된다. 필름을 현상액에 담그면 그 찌꺼기가 수십억 배 더 선명해져서 익숙한 네거티브 이미지로 나타난다. 이미지가 네거티브로 나타나는 이유는 빛이 떨어진 곳의 잔여물이 어둡기 때문이다. 이 이미지를 뒤집어 우리가 늘 보는 포지티브 이미지로 인화하려면 빛이 필름을 통과해 흰색 종이에 떨어지도록 해야 한다. 그러면 어두운 부분은 흰색이 되고 흰색 부분은 어둡게 된다. 랜드의 통

194

딸을 안고 있는 랜드

찰은 이 두 가지 단계를 결합하는 것이었다. 기발한 화학적 트릭을 써서 네거티브 이미지와 포지티브 이미지를 동시에 카메라 '안에서' 현상하는 것이다.

폴라로이드의 즉석 사진은 네거티브 인화층과 포지티브 인화층이 카메라 안에서 마치 샌드위치처럼, 100분의 1인치도 안 되는 간격을 사이에 두고 서로 붙어 있다. 샌드위치의 바닥에는 포드pod라고 하는, 현상액이 든 작은 자루가 봉인된 채로 붙어 있는데 카메라 밖으로 빠져나올 때 포드가 롤러를 통과하면서 이 자루가 찢어지면 두 층 사이의 얇은 공간에 현상액이 고르게 퍼진다. 이 현상액의 화학적 원리는, 네거티브 이미지에서 노출되지 않은 분자들은 가볍기 때문에 그 작은 간격을 건너 흡수되면서 색깔이 어둡게 변하는 것이다.

네거티브 이미지에서 노출된 분자들은 그냥 그 위치에 그대로 있다. 60초 정도 지나면 두 층은 서로 떨어지게 되고 초스피드로 즉석 인화가 된다.

물론 그 '초스피드'를 위해 수십 가지 기술을 발명하고 수천 번 실험을 거쳐야 했다. 그 실험은 대부분 실패했고, '가짜 실패'가 수십 번, 거기에 '세 번의 죽음'도 뒤따랐다. "엄연히 중요하면서도 달성이 거의 불가능한 목표"에만 달려들라고 했던 랜드의 가르침은 "좋은 약이라면 적어도 세 번은 죽었다가 살아나야" 한다던 말의 또 다른 표현이었던 셈이다.

처음에 실험을 맡은 사람은 클래런스 케네디의 예술사 학생 중 한 명이었던 독시 멀러Doxie Muller였다. 랜드는 매일 아침 6시 30분 멀러에게 전화해서 그날 진행될 프로젝트를 점검하곤 했다. 그리고 매일 밤 멀러의 보고서를 검토했다. 동트기도 전에 랜드에게서 전화가 걸려오는 일이 다반사였다. "그 문제를 해결할 아이디어가 하나 떠올랐어요. 아침 5시에 회사에서 볼 수 있을까요?" 예술사 전공자에서 화학자로 변신했던 또 다른 직원은 본인의 집 부엌에 별도의 전화선을 설치했다. "빨간색 전화기가 울리면 우리 애들이 혹시 위험한 짓을 하고 있는 것은 아닌지 한번 둘러본 다음에, 그것만 아니면 전화를 받았죠."

2년 뒤인 1946년 초 희망적 결과가 보였으나 랜드는 여전히 실험이 너무 느리게 진행되는 듯한 기분이었다. 그는 팀원들에게 폴라로이드가 1947년 2월 21일 뉴욕에서 열리는 광학회The Optical Society 모임을 통해 언론과 업계 사람들 앞에서 제대로 작동하는 카메라를 시연할 것이라고 발표했다. 경악한 경영진은 이에 반대했다. 아직 기술적 장벽이 수백 가지는 남아 있었다. 랜드는 반대를 일축했다. '우리는 완성된 카메라를 2월에 내놓는다.' 팀원들은 젖 먹던 힘을 짜내 다시 연구에 박차를 가했다.

랜드의 마감 시한은 팀원들에게 긴급성을 일깨우는 용도 이상의 의미를 띠어가고 있었다. 전쟁이 끝나면서 랜드가 군수품 계약에서 발을 빼기로 결정한 뒤 회사 매출이 급감했던 것이다. 1945년 1700만 달러였던 매출은 1946년 500만 달러 아래로 추락했고, 1947년에는 다시 그 절반도 안 될 것으로 보였다. 고위 경영진 한 명은 이렇게 회상했다. "수입은 극히 적고, 돈 나갈 곳은 많았다." 랜드는 즉석 사진에 회사의 사활을 걸었다.

광학회 모임이 열리기 하루 전인 2월 20일, 뉴욕에서는 오후 4시 30분부터 눈이 내리기 시작했다. 아침이 되자 눈은 6년 만에 최대 규모인 눈보라로 바뀌어 있었다. 도시 전체가 폐쇄되고 동부 해안 쪽으로는 계획되어 있던 행사들이 줄줄이 취소됐다. 랜드와 팀원들은 보스턴에서 카메라를 싣고 오기로 한 트럭이 제때 도착할지 초조하게 기다렸다. 트럭은 아슬아슬하게 도착했다.

팀원들은 오후 발표를 위해 얼른 카메라를 조립했다. 간단히 소개를 마친 랜드는 학회장을 무대 위로 불렀다. 랜드가 조준을 하고, 버튼을 누르고, 종이 두 장을 떼어내자 즉석 사진이 나타났다.

"다들 광분했지요." 현장에 있던 한 사람의 말이다. 《사이언티픽 아메리칸*Scientific American*》은 이 기술을 "사진의 역사에서 가장 위대한 발전 가운데 하나"라고 기술했다. 《뉴욕 타임스》는 긴 기사를 싣

에드윈 랜드가 최초의 즉석 인화 사진을 공개하다. (기사 제목: 원스텝 카메라를 선보이다)

고, 사설에서 사진과 관련해 이전의 모든 발명은 "랜드 씨가 해낸 일에 비하면 조야한" 수준이라고 선언했다.

같은 날 특별 기자회견에서 랜드는 새로운 카메라를 가지고 자신의 자화상을 찍었다. 그리고 종이를 벗겨 본인의 얼굴 옆으로 들어 올렸다. 가로세로 각각 20센티미터와 25센티미터로 된 사진은 실물과 유사한 크기였다.《타임스The Times》기사는 이 카메라의 발명가가 미소도 없이 입을 꽉 다문 채 먼 곳을 응시하는 사진을 2단으로 실었다. 몸이 없는 듯한 그의 머리는 지면 밖의 독자를 슬프게 바라보고 있다. 쉽게 잊기 힘든 이 이미지는 계속해서 재인화되었다.

• • •

1948년 150만 달러가 채 안 되던 폴라로이드의 매출이 1978년에는 14억 달러가 됐다. 이후 30년간 즉석 사진 업계를 장악한 폴라로이드는 국제 여행 업계를 장악했던 팬암과 비슷한 과정을 거쳤다. 매년 놀라운 획기적 돌파구를 내놓으면서 고객을 즐겁게 했다. 두 사례 모두 제품 혁신의 대가가 정상에서 여러 룬샷의 동력을 제공하고, 그게 프랜차이즈를 성장시키고, 그게 다시 더 많은 룬샷의 동력이 되어 준 경우다. 카메라 속의 바퀴는 계속해서 돌아갔고, 위험한 선순환은 점점 빨라져만 갔다.

폴라로이드는 1947년 흑백으로 된 최초의 세피아 프린트를 내놓았고, 1960년에는 자동 노출, 1963년에는 즉석 컬러사진, 1971년에는 종이 분리가 필요 없는 필름을 내놨다. 1972년에는 이 모든 게 하나로 된 접을 수 있는 카메라 SX-70을, 1978년에는 초음파 자동 초점 카메라를 출시했다. 그 사이에도 수없이 많은 발전이 이뤄졌다. 기술에 관심 있는 사람이라면 이런 발명담에 마음이 끌릴 수밖에 없다.

예컨대 랜드와 팀원들은 즉석 컬러사진을 발명하려고 새로운 '분자'를 발견하기까지 했다. 실험실에서 우연한 발견에 자극받은 랜드는 부차적인 프로젝트로 새로운 색채 시각 이론을 고안했다. 이는 지금 우리가 '색채 항상성'이라고 부르는 것이다. 색채 항상성은 빨간

월리엄 웨그먼과 앤디 워홀의 폴라로이드 사진

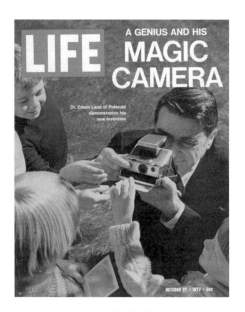

《라이프》에 실린 SX-70
제호: 천재와 그가 만든 마법의 카메라
소제목: 폴라로이드의 에드윈 랜드 박사가 새로운 발명품을 시연하다

색 사과가 반사하는 빛의 색깔이 바뀌어도 왜 우리가 여전히 사과를 빨갛게 보는지 설명해준다. 랜드는 남들 같으면 평생 한 번만 발견해도 전율했을 법한 발견들을 1년에 한두 건씩은 했다. 랜드를 우러러 보던 어느 과학자는 이렇게 썼다. "그보다 못한 업적에도 노벨상을 여럿 주었다."

기술이 발전하면서 존중도 받게 됐다. 즉석 사진은 처음에는 진지한 예술가들에게 장난감처럼 생각되다가, 점점 새로운 예술의 한 형식으로 성장했다. 1974년 메트로폴리탄 미술관에서 열렸던 앤설 애덤스의 전시회에는 스무 점의 폴라로이드 사진이 걸렸다. 앤설 애덤스는 지미 카터Jimmy Carter 대통령 초상을 처음 의뢰받았을 때에도, 명작 〈엘 캐피턴El Capitan〉 작업에도 폴라로이드 사진을 사용했다. 윌리엄 웨그먼William Wegman의 개 사진, 앤디 워홀의 팝아트, 척 클로스의 얼굴 작품도 모두 폴라로이드 사진으로 만들어졌다.

즉석 사진 기술은 새로운 예술만 창조한 것이 아니라 새로운 시장도 열었다. 커플들은 즉석 사진을 이용하면 현상실의 기술자가 자신들의 사진을 볼 필요가 없다는 사실을 알게 됐다. 그렇게 해서 폴라로이드가 조심스럽게 '내밀한' 사진이라 부른 것들이 탄생했다. 폴라로이드가 그런 내밀한 사진의 수요 급증에 힘입어 성장한 사실은, 세월이 한참 흐른 뒤 포르노그래피를 동력으로 삼아 인터넷이 급성장한 것과 매우 유사하다.

수요의 원천이 무엇이었건 간에, 투자자들은 매출 성장에 응답했다. 월스트리트의 애널리스트들은 틈만 나면 폴라로이드의 주식이 과대평가되어 있다고 발표했으나, 폴라로이드의 주가는 매년 오르기만 했다. 팬들은 폴라로이드를 계속 믿었고 계속해서 제품을 사들였다.

그러다가 후안 트립과 보잉 747이 그랬던 것처럼, 룬샷을 만들어내고 공언하던 최고의 혁신가가 바퀴를 한 바퀴 더 돌려버리는 일이 일어났다.

"경이로우나 쓸모가 없다"

1888년 토머스 에디슨Thomas Edison은 이렇게 썼다. "나는 축음기가 귀에 하는 일을 우리 눈에 해줄 기구를 실험 중이다." 몇 년 뒤 그는 이 장치를 이용해서 미국 최초의 단편영화를 만들었다. (이 영화에는 고양이가 출현해 인간 본성의 오랜 원칙을 다시 한 번 확인시켜준다. '고양이 영상은 언제나 재밌다'는 원칙 말이다.) 이후 100여 년간 영화필름은 사진 필름과 비슷한 방식으로 현상됐다. 35밀리미터 무비카메라는 초당 24프레임을 필름 릴에 네거티브 형식으로 잡아낸다. 그 네거티브 이미지는 현상실에서 다시 처리 과정을 거친다. 가장 큰 차이점은 영화 필름은 우리가 손에 쥘 수 있는 익숙한 종이에 인화되는 것이 아니라, 빛을 투사하는 슬라이드로 바뀐다는 점이다.

1960년대에 랜드는 본인의 즉석 사진 기술을 영화에까지 확장할 생각을 하게 된다. 그러려면 60초 분량의 필름마다 하나의 이미지가 아니라 '1000개'의 이미지를 오류 없이 즉각 처리해야 했다. 또한 컬러 현상 및 필름 슬라이드에 관련된 화학 재료를 새로 고안해야 했다. 완전히 새로운 설비를 갖춘 제조 공장을 대규모로 지어야 했다. 랜드는 이런 말을 한 적이 있다. "엄연히 중요하면서도 달성이 거의 불가능한 목표가 아니라면, 시작도 하지 마라." 편광 필터나 즉석 사진, 즉석 컬러사진의 기술과 과학적 원리 역시 랜드가 뛰어들 당시에는 모두 불가능에 가까워 보였던 도전이다. 이 새로운 도전이야말로 그의 마음과 에너지를 바칠 만한, 바로 그런 제품형 룬샷이었다. 랜드는 즉석 인화 영화 기기를 만들기 위한 프로젝트에 착수했고, 여기에 10년간 5억 달러가 투입된다.

. . .

1977년 폴라로이드의 주주총회가 매사추세츠주 니덤에서 열렸다. 회의장에서는 마임과 춤 공연이 이어졌는데《월스트리트 저널》의 한 기자에 따르면 아카데미상을 받아야 할 수준이었다고 한다. 랜드는 여기서 폴라비전Polavision을 세상에 소개하며 "새로운 과학과 새로운 예술, 새로운 산업을 세계 최초 공개 시연하는 것으로서 (…) 사진 역사상 제2의 혁명"이라고 선언했다. 하얀색 세일러 복장에 빨간색 모자와 스카프를 한 긴 머리 댄서가 무대에 나타나 서서히 춤을 추기 시작했다. 랜드는 작고 우아한 무비카메라(양장본 책 한 권 크기에 무게 680그램)를 들고 촬영을 시작했다. 1분쯤 지났을 때 그는 카세트를 꺼내 직사각형 상자에 밀어 넣었다. 상자의 이름은 '폴라비전 플레이어Polavision player'라 했고 한쪽 끝에는 12인치짜리 화면이 달려 있었다. 플레이어는 즉시 테이프를 감아 필름을 현상했다. 90초

후 화면에 댄서가 나타나 춤을 추기 시작했다.

여기서 잠시 이게 얼마나 대단한 일인지, 21세기를 사는 우리에게조차 얼마나 대단한지 생각해볼 필요가 있다. 테이블 위에 놓을 수 있는 작은 소비자용 제품 내부에서, 아무 오류도 없이, 필름을 감는 '90초' 만에 네거티브 필름 전체를, 수천 장의 이미지를 처리해낸 것이다.

기술 잡지들은 극찬을 늘어놨다. 《파퓰러 사이언스 *Popular Science*》는 이렇게 썼다. "불가능한 콘셉트를 실물로 만드는 게 전공인 듯한 폴라로이드가 또 한 번 그 일을 해냈다." 《파퓰러 메카닉스 *Popular Mechanics*》는 이렇게 썼다. "스크린이 갑자기 밝아지더니 기절초풍하게도 나는 방금 만든 영화를 보고 있었다. 아무리 급한 할리우드라고 해도 이렇게 빨리 영사실까지 갈 수는 없었다. 현상실에 들르지 않고 영화를 볼 수 있었던 적도 없다." 《워싱턴 포스트 *The Washington Post*》는 이렇게 썼다. "걸출한 랜드 사장에게 (…) 폴라비전은 그 경력의 정점으로 손색이 없다."

새 공장은 20만 개가 넘는 폴라비전 기계를 생산했고, 필름 조립 라인은 카세트를 찍어내기 시작했다. 앤디 워홀은 유명인들이 모인 파티에서 폴라비전으로 단편영화를 찍었다. 존 레넌 John Lennon과 오노 요코 小野洋子는 아들 손과 함께 폴라비전으로 홈비디오를 만들었다. 1978년 봄 전국적인 마케팅이 시작됐다.

그런데 왜 우리는 폴라비전에 관해 들어본 적이 없을까? 왜냐하면 1년도 안 돼 이 제품이 사장됐기 때문이다. 소비자들은 폴라비전을 사지 않았다. 폴라비전은 해상도나 화질이 자기식 비디오테이프보다 뛰어나고, SX-70처럼 카메라 자체도 욕심낼 만한 아름다운 기계였다. 하지만 소비자들은 홈비디오를 만드는 데 그만한 해상도가 필요하지 않았다.

폴라비전의 우아한 디자인도 다른 대용품들이 가진 편리함을 이길 정도는 아니었다. 비디오테이프와 슈퍼 8밀리미터 필름이 더 값싸고, 사용하기도 쉬웠다. 비디오테이프의 경우 삭제도 가능했다. 비디오테이프를 사용하면 지난주 촬영한 헤어볼을 토해내는 고양이 화면에 다른 영상을 덮어씌울 수도 있었다. 즉석 인화 필름으로는 그 장면을 예술적으로 아름답게 소유한다든지 실시간 혹은 슬로모션으로 두고두고 감상할 수는 있어도, 어쨌건 그런 다음엔 새 필름을 사야 했다. 그러니 돈이 많이 들었다. 폴라비전은 2018년 달러 가치로 환산했을 때 2500달러에 가까운 돈이 들었고, 3분짜리 카세트 하나를 살 때마다 30달러씩이 더 들었다. 너무 비쌌다.

월스트리트의 어느 애널리스트는 이렇게 요약했다. "상업적 중요성보다는 과학적·미학적 호소력이 훨씬 큰 제품이다."

1979년 폴라로이드를 담당하던 회계법인은 팔리지 않은 폴라비전 재고를 모두 손실 처리해야 한다고 주장했다. 상장회사가 그렇게 한다는 것은 백기를 드는 거나 마찬가지였다. 랜드는 맹렬히 반대했다. "폴라비전에는 경이로운 과학적 연구 결과가 녹아 있으나 쓸모가 전혀 없다"는 감사인 의견서를 보고 랜드는 "언어를 지독히도 잘못 사용한 회계식 용어"라고 말했다. 물론 이사회는 회계사들의 권고를 따랐다.

얼마 후 폴라로이드는 폴라비전 생산을 영구적으로 중단했다. 이 프로젝트에 들어간 총비용은 마지막 해에만 2억 달러가 넘었다. 몇 달 뒤 이사회의 촉구로 랜드는 CEO 자리에서 물러났다. 다만 연구소장 자리는 유지했다. 2년간 불편한 동거를 유지한 뒤에는 연구소장 자리에서도 물러났다. 그는 자신의 보유 지분을 모두 매각하고 본인이 설립한 회사와 모든 인연을 끊었다.

팬암과 마찬가지로 이후 폴라로이드에는 회전문을 오가듯 CEO들이 들락거렸다. 그들은 회사 이미지와 이점을 회복하고, 남들이 키운 룬샷을 따라잡으려고 애썼다. 팬암의 경우 남들의 룬샷이란 전략형 룬샷이었다. 비용을 낮추거나 좌석당 매출을 올릴 수 있는 새로운 전략들 말이다. 폴라로이드의 경우엔 따라잡아야 할 것들이 새로운 제품형 룬샷이었다. 이미 시장에는 비디오 캠코더, 홈 잉크젯 프린터, 그리고 당연히 디지털카메라까지 나와 있었다. 팬암과 마찬가지로 때는 너무 늦었다.

사랑에 눈이 멀면…

전통적 사진은 화학반응을 활용한다. 충분한 수의 광자(빛의 입자)가 필름의 은 입자에 와서 부딪히면 분자들이 형태를 바꾼다. 그렇게 하면 광자가 내려앉은 곳에 '화학적' 기억이 생긴다. 그러나 특정한 환경에서는 광자가 내려앉으면 원자의 전자가 튀어나올 수도 있다(광전효과). 느슨한 전자들은 광자가 떨어진 바로 그곳에 마치 항아리 안에 모아둔 반딧불이처럼 갇혀 있을 수 있다. 갇혀 있는 전자는 전

압으로 자신의 존재를 알린다. 이 전압이 광자가 떨어진 곳에 '전기적' 기억을 형성한다.

1969년 벨 전화연구소 내부의 작은 팀은 광자 때문에 원자에서 튀어나온 전자를 가둘 수 있는 픽셀 그리드를 만들어냈다. 반딧불이를 잡아두는 항아리들로 이뤄진, 현미경을 써야 보일 만큼 미세한 그리드였다. 그들은 여기에 'CCD 칩'이라는 이름을 붙였다. 알고 보니 이 칩은 필름보다 최대 100배는 더 민감했다. 몇 년 뒤 천문학자들은 CCD 칩을 이용해 먼 곳의 별을 촬영하기 시작했다. 비즈니스용이나 전문가용으로 CCD 칩을 사용한 최초의 상용 카메라는 1970년대에 등장했다. CCD 칩을 이용한 최초의 소비자용 디지털카메라는 1980년대 중반에 나왔다.

그러나 폴라로이드는 1996년에야 디지털카메라를 도입했다. 소니Sony, 캐논Canon, 니콘Nikon, 코닥Kodak, 후지Fuji, 카시오Casio 등 여러 업체들이 비슷한 카메라를 내놓은 지 10년쯤 됐을 때였다. 이미 너무 늦었다. 2001년 폴라로이드는 파산을 신청했다.

표면적으로 보면, 어느 뛰어난 기업가가 나이를 먹어가던 중 '디지털 사진'이라는 룬샷에 기습당한 것처럼 보인다. 아주 공공연히 알려진 사실만 놓고 본다면 말이다.

하지만 실제로 일어난 일은 꼭 그렇지만은 않다.

· · ·

2011년부터 2015년까지 미국 국가정찰국National Reconnaissance

Office은 정찰위성과 관련된 여러 귀중한 문서를 공개했다. 이들 문서를 보면 촬영 기술을 둘러싸고 극비리에 펼쳐졌던 드라마 같은 상황을 엿볼 수 있다. 천문학자들이 CCD 칩을 사용하기 훨씬 '전에', 최초의 상용 CCD 카메라가 나오기도 '전에', 소니와 코닥이 소비자 시장을 생각조차 해보기 '전에', 군 출신 혹은 정치가 출신인 대통령 참모들의 한결같은 반대를 무릅쓰고 디지털 정찰위성에 투자하라고 미국 대통령을 설득한 사람이 있었다. 바로 폴라로이드의 에드윈 랜드였다.

랜드가 정부에 협조하게 된 것은 핵전쟁 위협 탓이었다. 1949년 소련은 그들이 만든 최초의 원자폭탄을 터뜨렸다. 1년 뒤 소련의 지원을 받은 북한군이 남한을 침략하면서 냉전 체제는 뜨겁게 달궈졌다. 핵전쟁 형태의 3차 세계대전이 발발할 거라는 두려움이 고조됐다. 아이젠하워 대통령은 1953년 취임 직후 전문가들로 구성된 자문단을 구성했다. 단장을 맡은 MIT 총장 제임스 킬리언James Killian을 필두로 소련이 핵미사일 기습 공격을 해 올 가능성을 분석했다. 자문단은 얼마 안 가 소련의 능력(미사일, 기지 상황, 부대 이동 등)을 판단할 구체적 데이터가 부족하다는 결론에 이르렀다. 데이터를 수집할 새로운 수단을 빨리 찾아내야 했다. 자문단은 최첨단 촬영 기술에 대한 자문을 제공할 수 있을 뿐만 아니라 아직 존재하지 않는 기술을 예견하거나 심지어 설계해줄 수 있는 사람이 필요했다. 또한 장군들에게도 맞설 수 있는 강인한 성격을 가진 사람이어야 했다.

강인한 성격이라면 랜드에게 전혀 무리한 조건이 아니었다. 랜드는 금세 해당 전문가로 지목됐다.

1954년 랜드는 아이젠하워 대통령에게 고성능 카메라를 장착한, 높고 빠르게 날 수 있는 1인용 항공기를 만들자고 했다. 랜드는 이제 곧 세계 최초 정찰기가 될 U-2의 카메라 기술 제공 업체(아이텍Itek, 코닥)와 항공기 업체(록히드) 선정을 도왔다. U-2는 냉전 기간 처음부터 끝까지 중요한 역할을 수행하게 된다. 예컨대 1962년 쿠바에 러시아 미사일이 설치된 사실을 알아낸 것도 U-2가 촬영한 사진 덕분이었다.

1957년 랜드와 킬리언은 아이젠하워 대통령에게 새로운 아이디어를 내놓았다. 두 사람은 적지에 유인 정찰기를 띄울 경우의 위험성을 걱정했다. (걱정은 곧 현실이 됐다. 1960년 소련은 러시아 상공을 날고 있던 U-2 한 대를 격추해 조종사를 사로잡았다.) 랜드와 킬리언은 적지에 유인 항공기를 띄우는 대신, 카메라가 설치된 인공위성을 개발해 띄울 것을 제안했다. "위성의 거대한 망원렌즈로 지구를 들여다봅시다."

우주에서 사진을 촬영한다는 아이디어는 훌륭하게 들린다. 하지만 사진을 어떻게 다시 지구로 가져올까? 랜드와 킬리언은 촬영된 필름을 낙하산이 부착된 통에 담아 인공위성 밖으로 뱉어내는 시스템을 제안했다. 그러면 공군 조종사들이 후크가 달린 비행기를 타고 가서 통들을 수거해 올 터였다.

아이젠하워는 프로그램을 승인했다. 또한 그는 랜드와 킬리언이 추천한 '국가정찰국'이라는 새로운 기관도 승인하고 공군과 CIA가 공동 관리하도록 했다.

냉전이 지속되고 소련이 점차 팽창하면서 인공위성 프로그램의 한계는 점점 더 명확해졌다. 1968년 8월 20일 소련은 체코슬로바키아를 침공했다. 인공위성 필름은 침공 이전에 소련의 탱크와 항공기가 국경 근처에 크게 증가한 것을 뚜렷이 보여주었다. 하지만 공군에서 그 필름을 회수했을 때는 이미 낡은 뉴스였다. 침공은 이미 끝나 있었다.

11월에 선출된 리처드 닉슨Richard Nixon 대통령은 몇 주 지난 사진이 아니라 실시간 사진을 보고 싶다는 요구를 보좌관들에게 분명히 했다. 그는 "그의 2기 임기 내에" 사진을 볼 수 있기를 바랐다. 엎치락뒤치락 싸움은 이내 치열한 전투가 됐다.

한쪽에는 군의 거의 모든 지도부와 대부분의 내각 구성원이 있었다. 국방부 장관 멜빈 레어드Melvin Laird, 국방부 차관 데이비드 패커드David Packard, 국방부 기술국장 존 포스터John Foster, 공군부 장관 로버트 시먼스Robert Seamans, 추후 국방부 장관이 될 제임스 슐레진저James Schlesinger, 국무부 장관 조지 슐츠George Shultz 등이었다. 군은 점증적 해결책을 지지했다. 기존의 필름 인공위성에 팩스 기계 같은 스캐너를 추가하자고 했다. 카메라는 평범한 필름을 사용해 사진을 찍는다. 이들 사진을 인공위성에서 즉시 스캔한 뒤에 지상에 있는 기지로 전송한다. 그들에게는 CCD 칩을 이용한, 필름 없는 디지털 사진이라는 개념이 잘 믿기지도 않고 너무 불확실하게 느껴졌다. 도를 넘은 룬샷이었다.

에드윈 랜드의 입장은 정반대였다.

당연히 군의 주장이 승기를 굳혀가고 있었다. 1971년 봄에는 인공위성 내부에서 필름을 스캔하는 20억 달러짜리 프로그램이 활발히 진행되고 있었다. 1971년 4월에 열린 대통령 정보자문위원회 회의에서 랜드는 대통령에게 직접 발언했다. 그는 닉슨에게 필름 스캐너라는 아이디어는 "조심스러운 방안"인 반면, 디지털 기술은 "획기적 도약으로서 미국에 이 분야에서 의심할 바 없는 기술적 우위를 가져다줄 것"이라고 했다. 그는 관료주의에 찌든 자들이 "대통령의 강력한 후원 없이는 커다란 재정적 위험을 짊어지려 하지 않을 것"이라고 말했다. 그는 디지털이 왜 효과적일 수밖에 없는지, 그 위험이 얼마나 충분히 관리 가능한지, 디지털 프로그램이 왜 여러 장군들의 제안보다 우월한지 설명했다.

여기서 잠깐, 때는 '1971년 봄'이었다. CCD를 설명하는 첫 논문이 겨우 몇 달 전에 발표된 상태였다. 상용 디지털카메라를 최초로 생산할 소니나 캐논, 니콘 같은 기업들도 아직 디지털 사진에 관한 연구를 시작하기 전이었다. 랜드는 그들 '모두'보다 앞서서 디지털을 옹호하는 중이었다.

9월 닉슨의 국가안보보좌관 헨리 키신저Henry Kissinger는 대통령이 랜드의 '획기적 도약책'을 진행하기로 결정했다고 모두에게 알렸다. 군의 20억 달러짜리 프로그램은 종료되어야 했다. (국가정찰국의 한 역사가는 랜드가 결국 성공할 수 있었던 요인은 그가 "닉슨 대통령이 전임자들보다 더 강력하고 예리하고 빈틈없는 의사결정자로 기억되고 싶어 한다는 사실을 완벽하게 이해하고 있었기 때문"이라고 보았다.)

1976년 12월 11일 예정대로라면 닉슨의 2기 임기 말년이었어야 할 날에(닉슨은 워터게이트 사건으로 1974년 8월 사임했다), 공군은 첫 번째 디지털 인공위성 KH-11을 발사했다. 지미 카터 대통령의 취임식 다음 날인 1월 21일 오후 3시 15분, CIA 국장 대행이었던 행크 노키

Hank Knoche는 백악관 지도실Map Room에서 카터 대통령과 국가안보 보좌관 즈비그뉴 브레진스키Zbigniew Brzezinski를 만났다. 노키는 테이블 위에 흑백사진 몇 장을 펼쳐놓았다. 우주에서 찍은 첫 번째 실황 사진으로, 대통령 취임식 장면을 보여주고 있었다. 이 사진들은 브리핑 서류의 그 어떤 말보다 랜드의 '획기적 도약'을 잘 설명했다. 이제 미국은 전 세계에서 벌어지는 사건을 "바로 머리 위에서, 사실상 실시간으로, 천사나 볼 법한 각도로" 볼 수 있게 됐다.

실시간 영상 정보를 이용할 수 있게 되면서 미국은 위기나 직접적 국가 안보 작전에 대처하는 방법, 군비 축소 조약의 이행 여부를 확인하는 방법이 모두 바뀌었다. 필름에 비해 CCD는 감도가 훨씬 높았기 때문에 필름 기반의 인공위성으로는 상상조차 불가능한 이미지들을 제공했다. 디지털 사진으로는 도시의 윤곽 수준이 아니라 트럭의 번호판을 확인할 수 있었다. 여러모로 국가정찰국이 쏘아 올린 300여 개의 디지털 이미지 인공위성은 지난 60년간 미국이 수집한 정보 가운데 가장 가치 있는 정보를 제공하는 것으로 판명되었다.

랜드는 디지털 사진에 놀라지 않았다. 미국 대통령 앞에서 그 룬샷을 주장한 사람이 바로 랜드였다. 어느 한 사람 경쟁에 뛰어들기도 전에 그는 이미 디지털 사진을 옹호했다. 1988년 랜드를 기리는 행사에서 CIA 국장 윌리엄 웹스터William Webster는 이렇게 발표했다. "랜드 박사가 국가 안보에 이바지한 공로는 이루 헤아릴 수 없으며, 그가 현재 국가 정보 능력에 미친 영향력은 그 누구와도 견줄 수 없을 것입니다."

그렇다면 대체 폴라로이드에는 무슨 일이 있었던 걸까? 왜 랜드는 본인의 회사를 위해 디지털에 뛰어들지 않았을까? 그는 왜 국가 정보 당국과의 연줄을 활용해 소니나 캐논, 니콘에게 선수를 치지 않은 걸까?

- - - - - - - - - - - - - - - **핵심 정리** - - - - - - - - - - - - - - -

모세의 함정

폴라로이드 주주총회에서 폴라비전에 관한 발표가 끝나갈 무렵이었다. 랜드는 프레젠테이션을 마치고, 붉은 모자를 쓴 댄서에게 고맙다는 인사를 건넸다. 안내 직원들이 참석자들을 특별히 설계된 20개의 '영화 코너'로 데려갔다. 각 코너에는 마임 공연자와 댄서, 저글링하는 곡예사가 있었다. 기자들과 투자자들은 폴라비전을 살펴보고 3분짜리 즉석 인화 영화를 만들어본 다음, 질의응답 시간을 위해 다시 자리로 돌아왔다. 수십 명의 행복한 공연자들에 둘러싸인 랜드가 질문을 받겠다고 했다. 뻔한 얘기가 잠시 오간 후 어느 애널리스트가 물었다. "실적은 어떻습니까?"

랜드는 그가 남긴 또 하나의 유명한 말로 답한다. "중요한 게 오직 실적밖에 없던가요? 그 얼마나 주제넘은 소리인지. 실적은 하늘이 아시겠죠."

어떻게 '모세의 함정'에 빠지게 되나?

업계의 골리앗이 몰락한 익숙한 이야기는 수십 년간 이어진 성공에서 시작한다. 그 성공이 지나고 나면 우쭐했던 늙은 기업은 신선함을 잃는다. 목마름을 잊어버린다. 이제 막 두각을 드러낸 꼬마 다윗이 나타나 예상치 못한 무기로 어기적거리는 거인을 단숨에 해치운다. 그 무기는 모두가 간과했던 새로운 아이디어 혹은 새로운 기술이다. 일종의 룬샷이다.

그러나 에드윈 랜드와 후안 트립, 그리고 다음 장에서 만나볼 스티브 잡스가 세운 골리앗은 위 그림에 들어맞지 않는다. 랜드와 트립, 잡스는 모두 제품 혁신의 대가였고, 자신의 목마름, 대담하고 위험한 프로젝트에 대한 애정을 '단 한 번도' 잃은 적이 없었다. 그들의 골리앗이 사라진(잡스의 경우는 '거의' 사라진) 이유는 세 사람 모두 똑같은 패턴을 따라 똑같은 함정에 빠졌기 때문이다.

선지자적 기질을 가진 리더였던 이들은 뛰어난 룬샷 배양소를 만들었다. 이들은 부시-베일 법칙의 첫 번째 원칙 '상분리'를 이뤄냈다. 하지만 이들은 새로운 아이디어의 심판자이자 배심원이 되기로 마음먹었다. 버니바 부시나 시어도어 베일은 룬샷과 프랜차이즈 사이의 균형과 소통을 챙기고 아이디어의 이전과 교환을 장려하는 정원사가 되는 것이 본인의 역할이라고 생각했다. 그러나 이들 세 명의 제품 혁신 대가들은 자신이 이집트에서 유대민족을 구해낸 모세 같은 존재라고 믿었다. 자신의 보좌진을 승진시키고 선택받은 룬샷을 지목했다. 다시 말해 이들은 부시-베일 법칙의 두 번째 원칙 '동적평

214

형'을 이루는 데 실패했다. '모세의 함정'에 관해 그동안 우리는 무엇을 알게 됐는지, 최고 중에 최고인 사람마저도 그런 함정에 빠지는 까닭은 무엇인지 살펴보기로 하자.

위험한 선순환에 가속도가 붙는다

제품형 룬샷은 프랜차이즈를 성장시키고, 프랜차이즈는 다시 더 많은 제품형 룬샷을 만들어낸다. 후안 트립은 새로운 엔진 덕분에 더 많은 승객을 태우고 더 멀리, 더 빨리 날아갈 수 있었다. 그러자 수입이 늘어났고 그 수입으로 더 크고 빠른 엔진을 설계할 수 있었다. 즉석 흑백사진은 즉석 컬러사진이 됐고, 이는 대량 수요를 창출했다. 그렇게 만들어진 자금으로 사진을 더 빨리 뽑을 수 있는 SX-70을 만들어 더 많은 사진을 찍어냈고, 이는 더 큰 확장의 동력이 됐다. 더 빠르게, 더 좋게, 더 많이.

프랜차이즈만 눈에 보인다

결국 수레바퀴를 계속 돌리는 제품형 룬샷만이 중요해진다. 후안 트립은 로버트 크랜들이나 다른 대형 항공사들 혹은 퍼시픽 사우스웨스트 항공Pacific Southwest Airlines 같은 저가 항공사에게서 전략형 룬샷이라는 새로운 비즈니스 방법을 목격했다. 하지만 무시했다. 에드윈 랜드는 디지털을 목격하기만 한 것이 아니라 디지털 속으로 깊숙이 뛰어들었다. 그러나 본인의 회사에서는 폴라비전을 위해 디지털을 무시했다. 즉석 영화는 즉석 사진이 굴린 바퀴를 계속 돌아가게 했지만, 디지털은 그렇지 않았다.

디지털 사진이라는 제품형 룬샷이 폴라로이드를 쓰러뜨렸다. 하지만 그게 다는 아니었다. 디지털 사진이라는 신기술에는 숨은 전략형 룬샷이 따라왔다. 방금 보았던 것처럼 랜드는 디지털 사진 기술을 완벽히 이해하고 있었다. 그는 디지털 사진의 잠재력을 누구보다 먼저 알아보았고, 고위직 장군들과 정치 지도자들 앞에서 디지털 사진의 가치를 옹호했다. 업계의 거의 모든 사람이 아직 디지털 사진에 대해 들어본 적도 없을 때 말이다.

랜드와 그의 경영진이 디지털을 일축한 이유는 30년간 필름을 팔아 돈을 벌었기 때문이었다. 폴라로이드는 카메라를 팔아서 버는 돈보다 즉석 사진의 카트리지를 팔아서 얻는 수입이 더 많았다. 디지털로 가면 필름이 설 자리가 없어지고 이는 수입이 없다는 뜻이 된다. 그래서 폴라로이드는 디지털이 "절대로 돈이 될 리 없다"고 했다. 랜드가 디지털이라는 새로운 기술을 일축한 이유는 전략형 룬샷, 그러니까 디지털을 통해 수입을 창출할 수 있는 수많은 방법을 찾아보지 않았기 때문이다. 요컨대 랜드는 후안 트립과 마찬가지로 본인의 강점(제품형 룬샷)에만 의지하고 약점(전략형 룬샷)을 직시하지 않았다.

모세는 무소불위가 되고 룬샷을 법으로 지정한다

버니바 부시와 시어도어 베일은 기술 자체보다는 '기술이전'을 경영했다. 그들은 룬샷과 프랜차이즈 사이의 균형과 소통을 중시했다. 반면 폴라비전 프로젝트에서 랜드는 '중심에 선 치어리더이자 대변인'이었다. 랜드를 존경했고, 20년간 폴라로이드에서 여러 연구팀을 이끌었던 한 인사는 랜드에 관해 이렇게 썼다.

랜드와 폴라비전. "자만심이 어떻게 생겼는지 보여드리지요."

　　그는 회사 차원에서만이 아니라 연구 차원에서도 상사였다. 그리고 그 점은 시간이 지날수록 더 분명해졌던 것 같다. 그는 회장이자 CEO였을 뿐만 아니라 연구소장이라는 직책도 보유했다. (…) 여기서 그의 진정한 관심사가 어디에 있었는지 알 수 있다. 연구와 관련한 의사결정은 언제나 그의 지시였지, 내 뜻은 아니었다.

　　폴라비전이 실패하고 제품 생산이 종료된 지 얼마 안 되어 랜드는 어느 프리랜서 조명 디자이너를 즉석 무비카메라가 가득한 창고로 데려왔다. 디자이너는 랜드에게 왜 "이토록 슬픈 풍경"을 보여주느냐고 물었다.

　　랜드가 대답했다. "자만심이 어떻게 생겼는지 보여드리려고요."

1장에서 우리는 다음에 나오는 도표를 통해 부시와 베일이 무엇을 달성했는지 살펴보았다. 두 사람은 자랑스러운 프랜차이즈를 보유했으나 빠르게 신선함을 잃어가던 오래된 조직을 사분면의 오른쪽 상단으로 끌고 왔다. 똑같이 강력한 연구 그룹과 프랜차이즈 그룹이 지속적으로 프로젝트와 아이디어를 교환했고(상분리), 어느 한쪽도 다른 한쪽을 압도하지 않았다(동적평형).

랜드와 트립은 사분면의 왼쪽 하단에서 벗어나는 데는 성공했다. 그러나 오른쪽 하단으로밖에 옮겨 가지 못했다. '모세의 함정'으로 직행한 것이다.

랜드는 그가 만든 룬샷 배양소에 담을 둘러쳐서 회사의 나머지 부분이 침범해 들어오지 못하게 했다. 그는 회사의 엔지니어링 팀장이었던 빌 매큔Bill McCune은 물론이고 자신의 연구에 직접적으로 관련된 사람이 아니면 그 누구도 9층에 있는 개인 실험실에 들어오지 못하게 했다. 그의 룬샷 배양소는 노벨상급의 획기적 돌파구를 여럿 배출했다. 회사의 프랜차이즈 그룹은 수백만 대의 카메라를 팔았다. 그러나 어떤 룬샷이 어느 시기에 어떤 조건에서 등장할지는 순전히 랜드의 마음에 달려 있었다.

사분면의 오른쪽 하단으로 옮겨 간다면 상전이와 쇠퇴를 좀 미룰 수 있을지는 몰라도 막을 수는 없다. 모세가 룬샷을 지목해 생명을 부여할 수는 있다. 그러나 수레바퀴가 멈추고 나면 마법은 더 이상 지속될 수 없다.

슈펭글러Oswald Spengler와 슘페터Joseph Schumpeter로 대표되는 오스트리아 및 독일의 숙명론적 학파는 쇠퇴를 피할 수 없다고 말한다.

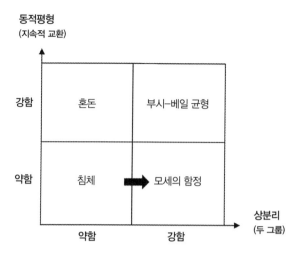

그에 따르면 제국은 늘 경직될 것이고, 언제나 다윗이 등장해 골리앗을 무찌를 것이다. 이 창조적 파괴의 사이클은 정말로 피할 수 없는 것일까? 제국은 어찌해야 할까?

버니바 부시와 시어도어 베일은 역사의 순환에 따라 멸망의 날이 찾아오는 것이 반드시 불가피한 일만은 '아님'을 알고 있었다. 지속 가능하고 늘 신선한 창의성과 성장을 가져올 수 있는 최선의 길은 조직을 사분면의 오른쪽 상단으로 데려가는 것임을 알고 있었다. 두 상태가 분리되어 있으면서도 균형 잡힌 동적평형으로 연결되어 있는 형세 말이다.

하지만 대체 어떻게 해야 거기 도달할 수 있을까?

5장

모세의 함정 탈출하기

"잡스가 돌아왔다." 1988년 10월 13일 《뉴욕 타임스》는 그렇게 선언했다. 잡스의 새로운 회사 넥스트NeXT Inc.에서 첫 제품을 출시했다. 3년 전 잡스는 본인이 공동 설립자였던 애플 컴퓨터와 아름답지 못한 이별을 했다.

잡스가 넥스트의 컴퓨터를 공개하는 모습을 보려고 샌프란시스코에 있는 데이비스 심포니 홀Davies Symphony Hall에는 3000여 명이 몰려들었다.

"이제 우리는 컴퓨터 세상에서 10년에 한두 번 있을까 말까 한 그런 순간을 다 함께 경험할 겁니다." 잡스는 그렇게 선언하며 행사의 시작을 알렸다. 어두운색의 큼직한 정장을 입고, 좁다란 타이를 매고, 헝클어진 머리를 한 잡스는 마치 비틀스의 다섯 번째 멤버가 카페인을 과다 섭취한 듯한 모습이었다. 잡스는 말했다. "이건 혁명입니다."

다음은 관련 기사의 내용이다.

잡스는 드라마틱한 제품 소개로 유명하다. 잡스와 넥스트는 컴퓨터 커뮤니티가 잡스나 잡스의 신제품에 대단한 관심을 갖고 있는 점을 최대한 활용했다.

잡스는 어두운 무대 위에 그 신제품 컴퓨터와 꽃병 하나만 달랑 올려놓고 홀로 서서 거대한 스크린을 배경으로 이 새로운 기계가 뭘 할 수 있는지 보여줬다. 그는 이 신제품이 음성 메시지를 녹음하고 전송하는 모습과 콤팩트디스크 수준의 음질로 음악을 연주하는 모습, 광디스크에 저장된 셰익스피어 전집에서 문장을 즉시 찾아내는 모습을 시연했다.

두 시간 동안 이어진 각종 프로세서와 포트, 객체 지향 프로그래밍 시연을 마무리하면서 잡스는 그 긴 손가락들을 하나로 모아 합장 자세를 취한 뒤 잠시 말을 멈췄다.

"나의 영웅들 중에는 폴라로이드를 설립한 에드윈 랜드 박사가 늘 있었습니다. 그는 폴라로이드가 예술과 과학이 만나는 곳에 서기를 바란다고 했었죠. 저희는 넥스트에 대해서도 똑같은 느낌을 갖습니다. 오늘 여기서 우리가 다 함께 경험한 그 많은 것들 가운데 영혼에 가장 가까이 다가간 것은 음악이라고 생각합니다."

이 말과 함께 잡스는 샌프란시스코 교향악단의 수석 바이올리니스트 대니얼 코비알카Daniel Kobialka를 소개했다. 코비알카는 넥스트의 컴퓨터 옆으로 다가가더니 들고 있던 활로 장난스럽게 컴퓨터를 툭툭 쳤다. 그리고 5분 동안 폭풍 같은 듀엣을 연주했다. 컴퓨터가 사람과 함께 바흐의 바이올린 협주곡 A단조를 연주했다. 코비알카가 연주를 끝내고 위를 올려다보자, 세 번째 스포트라이트가 잡스를 비추었는데 그는 붉은 장미 한 송이를 들고 있었다. 관중 사이에서 우레와 같은 기립박수가 터져 나왔다.

여기서 바이올리니스트 자리에 붉은 모자를 쓴 댄서를 세우기만 하면 폴라비전의 출시 행사와 똑같아진다.

8메가바이트짜리 성적 만족

대중 언론의 기사가 쏟아졌다.《뉴스위크》표지에는 "스티브 잡스가 컴퓨터를 다시 '놀라운' 것으로 만들었다"는 선언이 실렸다.《시카고 트리뷴Chicago Tribune》은 이번 출시 행사가 마치 "제품 시연계의 '2차 바티칸 공의회'(로마 가톨릭교회가 앞으로 나아갈 큰 방향을 제시했던 회의 - 옮긴이) 같았다"고 했다. 간단히 "8메가바이트짜리 성적 만족!"이라고 쓴 제목도 있었다. 이 출시 행사는 경쟁자들의 경멸적 험담에도 불을 지폈다. 넥스트의 신제품을 위한 소프트웨어를 만들겠느냐는 질문에 빌 게이츠Bill Gates는 이렇게 대답했다. "전용 소프트웨어를 개발한다고요? 그 위에 오줌을 싸면 모를까." 빌 게이츠는 넥스트의 기술에 대해서든("누구라도 소니에 돈만 주면 할 수 있는 일이죠"), 날씬한 검정색 디자인에 대해서든("검정색이 좋으시면 제가 검정 페인트를 한 통 사다 드릴게요") 뭐든지 묵살했다.

5개월 뒤 넥스트는 미국 최대의 컴퓨터 소매상인 비즈니스랜드 Businessland와 파트너십을 맺었다고 발표했다. 비즈니스랜드 회장 데이비드 노먼David Norman은 이 제품의 연간 예상 매출을 1억 5000만 달러로 잡았다. 유례없는 숫자였다. 비즈니스랜드의 고위직이 모인 자리에서 잡스는 "몇 명 제대로 패주자!"며 한껏 바람을 불어넣었다. 얼마 후 비즈니스랜드의 세일즈 매니저 모임에 참석했던 사람 중 한 명은 그 광경을 이렇게 묘사했다. "똑똑하고 다 큰 어른들이 의자에 올라서서 소리 지르는 모습을 한번 상상해보세요. 다들 정말 흥분했어요."

이 기계를 만들기 위해 잡스는 미술관 같은 벽면과 조명, 수제 화장실 용품, 최고급 가죽 가구를 갖춘 최첨단 완전 자동식 공장을 지어야 한다고 주장했다. 어느 저널리스트는 이 공장이 건축 잡지《아키텍처럴 다이제스트Architectural Digest》표지에 당장 실어도 될 정도라고 묘사했다.

IBM과 애플은 한 해에 수백만 대의 개인용 컴퓨터를 팔았다. 썬 마이크로시스템즈Sun Microsystems는 한 해에 10만 대가 넘는 워크스테이션을 팔았다. 잡스가 설계한 공장은 매출이 수십억 달러는 돼야 하는 곳이었다. 그러나 1년간 비즈니스랜드가 판매한 넥스트의 기계는 채 400대도 되지 않았다.

폴라비전이나 보잉 747과 마찬가지로 넥스트의 큐브Cube도 아름답고, 기술적으로 뛰어나며, 대단히 비싼 기계였으나 찾는 사람이 없었다. 새로 만든 광디스크 드라이브는 자기 드라이브나 플로피디스크보다 훨씬 큰 메모리 용량을 가지고 있었다. 하지만 경쟁자들이 제안하는 제품이 더 편리하고, 더 유용한 애플리케이션이 딸려 있고, 더 저렴했다. "상업적 중요성보다는 과학적·미학적 호소력이 훨씬 큰 제품"이라는 폴라비전에 대한 한 줄 요약은 넥스트의 컴퓨터에도 똑같이 해당하는 말이었다.

"저희는 신기술을 목격했기에 회사에 리스크가 따르더라도 감수하기로 결정했습니다." 출시 행사에서 잡스는 광학 드라이브에 대해 그렇게 선언했다. 스콧 맥닐리Scott McNealy는 넥스트의 주요 경쟁사 중 하나인 썬 마이크로시스템즈의 CEO였다. 맥닐리는 1만 달러짜리 기계를 현란한 마케팅 이벤트나 날씬한 디자인에 혹해서 충동 구매할 사람은 없다고 생각했다. 그런 기계를 구매할 능력이 되는 대형 고객들은 실용적인 기계를 원했다. 부품을 교체할 수 있고 안정성 있는 하드웨어를 사용하는 제품 말이다.

잡스가 자신의 룬샷에 대한 애정을 얘기할 때, 맥닐리는 전략적 강점을 기초로 행동했다. 결과는? 썬 마이크로시스템즈는 매출이 30억 달러 이상으로 성장했다. 출시 행사가 있고 2년 뒤 넥스트의 소매 파트너인 비즈니스랜드는 문을 닫았다. 넥스트의 제품에 큰 도박을 걸었던 것이 유일한 원인은 아니지만, 한몫을 한 것은 분명했다.

1991년 4월 잡스와 함께 넥스트를 설립했던 공동 설립자 두 명이 사임했다. 6월에는 넥스트의 가장 큰 개인 투자자인 로스 페로Ross Perot가 이사직을 사임했다. 그는 이렇게 말했다. "자네들한테 그 많은 돈을 쥐어주는 게 아니었는데. 내 가장 큰 실수야." 이후 몇 달간 넥스트는 은행에서 돈을 빌려 직원들 월급을 주었다. 넥스트가 파산 직전까지 몰리자 잡스는 가장 큰 협력사이자 투자자인 일본 기업 캐논을 찾아갔다. 캐논은 넥스트의 컴퓨터에 들어가는 광학 드라이브와 프린터를 제조했다. 캐논은 수표를 써주었고, 다음 해에도 두 번 더 수표를 써줬으나 결국 선을 그었다. 1993년 초가 되었을 때는 처음부터 잡스와 함께 회사를 세웠던 공동 설립자 다섯 명을 포함해 회사의 부사장 거의 전부가 회사를 떠났다.

《포브스*Forbes*》는 이렇게 썼다. "비즈니스계에서 기적을 만들어내는 사람은 몇 안 된다. 이제 스티브 잡스가 그중 한 명이 아니라는 건 분명하다."

리더의 실패

잡스가 1985년 애플에서 쫓겨난 사건이나 넥스트에서 벌인 뒤죽박죽 일 처리는 이미 유명하다. 1975년 스티브 워즈니악Steve Wozniak은 마이크로프로세서와 키보드, 스크린을 결합해 초기 개인용 컴퓨터 하나를 만들었다. 잡스는 워즈니악에게 직장을 그만두고 함께 회사를 차리자고 설득했다. 그러나 애플 I과 애플 II의 초창기 성공 이후 경쟁자들은 금세 애플을 앞질러 갔다. 1980년 아타리Atari와 라디오섀RadioShack은 애플보다 대략 일곱 배나 많은 컴퓨터(TRS-80)를 팔았다. 1983년 코모도어는 겨우 2년 전에 출시한 IBM PC로 시장을 장악해 1등에 크게 밀리지 않는 2등을 하고 있었다. 애플의 주가는 10퍼센트 이하까지 폭락했고 이익은 빠르게 줄어들고 있었다.

애플은 애플 III와 리사Lisa로 스포트라이트를 되찾으려고 시도했다. 두 프로젝트 모두 잡스가 흥미를 잃거나(애플 III), 축출되기 전까지(리사) 주도적으로 추진한 프로젝트였으나 결과는 대실패였다. 전설이 된 1984년 슈퍼볼 경기 광고에 등장한 '매킨토시Macintosh'라는 애플의 신제품은 어마어마한 화제가 됐고, 처음에는 판매도 터졌다. 하지만 이 컴퓨터는 괴로울 만큼 느리고, 하드 드라이브가 없으며, 자주 과열됐다(잡스는 컴퓨터 내부에 팬이 없어야 조용할 거라고 우겼다). IBM과 코모도어가 각각 200만 대 이상의 컴퓨터를 팔았던 해에 매킨토시 판매는 월 1만 대 이하로까지 줄어들었다.

그러나 줄줄이 이어진 실패작보다 애플의 미래를 더 위험하게 만든 것은 핵심 인력의 연이은 퇴사였다.

회사를 떠나는 직원이 줄을 잇는 것은 회사 기능에 심각한 문제가 있다는 뜻이다. 앞서 이야기했듯 시어도어 베일은 벨 연구소의 전신이 되는 조직을 설립한 후 그 어떤 집단도 '나머지를 희생시키면서 어느 한쪽을 무시하거나 편애한다면 반드시 전체의 균형이 깨질 것'이라고 했다. 버니바 부시는 2차 세계대전 동안 기회가 있을 때마다 자신이 군 조직을 얼마나 존중하는지 강조하곤 했다. 거의 모든 시간을 자신과 같은 과학자들과 보내면서 말이다. 그러나 룬샷과 프랜차이즈를 똑같이 사랑하려면 타고난 성향을 극복해야 한다. 예술가는 예술가를 편애하고, 병사는 병사를 편애하기 마련이다.

잡스는 매킨토시를 연구하는 팀원들을 대놓고 자랑스럽게 '예술가'라고 불렀다. 애플Ⅱ 프랜차이즈를 개발하고 있던, 회사의 나머지 조직은 '멍청이'라고 불렀다. 애플Ⅱ 개발자들은 이에 반발해 스스로 '멍청이'라는 이름의 광대 그림이 그려진 단추를 달기까지 했다. 테디 베어 같은 인상을 주는 엔지니어였던 워즈니악은 업계나 사내에서 널리 사랑을 받았다. 그는 사임하면서 조직원들의 사기를 꺾는 잡스의 공격적 행동에 대해 공개적으로 불만을 표시했다. 애플Ⅱ를 개발하던 인력의 이탈이 얼마나 흔했으면 누구는 이런 농담까지 했다. "상사가 자길 부른다고 하면, 그 상사 이름을 꼭 확인하도록 해." 독버섯이 퍼져나갔다. 얼마 지나지 않아 매킨토시를 개발하던 핵심 설계자들까지 회사를 떠나기 시작했다.

이윽고 애플의 이사회와 최근에 선임된 CEO 존 스컬리는 더 이상 이런 상태를 이어갈 수 없다는 결론에 도달했다. 그해 봄 잡스는 실무에서 밀려났다. 잡스는 회사에 머물면서 소규모 조직을 만들어 자신이 들어본 신기술 개발에 매진하겠다고 했다. 터치스크린, 평판 디스플레이도 있고, 샌프란시스코 북쪽에 있는 마린 카운티에서 별난 엔지니어들 몇몇이 엄청난 성능을 가진 그래픽 컴퓨터를 만들었다고 했다. 하지만 결국 잡스는 떠나기로 했다. 그는 공식적으로 사임했고, 1985년 9월 넥스트를 차렸다.

연이은 실패에도 불구하고 엄청난 성능의 그래픽 컴퓨터라는 아이디어는 잡스의 머리를 떠나지 않았다.

잡스가 애플을 떠난 뒤 남아 있던 팀원들은 존 스컬리의 주도로 매킨토시의 가장 눈에 띄는 문제들을 해결했다. 발열을 잡아줄 팬을 달고, 하드 드라이브를 추가하고, 메모리를 확장했다(그 결과 속도가 개선됐다). 매출이 다시 늘었고, 제품은 히트를 쳤다. 이내 잡스가 다시 소환되어 제품 혁신의 대가로 찬사를 받았다. 잡스는 애플 II와 매킨토시를 만들었다. 그는 그래픽 사용자 인터페이스와 마우스를 대중에게 소개해 누구나 손쉽게 컴퓨터를 쓸 수 있게 했다. 《플레이보이 *Playboy*》와 《롤링 스톤 *Rolling Stone*》이 잡스를 인터뷰했다. 《타임》《뉴스위크》《포춘》 표지에 잡스 사진이 실렸다. 비즈니스 잡지 《잉크 *Inc.*》는 잡스를 "지난 10년간 가장 뛰어난 사업가"로 선정했다.

잡스는 스타가 되어갔지만 넥스트는 고전을 면치 못했다. 그러자 넥스트의 직원 몇 명과 컴팩Compaq 및 델Dell의 경영진이 잡스에게 아이디어를 하나 내놓았다.

'하드웨어를 벗어나라.' 넥스트의 소프트웨어는 기가 막혔다. 넥스트의 그래픽 인터페이스나 프로그래밍 툴은 마이크로소프트의 도스 DOS나 초창기 윈도즈Windows보다 우아하고 강력했다. 잡스는 개인용 컴퓨터 제조사들이 그토록 원하는, 마이크로소프트에 대한 대안을 제시할 수 있었다. 그리고 반대급부로 제조사들은 넥스트에 가장 필요한 것, 즉 '미래'를 제시할 수 있었다.

하드웨어에서 소프트웨어로 갈아타는 아이디어는 전형적인 전략형 룬샷이었다. 잡스는 하드웨어를 팔며 명성을 얻었다. 더 크고, 더 빠르고, 더 많은 하드웨어를 매년 내놓았다. 당시 스타는 반짝이는 기계에 유명한 자사 로고를 찍어서 파는 IBM, 델, 컴팩, 델 같은 회사들이었다. 소프트웨어는 만들어봤자 돈이 안 된다는 걸 모두가 알았다. 돈 되는 것은 하드웨어였다. 잡스를 당대 제품 혁신의 대가로 찬양하는 기사만 수십 건이었다. 앞서 에드윈 랜드나 후안 트립에게 그랬던 것처럼 말이다.

하드웨어를 버리라고? 잡스라는 모세에게는 어림없는 소리였다.

사실 잡스는 이미 모험을 건 상태였다. 애플을 떠난 지 얼마 안 되어 잡스는 마린 카운티에서 그래픽 컴퓨터를 개발하던 엔지니어 팀과 다시 연락을 했다. 더 크고, 더 빠른 기계를 가질 수 있는데, 도박을 하지 않을 이유가 무엇인가? 잡스는 그들의 회사를 사들였고 그들이 단독으로 넥스트보다 더 강력한 컴퓨터를 만들게 내버려두고 있었다.

바로 이 엔지니어들이 잡스를 '모세의 함정'에서 구해낼 열쇠를 쥐고 있다는 사실을 잡스는 알 리 없었다. 그리고 그 열쇠는 그들이 만든 기계와는 아무런 상관이 없었다.

뉴턴에 대해 몰랐던 이야기

획기적인 돌파구가 마련된 것에 관한 이야기들은 한 명의 선지자, 한 명의 천재, 종종 어느 한 순간을 중심으로 전개되는 경향이 있다. 그런 이야기는 들려주기에도 재미나고 소화하기도 쉽다. 가끔은 그게 사실이기도 하다. 하지만 사실일지언정, 훨씬 더 풍부하고 흥미로운 전후 맥락은 생략되는 경우가 많다.

예를 들어 아이작 뉴턴은 만유인력을 발견하고, 행성 운동을 설명하고, 미적분을 발명했다는 찬사를 받곤 한다. 그러나 뉴턴이《자연철학의 수학적 원리*Principia*》를 쓰기 한참 전에, 요하네스 케플러

Johannes Kepler는 태양에서 나오는 힘이 행성 운동을 좌우한다는 아이디어를 최초로 제시했고, 로버트 훅Robert Hooke은 만유인력의 원리를 처음으로 시사했다. 크리스티안 하위헌스Christiaan Huygens는 원운동이 원심력을 일으킨다는 것을 보여주었고, 많은 사람이 하위헌스의 법칙을 이용해 지금 우리에게 익숙한 중력의 형태를 도출했다. 조반니 보렐리Giovanni Borelli는 중력을 가지고 목성 위성들의 타원운동을 설명했고, 존 월리스John Wallis 등은 뉴턴이 사용한 미분을 만들었으며, 고트프리트 라이프니츠Gottfried Leibniz는 오늘날 우리가 사용하는 형태의 미적분학을 고안했다. 이런 이야기는 뉴턴의 머리에 사과가 떨어졌다는 것보다 훨씬 더 들려주기가 어렵다.

로버트 훅은 중력으로 행성 운동을 설명할 수 있다고 뉴턴에게 알려주었다. 훅의 설명은 뉴턴이 역작 《자연철학의 수학적 원리》를 쓰는 길을 닦았다. 비록 초창기 아이디어를 낸 사람은 훅이지만, 그는 전체 시스템을 구성할 역량이 없었다. 뉴턴에겐 그 역량이 있었다. 뉴턴은 '종합'의 대가였다. 잡스가 그랬던 것처럼 말이다.

아이작 뉴턴에게는 로버트 훅이 있었다. 그리고 스티브 잡스에게는 제프 래스킨Jef Raskin이 있었다. 훅은 남는 시간에 박쥐처럼 생긴 날개를 설계하고, 3~4미터씩 점프하며 런던을 돌아다닐 수 있는 용수철이 달린 신발을 개발하고, 마리화나의 용도를 조사했다("환자는 이해도 못하고 자기가 본 것을 전혀 기억하지 못했다. (…) 하지만 아주 즐거워했다"). 래스킨은 남는 시간에 리모컨으로 조종할 수 있는 비행기를 설계하고, 하프시코드를 가르치고, 오페라 극단을 지휘하고, 포장 디자인에 관한 특허를 냈다. 훅처럼 래스킨도 이것저것 취미로 해보는 것을 좋아하는 사람이었다.

1967년 스물네 살의 엔지니어였던 래스킨은 컴퓨터에는 그래픽 인터페이스가 있어야 하고, 효율성보다 편리성이 중요하다는 내용의 박사학위 논문을 제출했다. 두 가지 모두 메인프레임 컴퓨터가 대세였던 당시로서는 파격적인 발상이었다. 1970년대 초에 래스킨은 스탠퍼드 대학교와 제록스 파크Xerox PARC의 방문 연구원이 됐다. 파크에서 그는 연구진들이 그래픽 사용자 인터페이스를 탑재한 최초의 개인용 컴퓨터 알토Alto를 만드는 것을 목격했다. 알토는 비트맵 스크린에 그래픽 인터페이스, 아이콘, 마우스를 갖춘 컴퓨터였다. (파크는 이런 기술을 어느 것 하나 상용화하지는 못했다. 제록스 파크에 관한 더 자세한 내용은 5장 '핵심 정리'를 참고하라.)

래스킨은 1978년 애플에 합류했다. 잡스와 워즈니악이 애플을 세운 지 1년쯤 된 시점이었다. 얼마 지나지 않아 래스킨은 알토에 기초해 사용하기 쉽고, 값싸고, 그래픽을 이용하고, 공간을 적게 차지하는 컴퓨터를 만드는 프로젝트에 돌입했다. 그는 이것을 '매킨토시 프로젝트'라고 불렀다. 잡스를 비롯한 애플의 다른 사람들이 이 프로젝트를 종료시키려고 하자, 래스킨은 그들에게 직접 제록스 파크를 방문해서 눈으로 한번 보라고 했다. 그들은 래스킨의 말대로 했고, 마음을 돌려먹었다. 매킨토시의 가능성을 확인한 잡스는 래스킨을 밀어내고 프로젝트를 넘겨받았다.

래스킨은 최초의 매킨토시 프로젝트를 시작하며 매킨토시의 몇몇 핵심적 아이디어를 잡스에게 제안했다. 그러나 래스킨은 그런 아이디어를 하나의 완전한 시스템으로 개발할 안목이 없었다. 그러나 잡

"그리고 그는 십계명이 적힌 돌판을 들고 언덕을 내려왔다."

스에겐 그 안목이 있었다. 잡스는 종합의 대가였다.

뉴턴과 잡스는 자신보다 앞서간 사람들을 대하는 방식도 비슷했
다. 뉴턴은 훅을 묵사발로 만들어 그의 기여분을 묻어버리려고 했
다(훅의 유일한 초상화를 없애버렸다는 주장도 있다). 뉴턴은 훅을 300년
이 지나도 남을 말로 표현했다. "이상하고 비사교적인 성품을 가진
사람." 잡스는 래스킨을 "머리에 똥만 찬 형편없는 놈"이라고 폄하
했다.

잡스가 죽은 뒤 어느 인터뷰에서 빌 게이츠는 이렇게 말했다. "잡
스와 저는 언제나 실제보다 과분한 공로를 인정받을 겁니다. 그러지
않으면 이야기가 너무 복잡해질 테니까요." 그는 또 이렇게도 말했

다. "하지만 잡스가 이후의 수많은 이들과 차이를 보였다고 해서, 하느님이 태어나 언덕에서 십계명을 들고 내려오신 정도는 아니죠." 빌 게이츠가 비유를 하면서 예수와 모세를 뒤섞어놓은 것 같기는 하지만, 요점은 명확하다.

만화 같은 요약(뉴턴이 중력을 발견했다, 잡스가 맥을 만들었다)이나 신격화하는 묘사보다는 이야기의 풍부함에 귀 기울일수록, 천재의 힘과 우연의 힘이 만나 위대한 돌파구를 마련하는 과정을 더 잘 이해할 수 있다. 어떻게 하면 천재의 힘과 우연의 힘이 우리에게 (불리하지 않고) 유리하게 작용하도록 할 수 있을까? 그 단서는 수정주의자들의 역사보다는 진짜 역사 속에 들어 있다.

스티브 잡스의 경우 그 첫 번째 단서는 피터 폰다Peter Fonda와 블라이드 대너Blythe Danner가 출연한 1976년도 영화의 36분쯤에 등장한다.

최초의 3D 애니메이션

장면: 우주선 조종석.

무대: 1970년대. 수많은 컴퓨터에서 불빛이 깜박인다. 흰색 실험복을 입은 '과학자 1'이 성큼성큼 프레임 속으로 걸어 들어온다.

단조로운 컴퓨터 보이스오버: "히알린과 시노비아, 판독 녹화."

과학자 1 상태는?

과학자 2   (의자에 앉아 모니터를 살피며) 신체 연구는 거의 끝나갑니
다. 분자 연구는 한 시간 뒤에 시작될 거예요.

과학자 1   좋아. 음식은 바꿔줬나?

과학자 2   네. 네 시간에서 여섯 시간 정도 여유가 있습니다.

과학자 1   모든 열 엑스레이와 전기화학 연구는 오늘밤까지 끝내
야 해.

과학자 2   그러려면 시간이 얼마 없는데요.

과학자 1   그래도 끝내야 해. 브라우닝 씨가 엄청나게 궁금해해서.

과학자 2   홀로그램이 떴네요. 조정 중입니다.

왼손의 3차원 이미지가 반투명한 흰색으로 나타난다. 손가락이 위
로 길어지면서 천천히 회전한다. 왼쪽 손가락 세 개가 구부러진다. 손
목이 구부러지면서 엄지손가락이 접힌다. 손은 계속 회전하다가 집게
손가락이 스크린 밖의 시청자를 똑바로 가리킨다.

2011년 미국 국회도서관은 이 짧은 영상을 국립영화등록부
National Film Registry에 추가할 25편의 영상 중 하나로 선정했다. 기록
된 영상은 〈퓨처월드Futureworld〉라는 영화 자체(어찌 된 노릇인지 이 한
편의 영화에 섹스 로봇, 중세의 마상 창 시합, 그리고 게이 카우보이처럼 입은 율
브리너Yul Brynner가 모두 등장한다)가 아니라 3차원 '손'이다. 이 회전하
는 손이 영화사상 처음으로 등장한 3D 컴퓨터 이미지다. 이것을 만
든 사람은 유타 대학교에서 물리학을 전공하다가 컴퓨터 그래픽 프
로그래머가 된 에드윈 캣멀이다.

학계의 여러 전공은 마치 플래시몹flash mob처럼 서로 다른 타이밍에 서로 다른 캠퍼스에서 꽃을 피우곤 한다. 1970년대에는 젊은 컴퓨터 그래픽 개척자들이 유타 대학교 캠퍼스에 일제히 나타났다. 짐 클라크Jim Clark는 나중에 실리콘 그래픽스Silicon Graphics를 세운다. 놀런 부슈널Nolan Bushnell은 아타리를 세운다. 존 워녹John Warnock은 어도비Adobe를 만들고, 앨런 케이Alan Kay는 제록스에서 그래픽을 활용한 최초의 개인용 컴퓨터 알토를 만드는 데 한몫한다. 그리고 거기에 캣멀이 있었다. 캣멀은 온화한 성품의 모르몬교도 대학원생으로 이후 가장 위대한 애니메이션 영화사 공동 설립자가 된다.

유타 대학교에서 캣멀은 수업 과제로 3D 손 이미지를 만들었다. 캣멀과 그의 논문 지도교수이자 그래픽 분야의 개척자 아이번 서덜랜드Ivan Sutherland는 이 이미지를 가지고 디즈니를 찾아간다. 월트 디즈니Walt Disney는 어린 시절 디즈니 애니메이션 제작자가 되고 싶었던 캣멀이 우상으로 떠받든 존재였다. 애니메이션 사옥 앞에 선 캣멀은 마치 성지를 방문하는 기분이었다. 그러나 디즈니는 캣멀의 기술을 그냥 보아 넘겼다. 이후로도 캣멀에게 애니메이션 일자리를 제안하는 일은 없었다.

애니메이션으로 제국을 쌓아올린 디즈니는 이후로도 10년간 유타 대학교 동문들이 발명한 뛰어난 애니메이션 기술을 줄줄이 묵살한다. 사무 생산성 위에 제국을 세웠던 제록스가 자회사 제록스 파크에서 고안한 사무 생산성 분야의 혁신적 론샷을 줄줄이 묵살했던 것처럼 말이다.

캣멀은 박사학위 과정을 마치고 일자리가 필요했다. 그는 이미 이미지와 질감을 펼쳐놓는 데 필요한 중요한 수학적 툴을 발명해놓았다. 이 기술을 사용하면 예컨대 미키 마우스 그림을 테니스공 표면에 비출 수가 있었다. 그는 영화에 등장한 최초의 3D 애니메이션 이미지를 만들었다. 그러나 아무도 관심이 없었다. 캣멀은 스물아홉 살에 결혼해 두 살 된 아들도 있었다. 결국 그는 보스턴에 있는 어느 컴퓨터 소프트웨어 회사에서 일하게 됐다.

그때 누군가 캣멀에게 '튜바'에 관한 제안을 해왔다.

잡스, 픽사를 만나다

1960년대에 알렉스 슈어Alex Schure는 말이 빠르고 괴짜인 백만장자였다. 그는 뉴욕주 롱아일랜드 북쪽 해안가에 있는 저택 몇 개를 사들여 사립 직업학교로 바꾸고 '뉴욕 기술대학교New York Institute of Technology'라고 이름 붙였다. 처음에 이 학교를 세운 것은 다른 어디에도 입학할 수 없는 사람들을 위해서였다. 많은 학생들에게 수학 보충 수업이 필요했기 때문에 슈어는 만화 작가를 고용해서 수학 수업 내용을 만화로 그렸다. 이게 잘되자 슈어는 애니메이션 제작자를 고용해서 이 만화들을 영화로 만들었다. 이 영화가 '뉴욕 국제 TV 영화 페스티벌'에서 금메달을 땄다. 괴짜 백만장자들이 뭐 하나 성공하면 으레 그렇듯이, 슈어도 자신이 전문가이자 증명된 영화제작자라고 결론 내렸다. 그래서 다음 프로젝트는 직접 시나리오를 쓰고 감독하고 제작할 생각이었다. 그는 이 프로젝트를 〈터비 더 튜바Tubby the Tuba〉라고 불렀다.

슈어는 〈터비 더 튜바〉 작업을 시작하려고 100명의 애니메이션 제작 인원을 고용했다. 하지만 얼마 못 가서 그는 한 장 한 장 손으로 그림을 그리는 게 지루하고 수고스러운 작업임을 알게 됐다. 그는 더 나은 기술을 알아보다가 유타 대학교까지 찾게 됐고, 캣멀을 알게 됐고, 결국 전화를 걸게 됐다. "큰돈을 받고, 독립 연구소를 차려서, 팀원들을 직접 고용하고, 필요한 건 뭐든 장비를 사서, 아무 조건 없이, 그냥 훌륭한 애니메이션 기술을 개발하기만 하면 되는데 해주시겠습니까?" 캣멀은 다니던 회사를 그만두고 롱아일랜드에 있는 슈어의 회사에 합류했다.

캣멀이 처음으로 고용한 사람들 가운데 앨비 스미스Alvy Smith가 있었다. 스미스는 장발에 덩치가 큰 텍사스주 출신의 컴퓨터 과학 박사였다. 스미스는 뉴욕 대학교에서 5년간 강의하다가 학계를 떠나기로 마음먹고 캘리포니아주 버클리로 옮겨 왔으나 아무 계획이 없었다. 결국 제록스 파크에 들어가게 됐고, 거기서 컬러 디스플레이와 그래픽 소프트웨어 개발 업무를 했다(최초의 컴퓨터 그림 그리기 툴을 개발한 곳 역시 제록스 파크다). 그러나 1년도 못 되어 제록스는 이 프로젝트를 종료해버리고 스미스를 내보냈다. 스미스의 상사는 "'컬러'는 미래 업무가 아니다"라고 설명했다.

그때쯤 스미스는 이미 컴퓨터 그래픽의 잠재력에 푹 빠져 있었다. 그는 어떻게든 다시 그 세계로 들어가고 싶었다. 그러던 차에 "롱아일랜드에 있는 미친 사람"이 연구소를 만든다는 얘기를 전해 들었

〈터비 더 튜바〉

다. 스미스는 남은 돈을 탈탈 털어 비행기 표를 샀고 뉴욕 기술대학교를 방문했다. 스미스는 그 자리에서 고용되었다. 유타 대학교 출신의 모르몬교도와 텍사스주 출신의 히피가 같은 창고(이전에 밴더빌트-휘트니Vanderbilt-Whitney 저택의 2층짜리 차고였던 것을 개조한 곳)에 둥지를 틀게 된 것이다. 두 사람은 미국에서 가장 앞서 나가는 컴퓨터 그래픽 연구소를 세우기 시작했다. 이것은 컴퓨터 그래픽 왕조의 시작을 알리는 사건으로, 스미스의 말에 따르면 "제록스 집안과 유타 집안의 결혼"이었다.

1977년 봄 맨해튼에 있는 사설 극장에서 알렉스 슈어는 완성된 영화 〈터비 더 튜바〉를 팀원들에게 공개했다. 상영이 끝나자 애니메이션 담당자 중 한 사람이 조용히 말했다. "세상에, 내 인생의 2년을 낭비했네." 캣멀은 이 영화가 마치 기차 충돌 사고 같았다고 묘사했다. 제작이 너무 아마추어적이었다. 캣멀과 스미스는 슈어가 스토리나 캐릭터에 대해서는 전혀 감각이 없다는 사실을 알았다. 두 사람은 슈어가 절대로 월트 디즈니가 될 수 없음을 깨달았다. 두 사람이 꿈꾸는 실사영화에 필적하는 컴퓨터 제작 영화는 밴더빌트-휘트니 창고에서는 나올 수 없었다.

다행히도 얼마 지나지 않아 자기 영화를 위해 더 나은 기술을 찾고 있던 또 다른 거물급 인사가 전화를 걸어왔다. 그의 영화는 〈터비 더 튜바〉보다 일주일 뒤에 시사회를 가졌는데 벌써 대단한 기대 속에 후속작 작업에 들어갔다고 했다. 하지만 결투 장면이 한 번 나올 때마다 프레임 하나하나에 손으로 직접 광선검을 그리자니 시간이 너무 오래 걸렸다.

그래픽 팀이 〈터비 더 튜바〉 제작자를 버리고 괴짜들의 아이돌인 '스타워즈' 제작자에게로 달려가는 소리가 롱아일랜드 해안을 따라 울려 퍼졌다. 팀원들은 조지 루카스George Lucas의 영화제작 본부가 자리한 캘리포니아주 마린 카운티의 어느 밋밋한 사무용 건물에 둥지를 틀었다. 이내 루카스필름Lucasfilm의 컴퓨터 사업부 소속으로 알려진 이 팀원들은 그로부터 5년간 이전 40년의 영화제작 과정을 완전히 뒤바꿔놓을 소프트웨어와 하드웨어를 줄줄이 만들어냈다.

3D 렌더링, 디지털 편집, 광학 스캐닝, 레이저 필름 프린팅은 물론이고 깜짝 놀랄 만큼 실감 나는 컴퓨터 생성 이미지computer-generated imagery 즉 'CGI'를 만들어냈다. 10대 때 나는 영화에서 이들이 만든 첫 장면을 본 적이 있다. 〈스타트렉 2: 칸의 분노Star Trek II: The Wrath of Khan〉에서 흔히 '제네시스 효과'라 부르는 장면이었다. 그 장면의 놀라움은 내가 스팍 때문에 흘린 눈물이 아깝지 않을 정도였다.

루카스필름의 팀이 이런 이미지 효과를 내기 위해 만든 고성능 그래픽 컴퓨터에도 이름이 하나 필요했다. 스미스는 '픽서Pixer'라고 부르면 어떻겠느냐고 했다. 픽셀pixel에 레이저laser를 합성한 이름이었다. 그래픽 팀에 있는 다른 동료가 레이더radar처럼 좀 더 하이테크 느낌이 나거나, 아니면 퀘이사quasar나 펄서pulsar처럼 천문학적인 느낌이 나게 하자고 제안했다. 그렇게 해서 컴퓨터의 이름은 '픽사Pixar'로 정해졌고 이내 간단히 '픽PIC'이라고들 부르게 됐다.

 • • •

1985년 아직 스티브 잡스가 애플에서 축출되기 전 어느 날이었다. 동료인 앨런 케이가 잡스에게 '픽'을 보고 왔다고 말했다. 앨런 케이는 애플에 합류하기 전에 제록스 파크에서 초창기 개인용 컴퓨터를 개척한 이들 중 한 명이었다. 유타 대학교에서 캣멀과 함께 공부했고, 제록스에서는 앨비 스미스와 함께 일하기도 했다. 케이는 최근 이혼으로 현금이 필요한 루카스가 자신의 그래픽 팀을 매각하려 한다는 얘기를 그 두 사람에게서 전해 들었다.

잡스는 원래 넥스트를 위한 미래 계획을 꿈꾸고 있었는데, 갑자기 픽이 나타났다. 픽은 크고, 빠르고, 강력하고, 어마어마한 매력을 가진 컴퓨터였다(픽을 보유한 그래픽 팀은 조지 루카스와 스티븐 스필버그 두 사람 '모두'와 작업했다). 그리고 가격도 무척 비쌌다. 10만 달러짜리 기계였다. 1985년 가을 《월스트리트 저널》과의 인터뷰에서 루카스는 픽의 수많은 잠재적 용도에 관해 설명했다. 방사선 이미지, 석유 및 가스 탐사, 자동차 디자인 등등에 모두 활용될 수 있다고 주장했다.

루카스는 이렇게 말했다. "알고 보니 영화 사업은 지금 우리가 얽혀 있는 다른 분야에 비하면 극히 작은 시장이더군요. 마치 우리가 트랙 위에서 온갖 복잡하고 놀라운 솜씨를 부릴 수 있는 아주 정교한 레이싱 카를 만들었는데, 출퇴근할 때도 이 차를 이용하고 싶어 하는 사람이 엄청나게 많다는 걸 발견한 셈이랄까요." 사업을 접고 싶은 전설적 스토리텔러가 들려준 꽤 그럴듯한 얘기였다.

잡스는 금방 설득당했다. 잡스는 먼저 애플 이사회 구성원들의 관심을 끌어서 회사가 픽을 인수하게 해보려고 했다. 이사진은 거절했다. 그해 여름 잡스와 애플의 관계가 와해되고 있을 때쯤 잡스는 캣멀과 스미스에게 자신이 그들 사업을 인수해서 운영하겠다고 제안했다. 잡스의 얘기를 듣고 있으니 "그의 목표는 애플과 경쟁할 수 있는 차세대 가정용 컴퓨터를 만드는 것"임이 분명했다고 캣멀은 회상했다. 캣멀과 스미스는 그런 싸움에는 관심이 없었다. 둘은 제안을 거절했다. 얼마 전 아내와 별거에 들어갔던 캣멀은 잡스의 기분을 충분히 이해했다. 캣멀은 스미스에게 이렇게 말했다. "방금 이혼한 남자의 첫 데이트 상대가 될 필요는 없잖아."

1985년이 끝나갈 무렵 거의 20개 회사(그중에는 디즈니도 있었다)로부터 제안을 거절당한 루카스필름 사장 더글러스 노비R. Douglas Norby는 구매자를 찾지 못하면 컴퓨터 팀을 폐쇄하기로 결정했다. 다행히 11월에 캣멀과 스미스는 필립스Philips와 제너럴 모터스General Motors를 설득할 수 있었다. 네덜란드의 전자회사 필립스는 의료용 이미지 애플리케이션을 갖고 싶어 했고, 자동차 제조회사 제너럴 모터스는 CAD 사업을 하려고 해서, 두 회사가 공동으로 그래픽 팀을 인수하기로 했다. 그런데 계약서에 서명하기 일주일 전 계약이 엎어지고 말았다. 제너럴 모터스에서 총대를 메고 그래픽 컴퓨터 인수를 추진한 사람은 제너럴 모터스의 컴퓨터 사업부장인 로스 페로였다. 이 계약이 성사될 무렵 제너럴 모터스는 52억 달러에 휴즈 항공 Hughes Aircraft을 인수한다는 발표를 했다. 대노한 페로는 사석에서, 그리고 공석에서도 이사회를 모욕했다. "제너럴 모터스는 제대로 된 자동차 하나 못 만들면서 어떻게 통신위성 사업에 수십 억 달러를 쓰는 걸 정당화한단 말이오?" 그러자 제너럴 모터스 이사회는 페로의 컴퓨터 사업 인수에 대한 지지를 철회해버렸다(이듬해 제너럴 모터스는 페로를 쫓아냈다).

인수 계약이 엎어졌다는 소식을 들은 잡스가 움직였다. 잡스는 노비에게 전화를 걸어 여전히 인수에 관심이 있다고 말했다. 잡스는 합리적인 가격에 팀을 넘기도록 루카스필름의 수장을 설득해야 했을 뿐 아니라, 캣멀과 스미스가 자기 밑에서 계속 프로젝트를 수행하도록 설득해야 했다. 그때쯤 잡스는 넥스트를 설립한 뒤였다. 그는 캣멀과 스미스에게 운영의 전권을 주겠다고 했다. 잡스와 넥스트가 위치한 곳으로부터 북쪽으로 몇 시간 거리인 마린 카운티에 계속 있어도 된다고 했다. 캣멀을 CEO로 임명하겠다고도 했다. 그때쯤에는 이미 다른 대안이 없었던 캣멀과 스미스는 인수에 동의했다. 루카스필름 또한 컴퓨터 사업부를 폐쇄하느니 팀 전체를 헐값에 사겠다는 잡스의 제안을 수락했다.

그렇게 해서 잡스는 루카스필름 컴퓨터 사업부의 주요 투자자이자 최대주주가 됐고, 사업부 이름을 픽사Pixar Inc.로 바꾸었다.

"스티브 잡스가 영화에서 뭘 찾아냈는지 한번 보시죠!" 이것이 《비즈니스위크》의 헤드라인이었다.

소화전 같은 나날

잡스가 루카스필름 컴퓨터 사업부를 인수한 것은 그들이 개발한 10만 달러짜리 컴퓨터 때문이었다. "과거 슈퍼컴퓨터가 상용화되었던 것처럼 향후 몇 년간 컴퓨터 이미지 기술이 폭발적으로 성장할 겁니다." 인수 발표를 하면서 잡스가 한 말이다. "전체적으로 1978년 개인용 컴퓨터 업계와 비슷한 냄새가 나죠." 잡스는 픽사가 진행 중이던 영화 프로젝트 하나를 종료시키고 그 인력을 돌려서 7개 도시에 픽 판매소를 열었다. 그리고 하드웨어 판매원을 추가해서 회사 규모를 40명에서 140명 규모로 키웠다.

그러나 2년 동안 팔린 기계는 채 200대가 되지 않았다. 픽 컴퓨터로 했던 약속은 현실보다는 판타지였던 것으로 드러났다. 굳이 픽을 사지 않아도 썬 마이크로시스템즈나 실리콘 그래픽스에서 만든 훨씬 더 저렴한 다목적 워크스테이션에 픽사의 소프트웨어만 사용하면 많은 CGI를 충분히 제작할 수 있었다. 픽이라는 하드웨어는 필요하지 않았다. 1986년 픽사는 컴퓨터로 만든 애니메이션의 잠재력을 강조하고자 저 유명한 〈룩소 주니어Luxo Jr.〉 영상을 만들었다. 디즈니의 애니메이션 사업부장은 이렇게 말했다고 한다. "5분짜리 단편 영화 속의 램프 룩소가 어지간한 두 시간짜리 영화보다 더 많은 감정과 유머를 갖고 있다." 지금은 픽사 로고의 일부가 된 이 영상은 사실 픽이 아니라 워크스테이션으로 만들었다.

넥스트나 폴라비전, 보잉 747과 마찬가지로 픽은 아름답고 강력하고 대단히 비싼 기계였지만 고객이 없었다. 후안 트립이나 에드윈 랜드의 경우처럼 또 한 번 룬샷에 대한 애정이 전략적 강점을 이겨버린 것이다. 다만 잡스는 위 두 사람과는 달리 '모세의 함정'에 빠졌을 때 오히려 더 큰 모험을 했다.

2년간 5000만 달러를 더 쓰고 나서야 잡스는 마침내 픽을 단념했다. 1990년 4월 픽사는 하드웨어 부문을 캘리포니아주에 위치한 기술 기업 비컴 시스템스Vicom Systems에 매각했다(비컴 시스템스는 얼마 후 폐업했다). 잡스는 회사를 다시 직원 40여 명 규모로 줄이고, 자신이 고용하자고 우겼던 사람들을 모두 내보냈다.

픽사는 무너지고 있었다. 넥스트는 허우적거렸고, 잡스도 현금이 말라가는 상황이 됐다. 잡스는 픽사에 있는 애니메이션 팀(고작 다섯 명)을 폐지하려고 했으나, 캣멀과 그의 팀이 반대했다. 잡스는 픽사를 팔려고 했지만 자신이 받아들일 수 있는 조건으로 사겠다는 사람을 찾을 수 없었다. 나중에 잡스는 그 시절이 "똥통에 빠진 기분"이었다고 묘사했다. 그는 출근도 하지 않고 집에만 있었다.

오래전 내가 회사의 안 좋은 소식을 발표해야 하는 때가 있었다. 발표 직후 의기소침해 있는데 대형 상장 기업을 수십 년간 경영하다가 은퇴한 어느 분이 내게 조언을 해주었다. 그분은 내 어깨에 팔을 두르고 이렇게 말했다. "살다 보면 개가 되는 날도 있고, 소화전이 되는 날도 있다네." 잡스에게는 그 시절이 소화전이 된 날들이었다.

바이오테크 업계에서 스타트업이 고전하다 보면 시간을 벌기 위해 훨씬 더 크고 돈 많은 사촌에게, 그러니까 대형 제약회사들에게 툴이나 서비스를 팔 때가 있다. 이때의 목표는 내부 팀에서 제품을 만들 수 있을 때까지, 세상이 깜짝 놀랄 신약 후보가 나올 때까지 살아남는 데 있었다.

영화계에서 픽사가 바로 그렇게 했다. 픽사는 훨씬 크고 돈 많은 사촌이었던 디즈니에게 툴과 서비스를 팔았다. 그리고 내부 팀이 세상을 깜짝 놀라게 할 산물을 만들어낼 때까지 살아남았다.

그러나 픽사를 통해 잡스는 시간만 번 것이 아니라 전혀 예상치 못했던 또 다른 산물을 챙겼다. 바로 '아이디어'였다. 그는 룬샷을 육성할 수 있는 다른 방법을 찾아냈다.

"무한한 공간 저 너머로"

1995년 추수감사절을 앞둔 저녁, LA에 있는 엘 캐피턴 극장. 조명이 어두워지고 커튼이 올라가더니 '버즈 라이트이어'라는 우주비행사 장난감과 '우디'라는 카우보이 장난감이 나타났다. 업계 최초로 순전히 컴퓨터로만 만든 장편영화인 픽사의 〈토이 스토리Toy Story〉가 3주 연속 미국 내 수입 1위를 기록하고 있었다. 이 영화는 아직도 영화 정보 사이트 로튼 토마토Rotten Tomatoes에서 평론가 평가 지수 100퍼센트를 유지 중이다. 당시 영화평을 보면 "입이 떡 벌어지는 시각 효과" "예술형식의 재탄생" "새로운 시대의 여명" 같은 표현이 등장한다.

10년 전 〈룩소 주니어〉를 만들었던 존 래시터John Lasseter가 기획하고 감독한 이 영화는 월트 디즈니 이후 가장 위대한 애니메이션 제작자로서 캣멀과 래시터의 치세를 열었다. 그리고 애니메이션 팀을 없애버리려 했던 잡스에게 갑자기 이 새로운 형식의 예술에 대한 '지대한' 관심을 불러일으켰다. 〈토이 스토리〉의 성공은 또 다른 예기치 못한 결과를 낳기도 했는데, 바로 망해가던 잡스를 억만장자로 만들어준 것이다.

이 영화는 디즈니와 맺어온 10년 관계의 정점에 있었다. 캣멀과 스미스는 아직 루카스필름에 있던 시절에 디즈니를 설득해서 애니메이션을 자동화할 수 있는 픽 몇 대를 구입하게 했다. 디즈니는 픽사가 만든 짧은 영상이 그래픽 컨벤션에서 기립박수를 받는 것을 보고 이 팀이 장편영화도 만들 수 있겠다고 결론 내렸다. 1991년 팀에서 래시터만 빼내 오는 데 실패한 디즈니는 픽사와 세 편의 장편영화 제작 계약을 맺었고 〈토이 스토리〉가 그 첫 번째 작품이 됐다.

시사회가 열리기 몇 달 전 잡스는 픽사의 신규상장을 준비하려고 금융가들과 작업하고 있었다. 신규상장을 준비하려면 투자 설명서 초안을 작성해야 했다. 투자자들에게 나눠줄, 회사를 소개하는 문서 말이다. 픽사의 투자 설명서 표지에는 미소 띤 버즈 라이트이어가 컴퓨터 모니터를 찢고 나오는 그림이 그려져 있었다. 나도 투자 설명서를 여러 번 작성해봤고 상장 과정에도 여러 번 참여해봤지만, 표지에 사랑스러운 액션 장난감이 대문짝만하게 그려진 문서도, 이렇게 완벽한 타이밍을 잡은 상장도 보지 못했다.

246

〈토이 스토리〉 시사회 일주일 뒤에 픽사가 상장되자 투자자들은 광란에 빠졌다. 금융가들이 예상한 것보다 250퍼센트 높은 금액으로 첫 주식이 거래됐다. 그날 거래가 끝날 때 픽사의 시가 총액은 15억 달러였다. 주식의 80퍼센트가 잡스 소유였으니, 그의 지분만 12억 달러였다. 불과 얼마 전만 해도 잡스가 자신의 여러 벤처 회사 중 하나라도 지원할 여력이 있을지 물음표가 붙었는데, 상황이 완전히 역전된 것이다.

앞서 뉴턴과 잡스가 '종합'의 대가라고 했다. 뉴턴은 행성에 관한 천문학과 운동 법칙, 미분 수학(남들이 개발한 아이디어)을 집대성하여, 세상이 한 번도 보지 못한 통일성 있는 전체로 종합했다. 잡스는 디자인과 마케팅, 기술을 남들이 만들지 못할 통일성 있는 전체로 집대성했다. 그러나 잡스에게는 핵심 재료가 하나 빠져 있었다. 앞서 유사한 여러 기술을 집대성한 에드윈 랜드가 그랬던 것처럼 잡스 역시 그저 모세와 같은 리더였다.

바로 그렇기 때문에 오늘날 애플 제품의 애호가 입장에서 보자면, 당시 잡스가 받은 가장 귀중한 선물은 픽사에 투자해 얻은 금전적 보상이 아니었다. 그보다는 잡스가 부시-베일 법칙을 눈으로 직접 확인했다는 사실이 중요하다. 잡스는 실패의 터널을 통과하며 다른 형태의 리더 모델을 알게 됐고, 문샷을 육성하고 프랜차이즈를 키우면서도 둘 사이의 긴장과 균형을 유지하는 법을 배웠다.

바로 이 새로운 깨달음이 그의 인생 3막의 성공 열쇠가 된다. 이제 모두가 알다시피 잡스는 하드웨어로 돌아와 애플을 소생시키는 동시에 미국 소비자 가전 산업 전체를 되살려놓기에 이른다.

점 점 점

픽사라는 이야기가 가진 플롯은 엄청나다. 거의 모든 업계의 큰손들이 거절한 조그만 회사가 파트너십을 통해 목숨을 부지한다. 그리고 그 파트너십은 업계를 일신할 히트작을 만들어낸다. 그 히트작은 어마어마하게 성공적인 신규상장을 이끌어낸다. 이 상장으로 만들어진 자금은 믿기 힘들 만큼의 새로운 히트작들을 만드는 밑거름이 된다. 〈몬스터 주식회사〉〈인크레더블〉〈카〉〈라따뚜이〉〈월-E〉〈인사이드 아웃〉 등등으로 이어지면서 말이다.

픽사의 스토리는 경이로운 리메이크작이기도 하다. 15년 전인 1978년에 제넨테크라는, 이윤을 하나도 내지 못하는 작은 회사가 있었다. '유전공학'이라는 증명되지 않은 신기술을 개발하는 회사였다. 이곳은 업계에서 활동한다는 기업들을 다 찾아다녔지만 번번이 신기술을 묵살당하던 차에 어느 대형 제약회사와 파트너십을 맺었다. 픽사의 기술이 수작업으로 하던 작업을 자동화함으로써 완전히 새로운 종류의 애니메이션 영화 제작을 가능하게 해준 것처럼, 제넨테크는 수작업으로 하던 공정을 자동화함으로써 완전히 새로운 종류의 약을 만들 수 있게 해주었다.

제넨테크는 완벽한 타이밍에 상장이 됐고, 마케팅까지 훌륭했다. 픽사와 똑같았다. 어마어마한 신청자가 몰린 주식 공모는 1980년 10월 14일 마감됐다. 상장 주식의 첫 거래는 금융가들이 당초 예상한 것보다 200퍼센트나 높은 가격에 성사됐다. 픽사의 기업공개가 새로운 예술형식의 탄생을 의미했다면, 제넨테크의 기업공개는 새로운 산업, 즉 바이오테크 산업의 탄생을 의미했다. 주식 상장에 성공해 충분한 자금을 조달하게 된 제넨테크는 유방암 치료제 허셉틴Herceptin, 대장암·폐암·뇌종양 치료제 아바스틴, 혈액암 치료제 리툭산Rituxan 등 히트작을 줄줄이 내놨다.

제넨테크도, 픽사도 여느 훌륭한 신약 개발 회사나 영화사와 마찬가지로 룬샷과 프랜차이즈 사이에 균형 잡는 법을 배웠다. '그럴 수밖에' 없었기 때문이다. 영화나 신약에서 다른 종류의 제품은 없다.

바이오테크 업계에서 제넨테크보다 이를 잘해낸 기업은 없었다. 2009년 로슈Roche에 팔렸을 때 제넨테크의 가치는 1000억 달러가 살짝 넘었다. 영화계에서는 픽사보다 이를 잘해낸 기업은 없었다. 1995년에서 2016년 사이 픽사는 17편의 장편영화를 개봉했다. 각 영화의 총수입 '평균'이 5억 달러(약 6000억 원)를 넘었고, 로튼 토마토 지수 중간값이 96퍼센트라는 어마어마한 수치였다.

못생긴 아기와 짐승 사이에서

픽사 탄생의 주역인 에드윈 캣멀은 초기 단계의 영화 아이디어(룬샷)를 '못생긴 아기Ugly Baby'라 부른다. 용어는 낯설지만 이 개념은 수백 년 전부터 있어온 것이다. 1597년 철학자 프랜시스 베이컨Francis Bacon은 이렇게 썼다. "생명체가 처음 태어날 때의 모습이 형편없는 것처럼, 새로운 시대의 탄생인 모든 혁신도 처음에는 형편없는 모습이다." 캣멀은 영화에서 룬샷과 프랜차이즈('짐승Beast') 사이에 균형을 유지하는 문제를 다음과 같이 설명했다.

　　독창성이란 바람 앞 등불과 같다. 또 최초의 순간에 독창성은 예쁜 것과는 거리가 멀 때가 많다. 그래서 나는 우리 영화의 초기 모델을 '못생긴 아기'라 부른다. 초기 모델은 아름답지 않다. 나중에 커서 될 어른의 미니어처에 불과하다. 진짜 못생겼다. 서투르고, 채 갖춰지지 않았고, 연약하고, 불완전하다. 그게 자라나려면 시간과 인내라는 형태의 육아 과정이 필요하다. 이 말은 곧 그 아기가 짐승과 공존하기 위해 힘든 나날을 보내야 한다는 뜻이다. (…)

　　내가 짐승과 아기라고 말하면 다분히 흑백논리처럼 들릴 수도 있다. 짐승은 다 나쁘고, 아기는 다 착한 것 아니냐고 말이다. 하지만 실제 현실은 그 사이 어디쯤에 있다. 짐승은 뭐든 잡아먹으려 들지만, 동기를 부여한다는 측면에서는 귀중한 존재다. 아기는 때 묻지 않은 순수한 존재로서 엄청난 가능성을 품고 있지만, 보채기도 심하고 예측 불가능하며 밤에도 우리를 잠 못 들게 한다. 짐승과 아기가 평화롭게 공존하기 위한 핵심 열쇠는 다양한 힘의 균형을 유지하는 것이다.

　힘의 균형을 유지하는 것은 결코 쉬운 일이 아니다. 룬샷과 프랜차이즈는 너무나 다른 길을 걷기 때문이다. 그런 여정 속에서 살아남으려면 열정적이고 지극히 헌신적인 사람들이 필요하다. 서로 아주 다른 역량과 가치관을 가진 사람들, 즉 예술가와 병사가 필요하다.

　예를 들어 '제임스 본드' 시리즈의 첫 작품이었던 〈007 살인번호 Dr. No〉가 숱하게 거절당한 것은 시리즈의 첫 편이 만들어질 때 흔히 나타나는 일이다. 미국 영화사들 입장에서는 제임스 본드가 너무 영국적이었다. 이언 플레밍Ian Fleming의 원작 소설은 "텔레비전용으로도 적합하지 않을 정도"였다. 10여 년이 지나자 (시리즈를 아홉 편 정도 쓴) 플레밍은 영화제작권을 스튜디오에 직접 판매하는 것을 포기하고, 미심쩍은 두 프로듀서에게 제작권을 넘겼다. 프로듀서 중 한 명은 직전에 본인의 영화사가 파산했다. 다른 한 명은 영화제작 경험이 거의 없었다. 파트너십은 시작이 썩 좋지 않았다. 초고를 쓴 작가진은 원작의 악당을 심복의 어깨에 앉아 있는 지능 높은 원숭이로 바꿨다. 이후 참여한 어떤 작가는 최종 원고(다행히 원숭이 악당은 사라졌다)가 마음에 들지 않는다며 크레디트에서 자기 이름을 지워달라고 했다. 대여섯 명의 스타 배우가 주인공 역을 거절하자, 프로듀서들은 무명에 가까웠던 서른두 살의 숀 코너리Sean Connery를 주연으로 발탁하기로 했다. 숀 코너리는 배우가 되기 전에 우유 트럭을 몰았다. 배급사는 이 영화를 미국 대도시에 팔 수 있을지 의심했다. "영국 촌놈인 트럭 운전사가 주인공"을 맡았기 때문이다. 결국 영화는 오클라호마주와 텍사스주의 자동차극장에서 개봉했다.

스물여섯 번째 본드 영화가 만들어질 때쯤이면 이야기는 완전히 달라진다. 배우들은 이 영화에 너도나도 출연하겠다고 경쟁한다. 영화사들은 마케팅 판권을 사려고 줄을 선다. 현금이 쏟아져 들어온다. 이탈리아제 수제 양복을 입은 영국 스파이에게 티케팅 파워가 있다는 사실을 지금은 우리도 안다. 성공 방향은 분명하다. 본드 시리즈에는 나쁜 남자와 빠른 차, 부드러운 술, 양쪽을 배신하는 여자, 그리고 성적인 뉘앙스를 담은 대사가 필요하다. 프랜차이즈 프로젝트는

본드는 사악한 원숭이와 싸운다.

룬샷보다 이해하거나 수량화하기도 쉽고, 대기업 내에서 상부의 허락을 받아내기도 수월하다. 이런 후속작의 어려움은 회의주의와 불확실성이라는 기나긴 터널을 빠져나가는 것이 아니라, 전작을 뛰어넘는 것이다.

룬샷을 옹호하는 발명가나 창작자들은 종종 프랜차이즈를 비웃고 싶은 유혹을 느낀다. '스티브 잡스 1.0'이 애플 Ⅱ의 후속작을 '명칭들'과 개발했던 것처럼 말이다. 그러나 양쪽은 서로를 필요로 한다. 확실한 프랜차이즈가 없다면 실패 확률이 높은 룬샷 때문에 회사나 산업 전체가 망하고 만다. 신선한 룬샷이 없다면 프랜차이즈를 개발하는 사람들도 말라 죽게 된다. 〈주노Juno〉나 〈슬럼독 밀리어네어Slumdog Millionaire〉 같은 영화가 더 많아지길 바란다면, '어벤져스Avengers'나 '트랜스포머Transformers' 같은 시리즈물이 더 나와줘야한다. 더 좋은 항암제나 알츠하이머 치료제가 나오길 바란다면, 차세대 스타틴도 필요하다.

캣멀을 비롯한 여러 사람들이 설명하듯 픽사는 상분리와 동적평형에 해당할 만한 환경을 조성했다. 룬샷을 육성하는 동시에 룬샷과 프랜차이즈의 균형을 유지할 수 있는 환경을 마련한 것이다. 그러나 픽사에서 얻을 수 있는 가장 흥미로운 교훈은 따로 있다. 바로 '모세의 함정'을 벗어나는 열쇠가 두 가지 리더십의 차이에 있다는 점이다. 나는 그 두 리더십을 **시스템 사고**system mindset와 **결과주의 사고**outcome mindset라 부를 것이다.

그 차이를 가장 극명하게 확인하기 위해 체스의 세계로 건너가 보자.

체스 챔피언의 생각법

가리 카스파로프Garry Kasparov는 15년간 세계 체스 챔피언으로 군림했다. 체스 역사상 최장기 기록이다. 그는 역대 가장 훌륭한 체스 플레이어로 불린다. '시스템 사고와 결과주의 사고의 차이'라는 원칙은 내가 그의 책《챔피언 마인드*How Life Imitates Chess*》에서 가져와 수정한 것이다. 책에서 카스파로프는 이 원칙이 성공의 핵심 열쇠였다고 말한다.

어떤 수가 '왜' 나빴는지(예컨대 폰이 비숍을 잡았는데 왜 게임에서 졌는지)를 분석하는 것은 1차적 전략 혹은 결과주의 사고라고 생각할 수 있다. 그러나 카스파로프는 나쁜 수를 두어 게임에서 지고 나면 그

최장기 체스 챔피언, 가리 카스파로프

수가 왜 나빴는지만 분석하는 게 아니라 '그 수의 이면에 깔린 의사 결정 과정'을 어떻게 바꿔야 하는지도 분석했다. 다시 말해 내가 상대를 만나 그 시점에 그 수를 어떻게 결정했는지 분석하고, 앞으로는 의사결정 과정이나 게임 준비 루틴을 어떻게 바꿔야 할지 생각하는 것이다. 어떤 수의 이면에 깔린 의사결정 과정을 분석하는 것을 나는 2차적 전략 혹은 시스템 사고라고 부른다.

이 원칙을 적용할 수 있는 곳은 매우 많다. 우리는 어떤 투자가 '왜' 망했는지 분석할 수 있다. 예를 들면 회사의 재무 형편이 약했을 수 있다. 이는 결과주의 사고다. 그러나 당신이 투자라는 결정에 이르게 된 '과정'을 분석한다면 훨씬 더 많은 것을 얻을 수 있다. 나의 확인 목록에는 무엇이 있는가? 나는 그 목록을 어떤 식으로 검토하는가? 무언가에 한눈을 팔았는가, 아니면 목록의 항목을 간과하거나 무시하게 된 요인이 있는가? 목록의 내용이나 분석 방법 혹은 결론을 끌어내는 방법(투자 '결정'을 내리게 된 '과정')을 어떻게 바꿔야 향후에 같은 실수를 저지르지 않을 수 있을까? 이게 시스템 사고다.

이런 식으로 배우자와 '왜' 싸웠는지를 분석할 수도 있다. 예를 들어 배우자의 운전 습관에 관해 한마디 한 것이 싸움의 원인이었다고 치자. 그런 말을 내뱉는 것이 좋겠다고 결정한 '과정'을 알아낸다면 부부 관계를 더 좋게 만들 수 있을지 모른다. 나는 어떤 상태였고, 그 말을 하기 전 무슨 생각을 하고 있었는가? 그런 상태에서 그런 생각을 할 때 달리 행동할 수도 있을까?

똑같은 원칙을 조직에도 적용할 수 있다. 가장 약한 팀은 실패를 전혀 분석하지 않는 팀이다. 그들은 그냥 계속 간다. 이는 전략 자체가 없다는 뜻이다.

결과주의 사고 즉 1차적 전략을 가진 팀원들은 프로젝트나 전략이 왜 실패했는지 분석한다. 스토리라인이 너무 뻔하다. "우리 제품이 경쟁사보다 월등히 뛰어나지 못했다. 신약 후보의 데이터가 너무 약했다." 이런 분석의 결론은 "향후에는 스토리라인이나 독특한 제품 사양 혹은 데이터를 더 잘 만들려고 더 열심히 노력한다"가 된다.

시스템 사고 즉 2차적 전략을 가진 팀원들은 실패의 이면을 파고든다. 우리는 어쩌다 그런 의사결정에 이르렀나? 참여자들의 조합을 좀 더 다르게 꾸려야 하나, 아니면 참여 방식을 바꿔야 하나? 앞으로는 비슷한 의사결정을 내리기 전에 기회 분석 방법을 바꿔야 하나? 지금의 동기부여 요소들이 우리의 의사결정에 어떤 영향을 미치고 있나? 동기부여 요소들을 바꿔야 하나?

시스템 사고는 '결과의 질'뿐만 아니라 '의사결정의 질'을 용의주도하게 점검한다는 뜻이다. 예컨대 결과가 실패라고 해서 반드시 의사결정 자체 혹은 그 이면에 깔린 의사결정 과정이 나빴다고 볼 필요는 없다. 결과는 나빴으나 의사결정은 훌륭했던 경우도 있다. 잘 선택한 '똑똑한 리스크'였으나 결과가 나빴을 뿐이다. 예를 들어 100배의 상금을 지불하는 복권이 있는데 복권이 세 장밖에 팔리지 않았고 그중 하나가 당첨될 거라면, 세 장 중 한 장을 구매하는 것은 좋은 의사결정이다. 결과적으로 내가 산 복권이 당첨되지 못한 두 장에 포함되더라도 말이다. 다음에도 같은 상황이 오면 똑같은 의사결정을 내려야 한다.

반대의 경우에도 의사결정과 결과를 별개로 평가하는 것은 마찬가지로 중요하다. 의사결정을 잘못 내렸는데 우연히 결과가 좋을 수도 있다. 내 전략에 문제가 있었는데, 상대가 실수하는 바람에 내가 이길 수도 있다. 골키퍼 쪽으로 약하게 공을 찼는데, 골키퍼가 진창에 미끄러지는 바람에 득점이 될 수도 있다. 그렇기 때문에 승리도 실패 못지않게 비판적으로 파고드는 것이 매우 중요하다. 승리를 분석하지 못하면 나쁜 과정이나 전략이 오히려 강화된다. 다음번에는 그런 행운이 찾아오지 않을 수도 있다. 형편없는 투자를 했는데 버블 경제로 득을 봐서 스스로 투자의 귀재라는 결론을 내리고, 다음번에 전 재산을 투자했다가 몽땅 날려버리는 그런 사람이 되고 싶지는 않을 것이다.

• • •

캣멀은 픽사에서 성공했을 때도, 넘어졌을 때도 시스템과 과정을 모두 파고들었다. '피드백 프로세스를 어떻게 고쳐야 감독이 가장 가치 있는 의견을 가장 잘 받아들일 수 있을 것인가?' 하는 문제를 예로 들어보자. 예술가들은 양복쟁이나 마케터 혹은 누구라도 다른 유에 속하는 사람이 내놓는 피드백을 싫어하는 경향이 있다. 하지만 신중한 동종 업계 사람의 피드백이라면 환영한다. 그래서 픽사에서는 모든 감독이 자신의 프로젝트에 관해 다른 감독들로 구성된 자문단으로부터 비공개 피드백을 받아야 한다. 그리고 자신도 다른 감독들을 위해 그런 자문위원 역할을 한다. 하지만 질문은 여기서 끝나지 않는다. 감독에 대한 어떤 인센티브 때문에 예산이나 일정, 작품의 질과 관련된 의사결정 과정이 왜곡되는 건 아닐까? 어떻게 해야 그런 왜곡을 막을 수 있을까? 영화제작 과정상 오늘날에는 불필요하거나 비생산적인 관행이 뭔가 시대착오적인 이유로 아직 남아 있는 건 아닐까?

1장에서 버니바 부시가 자신은 "전쟁 준비에 기술적으로 도움을 주거나 한 적은 전혀 없었다"고 말했다는 얘기를 했다. 마찬가지로 캣멀도 자신이 해야 할 일은 '프로젝트'를 관리하는 게 아니라 '시스템'에 신경 쓰는 것이라고 생각했다.

이런 메시지는 잡스에게도 고스란히 전해졌다. 잡스는 시스템 속에서 맡은 역할이 있었다. 그는 뛰어난 협상가이자 자금 조달자였다. 예를 들어 픽사의 기업공개를 〈토이 스토리〉 개봉일에 맞추자고 주장한 것도, 디즈니와 픽사의 계약을 성사해낸 것도 잡스였다. 그러나 잡스는 영화 초기 단계에서 피드백이 오가는 과정에는 빠져달라는 요청을 받았다. 깨지기 쉬운 초기 단계의 프로젝트를 계속 키우려면 섬세하고 솔직한 피드백이 필요한데, 잡스의 존재감이 그걸 뭉개버릴 수 있기 때문이었다. 그럴 때면 잡스는 거의 끝나가는 영화를 도와달라는 요청을 받았고, 잡스는 이런 식으로 말문을 열곤 했다. "나는 영화제작자가 아닙니다. 내가 하는 말은 모두 다 무시해도 좋습니다." 잡스도 이제는 시스템이 돌아가게 하는 법을 알고 있었다.

어느 창작 프로젝트의 지휘권을 내주고 발명가나 예술가 등 룬샷의 수호자를 신뢰하는 것과 세부 사항에 대해 관심을 아예 꺼버리는 것은 다르다. 14년간 제넨테크 CEO를 지낸 아서 레빈슨Arthur D. Levinson은 무서우리만치 과학적 정확성을 주장했다. 몇 년 전 바이오테크 분야 최대 규모의 연례 회의에서 기조연설자로 나선 레빈슨은 무대 위로 성큼성큼 올라가 등 뒤의 주최 측 로고(거대한 DNA 나선구조 이미지)를 가리키면서 이렇게 말했다. "이건 왼나선이네요. 자연에는 존재하지 않습니다."(DNA 분자는 오른나선이다.) 관객들은 우레와 같은 함성을 질렀다. 그는 자기들 같은 대형 산업 종사자라면 DNA 정도는 똑바로 그려야 한다고 말했다. 그의 메시지는 그 방에 있던 모든 사람에게 깊은 울림을 주었다. 과학에서 정확성은 중요하다.

나는 종종 제넨테크에 있는 과학자나 경영자 지인들을 통해 레빈슨의 일화를 듣는다. 예를 들면 그가 실험실의 말단 기술자를 불러 데이터에 관해 들들 볶았다거나 하는 얘기다. 레빈슨과 제넨테크의

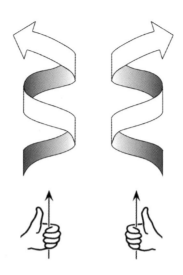

왼나선 DNA와 오른나선 DNA

초창기 설립자들은 부시나 베일처럼, 그리고 수십 년 뒤의 캣멀처럼, 상태에 딱 맞는 툴을 갖춰야 한다는 사실을 알고 있었다. 과학적 세부 사항 혹은 예술적 비전이나 공학적 설계에 맹렬한 관심을 기울이는 일은 하나의 툴, 상태에 딱 맞는 툴을 향한 것이다. 이런 툴은 과학자나 예술가 혹은 창의적인 일에 종사하는 모든 이에게 단순히 잘하는 것을 넘어 탁월함을 발휘하도록 동기를 부여한다.

제넨테크는 과학계에서 가장 존경받는 기업이 됐다. 제넨테크는 논문 인용 횟수에서 MIT 다음으로 2위에 올랐다. '그러면서' 프랜차이즈의 탁월함도 희생시키지 않았다. 제넨테크는 지난 20년간 등장한 가장 중요한 항암제 가운데 네 가지를 개발했다. 또한 실험실의 살아 있는 유기체를 통해 그런 항암제를 길러내는, 불가능에 가까운 제조상의 어려움을 극복하고 전 세계 수백만 환자에게 약을 공급했다. 제넨테크는 과학·제조상의 전문성을 제품으로 증명해 연매출 100억 달러를 창출했다. 이런 일이 가능했던 주된 이유는 비상할 정도로 룬샷과 프랜차이즈 사이의 균형을 잘 유지했기 때문이다.

스티브 잡스가 애플로 돌아간 지 3년이 된 2000년 4월, 잡스는 아서 레빈슨을 새로운 이사회 구성원으로 선임했다. 2011년 잡스가 세상을 떠난 뒤 레빈슨은 그 자리를 물려받아 애플 회장이 됐다.

균형 잡기

잡스가 애플에 복귀하고 애플이 전 세계에서 가장 가치 높은 기업으로 떠올랐다는 건 유명한 얘기다. 이는 위기에 처한 프랜차이즈를 구조하기 위해, 시간에 쫓기면서도 룬샷을 훌륭하게 키워낸 놀라운 사례이기도 하다. 하지만 이 책을 여기까지 읽은 우리에게는 이 사례가 그리 낯설지만은 않다.

버니바 부시는 세계대전이 발발하기 불과 몇 달 전, 기술 경쟁에서 한참 뒤진 프랜차이즈(군대)를 구조하기 위해 워싱턴에 도착했다. 버니바 부시의 시스템은 전 세계를 압도할 군사력을 만들어냈을 뿐만 아니라 미국의 압도적인 국가 경제를 조성하는 데도 일조했다. 시어도어 베일은 AT&T의 특허 기간이 만료되고 경쟁자들이 바짝 추격해 올 때 위기에 놓인 프랜차이즈를 구조하기 위해 회사로 복귀했다. 베일의 시스템은 AT&T를 미국에서 가장 성공한 회사로 탈바꿈시켰을 뿐만 아니라, 노벨상을 수상한 여러 발견들을 이끌어 전자 시대의 문을 열었다.

애플 구조 작전이 시작된 것은 1996년 12월이었다. 애플은 넥스트 인수를 발표하고 잡스를 자문으로 임명했다. 이는 애플이 숨넘어가기 직전, 지푸라기라도 잡는 심정으로 시도한 조치였다. 애플의 운영체제와 기기는 시대에 뒤처져 있었다. 앞서 마이크로소프트에 대항하기 위해 운영체제를 세 번이나 개편했지만 실패했다. 시장점유율은 4퍼센트 이하로 추락했다. 어마어마한 재정 손실을 보고 큰 빚까지 떠안은 애플은 파산 직전에 몰려 있었다.

이사회는 회사를 인수할 사람을 찾으려고 대여섯 번 시도했으나 모두 실패했다. 잡스를 1997년 중반에 임시 CEO로, 다시 1998년 초에는 정식 CEO로 격상시킨 것은 반전을 기대하는 마지막 몸부림처럼 보였고, 잡스가 회사를 구해낼 확률은 극히 낮아 보였다. 넥스트가 지키지 못한 약속이 늘어나면서 업계 애널리스트와 구경꾼 눈에 기술 리더로서 잡스의 신뢰성은 상당히 떨어져 있었다.

그러나 잡스가 회사를 넘겨받았을 때, 한때 병사들을 무시했던 그의 태도는 싹 사라지고 없었다. 1998년 3월 잡스는 '재고 처리의 달인'으로 알려져 있던 팀 쿡을 컴팩에서 데려와 회사 운영을 맡겼다.

잡스는 전략형 룬샷을 보는 눈도 생겼다. 2001년 무렵 인터넷상에는 해적판 음악이 판을 치고 있었다. 그러니 맘껏 공짜로 다운로드할 수 있던 음악을 '온라인 스토어'에서 팔겠다는 아이디어는 터무니없는 소리처럼 들렸다. 온라인으로 음악을 판매하면서, 고객이 자기 컴퓨터에 그 음악을 보관할 수 있게 해준다는 건 듣도 보도 못한 일이었다(당시 온라인 음악 서비스는 구독제 형태만 가능했고 월 사용료를 내면 노래를 스트리밍해주는 방식이었다). '미친' 아이디어는 이게 끝이 아니다. 당시 노래를 앨범 단위가 아니라 한 곡씩 별개로 파는 사이트는 없었다. 곡당 99센트에 말이다. "미쳤구만." 누구라도 잡스에게 그렇게 말했을 것이다. "그게 절대로 돈이 될 리가 없지."

엿새 만에 아이튜스iTunes 스토어의 다운로드 횟수가 100만 곡을 넘어서자 잡스의 아이디어는 더 이상 그렇게 미친 소리처럼 들리지 않았다. 무슨 새로운 기술을 도입한 것은 아니었다. 그저 아무도 성공하리라 예상치 못한 전략상의 변화를 시도했을 뿐이다.

물론 아이팟, 아이폰, 아이패드 같은 애플의 제품형 룬샷들도 업계를 바꿔놓았다. 그러나 궁극적으로 애플이 그토록 성공할 수 있었던 것은, 디자인과 마케팅이 훌륭했던 점 외에(제품에 들어간 기술 대부분은 다른 사람이 발명한 것이었다), 전략형 룬샷의 뒷받침이 있었기 때문이다. 업계 사람들 대부분이 단념한 전략, 이른바 '닫힌 생태계'를 활용한 덕분이다.

많은 기업들이 고객들에게 닫힌 생태계를 내밀었다가 실패했다. IBM은 OS/2라고 하는 독점적 운영체제를 만들었다가 해당 컴퓨터도, 운영체제도 모두 사라지는 운명을 맞았다. 애널리스트나 구경꾼, 업계 전문가 모두 닫힌 생태계는 성공할 수 없다고 결론 내렸다. 이들은 고객이 선택권을 원한다고 생각했다. 잡스가 추방당해서 넥스트에 가 있는 동안 애플은 애널리스트와 전문가의 조언을 따랐다. 시스템을 공개하고 매킨토시 소프트웨어와 아키텍처의 라이선스를 내주었다. 그러자 윈도즈 컴퓨터들처럼 복제품이 급증했다.

애플로 돌아온 잡스는 복제품을 차단해야 한다고 주장하며 이사회의 승인을 요구했다. 파산을 면하려고 필사적으로 기를 쓰고 있던 그때 애플은 기존 계약을 한 번에 취소하느라 1억 달러 이상을 썼다. 하지만 바로 이 전략형 룬샷, 즉 생태계를 닫아버린 일이 애플 제품을 급부상시키는 원동력이 됐다. 매력적인 신제품은 소비자를 끌어들였고, 이미 쳐둔 울타리는 이탈을 어렵게 했다. 페이스북 이전에 프렌드스터가 실패했던 것처럼, 엔도 아키라의 스타틴 계열 약이 나오기 전에 콜레스테롤을 낮추는 약이나 식이요법이 실패했던 것처럼, 보잉 707기 이전에 코밋이 실패했던 것처럼, IBM의 OS/2가 실패한 것은 '가짜 실패'였다.

잡스는 애플을 구조하는 과정에서 '모세의 함정'을 탈출하는 방법을 보여줬다. 그는 제품형 룬샷과 전략형 룬샷이라는 두 가지 유형의 룬샷을 모두 육성하는 법을 배웠다. 그는 상태를 분리했다. 애플 제품의 수석 디자이너였던 조니 아이브는 오직 잡스에게만 보고했고, 조니 아이브의 스튜디오는 "맨해튼 프로젝트(2차 세계대전 당시 미국의 원자폭탄 개발 프로젝트로, 뉴멕시코주 로스앨러모스에 연구기지가 있었다-옮긴이) 때의 로스앨러모스처럼 접근 불가" 구역이었다. 잡스는 이미 예술가와 병사 둘 다를 사랑하는 법을 배운 후였다. 잡스의 뒤를 이어 CEO가 될 훈련을 받은 사람은 팀 쿡이었다. 잡스는 각 상태에 딱 맞는 툴을 만들었고, 애플에 관한 수많은 책과 기사에 설명된 것처럼 신제품과 기존 프랜차이즈 사이에 균형 잡힌 긴장감을 유지했다. 잡스는 룬샷을 지휘하는 모세가 아니라, 룬샷을 육성하는 정원사가 된 것이다.

"회사를 어떻게 세울 것인가 하는 문제 자체가 정말로 매력적이죠." 잡스는 그의 전기를 쓰고 있던 월터 아이작슨Walter Isaacson에게 그렇게 말했다. "때로는 회사 자체가, 회사를 조직하는 방식이 바로 최고의 혁신이더군요."

잡스는 군사 역사가 제임스 백스터James P. Baxter가 50년 전에 내린 결론과 똑같은 결론에 도달했다. 백스터는 버니바 부시의 시스템이 2차 세계대전의 물길을 돌리는 데 성공한 일을 반추하며 이렇게 썼다. "그 사이 어디선가 기적이 일어났다면, 그 장소는 제때 성공할 확률을 높일 수 있는 환경을 조성한 조직 구성 분야일 것이다."

- - - - - - - - - - - - - - **핵심 정리** - - - - - - - - - - - - - -

리더는 정원사다

앞서 제록스 파크의 사례가 여러 번 등장했다. 1부의 각 장에서 배운 이야기를 정리하기에 앞서 제록스 파크에서는 무슨 일이 있었는지 간략히 언급하고 지나가면 좋을 것 같다. 제록스 파크는 '모세의 함정'과 정반대되는 함정을 여실히 보여주기 때문이다.

1970년대 제록스는 혁신의 상징이었다. 애플이 등장하기 전까지 제록스는 한 가지 기술(복사기)을 도입해 10년 내 매출 10억 달러를 달성한 최초의 기업이 됐다. 하지만 이미 1970년 복사기 프랜차이즈는 성숙기에 이르렀고, 제록스 지도부는 캘리포니아주 팰로앨토에 별도 조직을 만들기로 했다. 회사 본부가 있는 뉴욕이나 제조 사업부가 위치한 텍사스주와는 멀리 떨어진 데서 새로운 기술을 탐구하기 위해서였다. 이 별도 조직을 그들은 팰로앨토 연구소Palo Alto Research Center, 줄여서 파크PARC라고 불렀다. 파크에는 가장 명석한 두뇌를 가진 최고 인재들이 모여들었다. 파크의 엔지니어들은 나중에 컴퓨터 과학 분야에서 이름 높은 상을 수도 없이 받았고, 아주 초기 단계였던 여러 선구적인 컴퓨터 기업(애플도 그중 하나)을 창업하거나 거기에 합류하거나 그런 곳을 혁신하는 일을 하게 된다.

1970년대 파크의 엔지니어들은 최초의 그래픽 컴퓨터인 알토와 최초의 시각적 워드프로세서, 최초의 레이저프린터, 최초의 근거리 통신망(이더넷ethernet), 최초의 객체 지향 프로그래밍 언어, 그 밖에도 최초의 대여섯 가지 기술을 발명했다. 믿기지 않는 발명의 연속이었다. 그러나 이런 획기적 돌파구들 중에서 제록스가 상용화한 것은 단 하나도 없다.

"혁신의 매립지 같은 회사들이 있다." 애플의 고위 경영자 중 한 명은 그렇게 썼다. 이 경영자는 파크에 있던 최고 엔지니어 몇몇을 애플로 데려왔다. "[파크는] 위대한 아이디어들이 죽으러 가는 쓰레기장 같은 곳이다. 파크에서는 핵심 개발 인력이 속속 회사를 떠났다. 자신의 제품이 시장에 나오는 것을 도무지 볼 수가 없었기 때문이다."

파크에서 알토 프로젝트를 이끌던 리더 가운데 한 명은 파크에 있는 룬샷 그룹과 텍사스의 프랜차이즈 그룹(타자기를 비롯한 사무용 기기를 만들고 있었다) 사이를 갈라놓는 것이 "예상 비용이나 기술적 비전이 아니라 회사의 구조"임을 서서히 깨달았다. "[텍사스 그룹은] 알토 III를 샌드백 삼아 두들겨 패야 했다. 왜냐하면 알토 III를 가지고는 도저히 숫자를 맞출 수도, 보너스를 받을 수도 없었기 때문이다. 타자기도 성공적으로 만들고, 세계 최초의 개인용 컴퓨터도 성공적으로 도입하는 것은 그들이 짊어질 수 없는 짐이었을 것이다. 그들에게 그런 식의 요구를 해서는 안 됐다. 그러니 알토 III가 저격당한 것이다."

요컨대 앞서 이야기했듯 약한 고리는 아이디어의 공급이 아니라, 아이디어를 현장으로 이전하는 일이다. 그리고 이 약한 고리를 만들어내는 것은 사람이나 문화가 아니라 '구조'(시스템 설계)다.

• • •

파크는 '모세의 함정'과 상반되는 사례다. 파크는 상분리에 기가 막히게 성공했다. 그러나 룬샷들은 모세의 명령으로 바깥에 나오기는커녕, 내부에서 무시받고 적극 진압당해 영영 수면 위로 올라오지 못했다("'컬러'는 미래 업무가 아니다").

파크는 결코 보기 드문 사례가 아니다. 이런 '파크의 함정'(룬샷이 계속 주차된 채 출발하지 못하는 현상)은 흔한 일이다. 예를 들어 1975년 코닥 연구소에서는 스티브 새슨Steve Sasson이 세계 최초의 디지털카메라 가운데 하나를 개발했지만, 코닥은 그 제품을 10년 동안이나 묻어뒀다.

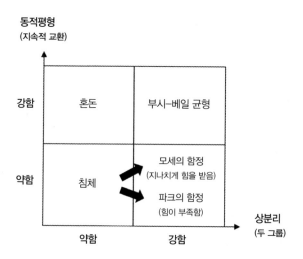

리더는 좋은 의도로 격려된 뛰어난 연구 집단을 만들어 창조와 발명에 적합한 환경에 배치할 수 있다. 제록스의 리더들이 했던 것처럼 말이다. 그런 조직은 사분면의 왼쪽 하단 '침체'에서 빠져나와 오른쪽으로 옮겨 간다. 그러나 새로운 아이디어에 대해 프랜차이즈 그룹 내에서는 언제나 저항이 일어난다. 버니바 부시의 그룹에서 나온 수많은 기술에 대해 군에서 처음에는 저항했던 것처럼 말이다.

균형과 소통을 제대로 유지하려면 내부의 장벽을 극복하게 도와줄 손길이 필요하다. 어느 모세의 보좌진의 손길이 아니라, 정원사의 손길처럼 부드러운 손길이 필요하다. 아이디어가 이전되는 데 힘을 너무 받거나(추상같은 명령) 힘이 부족하면(아무 지원 없음), 유망한 아이디어와 기술도 실험실에서 썩게 될 것이다. 그러면 조직은 그 기술을 상실하고, 시간과의 싸움에서 질 것이며, 그 기술을 발명한 사람의 충성심을 잃게 된다. 핵심 인재는 회사에 오래 머물지 않을 것이다.

1부를 마무리하며 부시-베일 법칙의 1, 2, 3 원칙을 요약해보자.

1. 상태를 분리하라
- 예술가와 병사를 분리하라
- 상태에 딱 맞는 툴을 마련하라
- 맹점에 주의하라: 두 가지 유형의 룬샷(제품형 룬샷과 전략형 룬샷)을 모두 육성하라

2. 동적평형을 만들어내라
- 예술가와 병사를 똑같이 사랑하라
- 기술이 아닌 기술이전을 경영하라: 정원사가 되라
- 분리된 그룹을 서로 연결해줄 프로젝트 수호자를 임명하고 훈련하라

3. 시스템 사고를 퍼뜨려라
- 조직이 왜 그런 선택을 했는지 '이유'를 계속 질문하라
- 의사결정 과정을 개선할 수 있는 '방법'을 계속 질문하라
- 결과주의 사고를 가진 팀을 찾아내고, 이들을 도와 시스템 사고를 채택하게 하라

이 책을 시작할 때 우리는 아주 혁신적이었다가 갑자기 혁신을 멈

춘 조직들의 사례를 보았다. 그중 캣멀이 디즈니의 쇠퇴에 관해 언급한 부분이 있다. "당시[〈라이언 킹〉 성공 이후] 시작된 가뭄은 이후 16년간 지속됐다. (…) 나는 그 뒤에 숨은 요인들을 빨리 알아내야 한다는 다급함을 느꼈다."

앞서 정리한 부시-베일 법칙은 훌륭한 팀들이 위대한 아이디어를 사산시키기 시작할 때, 상전이에 따라오는 쇠퇴와 침체를 **어떻게** 막을지에 관해 알려준다. 하지만 아직 우리는 **무엇**과 **왜**를 다루지 않았다. 여기에 숨어 있는 힘은 과연 무엇이고, 그 힘은 왜 나타날까? 다시 말해 무엇이 상전이를 유발할까?

그러면 이제부터는 '무엇'과 '왜'를 다뤄보기로 하자. 그 숨은 힘들을 이해하고 나면 부시-베일 법칙의 네 번째 원칙이 드러날 것이다.

먼저 전설의 형사 한 명과 그만큼이나 유명했던 어느 정치철학자를 만나보자. 둘은 모두 숨은 힘의 전문가였다.

2부

━━━━━

우연한 발견을
위대한 성공으로 이끄는
설계의 원리

한 사람 한 사람은 풀 수 없는 퍼즐과 같지만,

모아놓으면 수학적 확실성이 되지.

―《네 개의 서명》 중에서 셜록 홈스의 대사

창발적 사고

팀이나 기업 혹은 집단에 관한 일반화 또는 법칙을 우리가 굳이 믿어야 할 이유가 있을까? 사람은 다 다르다. 팀도 마찬가지다. 그럼에도 특정 법칙은 여럿이 모여 어떤 과제를 수행할 때 벌어지는 일을 꽤나 잘 설명하는 것처럼 보인다. '효율적 시장 가설'이니, '보이지 않는 손'이니 하는 것들처럼 말이다. 이들은 충분한 테스트를 거쳐 정설로 굳어진 것이니 더 이상 의심의 여지가 없는 것 아닌가?

뭐, 그렇다고 말할 수도 있겠다. 다음은 19년간 미국 연방준비제도 이사회 의장을 지낸 경제학자 앨런 그린스펀Alan Greenspan이 2011년《파이낸셜 타임스》에 기고한 글이다.

오늘날의 경쟁 시장은 우리가 눈치채든 못 채든 애덤 스미스Adam Smith가 말한 '보이지 않는 손'의 국제 버전에 따라 움직인다. 이 손은 구제불능으로 불투명하다. 현저히 드문 예외(예컨대 2008년 금융위기)가 있기는 하지만 글로벌 버전의 '보이지 않는 손'은 그동안 비교적 안정적인 환율과 이율, 가격, 임금을 만들어냈다.

문제는 이것이다. 버블이나 붕괴 같은 '현저히 드문 예외'를 제외하고 시장을 분석한다는 것은, 폭풍이나 가뭄을 제외하고 날씨를 분석한다는 말과 같다. 우리는 폭풍과 가뭄을 간절히 이해하고 싶다. 우산을 언제 써야 할지 알아야 할 것 아닌가.

공정하게 말해서, 모든 경제학자가 그린스펀에게 동의한 것은 아니다. 그린스펀의 논리를 외교 분야에 빗대 이렇게 말한 사람도 있었다. "현저히 드문 예외가 있기는 하지만, 독일은 20세기 내내 이웃 국가들과 대체로 평화롭게 지냈다."

그러나 그린스펀의 관점, 그러니까 '효율적 시장 가설'과 '보이지 않는 손'이 거의 어긋남이 없는 기본 법칙이라는 견해는 이미 널리 퍼져 있다. 하지만 이는 거짓이다. 그리고 이 거짓 때문에 흔히 정책적 참사가 (혹은 투자자 입장이라면 투자 기회가) 빚어진다.

'효율적 시장 가설'도, '보이지 않는 손'도 기본 법칙이 아니다. 이것들은 둘 다 **창발적**創發的 **속성**이다.

창발적 속성은 집합적 행동이다. 세세한 부분들에 의존하지 않는 전체, 미시적인 것을 초월하는 거시적인 움직임이다. 분자들은 세세한 차이와 관계없이 고온에서는 유동적이고 저온에서는 얼어붙는다. 물 분자는 원자 세 개로 이루어진 삼각형 모양이다. 암모니아는 분자 네 개로 이루어진 피라미드 모양이다. 풀러린buckminsterfullerene 은 60개의 원자로 이뤄져 있고 모양이 축구공 비슷해서 간단히 '버키볼buckyball'이라고도 불린다. 하지만 이것들은 모두 고온에서는 액체, 저온에서는 고체가 된다는 '똑같은' 움직임을 보여준다.

액체의 유동성 같은 창발적 속성을 기본 법칙(예컨대 양자역학이나 중력 같은 것)과 구분해주는 요소 중 하나는 창발적 속성은 갑자기 바뀔 수 있다는 점이다. 온도가 약간만 변해도 액체가 갑자기 고체로 바뀐다. 이런 갑작스런 변화, 즉 하나의 창발적 행동에서 다른 창발적 행동으로의 갑작스러운 이동이 바로 '상전이'다.

사람은 모두 다르고, 팀도 모두 다르지만, 그들의 창발적 속성이나 상전이가 우리를 아주 흥미롭게 만드는 이유는 너무나 예측 가능하다는 점 때문이다. 우리는 일정 온도 이하에서는 '늘' 얼어붙는 물처럼, 조직은 왜 '늘' 특정 규모를 넘어서면 다른 조직이 돼버리는지, 도로는 왜 '늘' 차량 밀집도가 일정 수준을 넘으면 꽉 막히는지, 바람이 거셀 때는 왜 '늘' 숲속의 나무 한 그루에서 시작한 불이 산불로 번지는지 살펴볼 것이다. 이런 것들이 모두 상전이의 사례다.

한 사람, 한 팀은 퍼즐일 수 있다. 하지만 모아놓으면 (셜록 홈스의 말처럼) 어느 집단이든 상전이를 겪을 가능성은 수학적 확실성이 된다.

창발성의 과학적 원리가 멋진 이유는 상전이를 한번 이해하고 나면 이를 **관리**할 수 있기 때문이다. 더 강한 물질을 설계하고, 더 좋은 고속도로를 짓고, 더 안전한 숲을 조성할 수 있으며, 더 혁신적인 팀과 기업을 만들 수 있다.

· · ·

그렇다면 '보이지 않는 손'의 막강한 힘에 대한 믿음이나 그린스펀의 이야기와 관련해 우리가 알 수 있는 바는 무엇일까? '보이지 않는 손'은 절대로 틀릴 리 없다는 확신은 (앞서 보았던 뉴턴과 잡스의 사례에서 확인했듯) 잘못된 우상숭배의 결과다. 200년간 우리는 '엉뚱한' 17세기 물리학자에게 머리를 조아리고 있었다.

이게 무슨 얘기인지, 200여 년 전 영국의 어느 여름날로 돌아가 보자.

1790년 7월 11일 일요일 스코틀랜드 출신의 어느 존경받는 철학자가 있었다. 에든버러 자택에서 죽음을 목전에 두고 있던 그는 친구 둘을 데려오라며 사람을 보냈다. 그는 장차 본인이 믿지 않았던 생각과 만들어내지 않은 문구로 유명해질 인물이다. 철학자는 두 친구에게 아직 출판되지 않은 자신의 메모와 원고 중에서 단 하나만 빼고 모두 태워달라고 간곡히 부탁했다. 두 친구는 철학자가 생각을 바꿔 먹기를 바라며 벌써 몇 달째 그의 요청을 들어주지 않고 있었다. 하지만 그날 두 친구는 마침내 친구의 부탁에 무릎을 꿇고 만다. 두 사람은 모두 16권 분량의 책을 태워버렸다. 안도한 철학자는 친구들과 함께 저녁 식사를 했다. 그리고 9시 30분에 다시 침실로 돌아가며 이렇게 말했다. "자네들과 함께여서 행복했다네. 하지만 이제 나는 다른 세상에 가봐야 할 것 같아." 엿새 후 철학자는 세상을 떠났다.

빠져나가는 법을 알고 있었던 철학자 애덤 스미스는 이후 베일에 싸인 우상이 됐다. 그리고 어느새 경제가 깔끔하면서도 도덕성을 유지하길 바라는 자유주의자들과 자유시장경제 옹호자들의 영웅으로 성장했다. (진짜 애덤 스미스는 시장에 규제가 필요하다고 주장했고, 본인의 저작 중 경제학에 관한 것보다는 윤리학에 관한 책들을 중시했다.) 그가 친구들에게 태우지 말라고 부탁한 원고는 윤리학이나 경제학과는 아무 관련도 없는 책이었다. 그 원고는 그가 대학원을 마친 직후에 썼던 《천문학의 역사*History of Astronomy*》라는 책이었다.

《천문학의 역사》에서 애덤 스미스는 철학자가 해야 할 일은 개별 관찰 결과를 "서로 이어주는 눈에 보이지 않는 고리들", "자연을 연결해주는 원리"를 설명하는 것이라고 했다. 애덤 스미스는 행성 운동에 관해 뉴턴과 경쟁하는 이론을 분석하다가 뉴턴에 깊은 경의를 표하면서 책을 끝냈다. 애덤 스미스는 뉴턴의 중력이론을 "가장 위대한 발견"이라고 표현한다. (당시에는 뉴턴에 대한 숭배가 광풍 수준이었다. 관심이 있다면 《여성을 위해 쉽게 풀어 쓴 아이작 뉴턴 경의 철학*Sir Isaac Newton's Philosophy Explain'd for the Use of the Ladies*》이라는 책을 참고하자.)

중력이 행성이나 밀물, 썰물의 운동을 설명해주는 것처럼, 복잡한 행동을 설명해주는 기저에 놓인 힘에 대한 생각은 애덤 스미스를 사로잡았다. 그의 《도덕감정론*The Theory of Moral Sentiments*》(1759)은 인간 행동을 설명하는 기저의 힘을 제안하고 있고, 《국부론*The Wealth of Nations*》(1776)은 시장 행동을 설명할 수 있는 기저의 힘을 제시한다.

애덤 스미스는 시장의 기저에 놓인 힘을 '보이지 않는 손'이라고 부를 작정은 아니었다. 그는 자신의 수많은 저작에서 이 표현을 단

《여성을 위해 쉽게 풀어 쓴 아이작 뉴턴 경의 철학》(아이작 뉴턴 전집, 1739)

세 번밖에 사용하지 않았는데, 그것도 모호하고 일관성 없이 사용했다. (처음 이 표현을 썼을 때는 사람들의 미신적인 믿음을 조롱하기 위해 "약간은 아이러니컬한 농담으로" 사용했다.) 시장을 손에 비유한 표현은 많은 저자들이 써먹다가, 애덤 스미스 사후 170년간 금융시장이라는 맥락에서는 잊혀졌다. 그러던 중 1950년대 어느 경제학 교과서가 이 문구를 다시 가져오면서 지금과 같은 의미가 됐고, 그 의미의 출처로 애덤 스미스의 말이 소급 적용됐다.

기원이야 어찌 됐든, '지금과 같은' 의미의 '보이지 않는 손'은 '사실'처럼 널리 받아들여졌다. 순전히 이기심에서 행동하는 개인들이 복잡한 시장 행동을 만들어낼 수 있다고 믿게 된 것이다. 가격은 수요에 따라 조정될 것이고, 자원은 효율적으로 배분되며…… 등등 말이다. 가게 주인은 물건을 팔고, 사람들은 물건을 사고 하는 이런 집합적 행동은 그냥 드러난다(창발). 정육점 주인이 닭을 팔든 소고기를 팔든, 빵집 주인이 컵케이크를 팔든 빵을 팔든 똑같은 행동이 드러난다. 이런 행동은 부분적이고 세부적인 것에 의존하지 않는 '전체'가 움직이는 원리다.

뭔가 익숙하게 들릴 것이다. 액체라면 물이든 암모니아든 똑같은 방식으로 유동성을 띤다. 시장의 집합적 행동은 중력과 같은 기본 법칙이 아니라 액체의 유동성처럼 창발적인 속성이다. 200년간 경제학자들은 뉴턴식 기본 법칙을 열망했다(국제무역의 '중력 모델', 경제학의 '양자역학 모델', 경제학의 '보존 법칙' 등은 모두 노벨상 수상자들이 사용한 표현이다). 이 경제학자들은 모두 뉴턴의 영향을 받았고, 경제학은 마치 물리학의 한 분과처럼 되었으며, 뉴턴은 그 분과의 대사제가 됐다. 거의 '물리학 가톨리시즘Physics Catholicism'이라 부를 만하다. 물리학의 이런 분과는 기본 법칙에 대한 믿음을 맹목적으로 설파하면서 그런 법칙들을 근사하게 찾아내자고 했다.

그러나 애덤 스미스의 업적은 더 조용하고 덜 알려진 개신교의 한 분파와 훨씬 더 가깝다. 그 분파는 창발이라는 현상을 연구했다. 이 분파의 대사제는 뉴턴이 대단히 존경했던 동시대 과학자 로버트 보일Robert Boyle이다.

이 두 분파의 후손들 간의 싸움은 오늘날까지도 이어지고 있다. 한쪽은 기본 법칙을 찾는 것이 가장 중요한 일이라고 믿으면서 다음과 같은 글을 남긴다. "우리는 인간 역사에서 우주의 궁극적 법칙을 향한 탐구가 마침내 종결될 중요한 시대를 살아가고 있다."

다른 한쪽은 기본 법칙 같은 것은 없을지도 모른다고 믿는다. 자연의 법칙은 어쩌면 끝이 보이지 않는 마천루와 같아서 각 층마다 서로 다른 근사한 법칙이 있고, 계단을 하나씩 하나씩 내려가며 점점 더 밑바닥에 가까워질수록 그 법칙들이 조금씩 모습을 드러낼지 모른다고 생각한다. 현재 이 분과의 대사제인 사람은 다음과 같은 글을 남긴다. "이런 [창발의] 원칙이 존재한다는 사실은 너무나 명확해서 알 만한 사람들 사이에서는 논하지 않는 것이 보통이다." 그리고 이를 부정하는 사람에 관해서는 이렇게 말한다. "마음에 드는 사실만을 인정한다면 안전하기는 하겠지만, 그것은 근본적으로 과학이 될 수 없다. 그런 태도는 조만간 역사의 힘에 쓸려 가고 말 것이다."(뒤의 두 인용문은 앞서 언급한 필립 앤더슨의 제자이자 본인도 노벨상 수상자인 로버트 로플린Robert B. Laughlin이 한 말이다. 그는 나를 포함한 모든 학생들에게 앤더슨의 글 〈많으면 달라진다〉를 읽도록 했다.)

물리학에서 대치 중인 두 분과를 구별하는 이야기가 비전문가들에게는 별로 재미없는 얘기처럼 비칠지도 모르겠다. 종교에서 대치 중인 두 분과를 구별하는 얘기가 무신론자에게는 별로 흥미롭지 않을 수도 있듯이 말이다. 하지만 이 구별이 아주 중요할 수 있다. 완벽하게 효율적인 시장, 즉 뉴턴식의 기본 법칙에 대한 믿음에는 버블이나 붕괴가 존재할 수 없다. 반면 몇몇 합리적 가정으로 시작하는 보일식의 창발적 시장에는 거의 언제나 버블과 붕괴가 등장한다.

그래서 우리는 창발의 중요성, 혹은 적어도 창발을 이해하는 것의 중요성을 깨닫게 된다. 창발은 다양성의 이점을 활용하면서도 집합

룬샷		프랜차이즈
많은 사람들이 무시하거나 조롱하는 아이디어		
1922년	12세 당뇨병 환자가 췌장 추출물로 치료를 받음	인슐린
1935년	로켓 추진력을 통해 36킬로그램짜리 페이로드를 시간 당 800킬로미터까지 가속함	장거리 탄도 미사일
1961년	우유 트럭 운전수였던 서른두 살의 배우가 세계를 구하는 메트로섹슈얼한 영국 스파이 역할을 연기함	제임스 본드
1976년	〈루크 스타킬러의 모험〉이라는 시나리오가 제작 승인됨	〈스타워즈〉

상전이	
하나 이상의 제어 변수가 임계점을 넘어서면서 벌어지는 시스템 행동의 갑작스런 변화	
물	온도가 내려가면 액체가 고체가 된다
고속도로의 자동차들	차량 밀집도가 증가하면 부드러운 흐름이 꽉 막힌다
산불	풍속이 증가하면 국지적 산불이 통제 불가로 바뀐다
기업 내 개인들	기업 규모가 커지면 관심의 초점이 룬샷에서 경력으로 바뀐다

적 행동으로 인한 참사가 벌어질 위험성은 줄이는 데 도움을 줄 수 있다. 우리는 군중의 지혜를 활용하면서도 시장 붕괴의 위험은 줄이고 싶어 한다. 여러 신념이 공존하는 데서 오는 이점을 활용하면서도 종교전쟁의 위험은 줄이고 싶어 한다.

2부에서는 보일식의 과학적 원리를 활용해 기업 내 개인들의 집합적 행동을 이해해볼 것이다. 뉴턴식이 아닌 보일식의 애덤 스미스는 시장에서 개인들의 집합적 행동을 이해하는 데 보탬이 될 것이다. 이런 집합적 행동을 이해하고 나면 우리가 정말로 알고 싶어 하는 바가 드러난다. 과연 큰 목표(전쟁을 이기고, 질병을 치료하고, 산업을 바꿔놓는 것)를 이루기 위해 대규모 집단이 가진 이점을 활용하면서도, 위태로운 처지에 있는 귀중한 룬샷을 그 집단이 뭉개버릴 위험은 줄이는 방법이 있을까?

어떻게 그럴 수 있을지 알아보기 위해 먼저 고속도로를 한번 달려보자.

6장

결혼, 산불 그리고 테러리스트
: 상전이 Ⅰ

퇴근을 하고 집으로 가기 위해 운전을 하고 있다. 고속도로다. 당신은 초조해하며 약간 속도를 내고 있을 수도 있다. 그런데 도로에 차가 잘 빠지지 않는다. 고속도로는 이내 거대한 주차장으로 변한다. 눈에 띄는 이유는 없다. 진입로가 있다거나 사고가 난 것도 아니다. 식어버린 저녁 식사와 화난 배우자는 제쳐두고 당신이 궁금한 것은 이것이다. '왜 차가 막힌 거야?'

당신이 방금 경험한 것이 상전이다. 두 가지 창발적 행동 사이에 갑작스러운 변화가 일어난 것. 여기서 창발적 행동이란 '부드러운 흐름'과 '꽉 막힌 흐름'이다.

이렇게 생각해볼 수도 있을 것이다. 고속도로가 텅텅 비어 있는 모습을 상상해보자. 수백 미터 앞에 있는, 내 앞차에 탄 운전자가 브레이크를 살짝 밟았다가 놓는다. 다람쥐를 발견했는지도 모른다. 잠시 빨간색 브레이크등이 켜진다. 하지만 차가 워낙 멀리 있기 때문에 내가 속도를 늦출 필요는 없다.

그런데 자동차로 붐비는 고속도로라면 앞차에 탄 운전자는 겨우 자동차 몇 대가 들어갈 수 있는 정도의 간격을 두고 내 앞에 있다. 그가 브레이크를 밟는 순간 나도 브레이크를 꽉 밟아야 한다. 눈앞의 브레이크등은 겨우 2초 새 켜졌다가 꺼질 수도 있다. 하지만 앞차의 운전자가 브레이크를 놓고 나서, 나도 브레이크를 놓고 다시 평소의 운전 속도로까지 가속하려면 2초 이상이 걸린다. 어쩌면 4초가 걸릴 수도 있다. 이 시간 차이는 뒤차로 갈수록 더 커진다. 내 뒤차의 운전자는 다시 원래의 속도를 회복하는 데 8초가 걸릴 수도 있다. 그 뒤차의 운전자에게는 16초다. 작은 브레이크질 한 번이 기하급수적으로 증가해서 도로가 꽉 막히는 것이다.

1990년대 초반 과학자 두 명이 고속도로에서 차량 밀집도가 일정 수준 이하면 교통 흐름은 안정된다는 사실을 증명했다. 작은 방해, 예컨대 다람쥐가 나타나 운전자들이 브레이크를 살짝 밟는다고 해도 교통 흐름에 아무런 영향을 주지 않는다. 교통공학 연구자들은 이것을 **부드러운 흐름**smooth flow 상태라고 부른다. 그러나 차량 밀집도가 한계점을 넘어서면 교통 흐름은 갑자기 불안정해진다. 작은 방해도 기하급수적으로 큰 방해가 된다. 이게 **꽉 막힌 흐름**jammed flow 상태다. 부드러운 흐름과 꽉 막힌 흐름 사이의 갑작스러운 변화는 상전이의 한 사례다.

일본 나고야 돔에서 교통 흐름의 상전이를 시험 중이다.

러시아워가 가까워지면 차량 밀집도가 바로 이 한계점에 점차 다다른다. 고속도로 어느 구간에 차량 몇 대만 더 들어서도, 예컨대 천천히 움직이는 트럭 뒤로 차량 몇 대만 밀려도 교통 흐름은 바로 그 경계선을 넘어버린다.

뚜렷한 이유도 없는데 이상하게 차가 밀리는 것을 **유령 체증** phantom jam이라고 한다. 이는 고속도로를 유심히 관찰할 때만이 아니라 실험실에서도 확인된다. 2013년 일본의 어느 연구진은 실내 야구장인 나고야 돔에서 뱅뱅 도는 자동차들을 추적해보았다. 예상대로 차량 밀집도가 한계점을 넘으면 갑자기 체증이 시작됐다.

지난 20년간 교통 흐름을 연구하는 사람들은 1990년대에 소개된 기본 모델에 다양한 변수를 도입해봤다. 운전 행태가 공격적인 운전자들을 추가하거나 줄여도 보고, 반응시간을 늘리거나 줄여도 보고, 큰 차(트럭)와 작은 차의 조합을 바꿔도 보았다. 연구진은 모든 경우에서 똑같은 상전이를 발견했다. 차량 밀집도가 한계점을 넘어서면 전체 시스템이 부드러운 흐름에서 꽉 막힌 흐름 상태로 전환됐다.

상전이는 어디서든 볼 수 있다.

룬샷의 육성과 관련해 상전이가 알려주는 교훈을 효과적으로 이해하려면 딱 두 가지만 더 알면 된다.

1. 모든 상전이의 중심에는 경쟁하는 두 힘의 줄다리기가 있다.
2. 상전이는 시스템 속성(온도나 차량 밀집도 등)의 작은 변화로 두 힘의 균형이 바뀔 때 유발된다.

끝이다. 이 두 가지 아이디어를 잘 이해하기 위해, 복잡할 수 있는 교통 흐름은 잠시 미뤄두고 훨씬 더 간단한 데서부터 시작해보자. 바로 '결혼'이다.

결혼의 임계점

재산이 많은 독신 남성은 아내가 필요하다는 게 보편적으로 인정받는 진실이다.

— 제인 오스틴, 《오만과 편견》 중에서

제인 오스틴Jane Austen은 독신 남성에게 두 개의 경쟁하는 힘이 있다고 말한다. 재산이 보통인 남성은 좀 더 공격적인 젊은 시절에 명성과 부, 영광을 찾아 여기저기 돌아다닐 수도 있다. 이 힘을 '엔트로피'라고 부르자.

재산이 더 많은 남성은 나이가 들고 더 온순해졌을 때 배우자를 만나 정착하고 싶어 한다. 이들은 가정과 안정감, 케이블 TV를 원한다. 이 힘을 '결합 에너지'라고 부르자.

물리학자 리처드 파인만Richard Feynman은 이런 말을 한 적이 있다. "간단한 것들을 다른 개념을 통해 이해하려는 배움의 자세를 가져라. 늘 솔직하게 직설적으로 이해해라." 대학원 시절 나의 지도교수이기도 했던, 파인만의 제자 레너드 서스킨드Leonard Susskind는 파인만의 조언을 진지하게 받아들였다. 언젠가 레너드는 내게 곡면을 연구하는 학문인 위상수학의 복잡한 개념을 설명해주다가 다음과 같이 말했다. "코끼리를 한 마리 상상해봐. 놈의 코를 그 똥구멍에다가 막 쑤셔 넣는 거야…… 그러면 이 면이 돼."

바로 이렇게 생생한 비유의 정신을 살려서, 아주 큰 달걀판이 있다고 상상해보자. 정확하게는 달걀이 가로세로 스무 개씩 줄을 서서, 총 400개가 들어가는 판이다. 이제 이 판을 유리 보호용 덮개 속에 고정시켜 우리가 속을 들여다보고 각 칸을 점검할 수 있게 하자. 우리는 이 판을 많이 흔들어야 하기 때문에, 깨졌을 때 지저분해질 수 있는 달걀 말고 제인 오스틴의 남자들이 작은 구슬 형태로 각 칸에 들어가 있다고 상상하자. 이 구슬들은 정착을 한 상태다. 그들은 행복한 결혼 생활을 하면서 자녀를 키우고 있다.

이제 이 달걀판을 앞뒤로 흔든다고 상상해보자. 구슬들은 각 칸안에서 이리저리 흔들리지만, 움직이지는 않는다. 이제 점점 흔드는 강도를 높여보자. 구슬들은 각 칸 안에서 점점 더 높이 튀어 오르지만, 빠져나오지는 않는다. 그러다가 우리가 흔드는 힘이 어느 한계점을 넘어서는 순간, 그래서 구슬이 각 칸의 꼭대기까지 올라오는 순간, 엉망진창이 되고 만다. 구슬들은 자기 칸을 벗어나 옆 칸으로 밀려나고, 금세 거기를 떠나 또 옆 칸으로 넘어간다. 다른 구슬들의 칸으로 이리저리 튀면서 사방으로 돌아다니게 된다. 이제 구슬들은 질서 정연하게 조용히 놓여 있는 게 아니라, 마구잡이로 달걀판 위를 튀어 다니면서 무질서하게 흩어진 구슬의 바다를 이룬다.

이게 맨해튼의 독신자 전용 술집이다.

물리학 용어로 말하면 우리는 구슬로 된 고체가 구슬로 된 액체가 되도록 상전이를 유발한 것이다.

상전이를 일으키도록 우리가 서서히 변화시킨 시스템의 속성을 '**제어 변수**'라고 한다. 교통 흐름의 예에서는 고속도로의 차량 밀집도가 제어 변수다. 구슬 고체에서 구슬 액체로 상전이가 일어날 때는 흔드는 힘의 강도가 제어 변수가 된다. 흔드는 힘의 강도는 척도를 정해서 측정이 가능하다. 그 척도를 우리는 '온도'라고 부를 수 있다. 온도가 높을수록 엔트로피 항 즉 사방으로 돌아다니고 싶은 충동이 우세해진다. 온도가 낮을수록 결합 에너지 즉 달걀판에 붙어 있으려는 끌림이 우세해진다. 온도가 임계점(엔트로피와 결합 에너지가 같아지는 지점)을 지나면 시스템은 갑자기 행동을 바꾼다. 그게 바로 상전이다.

진짜 고체에서는 결합 에너지가 달걀판의 칸 같은 고정된 환경으로부터 만들어지는 게 아니라 분자들 사이의 힘으로부터 생긴다. 그

살살 흔든다 | 심하게 흔든다

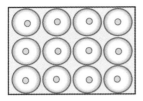 구슬 고체

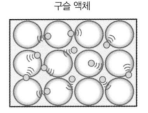 구슬 액체

구슬이 지정된 장소에 머문다 | 구슬이 사방으로 돌아다닌다

상전이

구슬 고체에서 구슬 액체로 상전이: 흔드는 에너지가 한계점을 넘어서면 갑자기 구슬이 자유롭게 풀려난다.

・ ・ ・

밖의 모델은 그대로다. 엔트로피와 결합 에너지의 아주 미세한 줄다리기는 액체가 고체로 변하는 모든 상전이의 이면에 존재한다.

　

7장에서는 조직에서 팀의 규모가 액체와 고체에서의 온도 같은 역할을 한다는 사실을 보게 될 것이다. 팀 규모가 '매직넘버'를 넘어서면 룬샷에 초점을 맞추기보다는 본인의 경력에 초점을 맞추는 방향으로 동기부여의 균형점이 이동한다.

그러나 매직넘버는 보편적이지 않다. 고체의 녹는점이 서로 다르듯이, 팀이 변하는 규모도 서로 다르다. 바로 그 이유를 핵심 아이디어로 삼아서 우리는 네 번째 법칙을 도출할 것이다. 그게 우리가 매직넘버를 '바꿀' 수 있는 이유다. 시스템에는 제어 변수가 하나 이상

있다.

달걀판 사례에서 각 칸의 깊이를 100배는 더 깊이 만든다고 상상해보라. 구슬을 칸에서 빠져나오게 하려면 100배는 더 세게 흔들어야 한다. 각 칸의 깊이가 깊다는 것은 고체의 결합 에너지가 더 강하다는 의미로 생각할 수 있다. 예를 들어 철의 결합 에너지는 물의 결합 에너지보다 거의 100배나 더 강하다. 얼음은 0도에서 녹는데, 철은 1500도가 넘어야 녹는 이유가 그 때문이다. 결합 에너지는 또 다른 제어 변수다.

이런 제어 변수를 알아내는 것은 시스템이 전환되는 시점을 바꾸는 데 핵심 열쇠다. 우리는 고체가 녹는 시점, 도로가 막히는 시점, 팀이 룬샷을 거부하는 시점을 바꿀 수 있다.

험프리 보가트의 담배 연기

다시 교통 흐름 사례로 돌아가 보자. 이런 문제로 고민할 때 과학자들이 쓰는 유용한 기법이 있다.

고속도로 위의 운전자들에게 경쟁하는 두 가지 힘은 '속도'와 '안전'이다. 운전자는 운행 속도에 도달할 때까지 차를 가속하다가, 앞차의 범퍼를 들이받지 않도록 브레이크를 밟는다. 자동차 사이의 간격 즉 차량의 평균 밀집도는 앞서 본 것처럼 하나의 제어 변수이지만, 유일한 제어 변수는 아니다. 앞차의 브레이크등에 불이 들어오는 것을 보았을 때 나도 브레이크를 콱 밟을지 어떨지는 앞차와의 거리

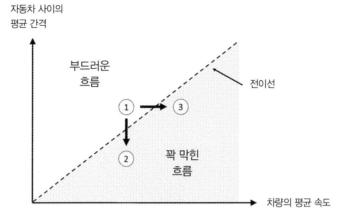

교통 흐름의 상평형 그림

자동차 사이의
평균 간격

부드러운
흐름

전이선

①　②　③

꽉 막힌
흐름

차량의 평균 속도

자동차 사이의 평균 간격이 전이선 기준치보다 줄어들거나(1➡2), 차량의 평균 속도가 전이선 기준치보다 증가하면(1➡3), 부드럽던 흐름이 갑자기 꽉 막힌다.

뿐만 아니라 내가 얼마나 빠르게 주행 중인지와도 관련이 있다.

시속 50킬로미터 정도로 운행 중이라면 정지거리가 대략 자동차 여섯 대 길이 정도가 된다. 시속 130킬로미터 정도라면 정지거리는 자동차 30대 정도의 길이가 된다. 브레이크를 밟을지 말지를 결정할 때 우리의 뇌는 직관적으로 정지거리를 추산해서 앞차 범퍼와의 거리와 비교해본다. 차량의 평균 속도와 평균 밀집도는 '둘 다' 상전이 유발에 기여한다.

상평형 그림phase diagram은 이 두 가지 제어 변수를 하나의 그림으로 보여준다. 위의 그림에서 자동차 사이의 평균 간격은 세로축에 표시되고, 차량의 평균 속도는 가로축에 표시된다. 속도가 느리거나 고속도로에 차가 몇 대 없다면(그림의 1번 위치), 즉 점선의 위쪽이나 왼쪽에서는 교통 흐름이 부드럽다. 차량 밀집도가 높아지거나(2번), 자동차의 속도가 빨라져서(3번), 교통 흐름이 전이선transition line을 넘으면 작은 혼란이 기하급수적으로 커지며 도로가 막힌다. 점선으로 표시된 전이선이 오른쪽 위로 올라가는 이유는 자동차가 빠르게 움직일수록 제동 거리가 길어지기 때문이다. 즉 길이 막히지 않으려면 자동차 사이의 평균 간격이 더 커져야 한다.

교통공학 연구자들은 이런 개념을 이용해 더 좋은 고속도로를 설계한다. 교통량이 많은 곳에서 '제한속도를 낮추는 것'은 언뜻 이해가 안 갈 수도 있지만, 실제로 이런 조치는 작은 방해 때문에 체증이 유발될 가능성을 낮춰준다(그림의 3번 지점에서 1번 지점으로 흐름을 바꿔줄 수 있다). '진입로 통제'를 유동적으로 시행하는 고속도로도 있다. 차량 밀집도나 속도가 위 그림의 전이선에 가까워지면 진입로 신호를 조정해 일시적으로 새로운 자동차의 고속도로 진입을 줄여서, 차량 흐름이 점선으로부터 다시 멀어지게 만드는 것이다. 트럭이 다른 트럭을 지나치지 못하게 하는 '트럭 추월 금지' 조치도 트럭 뒤로 차량이 늘어서는 일을 줄여준다. 그런 일시적 정체도 차량 밀집도를 높여 부드러운 흐름을 점선 너머 체증으로 밀어버릴 수 있기 때문이다. 독일의 고속도로 연구를 보면 '트럭 추월 금지' 조치는 효과가 있다. 이 조치는 트럭의 흐름을 살짝 저하시키지만 승용차의 흐름은 개선한다.

• • •

교통 흐름 사례에서 보듯이 상전이의 과학적 원리는 단순한 학문적 호기심을 훨씬 넘어서는 곳까지 확장할 수 있다. 상전이의 제어 변수를 알고 나면 상전이를 '관리'하는 데 도움이 된다. 우리도 바로 이런 방식을 팀이나 기업에 적용할 수 있다. 룬샷을 더 잘 육성할 수 있는 기업을 설계하기 위해 우리가 뭘 조정할 수 있을지 알아보자.

제어 변수를 조절하는 가장 창의적인 아이디어는, 서로 관련이 없어 '보이지만' 실제로는 똑같은 범주의 상전이를 공유하고 있는 시스템들 사이의 관계에서 나온다.

앞서 설명한 고체(구슬, 실제 고체도 마찬가지)에서 액체로의 상전이는 **대칭을 깨는**symmetry-breaking 상전이 범주에 속한다. 시간을 두고 평균을 따졌을 때 액체는 어느 각도에서 봐도 똑같이 보인다는 점에서 대칭성이 있다. 이것을 '회전대칭rotation symmetry'이라고 한다. 고체는 그렇지 않다. 고체는 회전대칭을 '깨버린다'. 왜냐하면 정확히 x축을 따라서 바라보는 분자의 모습은 x축에서 5도 내지 10도 벗어난 각도에서 바라보는 모습과 전혀 다를 것이기 때문이다. 노벨상을 수상한 발견 중 열 가지 이상이 궁극적으로는 바로 이 대칭을 깨는 상전이로 설명할 수 있다.

교통 흐름의 갑작스런 변화는 상전이의 두 번째 범주인 **동적 불안정**dynamic instability에 해당한다. 제어 변수의 변화가 부드러운 흐름을 작은 방해(운전자가 브레이크를 밟는 것)에도 아주 민감하게 만들어서 특정 종류의 동작(부드럽게 움직이고 있는 자동차들)을 다른 종류의

험프리 보가트가 부드러운 흐름에서 난류로 바뀌는 상전이를 보여주고 있다.

동작(꽉 막힌 흐름)으로 바꾸는 것이다. 액체나 기체도 동적 불안정을 경험한다. 이것들이 부드럽게 흐르는 것은 오직 속도가 한계점 이하일 때다. 이 한계점을 넘어서면 흐름은 갑자기 난류亂流로 바뀐다.

예를 들어 보트 한 척이 강을 따라 천천히 내려가고 있다고 상상해보자. 보트 앞에 있는 물은 부드럽게 갈라진다. 보트 뒤쪽에서는 남은 공간을 물이 빠르게 채우면서 물의 흐름이 크고 어지러운 난류의 항적을 만들어낸다. 혹은 담배 연기가 아직 공기 중에 머물러 있는 모습을 그려보라. 왼쪽 사진을 보면 험프리 보가트의 담배에서 나온 연기가 끝에서 몇 인치 쯤에서 여러 갈래로 갈라진다. 처음에 연기는 부드러운 줄기를 형성하며 흘렀다. 그러다가 연기 입자의 속도가 빨라지면서(담배 끝에서 나온 뜨거운 공기가 위로 빠르게 올라가면서) 줄기가 갑자기 어지러운 형태로 갈라진 것이다.

보트 주변 물의 흐름이나, 공기 중으로 올라가는 담배 연기의 흐름이나 모두 난류로 바뀌는 상전이의 사례다. 난류는 항력抗力과 밀접한 관련이 있기 때문에 이런 종류의 상전이를 이해하면 더 좋은 배나 비행기, 심지어 골프공을 설계할 수도 있다. (골프공 표면이 옴폭옴폭 패어 있는 이유는 표층 가까이의 작은 난류가 항력을 줄여주기 때문이다. 그래서 스윙이 훌륭한 사람이 현대식 골프공을 치면 400야드 이상 날아가는 것이다. 표면이 매끈한 골프공은 대략 그 절반 거리밖에 날아가지 않는다.)

* * *

1957년 영국의 수학자 두 명은 상전이의 새로운 범주를 알아냈다. 그 덕분에 우리는 산불이 번지는 이유를 더 잘 이해하고, 석유 매장층이 형성된 곳을 예측하며, 최근에는 예비 테러리스트의 온라인상 행동을 분석함으로써 테러 공격을 예측하는 것도 시도할 수 있게 됐다. 창발적 행동의 마법("많으면 달라진다") 덕분에 이제 우리는 온라인상에서 사생활을 침해하지 '않고도' 테러를 잡아낼 수 있게 됐다.

이 모든 일은 방독면에서 시작했다.

균열을 일으키는 한 방울

1954년 수학자 존 해머슬리John Hammersley는 런던 왕립통계학회 Royal Statistical Society 사무실에서 열린 회의에서 이례적인 논문을 하나 발표했다. 그는 어떤 패턴이 순전히 우연으로 일어날 확률을 계산하는 새로운 통계 기법을 설명했다.

해머슬리가 예로 든 것은 스코틀랜드 서부에 있는 신석기시대의 스톤 서클stone circle이었다. 3000년도 더 전에 드루이드교(고대 켈트족의 종교 - 옮긴이) 사제들이 조성한 이 서클들은 지름이 30미터에서 270미터에 이르기까지 다양하다. 스톤 서클을 연구한 알렉산더 톰 Alexander Thom이라는 엔지니어는 서클 각각이 일정한 단위길이의 배수로 만들어졌다고 주장한 바 있었다. 전문 고고학자들은 코웃음을 쳤다. 청중 한 사람이 그런 주장은 신석기시대 사람들을 야만인으로 봐야 할지, 동료로 봐야 할지 묻는 거라고 했다. 그러나 해머슬리의 통계 기법은 알렉산더 톰의 주장을 뒷받침했다. 드루이드교 사제들은 현대인들의 상상 이상으로 수준 높은 학식을 갖추고 있었다. 그들은 실제로 우리의 '동료'였다.

그날 참석자 중에는 스물여섯 살의 엔지니어 사이먼 브로드벤트 Simon Broadbent도 있었다. 브로드벤트는 해머슬리의 주장에 강한 흥미를 느꼈다. 영국석탄이용연구협회BCURA에서 석탄 생산을 분석하는 일을 했던 브로드벤트는 광부들을 위해 더 좋은 방독면을 설계할 방법을 찾아달라는 요청을 받았다. 방독면은 구멍이 숭숭 뚫린 재료로 만들었는데, 해당 재료는 공기가 통과할 때 유해 물질이 갇혀서 나오지 못할 만큼 크기가 작으면서도 끈적임이 있는 구멍이 뚫려 있어야 했다. 이런 구멍들은 그 크기도, 분포도 마구잡이였다. 방독면이 제 구실을 하려면 그렇게 마구잡이인 구멍들이 방독면의 이쪽 면에서 저쪽 면으로 적어도 하나는 완전한 공기 통로를 만들어야 했다. 즉 이쪽에서 저쪽으로 방해 없이 공기가 통할 통로가 하나는 만들어져야 광부들이 숨을 쉴 수 있었다.

논문 발표 후 토론 시간에 브로드벤트는 해머슬리에게 그가 발표한 무작위 데이터 분석 기법을 이용하면 어떤 재료의 무작위적인 구멍이 공기 통로를 적어도 하나는 구성할지 예측할 수 있느냐고 물었다. 과연 해머슬리는 재료의 유형을 듣고 나서, 그 재료로 만든 방독면을 쓴 광부가 숨 막힐 일이 없을지 예측할 수 있었을까?

해머슬리는 곧 이것이 지금까지 누구도 질문해본 적이 없는, 혹은 적어도 답해본 적이 없는 유형의 통계 문제라는 사실을 깨달았다. 두 사람은 협업에 들어갔다. 서른네 살의 해머슬리는 옥스퍼드 대학교에서, 말하자면 잡역부 같은 일을 하는 통계학자였다(당시는 아직까지 통계학이라는 학문이 제대로 된 하나의 분과로 자리 잡지 못했다). 뭐가 됐든 대학 행정부나 교수들이 질문하면 그 질문을 해결해주는 게 해머슬리의 일이었다. 언젠가 해머슬리는 삼림부 연구진을 대상으로 나무의 성장에 관한 데이터를 수집하고 분석할 방법을 일러준 적도 있었다. 얼마 지나지 않아 해머슬리는 브로드벤트의 질문이 방독면 설계를 넘어 훨씬 더 광범위한 분야에 적용될 수 있다는 사실을 깨달았다. 브로드벤트의 질문은 숲에도 적용될 수 있었다.

나무들이 마구잡이로 분포하고 있는 게 숲이라고 한번 상상해보

자. 숲의 한쪽에 불이 붙었다. 이 불이 옆 나무로 번지려면 불똥이 옮겨 붙을 수 있을 만큼 옆 나무가 가까이 있어야 한다. 과연 불은 숲의 이쪽 끝에서 저쪽 끝까지 번지게 될까?

브로드벤트와 해머슬리는 방독면 문제와 산불 문제의 답이 모두 상전이로 설명된다는 사실을 발견했다. 방독면에서 구멍의 밀집도가 한계치 이하면 공기가 전혀 통하지 않는다. 그 한계치 이상이면 언제나 통로가 만들어져서 방독면의 이쪽 면과 저쪽 면을 이어준다. 숲의 경우 나무의 밀집도가 한계치 이하면 불은 꺼진다. 그 한계치 이상이면 불은 숲 전체를 집어삼킨다.

그러나 나무의 밀집도만이 유일한 제어 변수는 아니었다. 고속도로 위의 자동차들과 마찬가지로 산불의 상전이도 하나 이상의 제어 변수가 있었다. 바람이 강하게 불고 있다고 생각해보라. 현실적으로 불똥이 하나 이상의 나무까지 멀리 퍼질 수 있다. 따라서 풍속이 빠르면 나무의 밀집도가 더 낮아도 불이 번질 수 있었다. 다시 말해 다음 상평형 그림에서 점선으로 표시된 상전이 선은 오른쪽으로 하향선을 그린다.

공기가 방독면 구멍을 통해 통로를 찾아내는 것이나, 불이 숲에 있는 나무를 통해 번질 길을 찾아내는 것을 보고 해머슬리는 물이 커피 가루에 스며드는 모습을 떠올렸다. 커피 가루가 너무 단단하게 쌓여 있으면 물은 길을 찾지 못할 수도 있다. 가루 사이사이에 충분히 틈새가 있어야 물이 한 방울, 한 방울 떨어진다. 그래서 해머슬리는 자신의 기법과 아이디어를 **침투 이론**percolation theory이라고 불렀다.

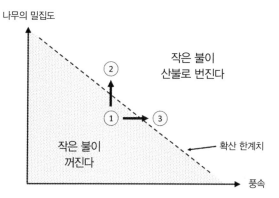

산불의 상평형 그림

나무의 밀집도가 확산 한계치를 넘어서거나(1➝2), 풍속이 이 한계치를 넘어서면(1➝3), 작은 불도 산불로 번진다.

대칭을 깨는 상전이와 마찬가지로 침투 이론도 겉으로는 관련이 없어 보이는 수많은 시스템을 연관시켜준다.

바위는 언제 깨질까? 시간이 지나면 바위에는 무작위적으로 많은 압력과 균열이 쌓여간다. 그런 작은 균열들이 합쳐져 하나의 커다란 균열이 될 때, 그래서 바위의 한쪽 끝에서 반대쪽 끝까지 서로 연결될 때 바위는 두 동강이 난다. 이게 바로 침투 한계치다.

석유는 언제 채굴해야 할까? 땅속의 깊은 틈은 방독면 구멍처럼 무작위로 나 있다. 그런 틈들이 침투 한계치보다 낮으면 구멍을 뚫어봤자 매장된 석유가 서로 연결되지 않아 적은 양밖에 나오지 않을 가능성이 높다. 좋은 투자가 아니다. 침투 한계치를 넘었다면 구멍을 뚫었을 때 서로 연결된 거대한 석유 매장층에 닿을 가능성이 크다. 좋은 투자처가 된다.

소소하게 발병한 질병이 대유행병으로 번지는 것은 언제일까? 나무에서 나무로 산불이 번지는 모델로 돌아가 보자. 숲속의 풍속이 빨라 나무에서 나무로 불똥을 빠르게 옮기는 것은 전염성 높은 바이러스와 같다. 나무의 밀집도가 높은 것은 도시에서처럼 사람들이 서로 가까이 살고 있는 것과 같다. 감염성이나 인구 밀집도가 한계치를 넘으면 작은 발병도 대유행병으로 번진다. 감염성이나 인구 밀집도가 한계치 아래로 내려가면 작은 발병은 금세 진압된다. 이게 바로 전염병의 상전이다.

이런 수학 모델에 대해 실제 산불 연구자들은 어떤 반응을 보였을까?

썩 좋은 반응은 아니었다. 소방관들이 통계물리학자들을 반기고 이 개념이 널리 알려지는 데는 오랜 세월이 걸렸다. 아래는 널리 사용되는 화재 관리 교과서에 실린 이야기다.

비슷한 사건을 직접 본 적이 없는 사람은 얼마나 무지할 수 있는지 오래된 소방관들은 [종종] 깨닫지 못한다.

경험 부족에 따른 지식의 결여를 또렷이 알려주려고 어느 중년 남자가 20년도 더 전에 자신에게 일어났던 일을 들려준다. 그날 그 젊은 친구가 화재 지점에서 가까운 관측 지점에 도착했을 때 늙은 삼림 경비원은 아직 도착하지 않았다. 청년 앞에는 그가 한 번도 보지 못한 거대한 화염이 이글거리고 있었다. 그 불길이 매혹적이기도 하고 겁나기도 했던 청년은 인간이 무슨 힘을 써도 이 불길을 막을 수는 없을 거라고 혼잣말을 했다.

씩씩거리면서 늙은 삼림 경비원이 도착했다. 경비원은 궐련을 한 대 말면서 중얼거렸다. "30분 뒤면 앞부분은 개울에 닿을 테고, 해질 녘이면 바람이 잦아들 테니 천천히 따라가면 되겠군." 경비원은 느릿느릿 청년을 돌아보더니 이렇게 말했다. "조, 본부에 전화해서 불길이 곧 잡힐 거라고 알려줘."

그런 사람들이 미분방정식에 열광할 리는 없었다.

거듭제곱 법칙

1990년대에 마침내 몇몇 연구진은 침투 이론을 실용적으로 사용하면서 사람들의 흥미를 불러일으키는 데 성공한다.

수십 년간 삼림 기관들은 '미시적인' 변수만을 활용한 화재 시뮬레이션을 사용하고 있었다. 유칼립투스와 소나무의 연소 특성 차이니, 비탈의 경사에 따른 화재의 확산률이니 하면서 말이다. 이런 모델은 산불이 시시각각 국지적으로 변화하는 것을 예측하는 데는 도움이 된다. 불길이 왼쪽을 향할까, 오른쪽을 향할까? 속도가 빨라질까, 느려질까? 하지만 그런 모델은 전반적인 패턴, 즉 거시적 예측에는 도움이 되지 않는다. 예컨대 큰 산불이 얼마나 자주 날 것인가 하는 문제들 말이다.

앞선 이야기에 나오는 젊은이나 삼림 경비원 같은 이들의 흥미를 끌기 위해 지질학자와 조경 생태학자, 물리학자로 이뤄진 연구팀은 미시와 거시의 중간 지대를 찾아냈다. 그들이 사용한 방법이 바로 우리가 7장에서 팀이나 기업에 적용할 방법의 핵심 열쇠다.

초창기 산불 모델이 노련한 소방관들의 흥미를 끌지 못했던 이유는 '너무' 거시적이고 너무 단순화됐기 때문이다. 예를 들면 연구팀은 숲의 나무들이 어느 지역에서나 똑같은 속도로 자란다고 가정했다. 실제로는 그렇지 않다. 불타버린 지역의 경우 회복하려면 수십 년이 걸린다. 연구팀은 또한 불타는 나무가 늘 이웃 나무에 불을 붙인다고 가정했다. 그러나 실제 숲에서는 여러 요소들이 산불 확산에 영향을 미친다. 공기 중 습도, 흙의 습도, 나무의 종류, 땅의 경사 등등. 예를 들어 땅의 경사가 30도의 오르막이라면 불이 두 배는 더 빨리 확산된다. 작은 불씨도 습도가 25퍼센트 이하일 때는 거의 늘 통제 불능으로 확산된다. 하지만 숲마다 그런 세부 사항을 '모두' 기록하다가는 거시적인 패턴을 예측하기가 불가능하다.

연구팀이 찾아낸 중간 지대는 단순하지만, '지나치게' 단순화하지 않은 모델을 만드는 것이었다. 세부 사항을 너무 많이 내다 버리면 아무것도 설명할 수 없다. 세부 사항은 모두 그대로 남겨놓는다. 하지만 더 안전한 숲을 설계하기 위한 일반 원칙을 끌어내는 데 정말로 유칼립투스와 소나무의 연소 특성 차이를 알아야 할까? 아니다. 더 혁신적인 팀과 기업을 설계하기 위한 일반 원칙을 끌어내는 데 137개의 사례와 수십 개의 이론을 꼼꼼히 뒤져야 할까? 아니다. 우리가 원하는 것은 미시적인 출처에 관해 확신할 수 있으면서 거시적인 통찰을 끌어낼 수 있을 만큼 충분히 간단한 모델이다.

다시 말해 우리가 원하는 모델은 숲을 설명하면서도 개별 나무에서 도출되진 않은 모델이다.

알고 보니 산불의 거시적인 패턴을 이해하려면 딱 두 가지 핵심적인 변수만 알면 됐다.

앞에 나온 '산불의 상평형 그림'에서 나는 가로축에 '풍속'을 적었다. 하지만 산불 확산에서 정말로 중요한 것을 가리키기에 더 좋은 표현은 '확산성virality'이다. 풍속이 빠르고, 땅이 건조하고, 습도가 낮으면 확산성이 증가한다. 즉 불이 더 쉽게 번진다. 풍속이 느리고, 땅이 습하고, 습도가 높으면 확산성이 감소한다. 즉 불이 번지기 어렵다.

1988년 옐로스톤 국립공원Yellowstone National Park에서 발생한 불은 숲 80만 에이커를 태웠다. 이는 전체 공원의 36퍼센트에 해당하는 면적으로, 이 공원 역사상 가장 큰 불이었다. 공원 정책을 분석하면서 침투 이론은 처음으로 그 쓸모를 보여주었다. 1972년까지 옐로스톤 국립공원은 아무리 작게라도 불이 나면 정책상 경비원이 즉시 불을 꺼야 했다. 불이 난 원인이 사람(무심코 버린 담배꽁초)이든, 자연(낙뢰)이든 간에 말이다. 숲에서 작은 불이 나는 빈도를 '발화율 sparking rate'이라고도 한다. 이 발화율을 낮추려는 공원 관리소의 정책은 그 의도는 좋았으나 숲에 오래된 나무가 빽빽이 자라게 만들었고, 의도치 않게 숲을 앞서 본 그림의 점선 위쪽으로 밀어붙였다. 이 정책으로는 산불이 나면 퍼지게 돼 있었다. 1988년 대형 산불은 예견된 일이었다.

오늘날 대부분의 삼림 기관들은 발화율을 인공적으로 낮출 때 생길 수 있는 '옐로스톤 효과'를 인식하고 있다. 그래서 중소 규모의 불은 타도록 내버려두면서 감시만 한다. 이를 '통제된 발화' 정책이라고 한다. 또한 산불이 확산 한계치에 너무 가까워질 경우 산불 관리소에서 작은 불을 내서('예방적 발화'라고 한다) 다시 확산 한계치에서 멀어지게 만든다.

통제된 발화라는 개념은 오늘날에는 현명한 선택, 거의 직관적인 정책처럼 받아들여지고 있다. 침투 이론 모델은 이 개념에 과학적 근거를 마련하여 이런 직관이 확산되는 데 일조했다. 하지만 이 모델(전혀 예상치 못한 파생 모델을 만들어냈다)의 성공에서 가장 흥미로운 부분은, 그 예측을 규모에 따른 산불의 빈도에 관한 역사적 기록과 비교한 데서 나왔다.

침투 이론 모델은 우리가 직관이나 경험, 나무의 유형이나 식물에 대한 미시적 시뮬레이션을 가지고는 '결코' 짐작하지 못할 것을 예측하게 해준다. 이것은 창발의 과학, 상전이의 과학만이 내놓을 수 있는 예측이다. 이들 모델에 따르면, 숲이 위험하리만치 상전이에 가까워지면 산불의 '빈도'는 특정한 형태를 취한다. 빈도는 규모에 반비례해야 한다. 20에이커 규모 산불은 10에이커 규모 산불에 비해 절반의 빈도로 발생해야 한다. 40에이커 규모 산불은 10에이커 규모 산불의 4분의 1 빈도로 일어나야 한다. 100에이커 규모의 산불은 10에이커 규모 산불의 10분의 1 빈도로 일어나야 한다. **거듭제곱 법칙**power law이라고 하는 이런 패턴은 놀라운 예측이고, 숲에 불이 나기 직전임을 알려주는 수학적 단서다.

이런 패턴은 온갖 곳에 보인다. 아래서 논의할 테지만 거듭제곱 법칙의 패턴은 산불 모델만이 아니라 금융시장이나 테러리스트 공격에서도 발견된다.

그러나 겉으로 아무 관련 없어 보이는 이 세 가지 시스템(산불, 불황, 테러리스트 공격)이 하나로 모이려면 10년이 더 필요했다. 산불의 세계 밖에서는 해머슬리나 브로드벤트의 침투 이론에 대한 관심이 점점 줄고 있었다. 수학자들은 퍼즐을 풀어보려고 여러 가지 변수를 탐구했다. 나무들을 사각형의 네트워크 속에도 넣어보고(노드node마다 네 개의 이웃 나무가 있도록), 육각형의 네트워크 속에도 넣어보고(축구공처럼 노드마다 세 개의 이웃 나무가 생기도록), 19차원의 입체 네트워크 속에도 넣어보았다(38개의 이웃 나무가 생기도록). 그리고 나무의 밀집도가 어느 정도이면 불이 나는지 알아내려고 했다. 수십 개의 변수를 분석하고 나니 큰 질문에 대한 답은 거의 찾을 수 있었고, 침투 이론은 서서히 늙어가고 있었다. 침투 이론은 다른 오래된 이론들과 함께 조용히 체커나 두고 있었다. 젊은이들이 찾아오는 일은 거의 없었다.

침투 이론의 놀라운 부활이 시작된 것은 1996년 1월이었다. 이 이야기는 사이먼 브로드벤트가 존 해머슬리에게 방독면에 관한 괴상한 질문을 한 지 40년 만에, 오스트레일리아 출신의 덩컨 와츠Duncan Watts라는 젊은이가 스티븐 스트로개츠Steven Strogatz라는 수학 교수에게 귀뚜라미에 관한 이상한 질문을 던지는 데서 출발한다.

그 많은 귀뚜라미는 어떻게 화음을 맞출까

1990년대 중반 와츠는 188센티미터의 키에 스물네 살인 청년으로 오스트레일리아 사관학교를 졸업하고 파트타임으로 암벽등반 강사를 하고 있었다. 코넬 대학교 대학원에서 수학을 공부하던 그는 대학원의 표준 교과과정이 차츰 지루해지던 참에, 논문 지도교수를 찾다가 스트로개츠를 알게 됐다. 당시 코넬 대학교에 수학 교수로 지원한 지 얼마 되지 않았던 서른여섯 살의 스트로개츠는 고급 수학 기법을 엉뚱한 곳에 적용하는 것을 전문으로 했다(그는 〈로미오와 줄리엣〉의 수학적 원리에 관한 논문을 쓰기도 했다). 그즈음 스트로개츠는 자연의 동조성同調性, synchrony을 연구하고 있었다. 수백만 개의 심장 세포는 어떻게 리듬을 맞춰 뛸 수 있을까? 수천 마리의 반딧불이는 어떻게 동시에 깜박일까? 강한 흥미를 느낀 와츠는 스트로개츠의 학생으로 등록했다. 함께 연구할 주제를 물색하던 두 사람은 곤충과 관련된 문제를 풀어보기로 했다.

거대한 들판을 가득 채운 귀뚜라미들은 어떻게 동시에 울 수 있을까?

와츠와 스트로개츠는 먼저 귀뚜라미를 수집해서 실험실에 있는 아주 작은 방음 박스에 하나씩 넣었다. 박스에는 각각 마이크와 스피커가 설치되어 있었다. 두 사람은 스피커를 통해서 다른 귀뚜라미의 소리를 들려주려고 했다. 누가 누구의 소리를 듣는지 조정하면 동기화 이론을 테스트할 수 있을 것 같았다.

귀뚜라미를 수집하느라 캠퍼스의 과수원을 헤매고 다니던 와츠는 귀뚜라미들이 야생에서, 그러니까 소형 귀뚜라미 녹음실 밖에서 어떻게 서로 연락을 하는지 궁금해졌다. 제일 가까이 있는 귀뚜라미의 소리를 듣는 걸까? 일정 거리 이내에 있는 이웃 귀뚜라미의 소리를 모두 듣는 걸까? 지휘자 역할을 하는 리더는 있을까?

오늘날 브로드웨이 연극 〈여섯 다리만 건너면Six Degrees of Separation〉을 통해, 아는 사람을 몇 다리만 건너면 사회의 모든 구성원이 서로 연결될 수 있다는 개념을 많이들 접하게 됐다. 대학생 세 명이 똑같은 생각을 바탕으로 유명 영화배우 케빈 베이컨Kevin

귀뚜라미는 어떻게 화음을 맞출까?

Bacon을 놓고 '케빈 베이컨의 여섯 단계'라는 게임을 시작했다. 1단계는 케빈 베이컨과 함께 영화에 출연한 사람들이고, 2단계는 케빈 베이컨과 함께 영화에 출연한 사람과 함께 영화를 찍은 사람들……하는 식이다. 놀랍게도 3단계 정도만 지나면 190만 명이라는 어마어마한 수의 배우가 서로 연결됐다. 그렇다면 '케빈 귀뚜라미의 여섯 단계'는 뭘 보여줄까?

방독면에 관한 사이먼 브로드벤트의 질문과 마찬가지로, 귀뚜라미에 관한 와츠의 질문은 훨씬 더 큰 질문으로 가는 문을 열었다. 앞서 이야기한 것처럼 침투 이론 문제를 해결하려고 사각형 네트워크, 육각형 네트워크, 더 높은 차원의 네트워크까지 온갖 종류의 네트워크를 탐구했다. 하지만 소셜 네트워크는 어떨까? 멀리 있는 사람들(혹은 귀뚜라미 등등)과도 친구가 될 수 있는 소셜 네트워크라면?

앞서 나온 침투 이론 모델은 숲에 있는 나무처럼 움직이지 않는 물체들 사이에 나타나는 산불이나 전염병의 확산을 연구할 때는 일리가 있었다. 하지만 귀뚜라미는 다들 알다시피 점프를 하며 온갖 곳을 돌아다닌다. 인간도 마찬가지다. 앞집과 뒷집, 왼쪽 집과 오른쪽 집에 사는 이웃과만 교류하고 집에 머무는 사람은 없다. 하루를 돌아보면 자녀를 학교에 데려다주면서 만난 다른 학부형과도 대화를 나눌 수 있다. 사무실에서는 내 자리 근처 혹은 정수기 근처의 동료들과 뉴스나 스포츠에 관한 잡담을 나눌 수 있다. 퇴근하며 들른 마트에서는 친구와 마주쳐 그간의 얘기를 나눌 수 있다. 그리고 종종 낮에는, 일주일에 두세 번 정도는, 멀리 사는 친구에게 연락을 해볼지도 모른다. 그 친구의 하루는 나와는 또 전혀 다를 것이다.

긴밀한 하나의 커뮤니티 내에서 많이 연결되어 있으면서 종종 멀리 있는 커뮤니티와도 연결되는 시스템의 종류는 무척 방대하다. 뇌에 있는 뉴런들은 대개 하나의 클러스터cluster 내지는 다발 안에서 서로 연결되어 있으나, 종종 축색돌기가 훨씬 멀리까지 뻗어서 전혀 다른 클러스터와 연결되기도 한다. 세포 하나 속에 있는 단백질들은 주로 기능 단위 내에서 상호작용을 하지만, 종종 먼 곳에 있는 수용기와도 연결된다. 인터넷 사이트들은 주로 하나의 긴밀한 집단 내에서 연결되어 있지만(연예뉴스 사이트는 다른 연예뉴스 사이트와 연결되고, 생물학 사이트는 다른 생물학 사이트와 연결된다), 종종 그 무리에서 떨어져 있는 집단으로 연결되기도 한다(연예뉴스 사이트 TMZ가 뇌과학 연구 사이트와 연결될 수도 있다).

앞서 설명한 케빈 베이컨 게임은 이런 종류의 네트워크에서 어느 것을 택하든 두 개의 노드(배우들) 사이에는 놀랄 만큼 적은 단계가 있음을 보여주었다. 그래서 와츠와 스트로개츠는 주로 국지적으로 연결되지만 종종 멀리까지 연결되어 있는 시스템을 **작은 세상 네트워크**small-world network라고 불렀다.

다시 귀뚜라미로 돌아오자. 와츠는 침투 이론이 작은 세상 네트워크는 한 번도 연구한 적이 없는지 궁금했다. 와츠는 이토록 기본적인 질문은 분명 이미 해결됐을 거라 생각하고 도서관을 뒤져봤다. 놀랍게도 아무도 그런 질문을 한 적이 없었다. 스트로개츠에게 물어보니, 그 역시 그런 질문을 연구한 사람은 아무도 없다고 말했다. 그제야 와츠는 두 사람이 연구하고 있는 것이 단순한 곤충 음악학보다 훨씬 큰 무언가임을 깨달았다.

어느 컴퓨터 바이러스가 인터넷에서 빠르게 확산될까, 아니면 금세 사라질까? 아주 작은 신경 발화상의 문제점이 무해할까, 아니면 뇌를 다 집어삼킬 발작으로 이어질까? 어느 아이디어가 전 연령층에 폭발적으로 확산될까, 아니면 금세 시들해질까? 이 모든 질문은 비슷한 원리의 지배를 받았다. 작은 세상 네트워크에 대한 침투 이론이 그것이다.

와츠와 스트로개츠의 논문은 1998년 6월에 발표되었다. 2018년 중순 기준으로 이 논문은 1만 6505회 인용되었다. 네트워크를 주제로 과학 저널에 발표된 180만 건의 논문 중에서 두 사람의 '작은 세상' 논문이 인용 횟수 1위다. 이 논문은 아인슈타인의 상대성 이론에 관한 논문보다, 폴 디랙Paul Dirac의 양전자에 관한 논문보다, 역사상 '기초' 물리학과 관련해서 발표된 그 어떤 논문보다 많이 인용되었다.

• • •

앞서 창발과 관련해 셜록 홈스가 했던 금언을 떠올려보자. "한 사람 한 사람은 풀 수 없는 퍼즐과 같지만, 모아놓으면 '수학적 확실성'이 되지."《네 개의 서명The Sign of the Four》에 나오는 그 장면에서 홈스는 절도범을 쫓고 있었다. 그는 확률을 계산하면서 왓슨 박사에게 범죄의 유형에 관한 그의 이론을 설명했다.

아서 코넌 도일Arthur Conan Doyle이 이 책을 쓴 지 100년이 지났을 때, 옥스퍼드 대학교의 한 물리학자는 테러리스트를 쫓고 있었다. 그는 산불의 침투 이론을 작은 세상 네트워크에 적용했다.

그의 테러리스트 추적 전략은 수학적 확실성을 바탕으로 하고 있었다.

꼬리의 힘

일주일간 먹을 수 있는 팔라펠falafel(병아리콩을 으깨어 만드는 서아시아 지역 음식 – 옮긴이)에는 한계가 있다. 그래서 1980년대 말 하버드 대학교에서 물리학을 공부하던 대학원생 닐 존슨Neil Johnson은 종종 제퍼슨 물리학 연구실 앞 길거리의 팔라펠 트럭을 버려두고, 옆 건물인 로스쿨의 카페테리아에 가서 점심을 먹었다. 그곳에서 그는 콜롬비아에서 온 법학 전공생 엘비라 레스트레포Elvira Restrepo를 만났다. 둘은 이내 결혼했고 잠시 콜롬비아 보고타에 살다가 존슨이 1992년 옥스퍼드 대학교의 교수로 임명되면서 영국에 정착했다.

존슨이 게릴라전과 테러리즘을 연구하게 된 계기는 이상한 현상을 한 가지 관찰하면서였다. 존슨은 내게 이렇게 말했다. "가족들을 만나러 콜롬비아에 들르려고 했어요. 그런데 매일 뉴스가 이런 식이었어요. '금일 사망자 세 명. 금일 사망자 여덟 명. 금일 사망자 두 명.'"(당시 콜롬비아는 수십 년에 걸친 내전 중이었다.)

존슨은 호탕한 웃음에 과학자 느낌을 약간 풍기는 금발의 영국인이다. 젊은 토니 블레어Tony Blair가 미적분학을 설명하고 있다고 상상해보면 된다. 하지만 그런 닐 존슨도 당시의 뉴스를 설명할 때는 웃음기가 싹 가셨다. 기자들은 그의 옛 기억을 끄집어냈다. "저는 런던에서 자랐어요. 그 시절 뉴스는 이런 식이었죠. '북아일랜드에서 전해드립니다. 금일 사망자 두 명. 금일 사망자 없음. 금일 사망자 네 명.'"

옥스퍼드 대학교에 있는 동안 존슨은 무작위처럼 보이는 숫자들 사이에서 물리학 기법을 이용해 숨은 패턴을 찾아내는 것을 전공했다. 그래서 2003년 이라크 전쟁이 시작됐을 때 또 한 번 뉴스 자막에 '금일 사망자'가 표기되기 시작하자, 존슨은 이런 의문이 들었다. 매일 나오는 저 비극적인 숫자에도 어떤 패턴이 있을까?

존슨은 그때까지도 진행 중이던 콜롬비아 내전의 사상자 숫자에 관한 자세한 데이터를 구했다. 그는 사상자 데이터의 추이가 여태 한 번도 설명된 적은 없으나 분명히 본 적이 있는 어떤 패턴을 따르고 있음을 발견했다. 바로 주식시장에서 본 패턴이었다.

주식시장의 행태를 다루는 교과서들은 종종 마치 성서처럼 하나의 신념을 선언하면서 시작한다. '태초에 효율적 시장이 있었다.' 시장은 가격 속에 모든 정보를 정확히 담아냈다. 효율적 가격으로부터 벗어나는 것은 무작위적이고random, 그래서 종종 '랜덤 워크 이론 random walk theory'이라 불린다. 나쁜 행위자가 있으면 쇼를 망칠 수 있다(내부자 거래, 조작). 그러나 바르게 행동하고 적절한 강제력이 수반되면 시장은 다시 순수하고 완벽히 효율적인 형태로 복귀한다. 리스크 측정이나 주식 옵션 가격 설정 등과 같은 많은 현대 금융 이론이 바로 이 믿음에 바탕을 두고 있다.

그러나 실제 시장은 이런 식으로 움직이지 않는다. 1년에 한 번 일어나야 할 가격의 움직임이 매일 일어난다. 뉴욕이나 런던, 파리, 도쿄의 증권거래소도 같은 패턴을 보인다. 가격이 움직이는 빈도를 측정하는 곡선은 이상점이 거의 없는, 꼬리가 아주 가는 곡선이어야 할 것 같은데, 현실에서는 그렇지 않다. 극단적 결과가 예상보다 훨씬 자주 일어나면, 확률분포가 통계학자들이 말하는 '팻테일fat tail'(굵은 꼬리) 모양이 된다.

물리학자들은 팻테일을 아주 좋아한다. 동전 던지기처럼 숨은 연관성이 전혀 없는 무작위 시스템은 그래프의 꼬리가 가늘다. 말하자면 지루하다. 팻테일은 네트워크 속에 흥미로운 역학관계가 있다는 신호다. 산불이 번지는 나무들의 네트워크가 바로 그런 경우일지 모른다. 아니면 주식거래를 하는 사람들, 다시 말해 아이디어가 번져나가는 금융시장의 네트워크도 여기에 해당할지 모른다. 존슨을 비롯한 물리학자들은 주식시장을 이해해보려고 금융시장의 팻테일을 오랜 세월 연구했다. 시장 붕괴(그린스펀이 말한 "현저히 드문 예외"), 헤지펀드의 붕괴, 갑작스런 은행의 디폴트 선언 같은 것들은 팻테일에 의해 유발되거나, 아니면 적어도 팻테일과 관련이 있는 경우가 많다.

2003년 존슨은 금융의 물리학에 관한 교과서를 공동 집필한 적이 있다. 그는 통계물리학 기법을 시장에 적용했다. 그 책에는 독특한 내용이 많았다. 대부분의 연구자들은 개별 주식거래자의 행동을 연구해서 팻테일 문제를 해결하려고 했다. 그런데 존슨은 하나의 무리 단위로 보았다. 그는 주식거래자들이 떼를 지어 행동한다고 가정하면 어떨지 질문했다. 작은 집단의 구성원들이 모두 같은 행동을 한다고, 다시 말해 사고파는 결정을 똑같이 내린다고 가정해보는 것이다.

(튤립 파동부터 인터넷 버블 붕괴에 이르기까지 시장에서 집단 사고가 일어난다는 강력한 증거들이 있다.) 그런 무리들이 반드시 영구적일 필요는 없다. 고등학교 때 패거리의 구성원들이 들락거리듯이, 거래를 하는 패거리도 형성이 됐다가 흩어지기도 하고, 다른 패거리에 합해지거나 두 개로 갈라질 수도 있다.

물을 한 주전자 끓인다고 상상해보자. 끓기 직전이 되면 공기 방울이 나타난다. 이 방울들은 커지기도 하고, 붕괴되기도 하고, 다른 방울과 합쳐지거나 쪼개지기도 하며, 그러는 동안에도 계속 새로운 공기 방울이 형성된다. 존슨은 주식거래 패거리도 그렇게 끓어오르는 공기 방울들처럼 행동한다는 아이디어를 내놓았다.

존슨은 단순하면서도 지나치게 단순화하진 않은 모델을 만들었다. 즉 주식거래의 핵심을 포착하면서도 세부 사항에 빠져서 길을 잃지 않는 모델을 만들었다. 그는 주식거래 패거리 모델이 금융시장 확률분포의 팻테일 현상을 꽤 잘 설명한다는 사실을 보여줬다. 이 팻테일은 독특한 모양을 갖고 있었는데, 바로 거듭제곱 법칙의 모양이었다. 40명으로 이뤄진 패거리는 열 명으로 이뤄진 패거리보다 32배가 적었다. 160명으로 이뤄진 패거리는 40명으로 이뤄진 패거리보다 32배가 적었다. 그런 식이었다. 독특하게도 패거리의 수는 패거리 규모의 2.5제곱만큼 줄어들었다.

수십 년에 걸친 콜롬비아 내전 사상자 데이터도 거의 완벽에 가까운 거듭제곱 법칙을 보여줬다. 열 명의 사상자를 낸 공격보다 40명의 사상자를 낸 공격이 32배 적었다. 40명의 사상자를 낸 공격보다 160명의 사상자를 낸 공격이 32배 적었다. 사상자 규모에 따른 기록상 공격의 수도 독특하게 2.5제곱만큼 줄어들었다.

주식거래 데이터와 어느 한 국가의 게릴라전에서 나온 데이터가 유사한 것은 우연일 수도 있다. 하지만 이상한 우연이었다. 이렇게 깔끔한 형태의 거듭제곱 법칙은 드문 일이다. 그래서 존슨과 동료들은 다른 분쟁을 조사해봤다. 놀랍게도 이라크와 아프가니스탄의 전쟁에서 나온 데이터 역시 '같은' 패턴을 보여주었다. 공격으로 인한 사상자 수는 똑같은 2.5제곱의 형태, 똑같은 거듭제곱 법칙의 형태를 따랐다. 이후 3년간 존슨 팀은 전 세계 광범위한 연구진으로부터 데이터를 수집했고, 처음 세 곳(이라크, 콜롬비아, 아프가니스탄)에 더해서 총 아홉 개의 전쟁 혹은 내란(세네갈, 페루, 시에라리온, 인도네시아, 아스라엘, 북아일랜드 등)에서 벌어진 5만 4679건의 폭력 사태에 대한 데이터베이스를 구축할 수 있었다. 패턴은 그대로였다. 2.5제곱의 거듭제곱 법칙을 따랐다.

존슨 팀이 이렇게 데이터를 수집하고 있을 때 뉴멕시코주 산타페에서는 또 다른 연구팀이 당시 이용 가능한 최대 규모의 데이터베이스를 사용해 전 세계 테러 공격의 사상자에 대한 보고서를 내놨다. 1968년부터 2006년까지 40년에 걸쳐 187개국 5000개 이상의 도시에서 일어난 2만 8445건의 공격을 분석한 내용이었다. 사망자 수만 분석을 하든, 사망자에 부상자를 더하든, 이 자료는 놀랄 만큼 강력한 통계 패턴을 보여주었다. 대략 2.5제곱의 거듭제곱 법칙이었다.

이런 공통된 패턴은 단서가 되었으나 침투 이론으로 묶을 수 있는 결정적 증거는 아니었다. 형성됐다가 해체됐다가, 뭉쳐졌다가 갈라졌다가 하는 끝없는 사이클 말이다. 거듭제곱 법칙에 관해 가능한 설명이야 많다(자연스럽게 2.5제곱을 형성하는 경우는 아주 적지만). 존슨은 더 확실한 증거가 필요했다.

숲에서는 시간이 지남에 따라 산불이 어떻게 번지는지 항공사진을 찍어서 증거를 수집할 수 있다. 산불이 형성되었다가 숲을 완전히 다 태우고, 합쳐지거나 갈라지는 모습을 볼 수 있다. 그러나 항공사진은 사람들 패거리를 추적하는 데는 도움이 안 된다. 그렇다고 연구를 목적으로 테러리스트들에게 설문지를 나눠주고 본인들의 사회적 습성에 관해 답해달라고 할 수도 없는 노릇이다(최근에 가입하거나 탈퇴한 테러 집단의 이름을 적어주세요!). 존슨의 팀은 흥미진진한 힌트를 눈앞에 두고서도 확증을 얻을 수가 없었다.

그러다 2014년 이슬람국가 즉 'IS'가 등장하자 존슨 팀은 온라인을 살피기로 했다.

테러의 징조

소셜 미디어상에서 개인 사용자의 테러 활동에 대한 관심도를 추적하는 것(예컨대 어느 사건에 대해 동조적인 포스트나 트윗을 게시하는 것)은 미래의 테러 공격 예측이라는 측면에서는 정확도가 형편없는 것으로 알려져 있다. 그러나 존슨의 데이터는 개인 단위가 아니라 무리 단위로 분석해볼 것을 전제하고 있었다.

존슨의 팀은 IS에 관심을 가진 팔로워들이 러시아의 가장 큰 소셜 네트워크인 브콘탁테VKontakte에 임시 그룹을 개설했다는 사실을 금

온라인 테러 조직의 콘텐츠 샘플

세 발견했다. 그들은 공통의 가상 페이지(페이스북의 팬 모임이라든지 어느 브랜드 또는 회사 모임과 비슷한 것) 링크를 통해 모여들었다. 페이스북은 친親IS 성향의 페이지들을 즉시 폐쇄했으나, 당시 3억 5000만 명의 사용자가 있던 이 러시아 사이트는 그러지 않았다. 이들 그룹이 새로운 팔로워를 끌어들이기 위해 개방 형태로 운영되었기 때문에 존슨의 팀은 친IS 성향의 페이지들을 면밀히 추적할 수 있었다. 팔로워들은 공통 페이지를 이용해 실시간 전투 상황을 업데이트하고, 실용적인 생존 기술을 가르치고(드론 공격은 어떻게 피하는지), 자금을 요청하고(시리아로 오고 싶으나 비용이 없는 전사들을 위해서), 새로운 조직원을 모집했다("이것은 모든 형제에 대한 부름이다!").

이들 온라인 그룹(가상 테러 조직)은 사람들이 버스를 타려고 모여드는, 익숙한 의미의 버스 정류장 같은 근거지를 만들지 않았다. 버스 정류장이 어디 있는지는 누구나 안다. 어제도 내일도 그 자리에 있는 것이 버스 정류장이다. 버스 정류장은 어느 날 갑자기 형성되어 자라고, 해체되고, 다른 정류장과 합쳐지고, 더 작은 정류장으로 갈라지고 하지 않는다.

반면 온라인 테러 조직은 위의 모든 행태를 보였다. 고등학교의 아이들 패거리처럼, 금융시장의 거래자들처럼 말이다.

오프라인 세상에서 테러 조직은 확인하거나 추적하기가 극도로 어렵다. 반면에 가상 테러 조직은 추적이 쉽다는 사실을 존슨의 팀은 금세 알게 됐다. 간단한 컴퓨터 알고리즘만 있어도 새로운 이용자가 언제 가상 조직에 연결되거나 그곳을 떠나는지, 조직들이 언제 서로 합쳐지거나 갈라지는지, 또 언제 온라인 기관에 추적되어 빠르게 해체되는지, 그 팔로워들이 언제 다시 새로운 조직으로 뭉치는지 등을 탐지하고 기록할 수 있었다.

IS가 처음 등장한 2014년부터 2015년 말까지 존슨의 팀은 이런 가상 테러 조직 196개에 접속하는 10만 8086명의 온라인 행태에 관한 데이터를 분 단위로 수집했다. 아마 공개적으로 이용할 수 있는 것 중에서 테러 행위와 관련해 지금까지 수집된 최대 규모의 범죄 데이터일 것이다.

다음 그림은 그 네트워크의 단면을 보여준다. 개인들은 작은 점으로, 그들이 서로 연락하는 페이지나 가상 테러 조직은 더 큰 점으로 표시되어 있다.

이 데이터의 분석 내용은 존슨의 짐작이 옳았음을 확인해주었다. 가상 테러 조직은 침투 이론의 무리들처럼 행동했다. 이들은 숲에서 난 산불처럼 자라나고 합쳐지고 갈라지고 붕괴했다. 숲에서는 두 가

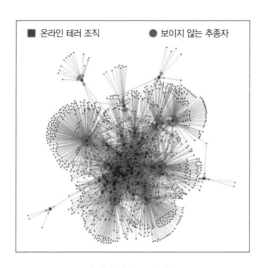

■ 온라인 테러 조직   **● 보이지 않는 추종자**

온라인 테러 조직 지도

지 제어 변수가 '나무의 밀집도'와 '산불이 다른 나무로 확산될 가능성'(확산성)이었다. 앞서 산불의 상평형 그림에서 보았던 것처럼 말이다. 제어 변수가 한계치 이하일 때 작은 불은 그대로 사그라졌다. 그러나 한계치 이상이면 불은 크게 번졌다.

존슨의 팀은 러시아 웹사이트의 가상 테러 조직에 대해서도 비슷한 제어 변수를 찾아냈다. 무리의 수는 '나무의 밀집도'와 같았다. 어느 노드의 팔로워가 다른 노드의 팔로워에게 영향을 주는 비율(대의 명분의 '전염성')은 나무에서 나무로 불이 옮겨 붙는 비율, 즉 '확산성'에 해당했다.

그러자 존슨 팀은 산불 모델을 기초로 테러 조직의 제어 변수가 언제 한계치를 넘어설지, 언제 네트워크가 폭발적으로 증가할지 추정할 수 있었다. 다시 말해 공격이 임박한 것을 추정할 수가 있었다.

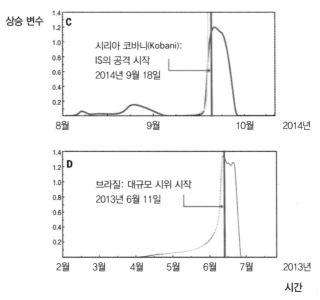

온라인 테러 조직 증가로 충돌 사태를 예견해본 모습

이 이론을 시험해보려고 존슨의 팀은 테러 공격에서 나온 데이터뿐만 아니라, 국가기관과의 협업으로 같은 기법을 이용해 라틴아메리카의 온라인 시민운동 조직 데이터까지 분석했다. 존슨의 팀은 테러 공격이나 대규모 시위가 벌어질 조짐이 몇 주 전에 이미 나타난다는 사실을 발견했다. 위 그래프는 테러 네트워크가 폭발적으로 나타나기 전에 어떻게 기하급수적으로 커지는지 알 수 있는 척도와 공격의 시기를 며칠 범위 내로 예측할 수 있는 조짐을 보여준다.

가상 테러 조직에 침투 이론 모델을 적용하자, 새로운 탐지 및 예측 방법만이 아니라 새로운 전략의 문이 열렸다.

첫째, 분석 결과에 따르면 수백만 개의 온라인 행동을 개별적으로 면밀히 모니터링하기보다는, 수십 개 내지 수백 개에 불과한 테러 조직의 행동에 초점을 맞추는 게 시간이나 자원 이용 면에서 더 좋은 전략임을 알 수 있다.

둘째, 최근 개발된 수학적 기법을 사용하면 이른바 '슈퍼전파자superspreader', 즉 영향력이 가장 큰 무리를 식별할 수 있다(반드시 접속자 수와 대응하지는 않는다). 와츠와 슈트로개츠의 논문이 말하는, 어디서나 발견되는 '작은 세상 네트워크'에는 흥미로운 특징이 하나 있다. 이들 네트워크는 이례적으로 튼튼하면서도 '동시에' 이례적으로 취약한 특징을 갖고 있다. 이들 네트워크는 무작위적인 공격이나 오류에는 끄떡하지 않는다. 예컨대 무작위적으로 발생하는 서버 다운이 인터넷 트래픽에 별 영향을 주지 않는 이유와 같다. 그러나 인터넷 공격에서 보듯이, 아주 큰 영향력을 가진 노드가 공격받을 때 이들 네트워크는 매우 취약하다. 그렇다면 온라인상의 슈퍼전파자를 찾아내 무력화시키는 것이 테러 네트워크의 확산을 막는 하나의 전략이 될 수 있다.

제3의 전략은 조직이 파편화되는 비율, 즉 무리가 해체되는 비율을 증가시키는 것이다. 목표는 테러 조직이 확산 상태로 전환하지 못하게 하는 것이다. 예방적 발화를 통해 숲이 확산 한계치에서 멀어지게 하듯이 말이다. (이 주제를 연구한 저자들은 구체적 내용에 관해서는 얘기하기를 꺼렸다.) 이런 유의 전략은 지금도 다양하게 개발되고 있다. 그리고 이 기법은 IS를 넘어 교내 총기 난사라든가 민족주의 단체의 폭탄 테러를 비롯한 다양한 형태의 폭력 충돌 사태에까지 확대 적용되고 있다.

2007년 존슨은 옥스퍼드 대학교를 떠나 마이애미 대학교로 자리를 옮겼는데, 2019년에는 마이애미를 떠나 워싱턴 D.C. 소재의 조지워싱턴 대학교로 옮길 참이다(현재 조지워싱턴 대학교 교수로 재직 중이다-옮긴이). 그에 따르면 이런 온라인 기법을 적용하는 데 관심을 보인 국가기관들과 더 면밀히 협력하기 위한 이유도 있다고 한다.

이들 기법은 21세기 치안의 전망을 밝게 한다. 사생활을 침해하지 않으면서도 많은 사람들을 보호할 수 있기 때문이다. 존슨은 온라인상의 집합적 행동 패턴을 감지하는 데 "개인에 관한 사항은 일절 알 필요가 없다"고 말했다.

이게 바로 창발의 마법이다.

아주 미세한 줄다리기

아주 미세한 전투에서 흐름이 바뀌면 시스템은 전환한다. 액체가 갑자기 얼어붙고, 도로가 갑자기 꽉 막히고, 숲이나 테러 조직의 네트워크가 갑자기 폭발한다. 두 가지 힘은 서로 경쟁하며 승자의 이름이 순식간에 바뀐다.

달걀판에서 구슬은 각 칸의 바닥 쪽으로 끌린다. 하지만 달걀판을 충분히 세게 흔들면 구슬이 칸 밖으로 나올 수 있다. 이게 바로 결합

에너지와 엔트로피의 싸움이다.

운전자는 빠르게 운전하고 싶어 한다. 하지만 앞차의 범퍼를 들이받지 않기 위해 브레이크를 밟는다. 이것은 속도와 안전의 싸움이다.

산불은 나무에서 나무로 옮겨 간다. 하지만 탈 수 있는 연료가 다할 수도 있고 비가 와서 나무가 젖을 수도 있다. 폭력적 운동이 확산할 수도 있지만 열정이 식거나 정부 또는 기업이 가상 테러 조직을 찾아내 폐쇄할 수도 있다. 이 두 가지는 모두 확산성이 증가하는 것과 감소하는 것 사이의 싸움이다.

단독 원자나 개인이 행동하면 그 힘으로는 점증적 변화밖에 일으키지 못한다. 그러나 그 힘이 천 배, 만 배로 곱해지면 시스템이 일순간 전환될 수도 있다. 그게 바로 상전이다.

이제 이런 개념들을 팀이나 기업, 혹은 어떤 형태든 목적을 가진 집단의 행동에 적용할 방법을 알아보자.

마법의 숫자 150
: 상전이 II

6장에서 우리는 상반되는 두 힘 사이의 줄다리기가 상전이를 유발할 수 있음을 보았다. 물의 온도가 내려가면 분자들의 진동이 느려진다. 그러다가 임계온도에 도달하면 결합 에너지가 엔트로피보다 커지면서 얼음이라는 경직된 질서로 결정화한다. 이게 바로 액체에서 고체로의 상전이다.

7장에서는 조직 내에서 비슷한 현상이 벌어지는 모습을 살펴보자. 집단의 규모가 커지면 개인들이 공동의 목표에 초점을 맞추기보다는 자신의 경력이나 승진에 초점을 맞추는 방향으로 동기부여의 균형점이 이동한다. 집단의 규모가 임계점을 넘으면 경력에 대한 관심이 우세하는 것이다. 그때부터 팀은 룬샷을 묵살하고 오직 프랜차이즈 프로젝트(성공한 영화의 시리즈물, 스타틴 계열의 다음 제품, 뭐가 됐든 다음번 프랜차이즈 제품)에 매달리게 된다.

우리는 바로 이런 전환을 '제어'하는 방법을 살펴볼 것이다.

모르몬교도, 살인, 원숭이

1844년 6월 27일 오후 일리노이주 카시지에 위치한 작은 교도소 앞에 사람들이 몰려들었다. 안에 있는 두 형제는 4개 주에 걸쳐 여섯 번이나 법망을 피하고 성난 군중에게서도 탈출했다. 하지만 이번에는 탈출할 가능성이 높아 보이지는 않았다. 그날 아침 형제 중 동생인 조지프 스미스Joseph Smith는 아내 에마에게 편지를 썼다. "이제는 운에 맡기려고 하오. 나는 내가 정당하다는 걸 알고 있고, 최선을 다 했소."

간수가 친절했기에 두 형제는 방문객에게 와인을 한 병 구해달라고 부탁했다. 감방 동료였던 존 테일러John Taylor는 나중에 이렇게 썼다. "누구는 와인을 구해달라 한 것이 성례를 치르기 위한 것이라고 했지만, 그런 건 아니었다. 그냥 다들 처지고 무거운 상태였기 때문에 기운을 좀 차리려고 와인을 구해달라고 했다."

형제는 테일러에게 노래를 불러달라고 했다. 테일러는 "아침이면 파국을 맞게 될" 비탄에 빠진 한 남자에 대한 찬송가를 골랐다.

"당시 우리의 기분에 잘 맞는 곡이었다." 테일러는 그렇게 썼다. 노래 끝에 가면 그 비탄에 빠진 남자가 선원이라는 것이 밝혀진다.

테일러의 노래가 끝나고 몇 분 뒤 총소리가 나더니 쿵쾅거리는 발소리가 들렸다. 그들이 있던 감방 문이 벌컥 열렸다. 머스킷 총이 발사됐다. 조지프는 감방 안에 몰래 들여왔던 권총을 발사했다. 테일러는 지팡이로 침입자들을 제압해보려고 했다. 몇 분 뒤 두 형제는 죽었다. 다리에 총알을 맞은 테일러는 침대 밑에 숨어 있다가 구출됐다.

36년 뒤 테일러는 두 형제가 설립했던 종교의 수장이 됐다. 예수 그리스도 후기 성도 교회 즉 '모르몬교'라는 종교였다. 신자들은 처음에는 조롱의 뜻으로 '모르모나이트mormonite'라 불렸으나 지금은 스스로를 자랑스럽게 '모르몬mormon'이라고 부른다.

• • •

1820년대 초 뉴욕주 북부의 어느 작은 농촌에서 조지프 스미스가 처음으로 세운 모르몬교는 20년 뒤에는 추종자가 2만 5000명까지 늘어났다. 이 시절 뉴잉글랜드에서 비전을 발표하고 신자들을 규합하는 것은 드문 일은 아니었다. 메인주에서는 엘런 화이트Ellen White가 제칠일안식일예수재림교회를 세웠다. 뉴욕주에서는 제미아 윌킨슨Jemima Wilkinson의 추종자들이 〈요한계시록〉의 예언을 바탕으로 제루살렘Jerusalem이라는 마을을 세웠다. 하버드 신학대학교에서는 목사의 아들이었던 시인 랠프 월도 에머슨Ralph Waldo Emerson이 예수가 생전에 남긴 진정한 메시지는 누구라도 영적 계시를 받을 수 있고 타인을 일깨울 수 있다는 것이라고 가르쳤다. "격식은 모두 내려놓고 하나님을 직접 영접하라."

　다른 선지자들은 모두 해당 지역에 머물렀으나, 조지프 스미스는 계시에 따라 신도들에게 새로운 예루살렘을 찾아주기 위해 서부로 갔다. 스미스와 그 추종자들은 도착하는 곳마다 마을을 지었다. 오하이오주의 커틀랜드, 미주리주의 잭슨 카운티, 일리노이주의 핸콕 카운티 등이 모두 그런 마을이었다. 정치적·경제적 영향력이 커짐과 동시에 이들의 유별남은 기존 정착민들에게 위협이 되었다. 미주리 주지사는 모르몬교도를 반드시 미주리주에서 "퇴치하거나 추방해야" 한다는 행정명령을 내렸다. (미주리주 민병대의 장군은 모르몬교도의 마을을 포위하고 그들의 소지품을 몰수한 다음, 즉시 떠나지 않으면 죽이겠다고 했다.) 카시지 마을도 비슷한 결의안을 채택했다. 수천 년 전에 유랑 생활을 했던 어느 민족처럼 이들 무리도 처음에는 기피 대상이다가 다음에는 희생양이 됐다.

　1844년 초 기존 정당들이 자신의 신도를 보호해주지 않는 것에 좌절한 스미스는 미국 대통령 무소속 후보로 직접 나섰다. 그러자 정치 리더들 사이에서 스미스는 오히려 더 위협적인 존재가 됐다. 카시지의 감옥에 있는 스미스를 죽이겠다며 구체적인 계획을 밝힌 사람만 열 명이 넘었다.

　어쩌면 암살이라 해야 할 감옥에서의 총격 사건이 있은 지 1년 만에 용의자 6인의 재판 결과가 나왔다. 어느 지역 민병대 내의 반反모르몬 단체 리더 혹은 일원이었던 이들 6인은 그들이 스미스를 살해했다는 목격자들 진술에도 불구하고 모두 무죄판결을 받았다. 일리노이 주지사는 무장한 모르몬교도의 보복이 내전으로까지 치닫지 않을까 두려웠다. 그는 스미스의 후계자인 브리검 영Brigham Young과 그 추종자들에게 일리노이주를 떠나라고 촉구했다. 얼마 안 가 이 촉구는 더욱 거세져, 떠나지 않으면 강제로 추방한다는 명령이 떨어졌다. 브리검 영은 떠나겠다고 했다.

이제 영은 심각한 조직적 문제에 직면했다. 대탈출을 어떻게 기획할 것인가? 수천 가구와 그에 딸린 말·노새·소·젖소·양·돼지·닭·개·고양이·오리·염소를 어떻게 옮긴단 말인가? 영구적 정착지도 찾아야 했다. 브리검 영은 이 문제를 고심하며, 자문단과 토론을 거듭하다가 1847년 1월 14일 '하나님의 계시'를 받았다고 선언했다. 신도들은 작은 그룹으로 나뉘어 각각 1인의 대장 인솔 아래 서부로 가기로 했다.

브리검 영이 149명으로 된 첫 번째 그룹을 인솔했다. 그들은 로키 산맥을 넘어 1600킬로미터가 넘는 길을 걸었다. 마침내 산과 개울에 둘러싸인 텅 빈 평지에 도착한 영은 이렇게 말했다. "바로 이곳이다." (그들이 도착한 곳은 지금의 솔트레이크 시티다.) 이후 12개월이 넘는 기간 동안 14개 그룹이 뒤를 이었다.

이들 그룹의 규모는 평균 150명이었다.

. . .

100년 뒤 유니버시티 칼리지 런던University College London의 인류학과 연구원이었던 로빈 던바Robin Dunbar가 이례적인 논문을 한 편 발표했다. 그는 겔라다 개코원숭이의 사회적 행동을 전공했다.

배경 설명을 조금 하자면, 던바는 결코 평범한 영장류학자가 아니다. 다음은 원숭이의 몸단장 습관에 관해 던바가 쓴 글이다.

원숭이에게 몸단장을 받으면 원시시대의 감정을 경험하게 된다. 처음에는 아직 겪어보지 못한 관계의 불확실성에서 오는 전율을 느낀다. 그러고 나면 서서히 다른 누군가의 손가락이 내 맨살 위를 여기저기 전문가처럼 오가는 것에 투항하게 된다. 여기 있는 주근깨를 살피던 손이 놀라서 새로 발견한 사마귀로 옮겨 가고, 살을 가볍게 꼬집고, 집고, 뜯는 게 느껴진다. 꼬집힌 피부가 아파서 잠시 당황하다가도 이내 나도 모르게 편안하고 상쾌한 기분이 들면서 관심의 중심이 되었다는 따뜻한 기분이 퍼져나간다.

몸단장이 얼마나 열심히 진행되는지 보고 있으면 절로 마음이 느긋해진다. 말초에서 뇌로 쏜살같이 전해지며 타다닥타다닥 존재의 깊은 중심 어딘가에 있을 의식을 두드리는 그 신경 신호의 오르내림에 기분 좋게 몸을 맡기게 된다.

처음 위의 글을 읽고 나는 잠시 원숭이가 되고 싶었다.

던바는 1992년 발표한 논문에서 여우원숭이와 원숭이, 유인원 등 38개 종種의 뇌 크기와 평균적인 사회집단 크기를 측정했다. 던바는 뇌 크기(신피질의 크기)와 사회집단 크기를 도표에 표시하면 일직선 같은 모양이 된다는 사실을 보여주었다. 뇌의 크기가 더 크면, 집단의 크기도 더 컸다.

그래서 던바는 참신한 아이디어를 하나 제안했다. 종의 뇌 크기가 그들이 이루는 사회집단의 최적 규모를 결정한다는 아이디어였다. 던바는 사회관계를 유지하려면 지능이 필요하다고 주장했다. 관계의 수가 늘어나면 뉴런도 더 많이 필요하다. 영장류부터 인간까지 뇌 크기를 나타내는 직선 그래프를 토대로 추론한 던바는 인간에게 집단의 최적 크기는 (만약 그의 가설이 옳다면) 150명이라는 사실을 발견했다. 흥미로운 숫자였다.

원숭이에 관한 글을 쓰는 데는 분명 재주를 타고난 던바였지만, 이 논문은 큰 관심을 끌지 못했다. 그러다가 2000년 맬컴 글래드웰Malcolm Gladwell이 《티핑 포인트The Tipping Point》라는 책을 출간했다. 엄청난 히트를 기록한 이 책에는 '매직넘버 150'이라는 제목의 챕터가 있다. 원숭이 뇌와 집단의 규모에 관한 던바의 연구 결과를 요약해놓은 챕터다. 여기에는 일부 수렵채집 사회 및 직업군인들의 "독립적인 최소 부대"의 평균 크기도 150 즈음이라는 던바의 관찰 내용이 함께 나와 있다. 글래드웰은 고어텍스 소재로 유명한 고어W.L. Gore & Associates, Inc.의 흥미로운 사례도 덧붙였다. 고어는 한 건물 내에 함께 일할 수 있는 사람 수를 제한한다. 고어의 회장 빌 고어Bill Gore는 이렇게 말했다. "저희는 구역마다 주차장을 150대 규모로 만듭니다. 사람들이 풀밭에 주차하기 시작하면 새 공장을 지어야 할 때인 거죠."

인간이 뇌 크기 때문에 인간관계를 150명에서 차단하게 되어 있다는 개념은 입소문을 타고 번져갔다. 페이스북의 초창기 직원이었던 데이브 모린Dave Morin은 던바와 상의해서 패스Path라는 새로운 유형의 소셜 네트워크를 만들었는데, 모든 사용자에게 친구 수를

150명으로 제한한다는 아이디어를 기초로 했다. 최근 출범한 엘리트 온라인 대학인 미네르바Minerva도 던바를 인용해 학생 수를 150명 단위로 만들 계획이다. 여러 유명 비즈니스 블로그나 사회학 블로그에서도 '던바의 수'라는 개념을 계속 확산시키고 있다.

짐작이 가겠지만 이 모든 전개는 과학자들 사이에 격한 반발을 불러왔다. 당초 던바도 논문을 발표하며 한 가지 반박은 예상했다. 논문에 실린 데이터 범위에서 직선 형태의 상관관계를 추론한다는 것은 과학적으로 의문의 여지가 있었다. 던바의 샘플에 있던 원숭이 종 가운데서 절반은 작은 호박보다도 무게가 덜 나가는 작은 동물이었다. 과학자들에게 호박 크기의 원숭이로부터 인간을 유추한다는 것은 마치 경차를 분석해서 기름이 가득 찬 유조차의 움직임을 예측하겠다는 것이나 다름없었다. 또한 생물학적으로도 이 아이디어를 뒷받침할 수 있는 근거는 전혀 없었다. 신경세포의 수와 영장류의 행동 사이에 연관성이 있다는 주장은 마치 유전자의 수와 행동 사이에 연관성이 있다는 주장처럼 의심스러울 뿐이었다. 예를 들어 양파는 인간보다 다섯 배 많은 DNA를 갖고 있다. 생물학자들에게 '조그마한' 원숭이의 뇌 용량을 분석해서 인간 행동을 설명하겠다는 주장은 그냥 미친 소리였다.

인류학자들과 사회학자들은 구체적인 숫자를 두고 반박했다. 과거 수렵채집 사회와 군부대의 조직들을 보건대 아주 다양한 규모에서 충분히 효과적으로 작동했음을 지적한 이들이 많았다. 비즈니스 계에서는 훨씬 더 큰 규모를 유지하면서도 충분히 혁신적이었던 팀이나 기업도 많았다.

그러나 어느 '이론'이 좀 엉뚱해 보인다고 해서 '관찰 내용'까지 모든 의미를 상실하는 것은 아니다. 물리학 용어로 표현하면, 관찰은 제대로 했는데 이론이 틀릴 수도 있다. 예를 들어 초전도성에 관해서는 수십 개 이론이 나타났다가 사라졌으나, 그 관찰 내용은 한 번도 바뀌지 않았다. 던바의 이론 및 여러 사회학적 모델이 생기기 훨씬 전에도 빌 고어와 브리검 영은 무리를 150명으로 제한했다. 우리는 팀이나 기업 규모가 특정 임계점을 넘는 순간 내부의 무언가가 바뀐다는 사실을 직관적으로 알고 있다. 하지만 그것은 신피질의 용량과는 아무런 관련이 없을지도 모른다.

여기에 창발의 과학적 원리가 어떤 대안적 설명을 내놓을 수 있는지 살펴보자.

보이지 않는 도끼

당신이 대형 제약회사 파이저Pfizer의 중간 관리자라고 생각해보자. 당신은 어느 프로젝트, 그러니까 초기 단계에 있는 어느 신약을 평가하는 위원회 회의에 참석했다. 초기 단계에 있는 프로젝트가 으레 그렇듯 이 약도 여러 결점이 있다. 중요한 몇몇 실험이 아직 진행되지 않았거나 그 내용이 부실하다. 과학적 원리도 유행하는 내용이 아니다. 대형 콘퍼런스의 기조연설자들은 이 분야 자체를 아예 묵살한다. 하지만 당신은 이 아이디어가 마음에 든다. 이 약은 뭔가 당신의 상상력을 사로잡는 부분이 있다. 어떻게 할 것인가?

1번 선택지

테이블을 쾅쾅 내리치면서 주장을 펼치고 그다음에는 각 위원회의 미팅이 열릴 때마다 똑같은 주장을 하고 똑같이 테이블을 내리치며 위원회의 사다리를 하나씩 밟아나가는 기나긴 싸움을 시작한다. 거부당할 수도 있다. 하지만 싸움을 몇 번 이겼다고 생각해보자. 사다리 꼭대기까지 올라가서 진행해도 좋다는 허락도 받았다. 그다음 7년간은 룬샷의 숙명인 세 번의 죽음에서 살아남기 위해 분투해야 할 것이다. 프로젝트가 한 번 휘청할 때마다, 처음에는 미소 띤 얼굴로 등을 두드려주던 사람들도 하나둘 돌아서고 당신과 당신의 프로젝트를 묻어버리려 할 것이다. 저들은 당신의 예산을 노릴 것이다. 걸리적거리는 당신을 치워버리려고 할 것이다.

이 룬샷이 성공할 확률은, 그러니까 신약이 효과가 있어서 사람들이 사용하고 싶어 할 확률은 대략 10분의 1이다. 뛰어난 신약은 출시되고 몇 년 안에 5억 달러의 연매출을 올리기도 한다. 이 말은 곧 그 약이 성공하면 직원 10만 명에 연매출 500억 달러인 회사를 1퍼센트 정도 나아가게 할 수 있다는 뜻이다. 그토록 작은 비율이지만, 정말로 그 프로젝트가 성공한다면 9만 9999명의 다른 직원들이 자신의 공이라며 달려 나올 것이다. 그 약이 실패한다면 9만 9999명의 다른 직원들은 뒷걸음치며 당신을 가리킬 것이다. 그들은 초창기의 그 많은 결점을 무시했던 당신이 무모했다고 말할 것이다. 당신의 경력에는 오점이 남을 것이고 어쩌면 해고될 수도 있다.

2번 선택지

당신은 즐거운 마음으로 결함을 강조하고 결점을 지적하며 그 룬 샷 프로젝트를 폄하할 수도 있다. 그런 종류의 아이디어가 왜 세상에 맞지 않는지, 대형 콘퍼런스의 기조연설자 중에는 왜 여태 그걸 언급한 사람이 한 명도 없는지 지적할 수도 있다. 당신의 재치와 폭넓은 지식과 훌륭한 판단력을 방 안의 모든 사람에게 광고할 수 있다. 운 좋게도 당신이 요약한 업계의 향방이 상사나 상사의 상사가 생각하는 것과 정확히 일치하는 일이 벌어지고, 상사들은 다 함께 웃음을 터뜨리며 고개를 끄덕인다.

그래서 당신은 선호되는 연구 방향에 맞는 좀 더 온건한 방안을 제시한다. 그것은 이미 잘 알려져 있는 프랜차이즈 프로젝트다. 이런 프로젝트는 최고위 경영자에 이르기까지 모든 단계에서 허락을 받기가 수월하다. 다들 무슨 내용인지 이해하기 때문이다. 사내 정치만 잘 꾸려나가고 회의에서 말만 잘한다면(재미난 표현으로 다른 것들을 깔아뭉개고, 업계 동향을 요령껏 잘 요약한다면), 내년쯤에는 상사의 자리가 당신의 것이 될지도 모른다. 그러면 연봉은 30퍼센트가 오르고, 각종 특혜와 영향력은 두 배가 되겠지. 그렇게 직급과 연봉이 올라가면, 필요할 때는 얼마든지 다른 회사에서 더 높은 연봉으로 일할 수 있을 것이다. 혹시라도 뭔가 잘못됐을 경우에는 말이다.

자, 그러면 어느 쪽을 택해야 할까? 7년간 고생하고 나면 1퍼센트의 수익으로 이어질, 실패 확률이 매우 높은 룬샷이라는 1번 선택지에 에너지와 야망을 쏟아부을 것인가? 아니면 내년 연봉이 30퍼센트는 인상될 확률이 상당히 높은 프랜차이즈 프로젝트와 사내 정치라는 2번 선택지에 에너지와 야망을 쏟아부을 것인가?

합리적 선택은, 룬샷을 묵살하고 프랜차이즈를 선택하는 것이다.

가정을 바꿔보자. 이번에는 당신이 작은 바이오테크 회사나 영화제작사 같은 곳에서 일한다면 어떨까? 시간이 오래 걸리고 성공률이 낮은 분야라면 어떤 종류의 스타트업이건 상관없다. 직원은 10만 명이 아니라 50명 정도이고, 연매출은 500억 달러가 아니라 0이다. 룬샷이 성공한다면 매출은 백분율 단위가 아니라 무한대로 (혹은 아주 큰 퍼센트로) 상승할 것이다.

당신이 이 회사의 지분을 갖고 있다면 금전적 보상은 수백만 달러에 이를 수도 있다. 뿐만 아니라 다른 종류의 보상도 따를 것이다. 동료나 친구, 가족으로부터의 인정 말이다. 앞서 말한 회사 지분 등을 하드 에쿼티hard equity, 이런 비금전적 보상을 **소프트 에쿼티**soft equity라고 부르자. 당신은 도박을 했고, 결국 이겼다. 세상을 바꿨다. 언더독underdog에 불과했던 당신과 당신의 작은 팀이 단독으로 이뤄낸 결과다. 그 승리는 영원히 당신의 전리품이 된다.

이 경우 회의에서 똑똑하게 보이거나 상사의 자리를 차지하는 것은 아무 의미도 없다. 중요한 것은 룬샷을 끝까지 살리는 것이다. 다함께 힘을 합쳐 세 번의 죽음으로부터 룬샷을 구조하고 영광으로 이끌어야 한다. 다 함께 힘을 합쳐 룬샷 프로젝트를 지지하는 것이 합리적인 선택이다.

그 작은 스타트업의 크기가 점차 커지면 결국에는 서로 반대 방향으로 잡아당기는 두 가지 동기 요소의 힘이 똑같아지는 지점에 이를 것이다. 그 크기를 넘어서면 룬샷을 죽이고 프랜차이즈를 지지하려는 행동이 조직 전체에 나타날 것이다. 그 행동을 **보이지 않는 도끼**라고 부르자.

보이지 않는 도끼가 갑자기 출현하는 것이 바로 상전이다.

앞에서 말한 것처럼 두 경우로 상상해보는 것을 과학자들은 **사고실험**Gedankenexperiment이라고 부른다. 말하자면 우리가 직장에서의 여러 힘을 이해할 수 있게 도와주는 정신적 워밍업 같은 것이다.

물리학을 지나치게 공부할 경우 다행스러운 혹은 불행한 점은 훌륭한 사고실험을 했을 때 자꾸만 생각의 규모를 키워보게 된다는 점이다. 위 사고실험이 실제 상황에서 어떻게 펼쳐질 수 있는지 간단한 수학 모델로 나타내보면 뒤에 나올 공식이 된다.

연봉이냐, 지분이냐

앞서 6장에서 산불에 관해 새로운 통찰을 얻으려고 할 때 중요한 단계가 하나 있다고 설명했다. 바로 '단순하지만 지나치게 단순화하지 않은' 모델을 만드는 일이다. 헤밍웨이는 "빙산의 움직임이 위엄 있어 보이는 것은 8분의 1만 수면 위로 나와 있기 때문"이라고 했다. 그는 이것을 '생략의 법칙'이라고 불렀다. 아름다운 산문의 힘은 쓰지 않고 남겨두는 데서 나온다. 과학도 마찬가지다. 아름다운 모델의 힘은 무엇을 생략하느냐에 달려 있다.

그런 맥락에서 무엇이 조직 내의 상전이를 유발하는지 이해하려

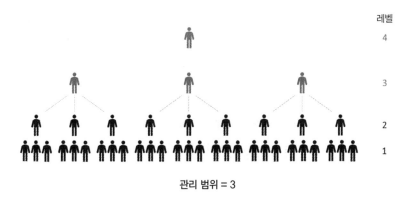

레벨

4

3

2

1

관리 범위 = 3

면 모델로 삼을 만한 단순한 조직이 필요하다. 기본적 아이디어만 딱 설명할 수 있는 그런 조직 말이다. 각종 장식을 추가해서 더 근사한 이론을 만드는 일은 나중에 하면 된다.

위 그림은 단순화한 조직 모델을 나타낸다. 피라미드 꼭대기에 있는 최고 선임 관리자는 실제 회사에서는 부사장(레벨 4)쯤 될 텐데 직속 부하가 셋이다. 그 부사장 밑에 있는 선임 관리자들도 각각 직속 부하가 셋이고, 계속해서 그런 식으로 최하위 직원까지 내려간다. 직속 부하의 수를 '관리 범위management span'라고 부른다. 미국 회사의 경우 오랫동안 관리 범위는 평균 다섯 명에서 일곱 명이었는데, 최근 연구에 따르면 열 명까지 늘어났다고 한다. (내가 관리 범위를 '3'으로 정한 것은 한 페이지에 들어갈 수 있는 그림의 크기에 맞추기 위해서다.)

이제 이 사람들을 뭔가 고객들이 돈 주고 살 만한 것, 즉 가치의 원천과 연결시켜보자. 전문 서비스 회사(로펌, 컨설팅 회사, 투자은행, 광고회사, 디자인 회사)에서는 보통 고객이 프로젝트 단위로 비용을 지불한다. 로펌이나 은행의 고객이라면 어떤 거래(합병, 주식 상장)에 대해

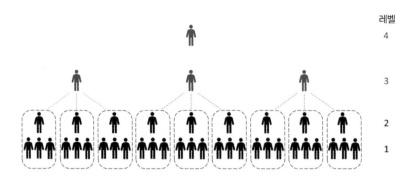

아홉 개의 프로젝트 팀

비용을 지불한다. 컨설팅 회사의 고객이라면 시장조사의 대가로 비용을 지불한다. 광고회사의 고객이라면 마케팅 캠페인에 대해 비용을 지불한다.

이런 업무는 대부분 프로젝트 팀 단위로 수행된다. 로펌에서는 하위 직원 몇 명(레벨 1)이서 자료 조사를 하고, 선임 직원 한 명(레벨 2)이 감독을 할 수도 있다. 컨설팅 회사, 은행, 광고회사, 디자인 회사 및 기타 서비스 회사들도 유사한 모델로 운영된다. 서비스를 제공하는 게 아니라 제품을 만드는 제조사라면 프로젝트 팀은 작은 제품 하나(커피 머신) 혹은 부품 하나(자동차 시동 장치)를 개발하거나 판매할 수도 있다.

피라미드 어디에 위치하는 사람이든 다음 그림에서 보는 것과 같이 선택을 해야 한다. 예를 들어 당신이 매일 오전 9시부터 오후 5시까지 여덟 시간을 일하는데 지금이 오후 4시라고 하자.

당신은 나머지 한 시간을 ① 프로젝트의 가치를 높여줄 일에 사용

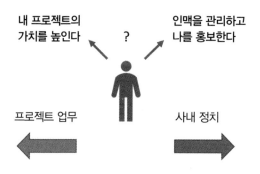

할지(고객용 프레젠테이션 자료를 다듬는다, 커피 머신 디자인을 검색한다), 아니면 ② 사내에서 인맥을 관리하고 당신 자신을 홍보하는 데 사용할지(상사나 상사의 상사 혹은 다른 영향력 있는 관리자에게 아첨을 한다) 결정해야 한다.

어느 쪽을 택할 것인가? 위 사고실험의 아이디어를 정량적으로 파악할 수 있도록 당신에게 주어질 인센티브를 한번 살펴보자.

직원들에게 제공되는 가장 대표적인 형태의 인센티브는 두 가지다. 이름과 성격은 다양하지만, 우리는 제일 흔한 표현인 '연봉salary'과 '지분equity'으로 부르기로 하자. 기본 연봉은 '연봉'에 해당한다. 프로젝트의 성공 여부에 따라 직원에게 지불하는 모든 것은 '지분'에 해당한다. 스톡옵션이 대표적인 예다. 하지만 여기서는 프로젝트의 성공 여부와 결부되어 '위험 부담'이 있는 것이라면 무엇이든 '지분'이라 부르기로 하자. 예컨대 양도 제한 조건부 주식이나 초과 이익 분배금, 보너스 같은 것도 '지분'으로 부르자.

앞서 말했듯 지분에는 스톡옵션이나 보너스 같은 하드 에쿼티만 있는 게 아니다. 사람들은 단순히 계좌에 꽂히는 돈보다 다른 데서 더 많은 동기부여를 받는다. 더 고차원적인 목적이라든가, 인정받고 싶은 욕구, 능력을 키우고 싶은 포부 같은 것 말이다. 하드 에쿼티와 소프트 에쿼티는 서로 배타적인 것이 아니라 보완관계지만, 어느 하나에만 초점을 맞추고 다른 것을 무시하면 실수를 저지를 수 있다.

여기서는 먼저 하드 에쿼티부터 살펴보자. 그러고 나서 좀 더 소프트한, 정량적 평가가 어려운 요소는 다음 장에서 다루기로 하자.

동기부여 설계 공식 1

앞서 보았던 단순한 조직 모델에서 모든 직원은 직급(그림 오른쪽에 '레벨'로 표시된 것: 1, 2, 3, 4)에 따라 기본 연봉을 받는다. 이해하기 쉽게 레벨이 하나 올라갈 때마다 기본 연봉이 같은 퍼센트로 상승한다고 가정하자. 그리고 이것을 **연봉 상승률** 'G'라고 부르자(G는 'growth rate'를 의미한다). 승진을 한 번 할 때마다 기본 연봉이 평균 12퍼센트 상승한다면 G는 12퍼센트다.

당신이 남은 한 시간을 어떻게 보낼지 결정하는 데 연봉 상승률이 어떤 영향을 주는지는 쉽게 알아볼 수 있다. 승진을 한 번 할 때마다 연봉이 200퍼센트 인상되는 조직이 있다고 생각해보자. 믿기지가 않을 것이다! 하루 한 시간을 투자해 영향력 있는 사람들에게 내가 누구이며, 얼마나 일을 잘하고, 다른 사람들은 얼마나 일을 못하고, 사다리의 다음 계단에 내가 얼마나 잘 어울리는 사람인지 정확히 알릴 수 있다면 시간을 아주 잘 쓰는 것일지 모른다.

그러나 승진을 해도 연봉은 2퍼센트밖에 인상되지 않는다면 사내 정치 따위 누가 신경이나 쓸까? 이럴 경우 프로젝트에 에너지를 쏟는 편이 가장 좋은 선택일지 모른다. 조금 더 노력하면 더 큰 보너스를 받거나 회사의 성공에 따라 당신이 얻을 수 있는 가치가 커질 테니 말이다.

다음으로 'S'. 우리가 S로 표기할 **관리 범위**가 두 번째 설계 변수다. 관리 범위가 무엇인지 이해하기 위해 직원이 대략 1000명 정도되는 회사를 생각해보자. 관리 범위가 아주 좁다면 각 관리자는 세명($S=3$)을 감독하므로 CEO와 말단 직원 사이에 '다섯 개' 층이 생긴다. 관리 범위가 훨씬 넓어서 직속 부하가 평균 열 명($S=10$)이라면, 중간에 생기는 층은 '두 개'뿐이다.

관리 범위가 당신의 선택에 미칠 영향 역시 쉽게 알아볼 수 있다. 관리 범위가 엄청나게 큰 조직이 있다고 가정해보자. 이 조직에서는 직속 부하의 수가 100명도 넘는다(다음 장에 그런 예가 나온다). 이 경우 승진이 매우 드물기 때문에 사내 정치는 시간 쓸 가치가 없다. 하지만 관리 범위가 두 명이라면 끊임없이 동료와 경쟁하는 상황이 된다. 어쩌면 늘 마음에는 승진 사다리가 자리하고 있을 테고, 층이 워낙 많기 때문에 승진을 한 번 하자마자 다음번 승진을 생각하게 된다. 승진에 대한 집착이 멈추지 않는다.

관리 범위는 다른 방식으로도 인센티브의 균형에 영향을 준다. 수평적 조직에서 다른 모든 것이 동등할 때 관리자는 회사의 전반적 성공에 더 많은 관심을 갖게 된다. 파이에서 내가 차지하는 조각이 더 크기 때문이다. 그렇게 되면 프로젝트의 결과에 더 집중하고 사내 정치에는 덜 집중하게 된다.

세 번째 설계 변수는 **지분 비율**equity fraction로, 'E'라고 부르자. 지분은 업무의 질과 당신이 받는 돈을 직접적으로 연동시킨다. 당신이 더 좋은 커피 머신을 만들면, 회사는 더 많은 커피 머신을 팔고, 당신의 지분이 갖는 가치도 커진다. 고객 앞에서 프레젠테이션을 더 잘하면, 고객은 우리 회사를 다시 선택하고, 다른 회사에 가서도 우리 회사를 좋게 이야기해줄지 모른다. 그렇게 해서 미래 수입이 커지면 당신의 몫도 커진다. 지분 비율이 클수록 사내 정치보다 프로젝트 업무를 선택할 가능성은 더 커진다.

동기부여 설계 공식 2

앞의 세 가지 설계 변수는 직관적이다. 기업의 인사 담당자라면 누구나 본인 회사의 G, S, E 평균을 순식간에 작성할 수 있다. 하지만 동기부여에 영향을 주는 좀 더 미묘한 변수가 두 가지 더 있다.

당신이 맡은 직무 혹은 할당받은 프로젝트에 관해 광범위한 능력을 보유하고 있다고 가정해보자. 당신은 워낙 숙련된 인력이기 때문에 프로젝트에 매일 한 시간을 추가로 투자하는 것은 어쩌면 두 배, 세 배의 가치가 있다. 어쩌면 당신은 역사상 가장 훌륭한 커피 머신을 설계해 업계의 그 어느 커피 머신보다 많이 팔지도 모른다. 이 경우 상사와 시시덕거리고 사내의 다른 영향력 있는 관리자들과 인맥을 쌓는 것은 무의미하다. 왜냐하면 당신이 만든 커피 머신의 성공 자체가 웅변이 될 것이기 때문이다.

이와 반대로, 당신이 할당받은 프로젝트에 별로 능숙하지 않다고 가정해보자. 한 시간을 더 투자해도 별로 달라질 게 없다. 여전히 당신은 똑같이 형편없는 커피 머신을 설계할 것이고, 남는 한 시간을 사내 정치와 로비에 투자하는 게 더 나을 것이다. 그렇게라도 노력하는 편이 혹시나 승진에 도움이 될지 모르기 때문이다.

할당된 프로젝트에 대한 당신의 숙련도를 **프로젝트-능력 적합도** project-skill fit라고 부른다면, 이 숙련도가 클수록 당신은 프로젝트 업무를 선택할 가능성이 크다. 프로젝트-능력 적합도가 낮을수록 사내 정치를 선택할 가능성이 크다.

적합도에 해당하는 마지막 제어 변수는 측정은 어렵지만 모든 직원이 느끼는 사항이다. 우리는 이것을 **사내 정치의 효과**return-on-politics라고 부르자. '승진을 하는 데 사내 정치가 얼마나 중요한가?' 를 나타내는 항목이다. 순전히 (혹은 거의 전적으로) 실적에 따라 승진이 결정되는가? 아니면 로비나 인맥 형성, 자기 홍보에 따라 결과가 크게 달라지는가?

물론 답은 관리자의 성향에 따라 다를 것이다. 잡담과 로비의 영향을 크게 받는 관리자도 있고 그렇지 않은 관리자도 있다. 그러나 사람마다 키가 달라도 국가마다 평균 신장은 있듯이, 사내 정치의 중요성이 관리자들 사이에서는 다양해도 모든 기업에는 어느 정도 평균 수준이라는 게 있다. 우리가 무심코 어느 기업이 다른 기업보다 '정치적'이라고 말할 때의 얘기가 바로 그런 의미다.

어떤 기업은 사내 정치의 중요성을 적극적으로 줄이기 위해 독립적이고 철저한 평가 시스템에 큰 투자를 하기도 한다(다음 장에서 예를 볼 것이다). 또 어떤 기업은 옛날 클럽처럼 운영되기도 한다. 선임 관리자 몇 명이 테이블에 둘러앉아 누구를 클럽에 가입시킬지 결정하는 식이다. 후자에 해당하는 회사에서는 전자에서보다는 더 '정치'를 잘해야 할 가능성이 높다.

앞서 본 간단한 조직 모델에서 우리에게 중요한 부분은 '프로젝트-능력 적합도' 대 '사내 정치의 효과'의 비율이다. 조직의 전반적 적합도를 나타내는 이 비율을 'F'로 표기하자. 적합도가 높은 조직에서는 보상 체계가 사내 정치를 억제하고, 직원들은 자신에게 잘 맞는 역할에 배정된다. 그 결과 이곳 직원들은 본인의 시간을 자기 프로젝트(최고의 커피 머신을 만드는 일)에 쓰고 싶어 한다. 적합도가 낮은 조직에서는 사내 정치가 승진 결정에 강력한 영향을 미치고, 직원들은 할당받은 업무와 잘 맞지 않는다. 그 결과 이곳 직원들은 사내 정치에 시간을 쓰고 싶어진다.

이것을 좀 더 정량적으로 나타내보자. 어느 직원이 자기 시간의 10퍼센트를 프로젝트 업무에 추가로 사용한다면 해당 프로젝트의 기대 가치는 평균 얼마나 향상될까? (여기서 기대 가치란 비즈니스나 금융에서 통상적으로 사용하는 의미다. 미래 소득 흐름에 확률을 적용한 것 말이다.) 직원들이 교육을 거의 받지 않거나 직원의 능력이 프로젝트에 얼마나 적합한지 제대로 고려하지 않고 프로젝트를 할당하는 회사라면 이런 '프로젝트-능력 적합도'가 낮을 것이다. 직원 교육에 많은 투자를 하고 가장 재능 있는 사람들을 채용하고 업무 활동을 신중하게 관리하는 회사라면 프로젝트-능력 적합도가 높을 것이다.

'사내 정치의 효과' 역시 비슷한 방식으로 정의할 수 있다. 어느 직원이 자기 시간의 10퍼센트를 로비나 인맥 형성에 사용한다면 그가 승진할 가능성은 평균 얼마나 향상될까? 1퍼센트? 10퍼센트? 100퍼센트? 이 확률이 높을수록 사내 정치의 효과도 커질 것이다.

- - - - - - - - - - - - - **핵심 정리** - - - - - - - - - - - - -

조직을 춤추게 하는 방정식

연봉과 지분이라는 동기 요소를 통합해서 점검해보면 조직에 임계 규모가 있다는 사실을 알 수 있다. 이게 바로 매직넘버 'M'이다. M을 넘어가면 균형점은 프로젝트 업무를 선호하던 것에서 사내 정치를 선호하는 쪽으로 바뀐다.

임계점 아래일 때 직원들은 룬샷을 성공시키는 데 힘을 모은다. 임계점 위로 올라가면 개인마다 자신의 경력 관리를 더 중요시하게 되고 사내 정치가 출현한다. 이 경우 프랜차이즈를 위해 룬샷을 묵살할 가능성이 커진다. 개별적으로 보면 모든 사람이 혁신을 열렬히 신봉할 수도 있지만, 전체를 보면 '보이지 않는 도끼'가 출현한다.

그렇다면 임계점을 가를 이 매직넘버는 얼마일까? 공식은 다음과 같다. (이 공식에 관한 상세한 정보는 부록 '혁신의 방정식'을 참고하라.)

$$M \approx \frac{ES^2F}{G}$$

E: 지분 비율
S: 관리 범위
F: 조직 적합도
G: 직급 상승에 따른 연봉 상승률

위 공식의 원리를 알아보자. 지분 비율 E는 분자에 있으므로 E가 증가하면 매직넘버 M도 커진다. 이 말은 곧 룬샷 상태일 때는 더 많은 사람이 사내 정치에 구애받지 않고 협업할 수 있다는 뜻이다. 이게 일리가 있는 이유는, 앞서 얘기한 것처럼 지분이 클수록 사내 정치보다는 프로젝트에 시간을 더 쓰게 되기 때문이다. 관리 범위를 나타내는 S(제곱) 역시 분자에 있다. 관리 범위를 늘리면 층의 수가 줄어들고 사내 정치의 중요성도 줄어든다. 이는 또한 프로젝트 결과에 걸린 직원들의 이해관계를 높인다. 두 가지 모두 경력에 대한 관심보다는 룬샷에 집중하게 해준다.

그러나 연봉 상승률 G가 증가하면 반대 현상이 벌어진다. 연봉 상승분이 커지면 사내 정치가 탄력을 받는다. 직원들이 경쟁적으로 아첨을 해서 큰 연봉 상승을 이루려 하기 때문이다. 그렇게 되면 룬샷 상태에서 협업할 수 있는 사람들의 최대 수인 M이 줄어든다.

마지막 요소는 조직 적합도 F다. 회사가 사내 정치를 방지할 수 있는 구체적인 실적 평가 체계를 만들고, 직원들의 능력을 개발하는 데 투자하고, 각자의 능력이 빛날 수 있는 프로젝트에 직원들을 잘 연결시킨다면 룬샷을 육성할 가능성도 증가한다.

그렇다면 현실 세계에서 매직넘버 M은 얼마일까?

관리 범위의 경우 앞서 말한 범위의 중간치에 해당하는 6을 사용하기로 하자. 그리고 승진에 따른 전형적인 연봉 상승률이 12퍼센트라고 하자. E와 F의 전형적인 값에 대해서는 나중에 다시 이야기할 것이다. 지금으로서는 균형을 이루고 있는 회사를 상정해, 지분과 연봉이 보상에서 같은 비율(각각 50퍼센트)을 차지하고, 능력과 사내 정치의 비율도 같다고 가정하자(F=1).

이 숫자들을 넣으면 다음과 같은 공식이 된다.

$$M \approx \frac{50\% \times 36}{12\%} = 150$$

150. 참 흥미로운 숫자다.

최근 연구에 따르면 관리 범위는 더 커졌다. 딜로이트Deloitte에서 2014년 248개 기업을 설문 조사했더니 평균 관리 범위는 아홉 명에서 열한 명 사이였다. 관리 범위와 책임이 늘어나니 연봉도 당연히 늘어났다. 그렇다면 관리 범위를 10으로 잡고, 평균 연봉 상승률은 공격적이지만 터무니없는 수준은 아닌 3분의 1(33퍼센트)로 잡자. 그러면 공식은 아래와 같이 된다.

$$M \approx \frac{50\% \times 100}{33\%} = 150$$

150. 역시나 아주 흥미로운 숫자다.

어쩌면 브리검 영이나 빌 고어, 맬컴 글래드웰, 로빈 던바는 본능적으로 뭔가를 알고 있었을지 모른다. 전형적인 현실 세계에서 제어 변수의 값을 보면 실제로 매직넘버 150을 중심으로 인센티브가 갑작스럽게 변한다. 이 규모가 되면 줄다리기하는 힘의 균형이 바뀌고, 시스템은 룬샷에서 경력 관리에 초점을 맞추는 쪽으로 갑자기 전환한다.

그러나 브리검 영 등이 사용한 방법(기도, 주차장, 영장류 연구)은 우리가 더 큰 규모의 집단이 그런 운명을 피하고 룬샷을 육성할 수 있도록 (만일 가능하다면) 매직넘버를 바꿀 수 있는 방법을 알려주지는 않는다. 프로젝트의 '다음 단계'나 '실천 사항'에 "직원들의 신피질 크기를 키운다"라고 쓸 수는 없다.

반면 창발의 과학은 우리가 쓸 수 있는 실용적 방안들을 제시한다. 우리는 제어 변수를 조절해 상전이를 관리할 수 있다. 앞서 이야기했듯 우리는 눈이 오기 전에 보도에 소금을 뿌려 물의 어는점을 낮출 수 있다. 우리는 눈이 얼어서 딱딱하게 되기보다는 녹기를 원한다.

6장에서 우리는 상평형 그림을 통해 교통 흐름 및 산불의 상전이에서 핵심이 되는 사항을 파악하고, 상전이를 관리할 수 있는 지침을 얻었다. 그렇다면 이 경우에 상평형 그림은 어떤 모습이 될까? 그 그림은 우리에게 무엇을 알려줄까?

집단의 규모가 임계점(앞선 공식의 매직넘버)보다 작을 때, 인센티브는 개인들이 룬샷을 중심으로 힘을 모으게 하는 쪽으로 작용한다. 반면 집단의 규모가 매직넘버를 넘어서면 인센티브는 경력 관리에 초점을 맞추는 쪽으로 작용한다. 즉 개인들은 승진을 위해 사내 정치에 집중하게 된다(그림의 1번에서 2번으로). 전형적인 구조의 집단에서는

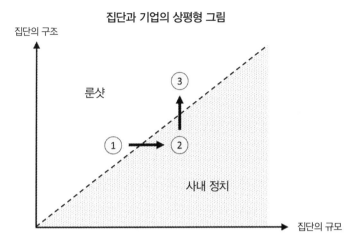

집단과 기업의 상평형 그림

집단의 구조

룬샷

③

①→②

사내 정치

집단의 규모

집단의 규모가 매직넘버를 넘어서면(1→2), 룬샷에 초점을 맞추던 데서 경력에 초점을 맞추는 쪽으로 인센티브가 이동한다. 즉 승진을 위한 사내 정치에 집중한다.
구조를 조정하면 다시 초점을 룬샷으로 돌릴 수 있다(2→3).

이 숫자가 아마 대략 150 정도일 것이다. 그러나 조직 구조의 제어 변수(지분 비율, 적합도, 관리 범위, 보상의 상승률)를 조정하면 매직넘버를 올릴 수 있다(점선이 기울어진 것은 그 때문이다. 만약 우리가 매직넘버를 조정할 수 없다면 점선은 그냥 수직선일 것이다.).

다시 말해 150명 규모보다 훨씬 큰 집단(그림의 2번)이 경력을 위한 사내 정치에 빠져 있더라도, 구조를 조정하면 다시 룬샷으로 관심의 초점을 돌릴 수 있다(2번에서 3번으로).

앞서 이야기한 것처럼 이런 원리는 규모가 커지더라도 여전히 모험적인 기질을 유지하고 싶어 하는 작은 팀들뿐만 아니라, 내부적으로 룬샷을 육성하는 강력한 팀을 만들고 싶어 하는 큰 조직에도 적용된다.

'200만 명'으로 구성된 조직도 룬샷 그룹을 만들어 지난 50년간 존재한 그 어느 조직보다 월등히 혁신적인 성과를 내놓을 수 있다. 다음 장에서는 바로 그 조직에 관해 알아보자.

8장

룬샷이 폭발하는 조직을
설계하라

1958년 이후 200명으로 구성된 한 연구팀은 거대한 조직 내부의 깊숙한 곳에서 인터넷과 GPS, 탄소나노튜브, 합성생물학, 무인비행기(드론), 기계 코끼리, 아이폰에 들어가는 개인 비서 프로그램 시리Siri 등을 줄줄이 만들어냈다. 미국 전역의 전설적 연구기관들 중에는 그곳 출신 리더가 있거나, 그곳의 경영 원칙에 감화를 받은 기관이 많다. 이 책에 나온 거의 모든 사례가 여기 포함된다.

그 연구팀의 경영 원칙은 7장에서 설명한 여러 변수를 조정해 매직넘버를 높인 예다. 어떤 룬샷 팀이 됐건 그런 변화를 통해 창의적인 결과물을 더 많이 만들어낼 수 있다.

본격적으로 들어가기에 앞서 한 가지 확실히 해둘 점이 있다. 창의적 엔진을 더 빠른 속도로 돌리면(더 큰 생산성과 효율성으로 더 많은 룬샷을 양성하면), 성공적인 아이디어와 실험이 많이 나오는 만큼 실패한 실험도 더 많아진다. 이는 모든 팀에 옳은 선택은 아니다. 예컨대 비행기를 조립하는 회사에 속해 있는 팀이라면 비행기 열 대를 띄워 여덟 대가 추락하는 모습을 보고 싶진 않을 것이다. 비행기를 제조하고 조립하는 것은 프랜차이즈 그룹에 속하는 일이다. 룬샷 그룹은 그런 비행기 안에 들어갈 수도 있는, 다소 미친 것 같은 새로운 기술을 개발하는 조직이다.

이제 그 200명으로 구성된 룬샷의 온상을 살펴보기로 하자. 모든 것은 우주의 반짝거리는 금속 공에서 규칙적으로 들려오는 '삐삐' 소리로부터 시작됐다.

스푸트니크가 쏘아 올린 작은 공

1장에서 설명한 것처럼 버니바 부시가 과학연구개발국을 만든 것은 군에서 자금 지원을 꺼리는, 아직 증명되지 않은 기술들을 개발하기 위해서였다. 2차 세계대전이 끝난 직후 조직은 해체되었으나 그동안의 업적을 물려받을 후속 기관이 없었다.

부시가 〈과학: 그 끝없는 전선〉에서 그렸던 국가적 연구 계획은 처음엔 트루먼 대통령이 거부권을 행사했고, 다음에는 의회의 정쟁으로 연기됐다. 전투에서 패한 후 부시는 이렇게 썼다. "마침내 그동안 쌓인 스트레스가 몽땅 밀려왔고 나는 하던 일을 접고 여기서 빠저나가기로 했다." 이후 그는 다시는 공직을 맡지 않았다.

다행히 1950년 들어 갈등이 해결되어, 의회는 오늘날과 같은 방대한 국립연구소의 중추를 세웠다. 국립과학재단National Science Foundation, 국립보건원National Institutes of Health, 그 밖에 유사한 기관들이 질병 확산에 관한 연구라든지 정수 사업, 지진 예측과 같은 공익 목적의 과학 연구를 지원했다. 이들 기관은 이른바 '시장 실패'라 불릴 수 있는 분야에 관한 연구도 지원했다. 상업적 미래가 워낙 불확실하거나 요원하여 그 어느 기업도 투자하지 않는 분야들이었다. 예컨대 50년 전에는 유전공학이 그랬고, 지금은 핵융합 연구가 그렇다.

국립과학재단과 국립보건원은 군에서 관리하는 기관은 아니다. 냉전이 고조되고 있을 때조차 군 내부에 버니바 부시의 과학연구개발국을 대체할 만한 룬샷 연구소는 세워지지 않았다. 1949년 소련은 자신들의 첫 번째 원자폭탄을 터뜨렸다. 1950년 한반도에서 냉전이 뜨거워졌다. 1952년 아이젠하워는 소련의 위협과 본인의 군대 이력상 강점을 내세워 선거운동을 펼쳤고("제가 대통령이 된다면 한국으로 가겠습니다") 승리했다. 2년 뒤인 1955년 11월 소련은 자신들의 첫 번째 수소폭탄을 터뜨렸다. 히로시마에 사용된 폭탄보다 100배나 강력한 폭탄이었다(1960년에는 히로시마에 사용된 폭탄보다 '3000배'나 강력한 폭탄을 터뜨렸다). 수소폭탄 한 개면 미국의 동부 해안을 모두 쓸어버릴 수 있었다.

아이젠하워와 그의 군사 자문위원들은 소련이 보여준 무력에 더 큰 무력으로 응수해야 한다며 발 빠른 결정을 내렸다. 그래서 더 크

1957년 10월 스푸트니크 1호가 발사됐다.

고 더 빠른 미사일을 더 많이 만들기로 했다. 말하자면 프랜차이즈 프로젝트였다. 버니바 부시와 그가 만든 국가적 룬샷 부서의 교훈은 이미 희미해지고 있었다.

그러던 1957년 10월 소련은 지구에서 더 잘 보일 수 있게 윤을 낸 56센티미터짜리 알루미늄 구체를 궤도에 쏘아 올렸다. '스푸트니크 Sputnik 1호'라는 이름의 이 인공위성은 미국 상공을 지날 때 누구라도 쌍안경만 있으면 고개를 들어 확인할 수 있었다. 아마추어 무선 장비라도 가진 사람은 이 인공위성이 보내오는 불안한 '삐삐' 소리를 계속 들을 수 있었다.

스푸트니크가 발사되고 처음 며칠간은 아이젠하워도 아무렇지 않다는 듯 넘겼다. 스푸트니크의 유일한 목적은 '보여주기'였다. 아이젠하워는 미국 로켓이 스푸트니크보다 훨씬 앞서서 인공위성을 궤도에 올릴 수도 있었음을 알고 있었다. 다만 자신이 그렇게 돈 많이 드는 쇼에 관심이 없었을 뿐이다. 하지만 아이젠하워의 적들은 기회의 냄새를 맡았다. 린든 존슨Lyndon Johnson 상원의원은 소련이 "마치 고가 다리 위에서 고속도로의 차들에 돌멩이를 떨어뜨리는 애들처럼 우주에서 우리에게 폭탄을 떨어뜨릴 것"이라고 했다. 또 다른 상원의원은 이렇게 말했다. "우리의 생존 자체가 위협받고 있다." 언론도 냄새를 맡았다. 《뉴욕 타임스》는 공산주의의 승리라고 선언했고, 《뉴스데이Newsday》는 "러시아가 우주 경쟁에서 이겼다"고 선언했다. 《워싱턴 포스트》는 "미국이 역사상 가장 심각한 위험에 처했다는 내용의" 비밀 보고서가 있다고 했다. 수소폭탄의 아버지 에드워드 텔러Edward Teller는 텔레비전 인터뷰에서 이번 발사가 진주만 공격보다 더한 참사라고 말했다.

곧 아이젠하워 정부의 국방부 장관이 조기 사임을 발표했다. 스푸트니크가 발사된 지 닷새 만에 후임으로 임명된 닐 매컬로이Neil McElroy는 언론의 집중 포화를 받았다. 매컬로이도 버니바 부시와 마찬가지로 외부인 출신이었다. 부시와 달리 그는 기술 쪽으로도, 군사 쪽으로도 경험이 전혀 없었다. 매컬로이는 집집마다 방문하며 P&G 비누를 파는 일로 경력을 시작했는데, 그가 유명해진 것은 주부들이 낮에 볼 수 있는 쇼를 생각해낸 덕분이었다. 이 쇼를 통해 P&G는 사람들의 거실에 직접 광고를 전할 수 있었다. 그는 "문학적 취향을 향상시키는 것은 학교가 해결할 일"이라고 설명했다. "드라마가 비누를 많이 팔더라고요." 그의 룬샷은 P&G에 수십억 달러를 벌어다 줬다. 매컬로이는 또한 소규모 팀이 개별 브랜드(비누, 세탁 세제, 주방 세제)에 집중하는 방식을 내세운 브랜드 경영의 아버지였다. 영민하고 젊은 '브랜드 매니저'는 이들 팀을 마치 독립된 사업체처럼 운영했다. 매컬로이는 이내 그 아이디어를 전혀 다른 맥락에 복제했다.

아이젠하워와 매컬로이는 대규모 조직 내부에서 급진적 아이디어가 저항에 부닥친다는 사실을 잘 알고 있었다. 아이젠하워는 기나긴 군 경력을 통해 육해공군 사이의 경쟁이 진보를 늦추는 광경을 직접 목격했고, 사적으로 또 공적으로 그 사실에 대해 불만을 제기한 바 있었다. 아이젠하워가 외부인 매컬로이를 국방부 장관 자리에 앉힌 것도 바로 그 이유 때문이었다. 아이젠하워는 군이나 연방정부와 아무런 연줄이 없는 외부인이 들어와서 시스템을 맘껏 흔들어주기를 바랐다. 스푸트니크를 둘러싼 과대 선전은 바로 그런 흔들기를 시도할 수 있는 기회를 제공했다.

스푸트니크가 발사되고 한 달 지난 1957년 11월, 매컬로이는 '과감한' 연구 계획에 자금을 지원하고 자신에게 직접 보고하는 새로운 기관을 만들겠다고 했다. 군에서 자금 지원을 꺼리는, 아직 증명되지 않은 기술을 개발하는 기관이었다.

군의 각 분과 리더들은 매컬로이의 아이디어를 싫어했다. 그들은 2차 세계대전 초기 자기네 전임자들이 버니바 부시의 비슷한 제안에 반응한 것과 똑같이 반응했다. 공군 수장은 매컬로이로부터 새로운 기관에 대한 인가서 초안을 받고 이렇게 회신했다. "공군은 이 제안이 그저 하나의 의견이라면 좋겠습니다." 매컬로이는 이게 단순한 의견이 아니라고 대응했다.

매컬로이는 미국에서 가장 성공한 소비자 제품 회사 연구소를 세우는 데 일조한 바 있었다. 그래서 그는 연구소에 파묻혀 현장으로 이식되지 못하는 기술, 혹은 현장의 피드백에 빠르게 대응하지 못하는 연구소는 무용하다는 사실을 잘 알았다. 다시 말해 매컬로이는 부시-베일 법칙의 처음 두 가지 핵심인 '상분리'와 '동적평형'을 알고 있었고, 그 내용을 인가서 초안에 넣었다.

그의 초안이 과학연구개발국과 닮은 것은 우연이 아니다. 아이젠하워도, 매컬로이도 과학 분야에 관한 배경은 없었으나 버니바 부시와 함께 일했던 과학자들로부터 세심한 조언을 들었다. 자문가들 중에는 MIT 총장 제임스 킬리언은 물론이고, 노벨상 수상자로서 마이크로파 레이더와 맨해튼 프로젝트에 모두 참여했던 어니스트 로런스Ernest Lawrence도 있었다.

1958년 2월 7일 매컬로이의 새로운 조직이 공식 활동을 시작했다. 그는 이 조직을 고등연구계획국Advanced Research Projects Agency이라고 불렀다.

버니바 부시의 과학연구개발국이 재탄생한 것이다.

말도 안 되는 아이디어란 없다

고등연구계획국은 1996년 '방위defense'라는 말이 앞에 붙어서 '방위고등연구계획국DARPA'으로 개칭됐다. 방위고등연구계획국이 자금 지원을 했거나 혹은 적어도 심각하게 고려했던 여러 룬샷에 관한 스토리는 아직도 전설처럼 남아 있다. 그중에서 내가 제일 좋아하는 스토리는, 이렇게 말하면 나를 어떻게 생각할지 모르겠지만 거대한 '핵 좌약'이란 아이디어였다.

1960년대 초 냉전으로 핵 공포가 최고조에 달했을 때, 거침없는 아이디어로 유명한 어느 존경받는 물리학자가 거대한 입자 빔을 쏴서 소련의 미사일을 격추시키자는 아이디어를 냈다. 그는 니콜라스 크리스토필로스Nicholas Christofilos라는 입지전적인 인물이었다. 그리스 아테네 출신인 크리스토필로스는 엘리베이터 기술자로 일하면서 물리학을 독학하여 무기 연구를 전문으로 하던 리버모어 국립연구소Livermore National Laboratory의 과학자가 됐다. 니콜라 테슬라Nikola Tesla가 죽음의 빔을 가지고 언론의 주목을 받은 지 40년 만에 기술은 계속 발전했고, 크리스토필로스가 과학자들을 모아놓고는 이 아이디어를 진지하게 논의할 수 있는 수준까지 도달했다. 과학자들이 제기한 반론 가운데 하나는 빔을 생성할 기구를 넣을 거대한 터널을 건설하려면 어마어마하게 큰 비용이 든다는 점이었다.

"더 좋은 방법이 있습니다." 크리스토필로스가 말했다. 그는 핵무기를 이용해 터널을 뚫는 것을 생각했다. "말하자면 좌약 같은 거예요." 그러고는 핵무기의 새로운 활용법을 제안하며 이렇게 설명했다. "바위 사이에 핵무기를 밀어 넣습니다. 그러면 바위가 녹으면서 완벽한 튜브가 생기겠죠. 바위를 녹일 만큼 뜨거운 온도를 유지하도록 계속 밀어 넣는 거예요. 그러다가 뚫고 나오는 거죠."

크리스토필로스의 아이디어에 대부분의 과학자들은 입을 다물지 못했다. 이 좌약 프로젝트는 자금 지원을 받진 못했다.

방위고등연구계획국에서 나온 똘기 가득한 프로젝트 가운데는 실제로 자금 지원을 받았으나 실패한 사례도 많다. 베트남의 정글을 뚫고 군사 장비를 운반할 수 있는 기계 코끼리, 어느 물리학자가 치과 엑스레이 기계로 실험하다 발견했다는 '하프늄' 원소로 만든 초강력 폭탄, 액체 내에서 빠르게 붕괴되는 거품(액체 세제를 좀 바꿔서 만들었다)을 이용해 핵융합을 일으킨다는 계획, '대중의 지혜'를 활용해 다음번 테러 사고 현장이 어디가 될지에 투자한다는 예측 시장(이 프로젝트는 악취미라는 이유로 폐기됐다) 등.

수많은 악취미와 실패에도 불구하고 방위고등연구계획국의 룬샷 중에는 산업을 바꾸고 새로운 학문 분야를 창조한 것들도 있었다. 고등연구계획국의 초창기 컴퓨터 네트워크인 아파넷ARPANET은 인터넷으로 진화했다. 인공위성 기반의 지리 위치 시스템은 처음에는 군용 GPS로, 다음에는 소비자용 GPS로 진화하여 지금은 거의 모든 차량과 스마트폰에 사용되고 있다. 군인들이 음성으로 명령을 내릴 수 있게 보조해주려고 만든 소프트웨어 프로젝트가 오늘날 모든 아이폰에 탑재된 '시리'로 발전했다. 전 세계의 지진 감지 센서는 방위고등연구계획국이 핵실험과 지진을 구별하려고 설치한 것인데, 최초의 '핵실험 금지 조약'으로까지 이어졌다. (다른 군 부서들은 진동으로 핵폭발을 감지하는 것이 불가능하다고 주장했다. 확인할 방법이 없으니 '핵실험 금지 조약'은 무의미하다며 추구하지 말자고도 했다. 그들은 방위고등연구계획국이라는 작은 조직이 지진학을 연구하는 것을 보고 "무능력한 떼거지들"이라며 일축했다.) 이후 지진학 프로젝트는 활기를 띠었고 결국 판 구조론까지 입증했다. 이 이론은 이후 지질학을 완전히 바꿔놓았다.

방위고등연구계획국은 최초의 대형 컴퓨터 그래픽 센터를 세우는 데도 자금을 댔는데, 그들이 고른 곳이 유타 대학교였다. 5장에서 설명한 것처럼 유타 대학교의 그룹을 이끌었던 사람들 중에는 방위고등연구계획국에서 프로그램 매니저를 맡았던 아이번 서덜랜드가 있었다. 서덜랜드가 컴퓨터 그래픽 박사학위 논문을 지도했던 사람이 에드윈 캣멀이고, 캣멀은 나중에 픽사를 설립했다. 캣멀은 창의성을 키우는 방위고등연구계획국의 방식에서 "깊은 영향을 받았다"고 말하기도 했다. 방위고등연구계획국은 또 다른 엔지니어인 더글러스 엥겔바트Douglas Engelbart에게도 자금을 지원했다. 엥겔바트는 최초의 컴퓨터 마우스와 최초의 비트맵 스크린(초창기 그래픽 인터페이스), 최초의 하이퍼텍스트 링크를 만들었다. 1968년 엥겔바트는 오늘날 컴퓨터 과학자들이 "모든 시연의 어머니"라 부르는 어느 행사에서 이것들을 시연했다.

1970년 엥겔바트의 팀원들 다수가 팀을 나와, 역시나 방위고등연구계획국에서 프로그램 매니저를 지낸 로버트 테일러Robert Taylor가 이끄는 새로운 연구팀에 들어갔다. 그곳이 바로 초창기 컴퓨터 산업의 많은 기술들이 줄줄이 탄생한 제록스 파크다. 테일러는 "방위고등연구계획국에서 개발된 경영 원칙"에 입각해 이 전설의 연구팀을 만들었다고 말했다.

방위고등연구계획국에서 프로그램 매니저나 팀장을 지냈던 사람들이 지금까지 페이스북, 구글, 마이크로소프트, IBM, 드레이퍼 연구소Draper Laboratory, MIT 링컨 연구소MIT Lincoln Laboratory를 책임져왔다. 이 작은 그룹의 경영 원칙은 민간 업계와 미국의 공공 연구기관으로도 널리 퍼져 방위고등연구계획국의 확장망을 형성하고 있다.

자, 그럼 이곳의 원칙들이 7장에서 이야기한 제어 변수, 즉 우리의 매직넘버 공식에 있는 변수들과 어떻게 연결되는지 살펴보자.

창발적 조직 설계하기

전통적 구조에서 승진 사다리는 당근 전략의 결정판이다. 이 목표를 이루면 더 큰 사무실과 더 많은 연봉, 더 많은 직원이 주어진다. 그리고 이 똑같은 승진 사다리라는 당근이 사내 정치라는 잡초가 확산되는 이유이기도 하다.

방위고등연구계획국은 작은 스타트업들의 느슨한 모임처럼 운영된다. 애초에 승진 사다리라는 게 없다. 100여 명의 프로그램 매니저들은 각각 프로젝트 하나 또는 하나의 연구 분야를 이끈다. 이들에게는 이례적인 수준의 자율성과 가시성이 주어진다. 매컬로이의 브랜드 매니저들과 비슷한 셈이다. 예를 들어 2009년 9월 공군의 시험비행 조종사였던 더그 위커트Doug Wickert는 교환 근무 프로그램의 일환으로 방위고등연구계획국의 여러 팀에서 순환 근무를 했다. 캘리포니아 대학교 공과대학에서 기계공학 박사학위를 받은 리기나 두건Regina Dugan은 얼마 전 방위고등연구계획국의 팀장으로 임명된 상태였다. 위커트와의 첫 만남에서 두건은, 2주 뒤에 "여느 프로그램 매니저와 다름없이" 팀원들과 함께 아이디어를 내라고 위커트에게 주문했다.

당시 두건 등 방위고등연구계획국 사람들은 컴퓨터 전문가들 사이에서 1969년 아파넷의 출범을 원년으로 삼는 인터넷 탄생 40주년을 기념할 방법을 찾고 있었다. 아파넷이라는 원거리 네트워크는 1969년 10월 29일 LA 소재 캘리포니아 대학교의 찰리 클라인Charley Kline의 컴퓨터가 캘리포니아주 멘로파크 소재 스탠퍼드 연구소의 컴퓨터와 통신을 하면서 시작됐다.

위커트는 인터넷 탄생 40주년 기념사업의 일환으로, 전국의 사람들을 결속시켜 시간 내에 문제를 풀게 해주는 인터넷의 힘을 시험해보자는 아이디어를 냈다. 위커트의 새로운 아이디어는 바로 빨간색 풍선이었다. 방위고등연구계획국이 비공개로 전국의 열 개 공원에 열 개의 빨간색 기상관측 기구를 띄운 다음, 이 기구가 얼마나 빨리 발견되는지 보자는 것이었다. 위커트는 내게 이렇게 말했다. "처음엔 그냥 장난 같은 거였죠. 그런데 진화한 겁니다."

한 달 뒤인 2009년 10월 29일 인터넷 기념일에 두건은 방위고등연구계획국의 '레드 벌룬 챌린지Red Balloon Challenge'를 발표했다. 기구는 12월 5일 토요일 아침 공원으로 가져가 나무나 벤치에 묶어놓기로 했다. 가장 먼저 열 개의 기구를 모두 찾아내는 팀에게는 4만 달러의 상금이 주어진다. 발표를 미리 하지 않은 것은 의도적이었다(발표에서 대회 날까지는 겨우 37일 남아 있었다). 실제 위기 상황에서 비슷한 팀들이 겪는 것처럼, 도전하는 팀들에게 준비할 시간을 적게 주려는 것이었다.

대회 날을 4주 앞두고 위커트 팀은 방위고등연구계획국 건물 뒤

방위고등연구계획국의 담당 팀이 '레드 벌룬 챌린지'를 준비하고 있다.

편의 운동장에서 시험 삼아 열 개의 풍선 모두에 바람을 채워보았다. 각각 폭이 2.4미터씩 되는 기구였다. 모든 사람이 한 번에 이해하지는 못했다. 위커트는 신이 난 듯 "공군 출신이 해군 출신한테 매듭 묶는 법을 가르쳐주는 거나 마찬가지"인 경험이었다고 했다.

새로운 컴퓨터 기술 때문에 얼마 전 방위고등연구계획국에 들어온 전직 컴퓨터학과 교수 피터 리Peter Lee가 내려와 기구를 훑어보았다. 기구마다 방위고등연구계획국의 둥근 로고가 그려져 있었다. 그는 이렇게 말했다. "근사하네요. 로고가 마치 거대한 태양신의 눈 같아요!" 리의 얘기를 들은 두건은 거대한 눈처럼 보이는 정부의 기구를 갑자기 전국에 출현시킨다는 게 썩 좋은 아이디어는 아닐 수 있겠다고 깨달았다. 두건은 즉시 새로운 기구를 주문했다.

드디어 12월 5일 토요일 아침 10시 플로리다주에서 오리건주까지 전국의 공원에 기구가 올라갔다(태양신의 눈처럼 생긴 로고는 뺐다). 방위고등연구계획국은 오후 5시가 되면 기구를 내리고 이런 과정을 최장 일주일까지 반복할 계획이었다. 그러나 겨우 '8시간 52분 41초' 만에 MIT의 어느 팀이 열 개 장소를 모두 찾아냈다. 더욱더 놀라운 것은 이 팀이 이 대회에 관한 소식을 겨우 4일 전에 들었다는 사실이다.

이 팀은 어떻게 아홉 시간도 안 걸려 모든 풍선을 찾아냈을까? 그 비결은 창의적 보상 시스템을 가진 네트워크를 발족시킨 데 있었다. MIT 팀은 기구 하나당 총 4000달러의 상금을 배당했다. 만약 수전이란 사람이 빨간색 기구를 발견하고 그 사실을 팀의 웹사이트에 보고하면, 수전에게 2000달러가 지급된다. 만약 수전에게 이 대회에 관해 이야기해준 사람이 그레그라면, 그레그에게는 남은 상금의 절반인 1000달러가 지급된다. 만약 그레그에게 대회에 관해 말해준 사람이 캐런이라면, 캐런에게는 남은 금액의 절반인 500달러가 지급된다. 그런 식으로 보고 과정에 개입한 모든 사람에게 일정액의 상금을 지급하는 것이 보상 시스템의 핵심 내용이었다(추적이 끝났을 때 처음의 4000달러에서 혹시라도 남은 금액이 있다면 자선단체에 기부하기로 했다).

이 시스템의 똑똑한 점은 집 밖을 나가지 않아 절대로 기구를 목격할 수 없는 사람들조차 함께 참여해 MIT의 승리를 돕게 된다는 점이었다. 이 모든 관계는 팀의 웹사이트(이틀 만에 만들었다)를 통해 추적됐다. 기구 사냥꾼들은 대부분 동네 친구들에게 도움을 청했다. 그러나 종종 멀리 있는 연줄에 도움을 청하는 경우도 있었다. 다시 말해 작은 세상 네트워크, 즉 '레드 벌룬의 여섯 단계'인 셈이었다. MIT 팀은 36시간 만에 4400명의 사람들을 모집했다.

2등을 차지한 것은 조지아 공과대학교 팀으로 MIT팀보다 3주나 먼저 프로젝트를 시작했다. 이들은 "도넛과 피자, 아드레날린을 연료 삼아" 검색 순위에 올라갈 수 있는 웹사이트뿐만 아니라 페이스북 페이지와 구글 보이스 전화번호를 만드는 등 맹렬히 작업했다. 그럼에도 이들이 모집한 사람들은 1400명에 불과했다. 조지아 공과대학교 팀은 이타주의에 승부를 걸었다. 이들은 만약 1등을 하면 수익금을 모두 자선단체에 기부하겠다고 약속했다.

지나고 보니 '레드 벌룬 챌린지'는 이 책 7~8장의 테마와도 일맥상통하는 '인센티브는 우리 생각보다 중요하다'는 교훈 외에도, 애초 대회에 참가했던 이들 중 누구도 예상치 못한 놀라운 교훈을 많이 남겼다. 이 교훈들은 저명한 과학 저널에도 많이 실렸다. 또한 그 내용은 우리가 현대적 네트워크를 이용해 시급한 문제를 해결할 때 많은 사람을 동원하는 방법에 관해 중요한 시사점을 준다. 실종 어린이나 군인을 찾을 때라든지, 재해 복구를 위한 자원을 조달할 때처럼 말이다. 그리고 그런 교훈은 계속해서 새로운 도전을 통해 시험대에 오르고 있다.

예컨대 미국 국무부는 최근 '태그 챌린지Tag Challenge'라는 것을 운영했다. 참여한 각 팀은 다섯 명의 '도둑'(연기자)을 열두 시간 내에 찾아내야 했다. 이 도둑들은 미국 및 유럽의 5개 도시에 숨어 있고 머그샷을 통해서만 확인될 수 있었다. (앞서와 동일한 MIT 팀이 우승

했다.)

방위고등연구계획국 내에서 '레드 벌룬 챌린지' 같은 미친 프로젝트가 성공할 수 있는 이유 중에 하나는 이곳에 승진 사다리가 없기 때문이다. 프로젝트 매니저는 흔히 2년에서 4년 정도의 정해진 기간 동안 고용된다(이들의 사원증에는 계약 만료 시점이 표시되어 있다). 방위고등연구계획국의 구조에서는 사내 정치에 조금도 시간을 들일 이유가 없다. 회의 때 똑똑한 사람처럼 보일 이유도, 동료의 '또라이' 같은 룬샷의 결점을 강조해 그를 깔아뭉갤 이유도 없다. 누구의 비위를 맞춰 진급을 할 것이 아니기 때문이다.

소프트 에쿼티

방위고등연구계획국은 승진 사다리라는 전통적인 당근을 다른 것으로 대체했다. 프로젝트 매니저는 해당 분야에서 공식 명함이 있고 널리 알려진 인물이다. 이들은 자신의 프로젝트를 선택하고 계약을 협상하고 일정을 관리하고 목표를 할당할 권한을 가진다. 자율성과 가시성이 합쳐지면 강력한 동기가 만들어진다. 바로 **동료 압박**peer pressure이라는 동기다.

'지분'이라고 했을 때 우리는 흔히 스톡옵션이나 보너스 같은 것을 떠올린다. 금전적으로 직원들을 프로젝트의 성공과 연동시킬 수 있는 이런 것들은 눈에 보이는 형태의 지분이다. 반면 동료들의 인정은 무형적 지분 혹은 소프트 에쿼티다. 이는 주식 가격이나 현금 흐름으로 측정될 수 없지만, 유형적 지분과 마찬가지로 강력한 동기를 부여하는 요인이고 어쩌면 더 강한 효력을 발휘할 수도 있다. 당근과 채찍을 동시에 사용할 때처럼 말이다.

나폴레옹은 이렇게 말했다. "군인은 훈장 하나를 얻기 위해 오래도록 치열하게 싸운다." 자율성과 가시성이 주어진 기업의 중간 계층에 있는 군인들에게는 존경받는 동료들의 인정이 그런 훈장이 된다. 어느 컴퓨터 그래픽의 선구자가 그래픽 콘퍼런스에서 단상 위에 불려 나와 동료들의 찬사를 흠뻑 받으며 트로피를 받는다고 생각해보라.

이런 무형적 지분은 금세 유형적 지분으로 바뀌기도 한다. 만일 당신이 외부 동료와 협업하여 새로운 아이디어를 개발하는 일을 하는 사람인데 그런 동료들로부터 유능한 관리자로 인정받는다면, 다른 과학자나 발명가 또는 다른 창의적인 일에 종사하는 사람들도 당신과 함께 일하고 싶어 할 것이다. 그들은 훌륭한 문샷 아이디어가 있을 때 당신의 경쟁자보다는 당신에게 가져오고 싶을 것이다. 이런 일은 당신의 경력을 크게 바꿔놓을 수 있다. 물론 잘 알려지고 동료들에게 존경받는 사람이 된다면 다음번 직장을 구할 때에도 분명한 이점이 있을 것이다.

파트너십은 또 다른 측면에서도 사내 정치의 효과를 줄인다. 외부 동료는 사내 정치의 영향을 덜 받기 때문에 공정한 판단을 내릴 가능성이 더 높다. 성공에 대해서든, 실패에 대해서든 그렇게 공정한 관점은 강력한 시스템 사고를 하는 데 매우 중요하다. 어느 프로그램이 실패한 이유가 근본 기술이 효과가 없기 때문(가설의 실패)인가, 아니면 프로젝트를 운영하는 사람이 일을 망쳤기 때문(운영상의 실패)인가? 어느 프로그램이 성공한 이유가 그 사람의 작업이 훌륭했기 때문인가, 아니면 중요한 실수를 잔뜩 했음에도 불구하고 운이 좋았기 때문인가? 야구 경기를 보는 팬들은 아름다운 안타를 쳐서 타점을 올린 선수와, 분명히 아웃될 타격인데 야수가 가랑이 사이로 공을 흘린 덕에 타점을 올린 선수의 차이를 안다.

방위고등연구계획국의 원칙들은 자율성과 가시성을 높여주고 내부의 아이디어보다는 외부의 최고 아이디어에 초점을 맞춘다.

하지만 이 원칙들을 모든 회사에 똑같이 적용할 수는 없다(대부분의 회사들이 직면하는 문제는 거대한 핵 좌약으로 풀 수 있는 문제가 아니다). 그러나 어떤 조직이든 자율성과 가시성, 소프트 에쿼티를 증진시킬 기회는 있다.

그 한 예가 바로 **개방형 혁신**이다. 개방형 혁신은 기업이 고객(보통 얼리어답터나 열혈 팬) 혹은 비즈니스 파트너(예컨대 공급자나 마케팅 파트너)와 함께 새로운 아이디어와 기술, 시장을 개발하는 것을 말한다. '레드 벌룬 챌린지'는 한 조직이 전국에서 최고의 인재를 영입해 네트워크 이론의 중요 문제, '어떻게 하면 많은 사람을 빠르게 동원할 수 있는가?'를 함께 생각해본 사례다.

기술 업계에서는 이런 사례가 흔하다. 소프트웨어 기업은 늘 마무리되지 않은 제품을 긴밀한 개발자 커뮤니티에 공유하여 빠른 피드백을 받는다. 바이오테크 회사는 제품을 개발할 때 대학에 있는 과학자들과 긴밀히 협업하는 경우가 많다. 최근에는 이런 아이디어가 기술 업계를 넘어 확대되고 있다. 맥주 회사 쿠어스Coors Brewing

Company는 개방형 혁신을 통해 냉각 활성 맥주 캔을 개발했다. 마시기에 이상적인 온도(쿠어스에 따르면 섭씨 6도에서 10도라고 한다)에 도달하면 맥주 캔에 그려진 산 모양의 로고가 흰색에서 파란색으로 변하는 제품이었다. 식료품 회사 크래프트Kraft Foods는 개방형 혁신을 통해 녹지 않는 초콜릿을 개발했다.

개방형 혁신의 좋은 점은 한둘이 아니다. 기업은 신선한 아이디어를 접할 수 있고, 그런 아이디어를 내는 사람은 기업이 가장 함께하고 싶어 하는 열정을 가진 사람일 때가 많다. 도넛과 아드레날린의 힘으로 달렸던 조지아 공과대학교의 레드 벌룬 팀이나 MIT의 즉흥 팀처럼 말이다. 동시에 기업은 동료들의 인정이라는 소프트 에쿼티를 개선할 수 있다. 물론 개방형 혁신은 경쟁자들에게 원치 않는 기업 비밀을 들킬 수 있다는 단점도 있으니 도입할 때 잘 가늠해보아야 한다.

연구 속도가 점점 더 빨라지면서 많은 기업들이, 특히나 장기적으로 더 민첩한 조직을 만드는 측면에서는 폐쇄적이고 비밀스런 모델보다 개방형 혁신의 이점이 더 많다고 판단하고 있다.

• • •

방위고등연구계획국이 전통적인 기업 설계에서 대담한 수술을 감행했다면, 매킨지앤드컴퍼니McKinsey & Company는 보다 제한적이면서도 여전히 효과적인 수술을 집도했다.

매킨지앤드컴퍼니는 학자들이 캠퍼스를 떠나 첫발 떼는 것을 도와주는 것 같은 회사다(나도 물리학계를 떠나 바이오테크 회사를 차리기 전에 이곳에서 3년간 일했다). 이곳은 2만 7000명의 직원을 데리고 연간 100억 달러 이상의 매출을 올리는 회사로 수십 년간 경영 컨설팅계를 지배해왔다. 세상이 그토록 빠르게 바뀌는 동안에도 말이다.

여느 회사처럼 매킨지에서도 승진 사다리는 강력한 동기부여 요소다. 그러나 차이가 있다. 대부분의 회사에서는 지역 사무소나 기능 단위의 부서가 승진을 결정한다. 예를 들어 캘리포니아 지부에 지원한 후보자들은 캘리포니아 지부의 결정을 따를 것이다. 자동차 그룹에 지원한 후보자들은 자동차 그룹의 결정을 따를 것이다. 그러나 매킨지에서는 중요한 승진을 결정할 때, 후보자와 사무실이나 업무적으로 겹치는 부분이 별로 없었던 선임 파트너가 와서 독립적 평가를 실시한다. 이렇게 거리를 두면 사내 정치의 영향력이 줄어든다.

예를 들어 샌프란시스코 지부에 있는 톰이 승진을 기다리고 있다면 브뤼셀 지부의 메리앤이 면접 담당자로 초빙되어 다른 스무 명의 동료 및 고객과 함께 톰의 실적을 평가하게 된다. 이 과정은 최대 석 달쯤 소요될 수 있고, 조사 과정도 아주 철저하다. 어느 동료가 나에게 설명해준 바에 따르면 결국 평가자는 나의 강점과 약점을 내 어머니보다 더 잘 알게 된다고 한다.

잃어버린 시간은 값이 비싸다. 그 시간 동안은 소득을 창출하는 고객 상대 업무를 하지 못하기 때문이다. 그러나 단기간 치르는 비용은 장기적으로 보면 조직을 튼튼하게 만드는 투자다. 직원들에게 더 혁신적일 것을 주문하는 리더는 먼저 조직 단련에 투자해야 한다. 그러지 않는다면 가끔 조깅이나 하던 사람이 자신의 몸에다 대고 마라톤을 뛰라고 주문하는 것과 같다. 그런 일은 가능하지도 않거니와 결국 큰 고통을 초래할 가능성이 높다. 마라톤을 할 수 있는 몸이 되려면 오랜 과정이 필요하다. 그 과정에 투자하고 서서히 단련해나간다면, 중간에 훨씬 못 미치는 지점에서 시작했더라도 웃으며 결승선을 통과할 수 있다. (나는 사람들과 함께 장거리 철인 3종 경기 훈련을 받은 적이 있는데, 그때 코치가 늘 저 말을 했다. 우리는 모두 결승선을 통과했다. 그가 설명해주지 않았던 부분은 그 미소가 일부는 기쁨에서, 일부는 자학적 고통에서 나온다는 것이다. 급진적 혁신을 시도하는 대형 조직에도 얼추 맞는 표현이 될 것이다.)

방위고등연구계획국은 극단적인 모델을 사용했다. 그들은 승진이라는 제도 자체를 없애버림으로써 사내 정치를 줄였다. 매킨지는 똑같은 목표를 추구하면서도 덜 극단적인 방법을 취했다. 그들은 경력 사다리는 남겨두었지만 승진 결정의 주관성을 줄이기 위해서 크게 투자했다.

프로젝트-능력 적합도를 높여라

혁신을 잘할 수 있는 능력이 직원의 능력과 관련 있다는 것은 별로 놀라운 이야기는 아니다. 여기서 중요한 부분은 그게 '어떤 식으로' 관련 있느냐는 점이다. 프로젝트-능력 적합도는 '지금 할당된 프로젝트'에 대해서 직원의 능력이 얼마나 잘 맞는가를 측정한다. 직원이 프로젝트에 시간을 조금 더 썼을 때 프로젝트의 가치가 전혀 상승하지 않거나 조금밖에 상승하지 않는가, 아니면 많이 상승하는가? 팀 전체 혹은 기업 전체에서 그 상승분이 적다면 우선은 능력이 부족한 직원을 데리고 있을 가능성이 높다. 주방용 전자제품을 만드는 회사인데 아무도 훌륭한 커피 머신을 디자인하지 못한다면, 유능한 인재를 잘 끌어오지 못하고 있는 것일 수도, 직원 교육이 형편없는 것일 수도, 아니면 둘 다일 수도 있다.

그러나 직원들의 능력 수준은 괜찮은데, 회사가 직원과 프로젝트를 잘 연결시키지 못하고 있는 것일 수도 있다.

매킨지에서 컨설턴트로 일할 때 2년차까지 내가 할당받은 프로젝트는 '네 명이서 어느 소비자 제품 회사와 협업하는 일'이었다. 그 회사는 어느 소매점에서나 판매하는 제품을 팔았다. 비누·치약·화장품 같은 것이었다. 그 전까지 내가 함께 일해봤던 사람들은 물리학자, 소프트웨어 엔지니어, 투자은행의 주식 중개인이었다. 나의 호기심 목록에서 개인 위생용품이 높은 순위를 차지해본 적은 한 번도 없었고, 나는 마케팅의 '마' 자도 몰랐다. 프로젝트 매니저 중에는 새로 들어온 사람에게 새로운 분야와 능력을 보여주고 싶어 하는 이들도 있다. 하지만 내 프로젝트 매니저는 그런 사람이 아니었다. 프로젝트는 참사의 연속이었고, 나는 별다른 기여를 하지 못했으며 끔찍한 기분만 들었다. 회사를 그만두는 것까지 생각했다.

대부분 회사들은 어떤 직원이 프로젝트에 기여하지 못하거나 상사로부터 안 좋은 평가를 받으면, 그 직원을 해고할 생각을 한다. 그런데 어떤 회사는 직원을 자르기 직전에 누군가 개입해서, 이 직원에게 다른 역할을 맡겨 한 번 더 기회를 줘봐야 하는 것 아닌지 살펴보는 경우도 있다.

매킨지는 여기서 한발 더 나아가 아예 프로젝트-능력 적합도를 전담하는 팀이 따로 있다. 그 팀에서는 적합하지 않은 프로젝트에 배정된 사람이 없는지 항상 둘러보고 상황이 안 좋으면 개입해서 해당 직원을 '구조'한다. 내 경우도 그랬다. 담당자는 나를 그 프로젝트와 매니저로부터 멀리 빼내 내 능력에 더 잘 맞는 곳으로 보냈다. 그제야 나는 허리를 펼 수 있었고 매킨지에서 보낸 나머지 기간은 무탈하게 지냈다.

내가 맡았던 치약 프로젝트는 적절한 능력에 미달하는 사람(마케팅의 '마' 자도 모르는 내가 그런 사람이었다)을 프로젝트에 배정했던 경우다. 하지만 능력이 넘치는 사람을 배정해도 프로젝트-능력 적합도가 안 맞는 경우는 발생한다. 프로젝트가 필요로 하는 것보다 능력치가 훨씬 높아서 직원이 기여할 수 있는 게 없는 경우도 생긴다. 커피 머신 프로젝트를 젊은 프랭크 로이드 라이트Frank Lloyd Wright(20세기 전반에 활동한 미국의 유명한 건축가 – 옮긴이)에게 할당했다고 생각해보자. 물론 그는 그 일도 잘해내겠지만 몇 시간 뒤에는 지루함을 느낄 것이다. 할당된 프로젝트를 통해 능력이 신장되지 않는 직원은 해당 프로젝트에서 시간을 보내어 얻는 것이 거의 없다. 남은 한 시간을 프로젝트에 사용할지, 사내 정치에 사용할지 선택해야 했던 7장 마지막 그림으로 다시 돌아가 보자.

프로젝트의 가치를 높이기 위해 젊은 프랭크 로이드가 할 수 있는 일이 더 이상 없다면, 그는 자기가 얼마나 승진에 적합하고 경쟁자는 자기 발치에도 못 미치는지 상사에게 설명하는 데 남은 시간을 쓰는 편이 좋을 것이다. '능력이 넘치는 사람을 배정하면 프로젝트-능력 적합도가 줄어든다'는 말은 '노는 손은 악마의 작업대'라는 말을 수학적으로 표현한 것이다.

우리의 목표는 줄을 너무 팽팽하게 매거나 너무 느슨하게 매지 않는 것이다. 직원들은 자기 역할을 통해 평균적으로 능력이 신장돼야 하지만 그 정도가 너무 과하거나 못 미쳐서는 안 된다. 앞서 언급한 사내 정치를 줄이려는 노력의 경우처럼 여기에 들어가는 비용을 장기적으로는 적합도에 투자해야 한다. 마라톤을 완주하기 위해 매주 달리기를 하듯이. 하지만 이런 투자에는 즉각적인 보너스도 따라오는데, 바로 인재를 끌어오는 데 도움이 된다는 점이다.

당신이 이제 막 학교를 졸업하고 여러 직장 중에서 하나를 고르고 있다고 생각해보자. A라는 회사는 전형적인 조건을 제시한다. 어떤 사람 혹은 어떤 그룹을 위해 일하면 그저 그런 연봉이 주어진다. B라는 회사는 비슷한 조건을 제시하지만 당신에게 꼭 맞는 프로젝트를 찾아주는 전담 인력이나 팀이 있다. 당신이 반드시 잘 맞는 새 역할을 찾을 수 있도록 책임지는 전담 인력이 있으면 경력의 리스크가 줄어든다. 안 맞는 프로젝트에 배정되어 스스로 일을 잘해내지 못하는 바람에 실망한다든지, 앙심을 품은 상사가 당신을 해고할 위험이 없기 때문이다(나도 겪을 뻔한 일이다). 그렇게 되면 당신이 신나게 할 수 있는 일을 찾을 가능성도 높아지고, 이는 장기적으로 당신의 경력에 도움이 된다. 연봉이나 기회가 같더라도 당신은 B 회사에 입사하려고 할 것이다.

프로젝트-능력 적합도는 교육에 대한 생각도 바꿔놓는다. 관리자들은 보통 더 좋은 제품을 만들거나 매출을 높이는 것을 최종 목표로 삼아 직원 교육에 투자한다. 커피 머신 디자이너를 제품 디자인 워크숍에 보내면 더 좋은 커피 머신이 나오고, 세일즈 매니저를 마케팅 워크숍에 보내면 매출이 늘어날지 모른다. 하지만 직원 교육에는 또 다른 이점이 있다. 새로운 기술을 배운 디자이너는 그 기술을 실습해보고 싶어 한다. 새로운 기술을 익힌 마케팅 인력은 그 기술을 시도해보고 싶어 한다. 교육은 프로젝트에 좀 더 능동적으로 시간을 쓰도록 장려하는 역할을 하고, 그렇게 되면 로비나 인맥 형성에 쓰는 시간이 줄어든다. 다시 말해 교육은 조직 적합도를 높여준다.

똑같은 원칙은 지도부가 있는 사다리에까지 적용된다. 그룹의 역학관계에 관해 교육을 잘 받은 리더들은 팀원들에게 더 많은 시간을 사용할 가능성이 높다. 당신을 인정해주는 실적이 우수한 팀원들과 함께 일하는 것은 즐거운 일이다. 당신을 혐오하는, 제 역할을 못하고 있는 팀원들과 시간을 보내는 것은 즐겁지 않은 경험이다.

잘못된 인센티브가 조직을 망친다

앞서 우리는 방위고등연구계획국이 소프트 에쿼티를 사용하는 방법을 보았다. 이는 프로젝트가 성공했을 때 동료들로부터 인정을 받는 것과 같은 비금전적 보상을 말했다. 대부분의 대기업 또는 중견기업은 소프트 에쿼티를 활용하는 경우가 매우 드물 뿐만 아니라 스톡옵션이나 보너스 같은 평범한 하드 에쿼티조차 인색하다.

대신 대기업은 종종 가파른 지분 지급 곡선을 사용한다. 쉽게 말해 최고위직에게는 큰 스톡옵션과 현금 보너스(연봉의 100퍼센트까지도)를 지급하고, 말단이나 중간직에게는 쥐꼬리만큼(연봉의 10퍼센트 이하) 지급한다. 이런 정책은 조직에서 가장 취약한 부분, 바로 '위험한 중간 계층'에서 잘못된 인센티브 효과를 만들어낸다.

한 사람이 여러 사람에게 의존하지 않고 하나의 제품이나 서비스를 관장하는, 조직의 하위 계층에 대해서는 평가가 어렵지 않다. 커피 머신이 근사하게 나왔는지, 게임 앱에 사용자가 몰리는지, 고객이 프레젠테이션을 좋아하는지 등은 알아보기 쉽다.

조직의 최상위 계층에 대해서는 CEO와 이사회가 내부 싸움을 눈여겨보고 있다가 필요하다면 직접 개입해서 개인의 목표를 전체의 이해관계로부터 분리시킬 수 있다. CEO와 이사회는 전체 조직을 관장하는 사람들이니 줄다리기로부터 얻을 것이 거의 없다.

사내 정치와 룬샷 간 전투에서 가장 리스크가 큰 사람들은 두 계층 사이에 있는 '위험한 중간 계층'이다. 이들에 대한 평가는 최하위 직급보다 복잡하다. 커피 머신이 한 가지만 있는 게 아니라 다양한 제품과 서비스가 있고 거기에 관련된 내부·외부 요인도 수십 가지가 있을 수 있으며, 그 가운데 이 관리자가 통제할 수 있는 것은 일부다. 이들 관리자는 CEO나 이사회의 시야에서도 멀리 떨어져 있다. 따라서 사내 정치라는 작은 불씨가 조용히 타고 있다 한들 누구도 이 불씨를 꺼주지 않는다.

A는 B의 예산을 원하고, B는 방해가 되는 C를 치우고 싶고, D는 A의 인원을 원하는 식이다. 가파른 지분 지급 곡선(최고위직에게는 큰

보너스를 주고 최하위직에게는 쥐꼬리만큼 지급하는 곡선)은 이런 쟁탈전에 걸린 상금의 가치를 높일 뿐이다. A, B, C, D 같은 중간 관리자들은 사다리의 한두 계단만 올라가면 큰 보너스를 손에 쥘 수 있다. 냄새를 맡을 수 있을 만큼 상금에 가까이 있는 것이다. 가파른 곡선은 중간 관리자들을 생존 게임으로 내몰 수 있다. 동료들을 짓밟고 살아남는 자만이 잭팟을 터뜨리는 식이다.

승진에 따른 상금이 그리 풍족하지 않다면(프로젝트가 성공하면 꿈을 이루지만, 승진은 해봤자 코 푼 휴지밖에 생기는 게 없다면), 쟁탈전도 그렇게 치열하지 않을 것이다. 사람들은 훌륭한 제품을 만들고 룬샷을 육성하는 데 훨씬 많은 시간을 보내고, 남의 등에 칼을 꽂는 데는 훨씬 적은 시간을 쓸 것이다. 보상을 프로젝트 쪽으로 돌리고 승진으로부터 멀어지게 만든다는 것은 곧 직급이 아니라 성과를 예찬한다는 뜻이다. 직급을 예찬하는 사례에는 기본 연봉을 크게 인상해주는 것뿐만 아니라 모든 종류의 특혜가 포함된다. 이를테면 주차장의 좋은 자리, 카페테리아의 특별 코너, 하와이에서 치러지는 '임원 연수' 같은 특전 등이다.

7장에서 사용한 용어로 말하자면, 직급이 아니라 성과를 예찬한다는 것은 곧 지분 비율 E를 높이고 연봉 상승률 G를 줄인다는 뜻이다. 두 가지 모두 매직넘버를 높여준다. 다시 말해 규모가 큰 집단이 혁신을 더 잘하게 만들어주는 것이다. 최근 학계의 연구 결과들도 비슷한 결론에 도달했다. 어느 연구에서는 이렇게 말하기도 했다. "[임금의] 분산이 커지는 것은 생산성이 감소하고 협력이 줄어들고 이직률이 높아지는 것과 관련된다." G(연봉 상승률)가 높은 것은 결코 좋은 일이 아니라는 의미다.

보상을 프로젝트 쪽으로 많이 돌리고 승진 쪽으로는 적게 돌리는 것은 (앞서 이야기한 사내 정치의 효과를 줄이는 데 필요한 변화처럼) 쉬운 일이 아니다. 실적이 좋은 해에는 전 직원에게 기본 연봉의 10퍼센트에 해당하는 보너스를 지급하고, 실적이 좋지 않은 해에는 아무것도 지급하지 않는 것은 쉽다. 그러나 보상과 변동성이 둘 다 큰 시스템(성공한 커피 머신을 만든 한 사람에게는 60퍼센트의 보너스를 지급하고 실패한 사람에게는 한 푼도 주지 않는 것)을 만드는 것은 훨씬 어려운 도전이다. 측정이 쉽고 이해하기도 쉬운 목표는 조심스럽게 설계하고 동의를 구해야 한다. 실적을 공정하게 평가해야만 연말에 극심한 논쟁을 피할 수 있다. 어려운 메시지는 실천 가능한 항목을 제시하면서 전달해야 한다. 그래야 직원이 장래에 더 큰 보상을 위해 어떤 길을 가야 하는지 또렷이 알 수 있다.

그러나 인센티브를 재설계할 때 가장 어려운 과제는 어쩌면 '히포크라테스 선서'의 비즈니스 버전 같은 것일지 모른다. "우선 해를 가하지 말라." 의도치 않게 잘못된 인센티브를 만들어내는 일은 너무나도 쉽다.

맥락은 약간 다르지만 다음 사례를 한번 보자. 베두인족의 양치기들이 지금의 이스라엘 땅인 사해 근처 사막 어느 동굴에서 《사해문서死海文書》를 최초로 발견하자 고고학자들은 새로운 두루마리를 찾을 때마다 돈을 주겠다고 했다. 그러자 양치기들은 두루마리를 발견하는 족족 작게 조각을 냈다. 이론은 옳았으나 실제에서 잘못된 인센티브가 생길 것을 고고학자들이 미처 생각하지 못한 결과다.

잘못된 인센티브 때문에 《사해문서》를 조각내다.

비즈니스계에서도 똑같은 일이 일상적으로 벌어진다. 하청업자에게 시간 단위로 돈을 준다면 문제가 몇 배로 늘어날지도 모른다. 매출에 보상을 지급하면 이윤은 실종될지 모른다(돈을 주고 고객을 살 수도 있다). 출시된 제품 수를 가지고 보상을 하거나 임상시험에 들어간 약의 개수로 보상을 한다면 리콜과 임상시험 실패 사례가 눈덩이처럼 불어날 수도 있다. 최고위직에는 큰 보너스를 주고 하위직에는 쥐꼬리만 한 보너스를 주는 게 좋은 생각처럼 '들리지만', 이는 취약한 중간 계층에게 잘못된 메시지를 주는 꼴이 된다.

1960년대에 포드Ford 자동차는 더 작고 값싼 일본 자동차들과 경쟁해야 했다. 그래서 CEO는 기대에 찬 도전 목표를 발표했다. 가격 2000달러 이하, 무게 2000파운드 이하의 새로운 자동차, 즉 포드 핀토Ford Pinto를 생산하겠다고 말이다. 목표도 마감 시한도 너무 빡빡했던 나머지 안타깝게도 안정성을 확인할 시간이 별로 없었다. 연료

탱크가 차축의 바로 뒤에 위치해서 충돌에 대비한 여유 공간이 25센티미터밖에 되지 않았다. 나중에 소송을 통해 드러나듯이 이런 설계상의 흠결 탓에 신차는 안전한 제품이 아니었다. 충격을 받으면 차가 폭발할 수 있었다.

완벽한 인센티브 시스템이란 존재하지 않겠지만, 실수로 끔찍한 인센티브 시스템을 만들기는 쉽다. 결과적으로 《사해문서》를 망가지게 했던 고고학자들처럼 말이다.

이보다 더 흔한 사례는 아무짝에도 쓸모없는 인센티브 시스템이다. 보상을 나눠주기는 하는데 아무 효과도 보지 못한다. 나는 대기업들이 말단 직원이나 중간 관리층에게 인센티브를 지급하는 빈도를 보면 아직도 입이 다물어지지 않는다. 내 프로젝트가 성공해봤자 내 수입은 1퍼센트도 움직이지 않는다면 실적 향상 보너스 따위가 무슨 동기부여가 되겠는가? 그저 빈둥거리면서 내가 꼭 필요한 사람임을 상사가 착각하도록 속이며 회사의 실적이 올라갈 때 무임승차나 즐기는 편이 낫다. (경제학자들은 공공재 사용에서 이와 유사한 문제를 '무임승차자 문제free-rider problem'라 부른다.)

칼싸움에 총을 들이대라

기업은 관리자들에게 인센티브의 까다로운 본성에 대한 고민을 안겨주는 프로세스에 혹은 사람에게 돈을 쓰기보다는, 실적 향상 보너스에 돈을 쓰는 편이 훨씬 낫다. 인사를 중요하게 여기는 기업에는 보상 전문가가 있기도 하다. 하지만 그런 직책은 '잘라서 붙이기' 공식에 따라 도장이나 찍어주는 사람이 앉아 있는 경우가 많다.

기업은 흔히 최고정보책임자를 임명한다. 이들은 존경받는 기술 전문가로서 예술의 경지에 오른 컴퓨터 네트워크를 구축하는 사람들이다. 최고인센티브책임자를 임명한다고 상상해보라. 가치를 조정하는 게 얼마나 까다로운 작업인지 잘 교육받은 사람이 오직 예술의 경지에 이르는 인센티브 시스템을 구축하는 데만 몰두한다면 어떨까? 보상이 진짜 성과 측정과 밀접하고 요령 있게 연계된다면, 사내 정치는 얼마나 감소하고 창의성은 얼마나 증진될까?

커피 머신 하나를 설계한 한 사람에게 보상을 지급하는 것은 간단하다. 그러나 단순히 한 사람에게 보상을 지급하는 것과 무임승차자 전원에게 보상을 펑펑 나눠주는 것 사이 어딘가에, 귀중하고도 중요한 '스위트스폿'이 있다. 바로 단체 성과에 대해 팀원 전원에게 보상을 지급하는 것이다. 팀 단위의 보상을 설계하는 것은 까다롭다. 여러 선택지의 이점과 잘못된 인센티브가 나올 가능성을 꼼꼼히 따져봐야 한다. 이런 분석 과정은 그냥 도장이나 찍어주던 사람이 할 수 있는 일이 아니다. 다시 말해 전략적인 최고인센티브책임자가 필요하다.

최고인센티브책임자가 훌륭하다면 돈도 절약된다. 그는 낭비적인 보너스(예컨대 앞서 언급했던 무임승차자들이 받는 실적 향상 보너스)가 무엇인지 알 테고, 비금전적 보상(동료들의 인정, 통근 시간의 단축, 과제 선택권, 원하는 프로젝트를 추구할 자유 등)이 가진 힘을 최대로 활용할 것이다. 이 직책을 전략적이라고 생각해야 할 또 다른 이유인 셈이다. 최고매출책임자(세일즈 수장)는 주어진 세일즈 예산으로 최대의 매출을 올리려고 한다. 훌륭한 최고인센티브책임자 역시 제한된 자원을 가지고 최고의 결과를 내려 할 것이다. 즉 주어진 보상 예산을 가지고 직원들에게 가장 큰 동기부여를 제공하려 할 것이다.

환경의 작은 변화에 사람들이 어떻게 반응하는지를 연구하는 분야가 지난 10년간 급성장했다. 뛰어난 최고인센티브책임자(인지편향이라는 복잡한 심리 현상을 잘 이해하고, 유무형의 지분을 활용하는 데 뛰어나며, 잘못된 인센티브를 간파할 수 있는 전문가)를 가진 기업은 경쟁사들보다 훨씬 더 훌륭한 인재를 끌어들이고 보유하며 동기부여도 잘한다. 다시 말해 그런 기업은 전략적 우위를 만들어낸다.

물론 이런 직책에 전담 인력을 배치하기에는 조직의 규모가 너무 작은 경우가 대다수다. 우리 회사도 처음에는 최고재무책임자나 최고기술책임자를 상근직으로 채용할 돈이 없었다. 그래서 작은 회사들이 흔히 그렇게 하듯 우리도 전문가를 파트타임으로 구했다. 최고재무책임자나 최고기술책임자의 경우와 마찬가지로, 작은 조직은 까다로운 인센티브를 설계해줄 전문가를 파트타임으로 고용할 수 있다. 경쟁자들과 인재나 룬샷을 놓고 쟁탈전을 벌일 때 인센티브는 하나의 무기가 되어준다. 경쟁자들이 모두 칼을 쓸 때 당신은 총을 가져야 한다.

마지막 말을 대신해서 들려줄 이야기가 있다. 왜 최고위 계층에게서조차 보상이라는 것은 현금이 전부가 아닌지, 왜 인센티브의 까다로운 측면을 이해하는 게 중요한지 알 수 있을 것이다. 다음은 어느 대학에서 보상에 관해 실시한 설문조사에 응답한 유럽의 어느 성공한 기업 CEO의 얘기다. 그는 자신에게 특정한 무형적 보상이 현금보다 더 중요한 이유를 다음과 같이 설명했다.

나라면 내 회사를 운영하는 하버드 MBA 출신 애송이한테 이사회에서 잔소리나 들으며 10억 유로짜리 회사의 배당금을 두둑이 챙기느니, 차라리 1억 유로짜리 회사에서 망령 난 회장으로 살며 당장 재미나게 즐기고 사람들의 존경도 받을 겁니다.

관리 범위를 미세하게 조정하라

아직은 보상 부서 내부에서 인지 편향에 관한 논의가 흔하지 않지만, 관리 범위(관리자 1인당 직속 부하의 수)에 관한 논의는 이미 수십 년째 진행 중이다. 기업의 적절한 관리 범위에 관한 연구 대부분의 문제점은 '차의 적절한 온도는 몇 도인가?'라는 질문이 가진 문제점과 동일하다. 이에 대한 답변의 평균을 내면 (표본의 수가 일정 이상일 경우) 아마 '실온'으로 답이 나올 것이다. 질문이 잘못되었으니 쓸모없는 답이 나온다. 응반자의 절반은 뜨거운 차를 좋아하고, 절반은 아이스티를 좋아한다. 그래서 정답이 평균값 '실온'이 된 것이다.

관리 범위에 대한 질문의 답변도 비슷한 방식으로 갈라진다. 관리 범위가 넓어지면(관리자 1인당 직속 부하가 15명 이상) 통제가 느슨해지고 독립성이 높아지며 시행착오 실험이 더 많아진다. 당연히 실패한 실험도 더 많아진다. 관리 범위가 좁아지면(관리자 1인당 5명 이하)

더 밀착된 통제가 가능하고 중복 인원이 줄어들며 정확한 지표를 낼수 있다. 실패의 수도 줄어든다. 한 회사 내에서도 평균을 낼 수 있는 정답은 없다. 상태에 맞게 툴을 조정해줘야 한다. 비행기를 조립하는 회사라면 밀착 통제가 필요하고 관리 범위를 좁혀야 한다. 그러나 비행기에 들어갈 미래 기술을 개발한다면 더 많은 실험이 필요하고 관리 범위를 넓혀야 한다.

빌 코프런Bill Coughran이 "혼돈을 유발하지 않을 만큼만 고삐를 죄면서" 팀을 이끌겠다고 말하는 것은 느슨한 통제를 의미한다. 빌 코프런은 벨 연구소에서 컴퓨터 연구팀을 20년간 이끌다가 서부 해안으로 건너가 작은 스타트업에 합류했다. 2년 뒤 구글 설립자들이 그를 초빙해 회사의 개발팀을 맡겼다. 구글 설립자들이 개발팀 관리자를 대부분 없애버린 다음이었다. 그러나 몇 달 뒤 코프런은 이렇게 말했다. "설립자들도 어쩌면 그게 모든 경우에 최선의 선택은 아니라는 걸 깨달았어요. (…) 그러니까 저는 다 큰 어른들을 감독하라고 뽑힌 사람 중 한 명이었던 거죠."

코프런이 합류했을 때 구글은 인터넷을 매일 백업해두고 있었다. 얼마 뒤 구글은 수십 개의 이메일(지메일, 2004년 출시)과 영상(유튜브, 2006년 출시)의 백업도 해야 했다. 이는 전통적인 데이터 저장 모델이 감당할 수 있는 수준이 아니었다. 기존 방식과 다른 과감한 해결책이 필요했다. 코프런은 100명이 넘는 개발자들이 자신에게 직접 보고하도록 개발팀을 조직했다. 많을 때는 직속 부하가 180명까지 간 적도 있었다.

개발팀의 각 책임자는 30명 정도씩 관리했다. 관리 범위는 넓고 통제는 느슨했다. 코프런은 실험을 장려했고 룬샷을 육성했다. 그리고 성공했다. 그들이 개발한 과감한 스토리지 솔루션은 지금도 구글이 수십억 개의 이메일과 영상을 저장하는 데 사용되고 있다. 일부 부서는 서로 다른 솔루션을 만들어 테스트 경쟁을 펼쳤지만, 어쩔 수 없이 그런 룬샷들이 휘청했을 때는 개발자들이 서로를 지원했다.

그렇다면 넓은 관리 범위가 룬샷 육성에 도움이 되는 이유가 하나 더 생기는 셈이다. 넓은 관리 범위는 동료들 간의 건설적인 피드백을 장려한다. 예를 들어 제록스 파크에서는 40명에서 50명 정도 되는 컴퓨터 연구소의 직원들 전체가 로버트 테일러에게 직접 보고를 했다. 이 구조에 대해 어느 엔지니어는 이렇게 말했다. "동료 심사가 끊임없이 제공되는 식이에요. 흥미진진하고 도전적인 프로젝트는 재정 지원이나 행정 지원 이상의 것을 얻게 되죠. 다른 연구자들의 참여와 도움을 얻게 되니까요. 결과적으로 질 높은 결과물이 쏟아질 수밖에 없어요. 재미없는 작업은 절로 시들어버리죠." 계층이 더 많았다면 어땠을까. "조직 구조가 사람들의 관심을 흩뜨려놓았을 거예요. 문제 해결보다는 직함이나 지위를 더 걱정하게 됐겠죠."

캣멀이 영화감독들을 이해했던 것처럼 테일러와 코프런은 개발자들을 잘 이해했다. 창의적인 인재는 다른 창의적인 인재의 피드백에 가장 잘 반응한다는 사실 말이다. 권위에 기대지 않은 동료들의 피드백이라면 더 좋다. 캣멀은 동료 감독 집단이 프로젝트를 중심으로 정기적으로 모여 감독에게 조언을 제공하는 시스템을 만들었다. 마케팅 담당자나 제작비용 담당자의 이런저런 주문이 아니라 동료들의 정직한 피드백을 받을 수 있게 했다. 창의적인 일을 담당하는 사람들은 신념을 공유하지 않는 외부인들에게 의심 어린 눈초리를 보낸다. 신약을 개발할 때도 마찬가지다. 생물학자나 화학자가 가장 잘 반응하는 것은 MBA 출신들의 제안이 아니라 동료들의 비판이다.

관리 범위가 넓으면 창의적인 사람들이 모여 동료의 문제 해결을 돕게 된다. 반면 관리 범위가 두 명이라면 승진을 차지하기 위해 동료에게 훼방을 놓을 것이다.

요약: 매직넘버를 높이는 법

사내 정치의 효과를 줄여라

보상이나 승진을 위한 로비를 어렵게 만들어라. 이들 사항을 결정할 때 해당 직원의 관리자에 대한 의존도를 줄이고 독립적 평가가 늘어날 수 있는 방법을 찾아라.

소프트 에쿼티를 활용하라

영향력이 큰 비금전적 보상을 찾아내서 활용하라. 예) 동료들의 인정, 내적 동기부여.

프로젝트-능력 적합도를 높여라

직원의 능력과 할당된 프로젝트가 서로 어울리지 않을 때 그것을 찾아낼 수 있는 사람과 프로세스에 투자하라. 어울리지 않는 조합이 발견되면 역할을 수정하거나 직원을 다른 팀으로 보내라. 직원이 너무 어렵지도, 너무 쉽지도 않은 역할을 맡게 하는 것이 목표다.

중간 계층을 해결하라

의도는 좋았으나 의도치 않은 결과를 만드는 보상, 즉 잘못된 인센티브를 찾아내서 고쳐라. 룬샷과 사내 정치 간의 싸움에서 가장 약한 고리인 위험한 중간 계층에게 특별한 관심을 기울여라. 승진을 위해 싸우게 만드는 인센티브를 멀리하고 결과에 집중하는 인센티브를 만들어라. 지위가 아닌 결과를 예찬하라.

칼싸움에 총을 들이대라

인재와 룬샷 쟁탈전에 경쟁자들은 철 지난 인센티브 체계를 동원할지도 모른다. 인센티브 설계라는 까다로운 분야의 전문가를 데려와라. 최고인센티브책임자를 임명하라.

관리 범위를 미세하게 조정하라

룬샷 그룹에는(프랜차이즈 그룹에는 아니다) 관리 범위를 넓혀서 통제를 느슨하게 하고, 더 많은 실험과 동료 간 문제 해결이 가능하게 하라.

많으면 달라진다

급성장하고 있는 행동경제학 분야는 인센티브와 환경적 신호가 행동에 미치는 영향력을 전문적으로 연구한다. 이 연구를 보면 인센티브와 환경적 신호의 영향력은 감지하기 어려운 경우가 많다. 왜냐하면 영향력이 숨어 있거나 인지 편향이라는 괴이한 심리학에 기초하기 때문이다. 인지 편향의 예를 하나 들어보면, 어느 연구에서는 경험 많은 판사들에게 판결을 내리기 전에 주사위를 던져달라고 했다. 그랬더니 큰 숫자가 나오면 작은 숫자가 나왔을 때보다 형기가 60퍼센트나 늘어났다.

판사들의 사례는 충격적이기는 해도, 통제된 실험 상황에서 벌어졌다. 그런데 실생활에서도 직장 내 숨은 영향력은 우리에게 충격을 주기 충분하다. 분만 과정에서 환자와 의사의 선택이 바로 그런 예다. 1980년 이후 미국에서는 제왕절개 분만 비율이 두 배나 높아졌다. 지금은 거의 출산 세 건 중 한 건에 해당할 정도로 제왕절개는 미국에서 가장 흔히 시행되는 수술이 됐다. 이 비율은 세계보건기구와 공공보건국Public Health Service이 가이드로 정한 10~15퍼센트라는 비율보다 훨씬 높은 수치다(제왕절개를 하면 산모가 심각한 합병증에 걸릴 위험이 증가한다). 행동경제학자들의 최근 연구에 따르면 왜곡된 금전적 인센티브가 이런 과도한 제왕절개 수술을 불러온 것으로 보인다. 의사나 병원은 자연분만보다 제왕절개를 했을 때 더 많은 돈을 받는다. 그 차액이 클수록 제왕절개 비율이 높아진다는 연구 결과도 있다. 이런 결과 때문에 일부 병원에서는 정책을 바꾸기도 했다. 자연분만과 제왕절개에 같은 비용을 청구하는 것이다.

두 가지 방법에 같은 비용을 청구한다는 것이 의사나 환자에게 어느 방법을 택하라고 지시한다는 뜻은 아니다. 이는 안전벨트 규정이 벨트를 매라고 지시하는 것과는 다르다. 그러나 이렇게 하면 최소한 잘못된 인센티브는 사라진다. 강제는 아니지만 우리가 원하는 어떤 행동을 장려할 수 있는 작은 변화를 '넛지nudge'라고들 부른다. 같은 제목의 책에서 캐스 선스타인Cass Sunstein과 리처드 탈러Richard Thaler 는 몇 가지 정책 사례를 소개하는데, 그중에는 아주 진지한 것(직원들의 퇴직적금 가입률을 높여주는 방안)도 있고, 덜 진지하지만 똑같이 효과적인 것(소변기에 파리를 그려 넣어 소변이 밖으로 새는 것을 80퍼센트 줄인 사례)도 있다. 행동경제학이라는 분야가 출범하는 데 기여한 공로로 리처드 탈러는 2017년 노벨상을 받았다. 개인의 의사결정에 관한 심리학을 경제학에 도입해 탈러의 작업에 영감을 주었던 대니얼 카너먼Daniel Kahneman은 2002년 노벨상을 받았다. 그렇다면 이들 노벨상과 넛지, 그리고 앞서 말한 룬샷을 보다 효과적으로 육성하는 여러 아이디어들은 서로 어떤 관련이 있을까?

먼저 공통점은, 숨은 방식으로 혹은 예상치 못한 방식으로 인센티브와 환경이 행동에 미치는 영향을 면밀히 분석했다는 점이다. 다른 점은, 지금까지 행동경제학은 환경이 '개인'의 의사결정에 미치는 영향을 연구했지만, 앞서 우리가 다룬 내용은 환경이 '집합적' 의사결정에 미치는 영향을 설명한다는 점이다. 팀이나 기업이 왜 룬샷을 거부하는지를 말이다.

예를 들어 주사위를 던져 큰 숫자가 나왔을 때 더 많은 형량을 선고하는 판사들은 비이성적으로 '보인다'. 하지만 그렇게 겉으로 보이는 비이성적인 행동 아래에는 일상적 업무를 효율적으로 처리하기 위해 진화한, 의사결정에 관한 뇌의 법칙이 자리하고 있다. (주사위를 던진 후에 형량을 선고하는 것이 일상적인 업무는 아니다.) 마찬가지로 개인이라면 모두가 지지했을 귀중한 룬샷을 팀이 퇴짜를 놓는 행동은 비이성적으로 '보인다'. 우리가 했던 작업은 팀이 왜 그런 의사결정에 도달했는지 합리적 이유를 탐구한 것이다. 다시 말해, 개인뿐만 아니라 팀이나 기업이 왜 '뻔하게 비합리적'인지 알아본 것이다.

두 경우 모두 행동을 이해하면 행동을 관리하는 데 도움이 된다. 우리는 개인이 더 좋은 의사결정을 내리도록 환경을 설계하고 싶을 때도 있고, 대규모 집단이 혁신을 더 잘하도록 만들고 싶을 때도 있으니 말이다.

개인의 행동을 연구하는 것과 집합적 행동을 연구하는 것의 차이는 다시 한 번 필립 앤더슨의 '많으면 달라진다'라는 모토를 떠올리게 한다. 앤더슨은 일부 물질이 갑자기 도체(전기가 잘 통한다)에서 부도체(전기가 잘 통하지 않는다)로 변하는 이유를 설명해 노벨상을 받았다. 이를 '금속-절연체 상전이'라고 한다. 또한 그는 일부 물질이 갑자기 일반적 금속에서 초전도체로 변하는 이유를 설명하는 데도 도움을 주었다. 초전도체에서는 전기 저항이 모두 사라진다. 두 가지는 모두 '집합적' 행동의 예다. 그 안에 들어 있는 전자는 동일하다. '개별' 전자의 행동을 따로 떼어 살펴서는 이런 상전이를 이해할 방법이 없다.

지금까지 우리가 해온 작업은 두 개의 노벨상을 결합한 것이다. 우리는 이렇게 별개인 두 원칙을 같은 문제에 적용했다. 그리하여 인센티브의 미묘한 변화가 '집합적' 의사결정에 어떤 영향을 줄 수 있는지 알아보고 있다.

개인의 행동만 따로 떼어 분석해서는 왜 갑자기 팀이나 기업이 혁신을 잘하는 집단에서 혁신에 형편없는 집단으로 바뀌는지 이해할 수 없다. 혁신을 잘하는 능력은 '집합적' 행동이다. '많으면 달라지는' 또 다른 예시다.

• • •

마지막으로 말해둘 것이 있다. 위 모든 얘기는 팀이나 집단에 있는 개인들의 협업 방법을 설계할 때 '구조'의 한 요소로 생각될 수 있다. 앞서 언급했던 '문화'에 관한 산더미 같은 문헌들과는 대조적이다.

그러나 어떤 단어나 주제가 무의미해질 정도로 남용되었다고 해서 완전히 묵살되어야 한다는 뜻은 아니다. 복잡계(시장의 구매자와 판매자, 회사의 직원과 관리자, 소용돌이치는 강물의 원자와 분자처럼 많은 요소가 상호작용하는 시스템을 가리키는 용어다)에 그런 이름이 붙은 데는 이유가 있다. 복잡계의 가장 흥미로운 질문들에 관한 답이 간단한 경우는 거의 없다. 예를 들어 인간 신체라는 복잡계를 보면 당뇨나 암에 더 잘 걸리게 만드는 유전자가 있다. 하지만 개인의 생활방식도 중요하다. 가당 음료를 하루에 몇 리터씩 마시면 당뇨에 걸릴 수 있다. 담배를 하루에 몇 갑씩 피우면 폐암에 걸릴 확률이 높아진다. 유전자와 생활방식은 두 가지 '모두' 중요하다. 팀이나 집단도 마찬가지다. 구조와 문화는 '둘 다' 중요하다.

이 책의 목적은 특정한 행동 패턴(예컨대 승리를 예찬하는 것)은 도움이 되고 다른 행동 패턴(비명을 지르는 것)은 도움이 덜 된다는 생각을 '대체'하려는 게 아니다. 이 책은 그런 생각을 '보충'하려는 것이다.

1부에서 우리는 버니바 부시와 시어도어 베일로부터 구조에 대한 교훈을 얻었고, 어느 체스 챔피언으로부터 아이디어를 빌려 오기도 했다. 이런 것들은 우리가 혼돈과 침체, '모세의 함정'으로부터 벗어날 수 있게 도와주었다. 2부에서는 상전이의 과학이 만들어내는 신선한 통찰을 통해 더 혁신적인 집단을 만드는 방법을 이야기했다. 그리고 몇몇 사례를 통해 그런 아이디어들이 합쳐지면 어떻게 전쟁을 이기고, 질병을 치료하고, 산업을 바꿔놓을 수 있는지 살펴보았다.

그러면 이제 마무리로 또 하나의 작은 주제를 들여다보기로 하자. 바로 인간이라는 종의 역사다.

3부

세계사의 흐름을 바꾼 룬샷들

더 간단한 것들을 설명하는 법을 배웠다면,

그래서 이제 설명이라는 게 뭔지 알았다면,

더 미묘한 질문에 답해볼 차례다.

— 리처드 파인만

9장

왜 중국어가 아니라 영어인가

조지프 니덤의 질문

1937년 8월의 어느 여름날 서른세 살의 매력적인 여성이 케임브리지 대학교 캠퍼스의 어느 저명한 생화학자 연구실 문을 두드렸다. 배아가 어떻게 형성되고 성장하는지를 연구한 조지프 니덤Joseph Needham의 세 권짜리 논문은 평론가들로부터 다윈Charles Darwin의 《종의 기원On the Origin of Species》과 비교됐다. 중국 난징에서 자란 루궤이전魯桂珍이 두 달 동안 1만 3000킬로미터를 달려온 것은, 전설적 인물 니덤 박사와 그의 아내이자 성공한 생화학자인 도로시 니덤Dorothy Needham을 만나, 가능하다면 함께 일해보기 위해서였다.

루궤이전은 "흰 수염이 덥수룩한 할아버지"를 예상했으나, 연구실에서 만난 사람은 큰 키에 깡마른 30대 중반 남자였다. 힘 있는 목소리가 "비단처럼 고와서 거의 혀짤배기처럼" 들리는 것이 사람을 매료시켰다. 얼마 후 루궤이전은 니덤의 관심 범위가 예사롭지 않다는 사실을 알게 됐다. 니덤은 독실한 신자이면서도 집단 알몸 수영에 열정적으로 참가했고 자유연애를 맹렬히 실천하고 있었다. 도로시가 알기로 니덤은 루궤이전과 바람을 피우기 시작했다.

몇 달 뒤 어느 밤, 니덤의 일기장에 따르면 니덤과 루궤이전은 침대에 누워 담배를 피우다가 니덤이 갑자기 루궤이전 쪽으로 돌아누워서는 중국어로 '담배'라는 글자를 일기장에 쓰도록 도와달라고 했다. 두 사람은 함께 다음과 같이 썼다.

香煙 (향연)

니덤은 이 아름다운 한자를 꼼꼼히 살펴보더니 중국어를 배워야겠다고 했다. 니덤은 루궤이전에게 중국어 선생님이 돼달라고 했다.

니덤의 중국어에 대한 관심은 이내 중국 역사에 대한 관심으로 확장됐다. 서양의 과학자나 연구자는 수많은 발명품과 기술이 중국에서 먼저 등장했다는 사실을 모른다고 루궤이전은 니덤에게 누누이 말했더랬다.

1942년 여름 니덤은 종이에 이렇게 휘갈겨 썼다. "과학 일반 중국에서. 왜 개발 없어?" 니덤은 그토록 많은 아이디어가 중국에서 먼저 나타났다면 왜 과학혁명은 중국이 아니라 서양에서 일어났느냐고 물었던 것이다.

루퀘이전은 답을 갖고 있지 않았다. 니덤은 중국을 방문해서 이 의문을 조사해야겠다고 결심했다. 그리고 자신이 알아낸 바를 짧은 에세이로 요약하기로 했다.

짧은 에세이를 쓰겠다던 니덤의 여정은 그를 다시는 생화학으로 돌아가지 못하게 했다. 결과적으로 니덤은 27권, 5000페이지, 300만 단어의 글(어느 평론가는 "지금까지 한 사람이 시도한 것으로는 아마도 가장 위대한 역사적 종합이자 지적 대화일 것"이라고 했다)로 동양에 대한 서양의 이해를 영원히 바꿔놓았다. 니덤은 루퀘이전이 주장한 바를 그대로 확인했다. 방대한 기술적·군사적·정치적 발전이 중국에서 먼저 일어났다. 어떤 것은 서양에 비해 수백 년 앞서기도 했고, 1000년이나 먼저 나타난 경우도 있었다.

하지만 니덤은 처음에 가졌던 의문을 풀지 못했다. 수많은 우위에도 불구하고 과학혁명은 왜 중국에서 일어나지 않았는가? 이는 역사 연구자들 사이에 '니덤의 질문'으로 알려진 질문이다.

• • •

당신이 우주에서 지구를 방문한 외계인이고, 인간이라는 종의 역사를 마치 한 권의 소설처럼 읽는다면, 유인원 같은 시작에서부터 수렵채집꾼으로, 다시 정착 농민으로 변해가는 과정을 보게 될 것이다. 페이지를 넘기는 당신은 과학혁명과 산업혁명이 과연 어디에서 나타날지 몹시 궁금할 테지만, 아마도 거의 확실히 해당 페이지를 보기 전까지 중국이나 인도라고 단정할 것이다.

기원후 500년 정도부터 1500년 정도까지 1000년간 중국과 인도는 세계경제를 지배했다. 이 기간에 두 나라의 GDP를 합치면 평균 세계 GDP의 절반 이상을 차지했다. 반면 서유럽에서 가장 큰 민족 국가 다섯 개의 GDP를 합친 평균은 겨우 1퍼센트와 2퍼센트 사이의 어디쯤이었다.

종이와 인쇄술은 유럽보다 수백 년 앞서 중국에서 먼저 나타났다. 자기나침반, 화약, 대포, 크랭크축, 심정 굴착, 주철, 지폐, 정교한 천문대도 모두 중국이 먼저였다. 황실에서 실시하는 과거 시험(매년 거의 100만 명 이상이 시험을 봐서 1퍼센트 이하만 통과했다)은 유럽에서 최초의 대학이 문을 열기 거의 1000년 전부터 중국에 엘리트 학자 계층을 만들어냈다. 그즈음 중국에서 글을 아는 사람의 비율은 거의 45퍼센트에 달했다. 영국은 6퍼센트 가까이 되던 때였다. 15세기 초 중국 해군은 북아프리카까지 항해를 하곤 했는데, 역사상 가장 큰 선단과 배를 거느렸다. 2만 8000명이 탑승한 300척의 배 중에는 최고 3100톤이나 나가는 선박도 있었다. 수십 년 뒤에 크리스토퍼 콜럼버스가 신대륙을 찾아 떠난 배 세 척 중에서는 가장 큰 것이 100톤 정도였다.

중국이라는 골리앗은 유럽의 그 어느 다윗보다 월등히 크고, 부유하고, 기술적으로 발전해 있었다.

그런데 그 오랜 세월이 흐르던 중에 뭔가 기이한 일이 벌어졌다. 중국이라는 거인은 시선을 내부로 돌리더니, 막대한 자원이 필요한 큰 프로젝트들을 추진하기 시작했다. 새로운 수도 베이징, 만리장성, 대운하, 모두 프랜차이즈 프로젝트였다. 중국의 지도자들은 너무 성장해버린 나머지, 쉽사리 묵살될 미친 아이디어에는 더 이상 관심을 갖지 않았다. 예컨대 행성 운동이라든가 기체의 성질 같은 룬샷 말이다.

18세기에 영국이 무역을 확대하려고 중국에 접근했을 때 건륭제乾隆帝는 조지 3세George Ⅲ에게 이런 서신을 썼다. "우리는 부족한 게 아무것도 없소. 이상하고 기발한 물건을 중시해본 적도 없고, 당신네 나라의 제품이 더 필요하지도 않소."

얼마 지나지 않아 그 기이하고 기발한 아이디어들은 중국 해안에 상륙했고 영국 선박 네메시스Nemesis호가 이를 파괴적으로 입증했다. 단 몇 주 만에 영국의 선단은 중국 해군의 철 지난 낡은 목재 전함들을 몽땅 파괴해버렸다. 중국 제국은 다시는 이전처럼 회복하지 못했다. 다윗의 무기는 증기기관이었다.

이 기간 인도는 600년간의 술탄과 황제들 치세를 이어받은 무굴 제국이 지배하고 있었다. 이들 역시 대규모 프랜차이즈 프로젝트를 남발했다. 예컨대 타지마할이 그랬다. 중국의 황제들과 마찬가지로 무굴 황제들도 룬샷을 가볍게 보았다. 그 결과 1764년 영국의 한 민간 무역 회사가 인도를 장악했다. 1857년 인도는 영국의 식민지가 됐다.

서유럽에서 온 그 기이하고 기발한 물건들은 훨씬 크고 부유한 중국 제국과 인도 제국을 압도했다. 그것들은 여러 문화를 오갔던 2000년간의 대단한 여정의 결과였다. 그 기간 동안 가톨릭 주교는 스페인 톨레도에 있는 유대인을 고용해서 그리스어로 된 원전에 대한 아랍어 평론을 독일인들이 읽을 수 있는 라틴어로 번역했다. 서유럽은 중국의 기술과 인도의 수학, 이슬람의 천문학을 들여왔다. 철학자와 교황이 오갔고, 안경과 자석, 시계와 혈액이 오갔다. 이 여정은 결국 새로운 생각을 낳았다. 그건 우리가 보는 만물의 밑바탕에는 보편적 진실이 놓여 있고, 그 진실은 실험과 측정을 통해 확인 가능하다는 생각이었다. 다시 말해 '자연법칙'에 대한 생각이었다.

오늘날 우리는 이런 생각을 당연하게 받아들인다. 그러나 인간 역사에서 그때까지 옳고 그름을 판결한 것은 종교적 권위자나 신성한 통치자 혹은 뛰어난 철학자였다. 누구나 진리를 찾아낼 수 있다는 생각은 매우 급진적인 아이디어였다. 이는 전복적인 아이디어였고, 이런 생각을 퍼뜨리는 사람은 흔히 나사 빠진 사람으로 팽개쳐졌다.

지금은 '과학적 방법'이라는 더 현대적인 이름을 갖게 된 이런 생각이야말로 '모든 룬샷의 어머니'다.

중국과 무굴제국의 황제들은 수백 년 뒤에 너무나 많은 업계의 후예들을 놀라게 할 교훈을 얻게 됐다. '룬샷을 놓치는 것은 치명적'이라는 교훈 말이다.

• • •

지금까지 우리는 조직 '내부에서' 룬샷을 장려할 수 있는 조건을 만드는 방법에 관해 이야기했다. 이런 원칙들이 조직들 '간에는' 어떻게 활용할 수 있을지 살펴본다면 니덤의 질문(왜 중국이나 인도 등이 아니라 유럽인가)에 답할 수 있다. 우리는 먼저 업계 내에서 기업들 간에는 룬샷 배양소가 어떻게 형성되는지 살펴볼 것이다. 그런 다음 그 생각을 확장해볼 것이다. 과연 '국가들' 사이에서는 룬샷 배양소가 어떻게 형성되는가?

우리는 수백 개의 독립된 도시국가 및 영국을 비롯한 작은 왕국들로 이뤄진 서유럽이 저 커다란 중국이나 인도에 어떤 상대였는지 살펴볼 것이다. 또한 보스턴의 붐비는 바이오테크 시장이 머크나 파이저에 어떤 역할을 해왔는지, 그리고 무리지어 있는 할리우드의 작은 제작사들이 파라마운트나 유니버설에 어떤 역할을 해왔는지 볼 것이다. 왜 튀코 브라헤Tycho Brahe는 천문학의 새로운 지평을 여는 데 성공했는데, 그보다 500년이나 앞선 중국의 인물은 왜 거의 다 와서 실패했는지 보게 될 것이다. 서유럽이 그 전성기에 왜 룬샷의 배양소가 되었는지, 그게 오늘날 여러 국가에 시사하는 바는 무엇인지 볼 것이다. 그리고 그런 옛 제국들의 운명을 피하고 싶다면 어떻게 해야 할지도 알아볼 것이다.

먼저 '모든 룬샷의 어머니'부터 좀 더 자세히 살펴보기로 하자.

케플러의 해답

자연법칙(과 그 법칙들을 밝히기 위한 과학적 방법)의 개념으로 가는 길이 지동설(태양이 지구 주위를 도는 것이 아니라 지구가 태양 주위를 돈다는 개념)로 가는 길과 꼭 닮아 있는 데는 그럴 만한 이유가 있다. 만약 천체와 지구에 관한 가장 기초적인 의문에 대해서조차 하느님이 틀릴 수 있다면 우리는 진리를 찾고 정의하는 방법을 새로 마련해야 하기 때문이다.

지동설이라는 개념은 기원전 4세기 처음 등장해 주기적으로 부각되었다가 (때로는 무참히) 깨졌다가 하기를 2000년간 반복했다. 6세기 인도의 천문학자 아리아바타Aryabhata는 하늘의 해와 별이 매일 회전하는 것을 설명하기 위해 지구가 자전축을 중심으로 24시간마다 회전한다는 생각을 제안했다. 지구가 움직인다는 내용을 포함하는 이론은 14세기와 15세기 기독교 유럽과 이슬람 제국의 변두리에서 조짐이 나타났다.

폴란드에서는 1510년쯤 완성된 소책자 하나를 사람들이 은밀히 돌려보고 있었다. 독실한 신앙인이자 가톨릭교회 관리였던 니콜라우스 코페르니쿠스Nicolaus Copernicus는 이 소책자에 지구가 태양 주위를 공전하는 시스템을 상세히 설명해놓았다. 그는 본인의 아이디어가 신앙과 전혀 충돌하지 않는 이유를 설명하는 데 애를 먹었다. 강한 흥미를 느낀 바티칸은 코페르니쿠스에게 책자를 정식으로 출판하라고 권했다(교회와의 충돌은 이로부터 100년 뒤 갈릴레이Galileo Galilei가 교회 지도자들을 조롱하면서 벌어진 일이다). 코페르니쿠스는 싫다고 했다. 동료나 다른 교회 관리들이 어떻게 여길지 조심스러웠을 뿐만 아니라 자신의 이론이 가진 명백한 결함에 대해 답을 제시할 수 없었기 때문이다. 만약 지구가 자전축을 중심으로 24시간마다 그토록 빠른 속도로 회전한다면 새들은 왜 새집에서 추락하지 않는 건가? 만약 우리가 태양 주위를 빠르게 달려가고 있다면 왜 달은 뒤처지지 않는 건가? 다시 말해 모든 룬샷이 그렇듯 코페르니쿠스의 이론도 결점을 많이 갖고 있었다.

30년 뒤에야 코페르니쿠스는 마침내 어느 제자의 성화에 못 이겨 죽음을 목전에 둔 상황에서 책을 출판한다. 1543년이었다. 그의 아이디어를 진지하게 생각하는 사람은 많지 않았다. 코페르니쿠스가 두려워했던 대로 대다수 사람들은 그 이론의 결점을 비웃으며 아이디어 전체를 묵살했다. 1589년 이탈리아의 저명한 천문학자 조반니 마기니Giovanni Magini는 코페르니쿠스의 아이디어에 대해 이렇게 썼다. "사실상 모든 사람이 그의 가설을 터무니없는 것으로 보고 거부했다." 어느 역사학자에 따르면 그 시기 유럽 전역에서 코페르니쿠스의 지동설을 믿은 학자는 고작 다섯 명이었고, 그나마 그가 죽은 지 50년이 지난 뒤였다.

그 다섯 명 중에 독일 튀빙겐 대학교의 교수였던 미하엘 메스틀린Michael Maestlin이 있었다. 행성 운동에 관한 메스틀린의 강의는 열일곱 살의 어느 학생에게 깊은 인상을 주었다. 그 학생의 이름은 '요하네스 케플러'였다. 케플러의 일기장을 보면 자기 자신을 다음과 같이 묘사하고 있다.

그의 모습은 마치 작은 강아지 같았다. 민첩한 몸은 말랐지만 튼튼하고 비율이 좋았다. 입맛도 닮은 데가 있었다. 그는 뼈 뜯는 것을 좋아하고 빵 부스러기를 좋아했다. (…)

그는 다른 사람과 대화하는 게 지루했지만 손님이 오면 강아지처럼 반겼다. 그러나 마지막 것을 빼앗겼을 때는 불같이 타올라 으르렁거렸다. (…) 그는 많은 사람을 도가 지나칠 만큼 싫어했고, 그들은 그를 피했다. 그러나 스승들은 그를 예뻐했다.

케플러는 점점 코페르니쿠스의 아이디어에 매료되었다. 그는 이 이론에 많은 결함과 해명되지 않은 부분이 있다는 사실을 알고 있었다. 그러나 그는 코페르니쿠스의 이론이 고대 그리스에서 만든 시스템만큼이나 복잡하다는 사실을 이해했다. 이런 궤도를 설명하려면 수십 개의 순환주기와 주전원周轉圓(원 위의 원)이 필요했다. 널리 사용되고 있는 천동설보다 이 이론이 더 정확하다고도 말할 수 없었다 (따라서 더 유용하다고 말할 수도 없었다).

케플러를 설득한 것은 순전히 코페르니쿠스의 이론이 가진 우아함이었다. 케플러는 다소 낭만적인 신비주의자였다. 태양을 중심으로 한 세계관은 내부 행성들의 움직임(왜 수성과 금성이 절대로 태양에서 멀리 벗어나지 않는지)이나 행성들의 이례적인 공전주기를 훨씬 더 자연스럽게 설명할 수 있었다. 태양에 가까운 행성들은 금세 궤도 한 바퀴를 도는 반면, 멀리 있는 행성들은 오랜 시간이 걸린다.

스물네 살이 된 케플러는 하늘에 행성의 궤도를 나타내는 거대한 피라미드와 정육면체를 그린 그림으로 가득한 책 한 권을 출판했다. 그는 자신의 책을 열정적으로 소개했다. "처음으로 나는 이 주제를 인류에게 널리 알리려고 한다. (…) 하느님이 마치 인간 건축가처럼 어떤 식으로 세상의 기초를 놓았는지 알 수 있다!" 그러나 그의 아이디어는 모두 틀린 것이었고, 그중 다수를 나중에 철회했다. 그러나 이 책은 수학자로서 케플러가 얼마나 뛰어난지를 여실히 보여주었다. 케플러는 당시 유럽에서 가장 뛰어난 천문학자였던 튀코 브라헤에게 이 책을 보냈다. 튀코는 즉시 케플러를 조수로 채용했다. 튀코는 행성 운동에 관해 이미 자신만의 이론을 갖고 있었고, 젊은 케플러가 자신을 도와 이를 확인할 수 있기를 바랐다.

튀코는 케플러에게 화성의 움직임을 분석하는 일을 맡겼다. 케플러는 원운동을 가정해서 계산을 시작했다. 오직 원운동만이 천체에 걸맞은 완벽함을 지녔다고 생각했기 때문이다. 바빌로니아인부터 고대 그리스인, 아랍인, 유럽인을 거쳐 코페르니쿠스와 튀코에 이르기까지 이전에 행성을 관측한 모든 사람이 그렇게 시작했다. 그러나 케플러가 5년을 매달려 분석해보아도 작은 오차 하나를 없앨 수 없었다. 그가 화성이 나타나야 한다고 계산으로 예측한 곳과 튀코의 장비를 이용해 실제로 하늘에서 본 위치 사이에는 오차가 있었다. 각도로 8분 차이였다. 1퍼센트의 20분의 1도 안 되는 오차였다. 아무리 많은 순환주기와 주전원, 동시심, 이심을 그 어떤 형태로 추가해도 (고대 그리스, 아랍, 유럽의 천문학자들이 그때까지 사용한 수학적인 기교를 동원해도), 그 작은 오차를 없앨 수가 없었다. 그래서 케플러는 "오직 인간의 마음에만 있고 자연은 받아들이기를 전적으로 거부하는 것" 즉 '원운동 가정'을 거부하기로 했다.

케플러의 용단이 불을 지폈다. 《신新 천문학Astronomia Nova》(1609)에서 케플러는 "이 8분의 각도를 무시할 수 없기 때문에 이것만으로도 천문학의 모든 내용은 개혁될 수밖에 없다"고 선언했다.

의학이나 생물학, 동물학에서는 일반 법칙이 적용될 여지가 거의 없는 연구 대상이나 행태가 어마어마하게 다양하다. 신장의 보편 법칙이나 고양이의 보편 법칙 같은 것은 없다. 그러나 행성은 해마다 똑같은 궤도를 수천 년간 반복해서 돌고 있다. 보편적 진실을 제안할 수도 있고 주도면밀하게 테스트할 수도 있다.

보편적 진리에 대한 케플러의 생각은 급진적이었다. 타원형 궤도 (심지어 궤도라는 아이디어 자체), 태양의 힘이 행성을 움직인다는 생각, 자연법칙이 이런 운동을 관장한다는 생각, 정교한 측정을 통해 그런 법칙을 추론해야 한다는 생각 모두 케플러가 도입한 것이었고, 새로운 발상이었다. 케플러는 뉴턴보다도 더 과감하게 과거와 이별했다. 뉴턴은 (주로) 케플러의 궤도를 설명하겠다는 목표로 기존 원리들을 통합했다. 케플러는 300년 뒤에 나타날 아인슈타인에 가장 근접한 정신을 가진 사람이었다.

아인슈타인 역시 과거와 과감하게 이별했다. 아인슈타인은 먼저 '에테르ether'라는 오래된 개념을 거부했다. 에테르는 모든 비교의 잣대가 되는 우주만이 가진 독특한 기준틀이었다. (아인슈타인의 특수상대성이론을 보면 물리법칙은 그 어떤 기준틀에서도 동일하다. 특별한 것은 아무것도 없다.) 다음으로 아인슈타인은 중력이 원격작용이라는 뉴턴의 생각을 거부했다. 뉴턴은 행성이 어떤 불가사의한 방식으로 멀리 떨어진 물체에 대해서도 끌어당기는 힘을 발휘할 수 있다고 생각했다. (아인슈타인의 일반상대성이론은 물질이 주위의 공간을 휘게 만든다는 사실을 보여주어 그런 힘들을 설명해냈다.)

아인슈타인은 케플러가 자신과 '같은 정신'을 가졌다고 생각했다. 케플러는 종교적 박해도, 가난도, 개인적 비극도, 불신하는 관객도, 신비주의적 사고의 유산도 모두 극복해냈기 때문이다.

아인슈타인은 이렇게 썼다. "평생에 걸친 케플러의 업적은 오직 그가 태어난 지적 전통의 상당 부분으로부터 스스로 자유로워진 후에야 가능했다."

같은 정신을 가진 사람들, 알베르트 아인슈타인과 요하네스 케플러

케플러와 달리 아인슈타인은 잘 정립되어 있던 커다란 과학 커뮤니티로부터 오는 이점을 누렸다. 앞서 이야기했듯 그가 논문을 발표하고 4년 뒤에 일어난 1919년의 일식은 아인슈타인의 중력이론이 옳다는 것을 확인해주었다. 반면에 케플러의 생각이 확인되는 과정은 훨씬 더뎠다. 케플러가 '화성과 사투'를 벌인 결과를 《신 천문학》으로 출판하고 수십 년이 지난 후에야 천문학자나 점성술가, 항해사는 케플러가 만든 시스템이 지구를 중심으로 하는 그 어느 이론보다 잘 들어맞는다는 사실을 서서히 알게 됐다. 갈릴레이가 목성의 위성들을 발견하고, 윌리엄 길버트William Gilbert가 자석으로 여러 실험을 하고, 로버트 훅이 만유인력을 추측하고, 궁극적으로는 뉴턴이 이것

들을 통합해 여러 법칙을 세우면서 케플러의 급진적 아이디어는 결국 새로운 천문학뿐만 아니라 새로운 사고방식으로서 널리 받아들여지게 됐다. 권위자의 판결이 아니라 실험 결과로써 진리를 판단하게 된 것이다.

케플러가 죽고 수십 년이 지난 17세기에 과학적 방법은 유럽 전역에서 급부상하며 폭발적으로 확산됐다. 이에 따라 촉발된 각종 산업 도구의 혁명은 인류 역사상 유례없이 빠르고 큰 규모의 변화를 몰고 왔다.

1만 년 동안 인간의 기대 수명은 거의 변하지 않았다. 그러던 것이 1800년에서 2000년 사이에 두 배가 됐다. 기원후 1년부터 1800년까지 전 세계 인구는 매년 채 0.1퍼센트도 증가하지 않았다. 20세기 중반이 되자 인구 증가율은 20배 수준으로 껑충 뛰었다. 전 세계 평균 1인당 경제 생산은 2000년간 거의 그대로(1990년 달러화 기준으로 환산했을 때 450~650달러 수준)였다. 1800년 이후 1인당 경제 생산은 자그마치 '1000퍼센트'가 성장했다.

서유럽의 조그만 민족국가들, 특히 영국은 그 룬샷을 타고 전 세계를 지배했다. 오늘날 글로벌 비즈니스 언어가 중국어나 아랍어, 힌디어가 아닌 영어가 된 주된 이유다.

왜 서양이 이겼는가

그래서 우리는 다시 니덤의 질문으로 돌아오게 된다. 왜 서유럽인가?

섞여서는 안 될 두 가지 질문을 분리하는 것부터 시작해보자. 종종 지난 200년간 어느 국가는 성장했는데 다른 국가는 쇠퇴한 이유에 대한 질문이 니덤의 질문과 섞이는 수가 있다. 하지만 니덤은 처음에 나타난 것, 즉 **창조**에 관해 물었다. 최근의 차이를 묻는 것은 **채택**에 관한 질문이다. 왜 어느 나라는 과학과 산업에 대한 그런 새로운 개념을 다른 나라보다 빨리 채택했는가?

예를 들어 아이티의 경제는 거의 20세기 내내 내리막을 걸었다. 같은 기간 도미니카공화국의 1인당 GDP는 다섯 배가 성장했다. 두 나라는 같은 섬을 반반 나눠 가지고 있는데도 그렇다. 역사가 증거를 주지는 않지만, 몇 가지 설명은 어렵지 않게 반박하거나 적어도 제쳐둘 수 있다. 지난 300년간 두 나라 사이에 인종이나 문화, 기후, 지리적 요소의 차이는 제쳐두어도 된다는 게 일반적인 설명이다. 정치나 경제 제도의 차이를 드는 것이 훨씬 더 자연스러운 설명이다.

니덤의 질문은 아이티와 도미니카공화국 같은 최근의 차이를 묻는 것이 아니다. 니덤의 질문은 룬샷에 관한 질문, 모든 룬샷의 어머니에 관한 질문이다. 왜 이 룬샷은 겨우 몇 년 차이로 17세기 서유럽에서 빠르게 나타나고 확산되었는가? 부와 무역, 체계적 학문, 초기 과학과 기술에서 중국과 인도, 이슬람의 제국들이 '1000년간' 세계 선두를 지켰는데 말이다.

예를 들어 이슬람 제국은 9세기부터 15세기에 걸쳐 여러 번의 전성기 동안 수학과 천문학, 광학, 의학뿐만 아니라 도서관, 병원, 최초의 대학, 관측소 등(이런 것들이 서구의 과학을 낳았다)의 분야에서 서유럽과 중국을 모두 능가했다. 코페르니쿠스는 중요한 여러 수학적 단계를 아랍의 천문학자들로부터 직접 빌려 왔다. 1025년 페르시아의 의사이자 학자였던 이븐 시나Ibn Sina는《의학 정전》을 썼다. 이 책은 700년간 유럽에서 가장 널리 사용된 의학서였다.

우리는 또 문화, 기후, 지리적 요소라는 구닥다리 설명도 '채택'에 관한 질문에서와 마찬가지로 제쳐둘 수 있다. 만약 서유럽의 문화나 기후, 지리적 요소가 중국이나 이슬람, 인도에 비해 진보에 훨씬 유리했다면 그런 옛 제국들은 어떻게 수백 년간 세계의 경제와 기술 혁신(종이, 인쇄술, 자기나침반, 화약, 운사의 수문, 발전된 채굴 기술 등)을 지배했단 말인가? 그들의 문화나 산의 높이가 갑자기 바뀐 것도 아닌데 말이다.

답을 찾기 위해 앞서 언급한 것처럼 어떤 산업 내에서 룬샷을 장려하는 조건부터 들여다보기로 하자. 여러 산업은 익숙한 패턴을 보여준다. 두 개의 시장으로 상이 분리되었으나 그들 시장 사이에는 동적평형이 맞춰질 것이다. 그런 다음에 그 패턴을 국가에 적용해보기로 하자. 왜 서유럽이 부상하고 나머지 지역이 쇠퇴하는 데 문화나 기후, 지리적 요소보다는 구조가 더 중요했는지 알 수 있을 것이다.

• • •

기업 내부에서건, 어느 산업 내부에서건, 룬샷 배양소가 번창하려면 세 가지 조건이 갖춰져야 한다.

1. **상분리**: 룬샷 그룹과 프랜차이즈 그룹을 분리한다.
2. **동적평형**: 양 그룹 간에 막힘없는 교환이 오간다.
3. **임계질량**: 룬샷 그룹이 연쇄반응을 일으킬 수 있을 만큼 크다.

상분리, 동적평형 조건은 부시-베일 법칙의 첫 부분에 나왔고 1부에서 다루었다. 세 번째 임계질량은 투자와 관련된다.

만약 훌륭한 사람들을 고용할 돈이 없거나 초기 단계의 아이디어나 프로젝트에 재원을 마련할 수 없다면, 룬샷 그룹은 아무리 잘 설계되었다고 해도 시들어버린다. 룬샷 그룹이 번창하려면 연쇄반응이 필요하다. 연구소가 성공한 신약이나 히트 상품 혹은 상을 탈 만한 디자인을 만들어낸다면 최고의 인재가 모이게 된다. 발명가나 창의적 업무를 하는 사람이라면 새로운 아이디어를 가져와 이기는 팀의 물결에 올라타고 싶을 것이다. 이런 성공은 더 많은 투자를 정당화한다. 프로젝트와 자금이 늘어나면 히트 상품이 나올 가능성도 높아진다. 이렇게 긍정적인 피드백 고리의 연쇄반응이 필요하다.

임계질량을 달성하려면 프로젝트의 수가 몇 개나 되어야 할까? 어떤 룬샷이든 성공할 확률은 10분의 1이라고 가정해보자. 자신 있게 연쇄반응에 불을 붙이려면 적어도 그런 룬샷 24개 이상에 투자해야 한다(다양한 룬샷 12개로 구성된 포트폴리오가 적어도 하나 이상의 성공작을 낼 확률은 65퍼센트. 24개 이상이면 92퍼센트다).

이 세 가지 조건이 어느 산업에(하나의 기업 내부가 아니라 여러 회사들 사이에) 적용되는 방법을 알아보기 위해 먼저 영화를 살펴보자. 연방정부가 상분리를 돕는 방법을 보게 될 것이다.

상전이의 화신, 할리우드

허슬러hustler(야바위꾼, 사기꾼, 강매꾼, 돌팔이 등을 뜻하는 말-옮긴이). 1900년대 초 유럽에서 미국으로 건너온 젊은 이민자와 고철상, 모피 무역상, 행상인, 그러니까 주커나 메이어, 골드윈, 로우, 콘, 워너, 폭스 같은 성을 가진, 대부분은 유대인이고 일부는 가톨릭교도였던 이들이 토머스 에디슨의 영화라는 새 발명품에 뛰어들었다. 이들은 에디슨의 장비를 사고, 그의 단편영화를 빌려, 싸구려 극장이나 시장에서 보여주었다. 1931년 어느 작가는 새로 나온 영화를 전구와 전화, 심지어 증기기관에 비유했다.

기계 시대의 그 어느 발명품도 이처럼 널리 놀라움과 관심을 산 적은 없었다. (…) 이 새로운 것, '영화'라는 사건은 노동을 줄여주거나 시간을 절약해주는 따분한 도구가 아니었다. 부유한 이들을 더 편안하거나 호사스럽게 만들어주는 도구도 아니었다. 영화는 보통 사람들에게도 엔터테인먼트를 소개한 로맨틱한 장치였다.

허슬러들은 그 경이로운 파도를 타고 전국을 누볐고, 그 과정에서 에디슨의 특허를 멋대로 사용했다. 그들은 극장을 짓고, 작가와 배우, 감독을 고용해서 극장을 채울 영화를 자체 제작했다. 에디슨은 뉴저지주에 위치한 본인의 특허 회사를 통해 이들을 통제 내지는 진압하려 했다. 깡패들을 고용해 장비를 박살내고 시장에 불을 지르기도 했다. 그러자 이들은 서부로 옮겨 갔다. 에디슨이 보낸 특허 경찰

412

이 나타나면 언제든 해적판 장비들을 챙겨 튈 수 있는 멕시코 국경 근처로 갔다. 그리고 자신들만의 도시를 만들고 이름을 붙였다. '할리우드.'

그렇게 시장에서 푼돈이나 긁어모으던 작자들이 이후 30여 년간 성장해서 영화사 우두머리가 됐다. 그들의 스튜디오(파라마운트, 유니버설, MGM, 워너브러더스, 컬럼비아)는 극장부터 제작 편수, 재능 있는 전문가들과의 장기 계약까지 모든 것을 좌지우지했다. 이런 과점 체제는 스튜디오 수장들에게는 한없이 기쁜 일이었고, 스타들에게는 악마와의 거래였으며, 정부의 반독점 관리들에게는 타깃이었다.

1920년대에 미국 법무부는 스튜디오들을 기소하기 시작했다. 이 작업은 대공황 시기에 잠시 멈췄다가 다시 재개됐고, 2차 세계대전 때 다시 잠시 멈췄다가 결국 1948년에 이르렀다. 1948년 정부가 파라마운트를 기소한 사건의 최종 결론이 났다. 법원은 파라마운트를 나머지 스튜디오와 떼어놓았다. 앞으로 영화를 제작하는 사람은 그 누구도 극장을 소유할 수 없게 됐다.

새롭게 자유를 찾은 시장에는 소유권 주고받기 곡예가 펼쳐졌다. 그렇게 스튜디오들을 사고판 회사 중에는 자동차 부품 회사 하나, 음료 회사 둘, 호텔 회사 하나, 배우 에이전시 하나, 각종 대기업 대여섯 개가 있었고, 프랑스 연방은행과 협업한 이탈리아 사기꾼도 한 명 끼어 있었다. 의자 먼저 차지하기 게임은 워너브러더스가 타임Time Inc.과 합병을 하여 나란히 AOL의 품에 안겼을 때 정점에 이르렀다. 1860억 달러짜리 이 합병은 초대형 합병 중에서 가장 큰 실패작이 됐다.

격동의 시기가 좀 진정되면서 영화 산업은 두 개의 시장으로 분리됐다. 지금의 대형 영화사들(워너브러더스, 유니버설, 컬럼비아, 폭스, 파라마운트, 디즈니)은 프랜차이즈나 완성도 있는 프로젝트를 사들이고 경영했다. 그들은 이익이 나는 한 최대한 많은 채널을 통해 최대한 많은 고객들에게 제품을 전달하는 방식으로 경쟁했다. 규모를 키우고, 뉴욕에서 개봉 첫날 행사를 주최하는 데 필요한 관계를 구축하고, 시티은행에서 자금을 빌리고, 세계 최초로 미국 본토가 아닌 한국에서 할리우드 영화를 공개하고, 넷플릭스에 VOD 서비스를 하고, 닌텐도와 영상 작업을 추진하고, 월마트에 장난감을 팔고, 일본과 협상해서 테마파크를 설치하는 일 등이 그들의 전공이었다.

주로 피델리티Fidelity Investments Inc.나 T. 로우 프라이스T. Rowe Price Group, Inc. 같은 대규모 뮤추얼펀드 투자자가 애널리스트들과 분기 실적에 대해 통화하면서 다음번 '아이언맨' 시리즈처럼 예산이 많이 드는 아이템에 관해, 또는 홍역으로 테마파크의 매출이 어떤 영향을 받을지에 관해 의논한다. 애널리스트들은 다음 분기 수익과 글로벌 시장 트렌드를 추측한다. 그러나 대형 영화사들은 새로 입수한 시나리오에 관해 논의하지는 않는다. 애널리스트나 투자자는 그런 얘기에는 별로 관심이 없다. 뉴욕 양키스 구단이나 팬들, 혹은 스포츠 기자들이 마이너리그의 더블에이 선수에게 큰 관심이 없는 것과 마찬가지다. 메이저리그 시장은 프랜차이즈를 사들이고 경영하는 것을 전문으로 한다.

또 다른 시장은 심하게 파편화되어 있다. 작은 독립 영화사 수백 개의 네트워크로 구성된 이들은 여기저기 흩어져 있는 시나리오와 배우, 투자자를 불러 모아 한쪽으로 몰고 가서 긴긴 터널을 조심조심 끝까지 통과시켜 영화 한 편을 완성한다. 이들은 새로운 소재, 창의적 인재, 영화제의 트로피, 부족한 자금을 손에 넣기 위해 서로 경쟁한다. 피델리티나 T. 로우 프라이스가 이들에게 투자하는 일은 없다. 이들의 자금은 미친 영화 프로젝트에 도박을 해볼 의향이 있는 부유한 개인이나 개인 자산 관리자로부터 나온다. 대형 영화사들이 거들떠보지 않는 사람들 말이다. 이들이 손대는 영화는 예컨대 메트로섹슈얼한 영국 스파이가 장거리 미사일을 보유하고 털북숭이 고양이를 키우는 악당으로부터 세상을 구한다거나('제임스 본드' 시리즈), 인도 뭄바이 빈민촌 출신의 소년이 퀴즈쇼에 출연한다거나(《슬럼독 밀리어네어》), 칼과 피자를 좋아하는 파충류가 나오는(《닌자 거북이Teenage Mutant Ninja Turtles》, 12억 달러의 티켓 판매액을 올렸다) 영화다. 그러니까 이 시장은 룬샷을 만들어내고 키우고 거래하는 곳이다.

영화 산업이 살아남고 번창할 수 있는 것은 두 시장을 이어주는 파트너십 덕분이다(동적평형). 프랜차이즈의 안정된 수익이 없다면 룬샷의 높은 실패율 때문에 산업 자체가 파산하고 만다. 그러나 프랜차이즈는 점점 식상해진다. 신선한 룬샷이 없다면 대형 프랜차이즈도 사라질 것이다.

이런 파트너십은 대부분 단발성이다. 작은 영화사는 영화를 하나 만든 다음, 대형 영화사들을 상대로 마케팅 권리를 경매에 붙인다. 그 밖에도 파트너십의 종류는 광범위하다. 예를 들어 유니버설은 이매진 엔터테인먼트Imagine Entertainment와 30년 동안 50개 작품을 함께했다. 이매진이 스토리를 찾아내 영화로 만들면 유니버설이 배급했다. 그렇게 협업한 영화 중에는 오스카상을 받은 〈아폴로 13〉과 〈뷰티풀 마인드〉가 있다.

영화 산업에서 두 개의 시장이 형성되어 거미줄 같은 협업관계로 연결되어 있는 것은 하나의 '산업 내'에서 상분리와 동적평형을 이루는 예다.

수백 개의 작은 영화사로 구성된 시장이 소규모의 실험적 영화 프로젝트를 찾아내고 자금을 대고 추진하는 것은 '산업 내' 룬샷 배양소의 예다.

정부의 개입(영화사들의 과점 체제를 깨놓은 것)이 영화 산업에서 상분리에 불을 붙였다. 생물의학 분야에서 그렇게 불을 붙인 계기가 된 것은 신기술이었다.

인슐린 이야기

옛날 할리우드 영화사들이 1940년대 영화 산업을 지배했던 것처럼 파이저, 머크, 애보트Abbott, 로슈, 일라이 릴리Eli Lilly 등 몇 안 되는 대형 글로벌 제약회사가 1980년대 신약 개발을 지배했다. 양쪽 산업 모두 업계 밖에서 이뤄지는 창의적 활동에 의지해 제품 개발이 시작된다. 책이나 잡지에 나오는 이야기들이 영화의 소재를 제공하듯(이언 플레밍의 책에 나오는 영웅이 '제임스 본드' 프랜차이즈로 성장하고, 플래시 고든의 만화가 '스타워즈' 시리즈의 시작이 됐다), 대학이나 국립연구소에서 나온 연구 결과가 신약의 출발점이 된다. 예컨대 콘라트 블로

흐와 마이클 브라운, 조지프 골드스타인의 콜레스테롤 연구를 출발점으로 스타틴이 개발된 것처럼 말이다.

1980년대 중반까지 신약 개발 산업은 그래왔다. 광범위한 연구는 대학에서 맡고, 글로벌 제약회사들은 그 연구에 기초해서 신약을 만들어 고객들에게 팔았다(유통). 할리우드의 옛날 대형 영화사들이 그랬던 것처럼, 대형 제약회사들도 생산과 유통을 모두 장악했다. 어느 젊은 의사가 열네 살 소년을 치료하다가 완전히 새로운 종류의 약을 만들어내기 전까지는 말이다.

우리가 사용하는 대부분의 약은 식물, 동물, 미생물처럼 자연으로부터 나온다. 이런 천연 생성 약물의 유효 성분은 분자의 크기가 비교적 작다. 버드나무 껍질 추출물로 만드는 아스피린은 원자가 21개에 불과하고, 양귀비로 만드는 모르핀의 원자 수는 40개, 곰팡이로 만드는 엔도 아키라의 스타틴 약의 원자 수는 62개다. 이런 약물들은 세포 내 단백질에 작용해서 질병과 싸운다. 단백질은 세포 내에서 대부분의 일을 처리하는 훨씬 큰 분자다. 단백질이 본래의 기능을 못 하면 세포가 통제를 벗어나 질병을 유발할 수 있다. 거대한 로봇이 통제를 벗어났을 때 뱃속에 작은 렌치를 끼워 넣어서 동작을 멈추게 하는 것처럼, 천연 생성 약물은 과민 반응을 보이는 단백질에 있는 아주 작은 틈을 파고드는 식으로 작용한다. 아스피린은 염증에 관계된 단백질을 방해한다. 모르핀은 통증 신호를 보내는 단백질을 방해한다. 스타틴은 콜레스테롤 수준을 조절하는 단백질을 방해한다. 화학요법은 세포 분화에 필요한 단백질(혹은 다른 아주 큰 분자)을 방해한다. 19세기부터 20세기 말까지 개발된 거의 모든 약물이 이 유형에 속한다.

　신종 의약품은 캐나다에 있는 어느 소년과 함께 탄생했다. 1921년 12월 2일 열네 살의 레너드는 토론토의 한 병원에 입원했다. 체중 29킬로그램, 무기력 상태로 머리카락이 빠지고 있었고, 소변에서 아세톤이 검출되고 혈당은 위험 수치까지 올라간 상태였다. 아이는 이른바 제1형 당뇨의 마지막 단계에 이른 수많은 아이 중 하나였다. 당시 최첨단 치료법은 굶기는 것이었다. 기대 수명은 몇 개월에 불과했다. 25년 전 폴란드계 독일인 의사 오스카 민코프스키Oskar Minkowski는 동물에게서 췌장을 제거하면 당뇨 증상이 나타난다는 사실을 발견했다. 민코프스키를 비롯한 많은 이들이 동물의 췌장을 갈아서 투여하는 방식으로 치료해보려고 했으나 20년 이상 시도해도 실패를 거듭하자, 미국의 일류 당뇨병 연구자는 교과서에 이렇게 썼다. "췌장 추출물을 투여하는 것은 무용할 뿐만 아니라 해롭다는 사실이 증명되었다고 (⋯) 모든 권위 단체가 인정했다. 민코프스키부터 시작된 시도는 지금까지 한 번도 성공한 적 없이 실패했다."

　한편 캐나다에 살던, 아무런 연구 경험도 없고 자금도 없던 스물아홉 살의 어느 외과의사가 당뇨와 췌장의 연관성에 관한 기사를 읽었다(그는 편도선 제거 수술과 의료용품 판매로 생계를 잇고 있었다). 흥미를 느낀 그는 이 문제를 연구해보기로 했다. 어쩌면 그 모든 실패에도 불구하고 용기가 있었던 것일 수도 있고, (좀 더 가능성이 높은 것은) 그가 교과서를 읽은 적이 없어서 그런 실패 사례를 몰랐기 때문일 수도 있다. 그는 혈당을 조절하는 그 신기한 물질이 뭐가 되었든 그것을 췌장에서 추출해낼 새로운 방법을 생각해냈다. 토론토에서 팀을 이뤄 작업하던 그는 자신이 만든 물질을 개들에게 시험해보고 희망적인 결과를 얻었다. 1922년 1월 11일 그는 그 물질을 레너드에게 투약했다. 팀원들은 복도에서 초조하게 기다렸다. 아무 일도 일어나지 않았다. 추출물이 뿌옇게 보였기에 그들은 생화학 전문가를 불러와서 약물을 개선했다. 12일 후 레너드는 새로운 혼합 추출물을 투여받았다.

24시간 만에 레너드의 혈당 수치는 거의 80퍼센트가 떨어졌다. 소변에서 검출되던 아세톤과 당은 거의 90퍼센트 가까이 줄어들었다. 소년은 "생기를 띠고, 활기를 찾았으며, 안색이 좋아졌다. 소년은 힘이 나는 것 같다고 말했다". 이 외과의사 프레드 밴팅Fred Banting은 재빨리 의학 보고서를 발표했다. 그가 췌장에서 추출한 물질은 단백질인 것으로 밝혀졌다. 밴팅은 이 단백질을 '인슐린'이라고 이름 붙였다. 인슐린은 레너드의 생명을 구했다.

새로운 치료법에 관한 소문이 빠르게 퍼져나갔다. 미국 최고의 당뇨병 연구자였던 프레더릭 앨런Frederick Allen 박사는 이 약물을 한 병 확보하려고 토론토로 날아갔다. 그가 약물을 구해서 병원으로 돌아왔던 날 밤을 어느 간호사는 이렇게 묘사했다.

새로운 희망이라는 신기루만으로도 환자들은 한 명 두 명 활기를 되찾았다. 몇 주째 침대 밖을 나오지 못했던 당뇨 환자들도 힘없는 다리를 이끌고 벽이며 가구에 매달려 걸어 다녔다. 볼록한 배, 뼈밖에 남지 않은 목, 해골 같은 얼굴, 힘없는 움직임, 나이도 성별도 제각각인 사람들. 부활이었다. 스멀스멀 동요가 일어나고 있었다. 기억도 나지 않는 어느 봄에 그랬던 것처럼……

환자들이 귀신처럼 조용히 흘러가는 게 보였다. 서로 눈만 마주치더라도 그들을 끄집어낸 그 참을 수 없는 희망을 들킬까 봐, 환자들은 그저 앉아서 땅바닥만 바라보며 기다렸다.

선생님이 포장도로를 걸어오는 소리를 모두가 들었다. 입구를 지나 중앙 복도를 걸어오는 소리. 선생님 곁에는 아내분이 함께했는데, 그녀의 종종걸음 소리가 선생님의 발소리와 합쳐져 기괴한 리듬을 이루었다. 숨죽인 환자들은 그 발소리에 집중했다.

열린 문 사이로 나타난 선생님은 간절함으로 가득한 수백 개의 눈길을 보았다. 선생님은 얼어붙었다. 몇 분이 지나서야 입을 뗀 것이 분명하다. 선생님의 목소리에는 환자에 대한 걱정과 함께 들키지 않으려고 안간힘을 쓰고 있는 흥분이 묘하게 섞여 있었다.

선생님이 말했다. "제 생각에, 제 생각에 이걸 드릴 수 있을 것 같아요."

인슐린은 의학계를 바꿔놓았다. 단백질은 더 이상 약제의 '타깃'에 그치지 않고 그 자체가 하나의 약물이 될 수 있다. 오작동하는 로봇을 단순히 작은 렌치로 멈춰놓는 것이 아니라 로봇 자체를 통째로 교체할 수 있게 된 셈이다.

하지만 문제가 하나 있었다. 모든 당뇨 환자를 위해 동물들의 췌장을 추출하는 것은, 열이 있는 모든 환자에게 쓸 아스피린을 만들려고 버드나무를 잘라내는 것만큼이나 비실용적이었다. 해결책을 찾는 데 50년이 걸렸다. 1970년대에 발달한 유전공학(실험실에서 인간의 정제 단백질을 대량으로 만드는 것이 가능해졌다) 덕분에 밴팅의 인슐린 발견은 실용적 치료법이 됐다.

대부분의 대형 제약회사들은 실험실에서 만든 단백질이 새로운 유형의 의약품이 될 수 있다는 생각을 진지하게 받아들이지 않았다. 하지만 1980년대 초 가공된 단백질을 약으로 사용하는 게 그리 미친 아이디어가 아니라고 생각하는 사업가들이 몇몇 생겨났다. 그들은 바이오테크 회사라는 것을 차렸다. 이들의 기업공개가 성공하면서(가장 유명한 것은 5장에서 소개한 제넨테크), 새로운 유형의 회사가 만들어질 수 있는 시장이 생겼다. 매출도, 이윤도, 유통망도, 확실성도 없지만, 언제가 됐든 기술이 곧 제품이 될 수 있는 회사들의 시장. 그 초창기 사업가들이 만들어낸 시장은 룬샷이 공개적으로 거래되는 시장이 되어 지금까지도 유지되고 있다.

정부가 할리우드 영화사 시스템을 둘로 쪼갰다면, 유전공학은 제약 시스템을 둘로 쪼갰다. 유전공학은 제조(신약을 발명하는 과학자)와 유통(그 신약을 시장에 판매하는 제약회사)을 분리했다.

대형 제약회사들은 노바티스Novartis, 파이저, 머크, 존슨앤드존슨, 일라이 릴리 등 소수의 대형 다국적 기업이다. 이들은 여러모로 구축해놓은 관계와 규모를 이용해 아르헨티나에 제품을 출시하고, 프랑스에서 당국의 허가를 받고, 푸에르토리코에서 제품을 제조하고, J.P. 모건에서 자금 지원을 받고, 일본의 손해배상 가이드라인을 지키는 것이 가능하다. 이들은 애널리스트 및 투자자(피델리티나 T. 로우 프라이스 같은 대형 뮤추얼펀드)와 분기 실적에 관해 통화하면서 콜레스테롤약이나 당뇨약 프랜차이즈의 앞날과 같이 예산이 많이 드는 사업 아이템을 의논한다. 애널리스트는 다음 분기 실적 및 글로벌 시장 트렌드를 예측한다. 자세한 과정이라든가 초기 단계의 신약 후보에 관해서는 의논을 하지도 않고, 투자자나 애널리스트도 들을 생각이 없다. 이 시장은 프랜차이즈를 사들이고 경영하는 곳이다.

그러나 바이오테크 시장에서 수백 개의 작은 기업들을 추종하는 투자자나 애널리스트는 그 과학적 원리에까지 깊숙이 뛰어든다. 제품은 종종 아직 실험 단계이거나 임상시험 단계로서 FDA 승인을 받지 않은 경우가 많다. 아직 매출에 관해 논할 단계도 아니고 그저 생물학과 화학에서 나온 원리, 임상시험 데이터만 있을 뿐이다. 바이오테크 회사들은 개발 소재(대학이나 국립연구소에서 나온 기술)와 창의적 인재(생물학자 및 화학자), 전문 투자자로부터 나올 희소한 자금을 놓고 경쟁한다. 이곳은 대형 제약회사들이 일상적으로 묵살하는 인기 없는 아이디어들을 위한 시장이다. 20년 전의 유전자 치료, 10년 전의 면역요법, 지금의 줄기세포처럼 말이다.

영화계와 마찬가지로 공생적 파트너십이 두 시장을 연결한다. 주로 단발성이다. 5장에서 픽사가 초창기에 디즈니와의 단발성 계약을 통해 살아남은 것처럼, 제넨테크도 초창기에 일라이 릴리와의 단발성 파트너십을 통해 목숨을 부지했다는 얘기를 했다. 훨씬 폭넓은 파트너십을 맺는 경우도 가끔 있다. 스위스에 위치한 거대 제약회사 로슈와 샌프란시스코에 있는 제넨테크는 20년에 걸친 파트너십을 통해 아마 제약 업계에서 지금까지 가장 많은 바이오테크 히트 상품을 만들어냈을 것이다. 그중에는 2장에서 다룬 아바스틴(주다 포크먼의 연구에서 시작된 것)도 있고, 유방암 치료의 새 전기를 연 허셉틴도 있

다. 두 회사의 합작 프로젝트(로슈의 자원으로 제넨테크의 룬샷에 연료를
공급하는 프로젝트)의 연간 매출만 300억 달러를 넘는다.

상장회사 혹은 사기업인 수백 개의 바이오테크 기업이 생물의학
계에서는 룬샷의 배양소 역할을 하고 있는 것이다.

* * *

영화 산업과 신약 개발 산업 모두 두 개의 시장으로 나뉘어 있다.
프랜차이즈 사업을 하는 대형 기업들의 시장과 룬샷을 육성하는 소
규모 전문 기업들의 시장으로 말이다. 두 시장은 그물망 같은 파트너
십으로 연결되어 있다. 이러한 분리와 연결은 앞서 설명한 세 가지
조건 중 앞의 두 가지(상분리와 동적평형)가 산업에 적용된 예다.

세 번째 조건인 임계질량도 사례를 통해 설명하면 이해하기 쉽다.

지난 10년간 미국에 있는 거의 모든 대도시가 '바이오테크 허브'
로 다시 태어나겠다는 구상을 발표했다. 당신이 최근 생물학이나 화
학 박사학위를 받았다고 생각해보자. 이주하고 싶은 도시는 어디인
가? 바이오테크 기업이 몇 개 있는 디트로이트인가, 아니면 200개가
넘는 바이오테크 기업과 100여 개의 벤처 캐피털리스트가 있고 매
년 수십 개의 바이오테크 회사가 만들어지는 보스턴인가? 대부분의
바이오테크 회사는 대부분의 룬샷과 마찬가지로 살아남는 것조차
쉽지 않다. 당신 회사가 잘못됐을 경우를 대비해 가까운 곳에 예비
책이 있으면 좋을 것이다. 누구나 다른 선택지와 예비책을 선호한다.
최근에는 세계 최대 생물의학 기업 다수가 연구 본부를 보스턴으로

옮겼다. 그들은 사들일 수 있는 회사나 제품과 가까운 곳에 있고 싶어 한다. 더 많은 기업인 수는 더 많은 벤처 자금을 의미하고 이는 다시 더 많은 회사를 뜻한다. 이는 마치 스스로 먹이를 주고 성장하는 순환계와 같다. 선순환이다.

보스턴은 임계질량을 달성했고 그래서 불이 붙었다. 그러나 디트로이트는 그러지 못했다.

중국이 무너진 이유

이번에는 앞서 말한 세 가지 조건을 국가 차원으로 확대해보자.

먼저 두 남자의 운명을 비교해보자. 한 사람은 유럽에서 과학혁명에 불을 댕겼다. 다른 한 사람은 비슷한, 어쩌면 더 뛰어난 재능을 타고났고, 비슷한 아이디어와 비슷한 접근법으로 그보다 훨씬 앞서 중국에서 과학혁명을 일으킬 수도 있었을 테지만, 그러지 못했다.

튀코 브라헤가 유럽에서 최고의 천문 관측대를 세우기 500년 전에 심괄沈括은 중국에서 최고의 천문 관측대를 지휘했다. 덴마크의 귀족이었던 튀코는 덴마크 국왕의 지원을 얻었다. 국왕은 튀코에게 벤섬Island of Hven을 기증하는 한편, 많은 직원을 채용하고 최고의 장비를 구입할 수 있는 자금까지 지원했다. 심괄은 평범한 집안 출신이었으나 과거시험에서 장원을 했다. 그리고 남는 시간에 천문학을 공부하며 차근차근 승진을 거듭해 마침내 황제의 지원을 얻어냈다. 황제는 심괄을 황제 직속의 천문국 수장으로 임명했다. (유럽에서나 중국의 황제들에게나 천문학이 중요했던 이유는 비슷하다. 하늘의 신호는 어떤 징조로 해석되었다.)

조지프 니덤은 심괄을 "중국의 과학사에서 가장 흥미로운 인물"이라고 설명했다. 심괄은 천문학·수학·지리학·기상학·지도제작학·고고학·의학·경제학·병법·해부학·생태학 등 놀랄 만큼 광범위한 분야에 관해 공부하고, 저술하고, 다양한 공헌을 남겼다. 그는 자기나침반에 관해 설명하고 진북眞北과 자북磁北의 차이(항해술을 바꿔놓았다)를 확인한 최초의 인물이었다. 알려진 바로 중국에서 최초로 삼각법과 무한소 개념(미적분학으로 가는 전신)을 개발한 사람이었다. 심괄은 오늘날 우리가 '과학적 호기심'이라 부를 만한 것의 화신이었다. 다음은 심괄이 왜 벼락을 맞은 집에서 금속은 녹는데 나무는 그대로인지를 궁금해하는 내용이다.

입구에 은장식이 있는, 칠을 한 그릇이 선반에 놓여 있었는데 벼락을 맞아 은이 녹으면서 바닥에 떨어졌다. 그런데 칠을 한 부분은 그을음조차 없었다. 강철로 만든 귀한 검도 녹아서 액체가 됐는데 집안 근처의 다른 부분은 그대로였다.

분명히 짚과 나무가 가장 먼저 타야 할 텐데, 여기는 금속만 녹고 짚과 나무는 멀쩡했다.

튀코와 마찬가지로 심괄은 하늘에 있는 행성들의 기괴한 움직임이 궁금했다. 고정된 별들을 배경으로 보았을 때 행성은 대부분 동쪽으로 움직이지만 궤도의 일부는 거꾸로, 즉 서쪽으로 움직이는 것처럼 보였기 때문이다. 튀코와 마찬가지로 심괄도 더 정확히 측정을 해 봐야 더 깊이 이해할 수 있다고 주장했다. 튀코와 마찬가지로 심괄도 당대 최고의 천문 측정 도구를 설계했다. 심괄은 황제에게 5년간 매일 밤마다 세 번씩 모든 행성의 위치를 고도로 정확하게 측정하는 프로젝트를 추진하자고 했다. 튀코와 마찬가지로 심괄도 똑똑한 조수들을 고용해서 자신의 프로젝트를 완성하려고 했다. 튀코는 케플러를 채용했고, 심괄은 맹인 수학자였던 위박衛朴을 채용했다.

심괄은 본인의 프로젝트에 돈이 많이 든다는 것을 알고 있었다. 자금을 얻으려면 강력한 정치적 지원이 필요했다. 불행하게도 심괄과 튀코는 둘 다 정치적 후원을 상실한다. 튀코의 경우 프레데리크 2세가 죽은 후 그의 아들로 열아홉에 왕위에 오른 새 국왕과 반목했다. 튀코는 크리스티안 4세에게 편지를 써서 그가 지키고 있는 천문대와 직원들을 계속 후원해야 할 이유를 정확히 설명했다. 무엇보다 튀코는 유럽의 저명한 학자로서 덴마크에 영광을 가져왔다. 왕은 튀코의 "뻔뻔함과 지각 부족"에 놀랐다며 "당신이 마치 나와 동급인 것처럼" 글을 써놓았다고 회신했다. 왕은 튀코에 대한 자금 지원을 끊어버렸다. 튀코는 벤섬마저 내놓아야 했고 망명길에 오를 수밖에 없었다. 심괄의 경우도 비슷한 정치적 격변과 싸움의 희생양이 되어 정부에서 쫓겨났다.

하지만 여기서부터 중요한 차이가 있었다. 덴마크를 떠난 튀코는 유럽을 돌며 새로운 후원자를 찾았다. 그리고 결국 프라하의 루돌프 2세가 그의 손을 잡아주었다. 튀코는 천문대를 이곳으로 옮기고 케플러를 다시 데리고 와 연구를 계속했다. 이것이 결국 케플러의《신

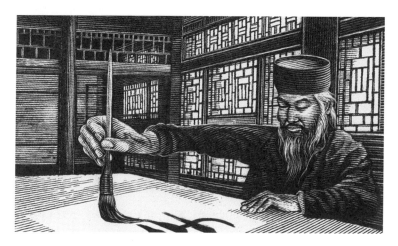

심괄이 말했다. "대화할 상대가 붓과 벼루밖에 없었다."

천문학》과 '천문학을 통째로 개혁하는' 성과로 이어진다.

반면 심괄은 정부를 떠나자 갈 곳이 없었다. 천문학을 지원해줄 다른 통치자는 중국에 존재할 수 없었다. 천문학을 사적으로 후원하는 것은 불법이었다. 하늘에 관한 연구는 황제의 전유물이었기 때문이다. 심괄은 말년의 10년을 은둔자로 살았다. 그는 유배되었고 10년 중 절반은 가택 연금에 처해졌다. 그의 가장 유명한 저서는 열 개가 넘는 분야의 연구 내용을 담은 《필담筆談》이라는 책이다. "은퇴하고 숲속에 자리 잡은 후 은둔자처럼 살며 모든 사회적 연결고리가 끊어졌다. 종종 나는 손님들과 나눴던 대화를 떠올리며 붓으로 한두 가지 적어보곤 했다. (…) 대화할 상대가 붓과 벼루밖에 없었다."

파라마운트나 유니버설 내부에서 어느 시나리오가 폐기되면, 그 시나리오는 계속 묻힌다. 대형 글로벌 제약회사 내부에서 초기 단계의 신약 프로젝트가 폐기되면, 그 프로젝트는 계속 묻힌다. 심괄의 아이디어를 묵살했던 황제와 마찬가지로 중국이나 이슬람 제국 변방의 최고 통치자가 유망한 천문학적 아이디어를 묵살하면, 그 아이디어는 계속 묻힌다.

심괄이 살았던 11세기와 12세기 북송 시대의 중국은 임계질량을 달성했다. 철강 생산이 폭발적으로 성장했다. 지폐와 인쇄술, 시장이 번성했다. 송나라의 기술 혁신은 군사(총, 대포, 폭탄), 교통(수문을 갖춘 운하), 항해(자기나침반, 선미의 방향타), 제조(수력 방적기)에 걸쳐 다양하게 일어났다. 이 시기를 '첫 번째 산업 기적'이라고 부른다. 그로부터 6세기 후 유럽에 필적하는 생산성과 기술의 혁신이었다.

중국은 임계질량(3번)을 달성했으나 한 번 더 불을 댕기지는 못했다. 상분리(1번)와 동적평형(2번)을 만들어내지 못했기 때문이다. 정치적 싸움과 황제의 편견이 번번이 초기 '과학자'들의 결론을 짓밟았다. 예컨대 심괄이 새로운 천문 시스템에 관한 연구를 시작하고서 7년 뒤 황제는 그 정도면 충분하다고 결론을 내렸다. 황제는 이 프로젝트를 닫아버리고 심괄의 핵심 조수들을 해산시켰다. 루돌프 2세가 튀코의 시스템이 '그만하면 충분하다'면서 케플러를 해고해버린 것처럼 말이다.

송나라 황제는 룬샷 그룹을 격리시켜서(상분리), 룬샷과 프랜차이즈 간에 균형(동적평형)을 유지하지 못했다. 다시 말해 그는 버니바 부시가 2차 세계대전 중에 시작했던 것을 해내지 못했다.

달리 표현해보면, 역사적·문화적으로 다른 전개가 펼쳐졌을 수도 있긴 하지만, 만약 송나라 황제가 중국판 버니바 부시를 임명해 그의 말에 귀를 기울였다면 과학혁명과 산업혁명은 500년 일찍 일어나 지금쯤 우리는 모두 중국어를 사용하고 있을지 모른다.

룬샷 배양소

룬샷 배양소의 중요한 역할 중에 하나는 각종 실패와 거절을 겪으면서도 바람 앞 등불 같은 룬샷을 계속 살려놓는 것이다.

앞서 얘기한 것처럼 신약 개발 산업과 영화 산업을 보면 대형 제약회사나 영화사 내부에서 폐기된 프로젝트는 계속 사장되거나 아니면 좀비 상태(죽은 것도 산 것도 아닌 상태)가 된다. 그러나 보스턴에 있는 작은 바이오테크 회사나 할리우드에 있는 작은 영화사들로 이뤄진 룬샷 배양소에서는 종료된 프로젝트도 계속 흘러 다니다가 결국은 새로운 투자자를 만나게 된다. 예를 들어 오늘날 암 치료에서 가장 흥미진진한 접근법(신체의 면역체계를 깨워서 종양과 싸우게 하는 방법)은 모든 대형 제약회사에서 거절한 프로젝트였다. 그런데도 몇몇 작은 바이오테크 기업들이 대학 및 국립연구소와 밀접히 협업하면서 아이디어 자체의 생명을 유지시켜놓았다. 물론 그런 회사들 대부분 실패했다. 성공한 소수의 회사가 암 치료 자체를 바꿔놓았다. 신약 개발에서 가장 중요한 돌파구의 절대적 다수가 연못 위의 연잎한 장에서 다음 한 장으로 건너뛰며 마지막 난관을 해결하는 곳까지 이를 수 있었다. 마지막 연잎을 뛰어넘고 나서야, 해당 아이디어는 널리 찬사를 받게 된다.

튀코는 덴마크 국왕의 후원을 상실한 후 이 성에서 저 성으로 귀족들 저택을 2년간이나 전전하다가 마침내 프라하에 정착한다. 그도 이 연잎에서 저 연잎으로 뛰어다니고 있던 셈이다. 파격적인 연구에도 자금을 지원할 뜻이 있는 지방 통치자들로 구성된 룬샷 배양소가 번성하고 있었기에 튀코의 천문대는 살아남을 수 있었다. 행성이 태양을 중심으로 궤도를 돈다는 코페르니쿠스의 아이디어도 계속 살아남을 수 있었고 말이다. 독일 비텐베르크에 있는 어느 학교가 오명에 싸인 코페르니쿠스의 시스템을 60년간이나 가르치고 있었기에 튀코와 케플러가 마침내 그의 이론을 구조해낼 수 있었다.

그러나 룬샷 배양소가 있다는 사실(상분리)만으로는 충분하지 않다. 서유럽 현대 과학의 부흥을 설명하는 유럽 중심의 역사는 종종 대제국과의 꾸준한 교류의 중요성을 간과한다(동적평형). 인도의 학자들과 이슬람 천문학자들에게서 빌려 온 수학이 없었다면 코페르니쿠스의 이론도 존재할 수 없었다. 중국에서 수입해 온 항해술, 교통, 통신, 관개시설, 채굴 기술, 군사 기술 등이 없었다면 유럽에 잉여의 부나 지식층은 없었을 테니 천체의 움직임에 대한 이론을 세우는 것은 꿈도 꾸지 못했을 것이다. 그 모든 게 서유럽이 임계질량을 달성하는 데 필요한 자원을 제공해주었다(임계질량).

임계질량은 중요한 요소였다. 수천 년간 유지되어온 독단적 교리를 깨기 위해서는 하나가 아니라 줄줄이 엮인 수많은 룬샷이 필요했다. 그런 룬샷 중 일부는 훨씬 오래전에 다른 사회에서 개별적으로 출현했다. 행성이 태양 주위를 돈다는 아이디어나 미적분의 중요한 전신은 케플러나 뉴턴보다 몇백 년 앞서 이미 인도 케랄라의 수학·

천문학 전문학교에서 나타났다. 그러나 중국에서와 마찬가지로 이들 아이디어에는 불이 붙지 못했다.

반면 임계질량을 달성한 유럽 전역에서는 조화로운 여러 발견이 동시에 일어났다. 망원경(네덜란드)이 발명되자 하늘을 살펴서(이탈리아) 타원 궤도를 확인했으며(독일), 지구의 운동(폴란드)에 대한 발견은 결국 관성에 대한 아이디어(이탈리아) 및 기하학(프랑스)과 합쳐져 통일된 운동이론(영국)을 낳았다. 이게 바로 임계질량이다.

중국, 이슬람, 인도의 제국들은 대형 민족국가다. 당시에 들끓는 용광로 같던 서유럽 국가들은 새로운 아이디어를 위한 세계의 론샷 배양소였다. 수백 개의 작은 영화사가 새로운 영화의 론샷 배양소 역할을 하고, 수백 개의 작은 바이오테크 기업이 신약 개발의 론샷 배양소 역할을 하는 것처럼 말이다.

대형 즉 메이저major라는 단어는 스포츠에서 왔다. 야구에서 메이저리그는 프랜차이즈 선수가 등장하는 리그를 말한다. 재능을 가진 젊은이들을 육성하는 곳은 마이너minor리그다. 용어는 다양해도 대부분의 스포츠가 비슷한 구조를 가지고 있다. 야구의 특별한 점은 미국 대법원이 프로야구에 대해서만큼은 독점금지법에 대한 예외를 인정해주었다는 점이다. 이 예외 덕분에 메이저리그는 회원사에 대한 통제가 가능하고, 마이너리그를 계속 마이너 상태로 둘 수 있다.

야구만 제외하고, 어느 산업이든 마이너리그에 속한 회사도 성장하면 메이저리거가 될 수 있다. 디즈니는 겨우 두 사람(디즈니 형제)의 작디작은 마이너리거로 시작했다. 디즈니는 큰 귀를 가진 쥐 한 마리와 일곱 난쟁이 친구를 둔 공주의 예기치 못한 성공에 힘입어 5대 대형 영화사 중 하나로 성장했다. 앞서 설명했던 것처럼 암젠은 작은 바이오테크 회사로 시작했다. 작디작은 마이너리거였고 파산 직전까지 갔다. 암젠은 첫 번째 약이 놀라운 성공을 거둔 덕분에 그것을 발판으로 거대한 메이저리거로 성장할 수 있었다. 오늘날 암젠은 연 매출 200억 달러가 넘는 기업이다.

야구를 제외한 모든 산업이 그렇듯 국가들의 세계에서도 마이너리거가 성장하면 메이저리거가 될 수 있다. 영국도 디즈니나 암젠과 마찬가지로 작디작은 마이너리거로 시작했다. 두 회사와 마찬가지로 영국도 강력한 룬샷(모든 룬샷의 어머니)의 예상치 못한 성공을 발판으로 성장했다. 영국은 그 아이디어를 무기화해 산업화를 이루어 메이저리거로 진화했고, 자신들의 언어와 관습을 전 세계에 확산시켰다.

누가 패권을 잡을 것인가

이제까지 '세계' 최초에 관한 질문을 다뤘다. '왜 현대 과학은 중국이나 이슬람, 인도 제국이 아니라 서유럽에서 가장 먼저 출현했는가?' 그런데 이 질문을 좀 더 '국지적'으로 해볼 수도 있다. '왜 가령 프랑스나 이탈리아, 네덜란드가 아니라 영국인가?'

그 답이 뛰어난 과학자의 독점은 아닐 것이다. 앞서 설명한 것처럼 중요한 여러 과학적 발견에는 서유럽 거의 모든 국가의 과학자들이 이바지했기 때문이다.

무언가가 처음으로 출현할 때는, 다시 말해 창의성과 발명에는 언제나 운과 타이밍이 필요하다. 브랜치 리키Branch Rickey는 명예의 전당에 오른 야구 경영인이다. 그는 야구계에 새로운 인재를 육성하는 팜시스템farm system을 처음 만들었다. 선수들이 마이너리그의 경쟁에서 잘해내면 메이저리그로 승급하는 시스템이다. 그는 이 시스템을 이용해 월드시리즈 우승팀 여덟 개를 만들었다. 1장에서 던진 "행운은 설계의 흔적이다"라는 말을 처음 한 사람도 브랜치 리키다.

영국이 특별히 달랐던 점, 이웃 국가보다 훨씬 나았던 점은 하나다. 그리고 그게 이웃 국가들보다 영국에 더 많은 행운을 가져다줬다. 영국은 하나의 국가 '내부에서' 성공적인 룬샷 배양소를 가장 빨리 구축했다.

1660년 설립된 런던 왕립학회The Royal Society of London는 영국에 있는 현대 과학의 거의 모든 아버지들을 한자리에 모았다. 그중에는 로버트 보일, 로버트 후크, 아이작 뉴턴도 있었다. 이 점이 뉴턴에게 영감을 불러일으키고 도움을 주는 데 중요한 역할을 했다는 사실은 이미 유명하다. 어느 역사가는 왕립학회가 없었다면 《자연철학의 수학적 원리》가 나왔을지 의문"이라고 했다. 다시 말해 오늘날 우리가 '뉴턴의 법칙'이라고 알고 있는 것들이 다른 이름으로 불렸을 가능성이 높다는 얘기다. 예를 들어 고트프리트 라이프니츠는 뉴턴과 비슷한 시기에 독일에서 독립적으로 미적분학을 개발했다. 크리스티안 하위헌스는 네덜란드에서 원심력의 개념과 빛의 파동 이론, 현대적인 확률 이론을 개발했고, 진자를 이용한 시계를 발명했다. 스위스의 다니엘 베르누이Daniel Bernoulli, 독일의 레온하르트 오일러Leonhard Euler, 프랑스의 피에르시몽 드 라플라스Pierre-Simon de Laplace도 뉴턴보다 그리 오래지 않아 등장한 대단한 수학자, 물리학자다.

왕립학회는 자연의 진리를 발견하는 경쟁, 시간과의 경쟁에서 뉴턴과 영국이 승리하는 데 기여했다. 그러나 왕립학회는 기초연구만 한자리에 모은 것은 아니었다. "과학을 양성하고 육성한 이유는 기술적 발명을 용이하게 하여 지구에서 인간의 위치를 개선하기 위해서였다."

1667년 왕립학회의 첫 번째 역사가이자 홍보자였던 토머스 스프랫Thomas Sprat은 "시계나 잠금장치 혹은 총" 및 "전염병에 대한 치료책"과 같은 "비범한 발명품"을 다룬 글에서 "이 기적과 같은 제품들을 대중도 접할 수 있어야 한다"고 선언했다. 스프랫은 왕립학회의 목적을 다음과 같이 기술했다.

모든 고귀한 발명품의 근간을 연구하여 영국을 서방 세계의 자랑으로 만드는 틀림없는 길을 제안하는 것이다.

버니바 부시의 보고서보다 300년 앞섰고 좀 더 대담하게 기술되어 있지만, 아이디어는 같았다.

스프랫이 그런 글을 쓰고 있을 당시 로버트 보일은 조수인 로버트 훅의 도움을 받아 공기의 팽창과 압축에 관한 실험을 완성 중이었다. 훅은 보일을 위해 조만간 유럽에서 가장 유명한 연구 장치가 될 '공기 펌프'를 만들었다. 보일은 이 장치를 이용해 지금 우리가 '보일의

434

로버트 훅, 로버트 보일과 그들이 만든 공기 펌프

법칙'(공기의 압력은 밀도에 비례한다는 법칙)이라 부르는 것을 발견했다.

로버트 훅은 보일 밑에서 몇 년을 일한 다음, 본인의 연구로 바빠졌다. 그래서 1675년 보일은 프랑스의 의사였던 드니 파팽Denis Papin을 새로운 조수로 채용했다. 파팽은 공기 펌프 실험을 계속 이어가면서 이를 살짝 비틀었다. 파팽은 펌프에 피스톤을 추가하면 압축과 감압을 규칙적으로 반복하는 물건을 만들 수 있지 않을까 궁금했다.

1687년 파팽은 후크-보일의 공기 펌프를 이용해 음식을 조리할수 있는 방법을 설명한 책을 출판했다. 그는 자신의 새로운 장치를 "뼈솥"이라고 불렀는데, 이 장치가 뼈를 먹을 수 있는 크기로 으깨주기 때문에 붙인 이름이었다. 지금 우리가 '압력솥'이라 부르는 물건의 발명을 다룬 첫 저작의 속편이었기 때문에 이 책의 제목은《새로운 뼈솥 속편A Continuation of the New Digester of Bones》이라고 붙였다.

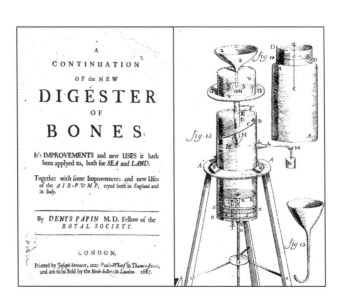

주방기구에 관한 책 뒤편에 묻혀 있던 드니 파팽의 아이디어

이 책에는 소뼈와 말린 독사를 조리하는 법 다음에, 어쩌면 역사
상 선두가 되는 사건을 묻어버릴 수 있는 최고의 예시라 할 만한 방
법으로, 파팽 자신의 의문에 대한 답이 실려 있었다. 바로 보일의 공
기 펌프에 피스톤을 추가할 수 있는 방법을 소개한 것이다. 새로운
발명품, 증기기관의 핵심 부품으로 이어질 내용이었다.

조리법을 다룬 책 뒤편에 파묻혀 있다 보니, 왕립학회 학자들은
파팽의 아이디어에 거의 주목하지 않았지만 이 아이디어를 놓치지
않은 사람이 있었다. 영국 다트머스의 공예가 토머스 뉴커먼Thomas
Newcomen이다. 뉴커먼은 철학에는 별 관심이 없었으나 압력솥 같은
유용한 물건에는 관심이 아주 많았다.

1712년 뉴커먼은 파팽의 펌프 속에 들어 있는 움직이는 피스톤을 처음으로 실용적이고 작동 가능한 증기기관으로 만들었다. 뉴커먼의 발명품은 빠르게 영국 전역에 퍼져나갔다. 그다음 100년간 발명가들은 증기기관의 효율성을 점점 더 높여갔다. 머지않아 증기기관은 인간이나 동물의 힘을 이용할 때와는 비교도 되지 않을 만큼 자원 개발량과 물건 생산량을 끌어올렸다. 이는 지난 수천 년간 인간 사회의 생산 수준을 고정된 수준에 머물게 했던 힘의 한계를 넘어선 것이다. 영국에서 시작되어 유럽 전역으로 확산된 변화는, 서유럽이 전 세계 열강으로 빠르게 부상하고, 더 크고 오래된 제국들을 무찌르는 데 동력을 제공했다. 그리고 인구를 기하급수적으로 늘렸다.

• • •

런던 왕립학회와 전시 룬샷 배양소 역할을 했던 버니바 부시의 과학연구개발국, 시어도어 베일의 벨 전화연구소 사이에는 공통점이 있다. 바로 당대의 가장 큰 룬샷 배양소였다는 사실이다. 어쩌면 역사상 가장 큰 룬샷 배양소였을 것이다. 이 기관들은 과학혁명을 일으키고, 전쟁을 승리로 이끌고, 트랜지스터를 발명했다.

중국과 이슬람, 인도 제국은 쌓아놓은 부와 역사적 이점에도 불구하고 왜 과학혁명을 놓쳤을까? 마이크로소프트가 모바일 사업을 놓친 것과 머크가 단백질 약을 놓친 것, 대형 영화사들이 〈나의 그리스식 웨딩My Big Fat Greek Wedding〉을 놓친 것과 같은 이유다. 룬샷은 프랜차이즈에 치중하는 제국이 아니라, 룬샷 배양소에서 번성한다. 룬샷에 능한 것과 프랜차이즈에 능한 것은 한 조직이 갖는 두 가지 상태다. 그 조직은 팀일 수도, 회사일 수도, 국가일 수도 있다. 그게 바로 창발의 과학이 우리에게 말해주는 교훈이다.

그게 뭐가 되었든, 다음번 혁명에서 살아남기 위해서는 모든 국가와 지도자들이 버니바 부시와 시어도어 베일의 교훈에 귀를 기울여야 한다. 그 교훈들 중 일부는 앞 장에서 팀과 기업에 대한 교훈을 국가에 적용하면서 나왔다. 그 밖에 많은 교훈들은 어쩌면 1945년 루스벨트 대통령의 요청으로 버니바 부시가 작성한 〈과학: 그 끝없는 전선〉에서 찾을 수 있을 것이다.

프랭클린 루스벨트는 부시에게 쓴 글에서 이렇게 말했다. "지성의 새로운 전선이 우리 앞에 펼쳐져 있습니다. 이 전쟁을 치르는 동안 우리가 가졌던 비전과 대담함, 추진력을 가지고 그 전선을 개척한다면, 더 유익한 일자리를 더 많이 만들어내고, 더 보람찬 삶을 가꿀 수 있을 것입니다."

약간의 도움과 약간의 과학이 있다면 우리 각자도 개인으로서, 팀원으로서, 그리고 시민으로서 자신만의 끝없는 전선을 넓혀나갈 수 있을 것이다.

처음에는 누구도 몰랐다

에필로그는 경영 이론이나 혁신 이론을 좋아하는 사람들을 위한 글이다. 그런 사람이라면 아마도 '파괴적 혁신'이라는 단어를 들어보았거나 종종 활용해본 적이 있을 것이다(나는 그 단어를 들으면 복통이 일어나려고 한다).

먼저 한 가지 정리하고 넘어가자. 3장에 나오는 두 가지 유형의 문샷은 1992년 루이스 갈람보스Louis Galambos가 '적응적 혁신adaptive innovations'과 '조성적 혁신formative innovations'이라고 말한 것이나 1997년 클레이턴 크리스텐슨Clayton Christensen이 '존속적 혁신 sustaining innovations'과 '파괴적 혁신disruptive innovations'이라고 말한 것과는 무관하다.

두 가지 룬샷이란 새로운 전략(전략형 룬샷)과 신제품 또는 신기술(제품형 룬샷)을 구분한 것이다. 갈람보스와 크리스텐슨은 기존 제품을 개선하는 것(존속적 혁신)과 결국 어느 시장을 크게 바꿔놓을 기술(파괴적 혁신)을 구분한다. 크리스텐슨은 특히 신규 진입자가 내놓는 신제품, 시장의 로엔드low-end에서 열등한 품질로 시작하지만 점차 개선돼 기존 하이엔드high-end 고객까지 자기편으로 만드는 신제품을 강조한다.

이런 기준에 따르면 전략형 룬샷과 제품형 룬샷은 둘 다 파괴적일 수도 있고 존속적일 수도 있다. 거꾸로도 마찬가지다. 파괴적 혁신이나 존속적 혁신은 둘 다 전략형 룬샷일 수도 있고 제품형 룬샷일 수도 있다. 왜냐하면 이것들은 키와 머리 색깔처럼 서로 아무 관련도 없는, 서로 다른 속성이기 때문이다.

처음에는 누구도 몰랐다

룬샷은, 대부분의 과학자나 사업가가 성공하지 못할 거라고 혹은 성공하더라도 돈이 되지 않을 거라고 생각하는 아이디어나 프로젝트를 말한다. 룬샷은 기존 상식에 도전한다. 반면 어떤 변화가 '파괴적'인지 아닌지는 어떤 발명품이 시장에 미치는 영향력을 기준으로 얘기하는 것이다.

이 책은 룬샷을 다루고 있지, 파괴적 혁신을 다루고 있진 않다. 사업 경험이 있는 사람은 알겠지만 지금 우리가 혁신적이라고 생각하는 수많은 아이디어와 기술이 처음에는 전혀 다른 모습으로 시작했다. 그것들을 키우고 옹호한 사람들은 최종 시장이 이런 모습이 될 줄은 전혀 알지 못했다. 빠르게 진화하는 시장에서 초기 단계의 프로젝트는 마치 토네이도에 휩쓸린 나뭇잎과 같다. 그 이파리가 결국 어디에 가서 내려앉을지는 아무도 확신할 수 없다.

시장을 파괴한 기술을 '사후에' 가서, 그러니까 이파리가 땅에 내려앉은 후에 가리키는 것은 쉬운 일이다. 우리는 트랜지스터가 전자 시대를 열었다는 사실을 알고 있다. 우리는 개인용 컴퓨터가 사람들에게 많은 것을 가능하게 해주고 메인프레임 컴퓨터나 미니컴퓨터를 대체할 수 있다는 사실을 알고 있다. 우리는 월마트가 천문학적으로 성장하고 경쟁자들은 사라졌다는 사실을 알고 있다. 우리는 바이오테크가 중요한 신약을 만들어낸다는 사실을 알고 있다. 그러나 그런 아이디어가 처음 나타났을 때는 과연 어땠을까?

트랜지스터

1940년대 벨 전화연구소에서 고체의 띠 이론이나 게르마늄 반도체, 표면 상태 이론 등을 연구하던 과학자들이 스스로 '파괴적 기술'을 연구 중인 줄 알았을까? 그들은 전화 통화에 이용되는 기존 증폭기나 계전기 스위치의 성능을 개선하라는 식의 애매한 목표를 부여받았다. 앞선 정의에 따르면 '존속적' 혁신이 목표였던 셈이다.

1947년 점 접촉식 트랜지스터가 발명되고 몇 년이 지난 후에도 이걸 어디에 써야 할지 아는 사람이 아무도 없었다. 트랜지스터를 상업적으로 활용한 첫 번째 사례인 보청기도 1952년에 가서야 등장했다. 연구진이나 회사 관리자들은 보청기 시장에 파괴적 혁신을 일으킬 생각으로 트랜지스터 개발을 시작했을까? 아니다. 그 사람들은 그냥 더 좋은 스위치를 만들려고 했을 뿐이다.

트랜지스터를 만든 이들이 로엔드 시장을 위해 염가 제품으로 시작한 신규 진입자였을까? 아니다. 트랜지스터는 미국에서 가장 큰 회사가 존속적 혁신으로 시작한 결과물이었다. 처음에는 진공관보다 '훨씬' 더 비쌌다(진공관이 1달러라면 트랜지스터는 20달러였다). 트랜지스터를 처음 사 간 사람들은 군대처럼 '하이엔드' 고객이었다.

물론 나중에 트랜지스터는 값이 싸졌고, 거의 모든 시장에 파괴적 혁신을 일으켰다.

온라인 검색

시간을 몇십 년 전으로 돌려보자. 처음 시작할 때 구글은 자신들이 파괴적 혁신을 만들어낸 줄 알았을까? 래리 페이지Larry Page와 세르게이 브린Sergey Brin은 좀 더 발전된 방식으로 인터넷 검색 결과의 우선순위를 정해주는 페이지랭크PageRank라는 알고리즘을 만들었다. 페이지랭크는 기존의 수많은 검색엔진보다 사용자들에게 더 도움이 됐으나, 그것은 정도의 차이였다. 위 정의에 따르면 '존속적' 혁신이었다.

월마트

샘 월턴이 대도시로부터 멀리 떨어진 변두리에 매장을 열었을 때 그는 그게 전략적 혁신 내지는 파괴적 혁신이 될 거라고 생각했을까?

월턴은 첫 매장을 열었던 때에 관해 이렇게 말했다. "아, 정말이지 나는 이제 곧 대도시의 백화점 주인이 되려던 참이었다오." 그가 생각한 곳은 세인트루이스였다. "그런데 딱 그때 헬렌이 이렇게 말을 하는 거야. 헬렌의 말이 법이니까." 월턴의 아내는 이렇게 선언했다. "당신이 가자는 데로 어디든 갈게요. 대도시에 살자고만 하지 않으면요. 나는 인구 1000명 정도의 마을이면 충분해요." 그래서 결국 월턴은 인구 3000명이던 아칸소주 벤턴빌을 선택한다. "메추라기 사냥을 하기에 좋은 곳이라는 이유도 있었어요. 오클라호마주, 캔자스주, 아칸소주, 미주리주가 다 모이는 곳이니까, 4개 주에서 네 번의 메추라기 사냥 시즌을 즐기는 거지."

그리고 그 결과는 토네이도에 휩쓸린 나뭇잎 같았다.

나중에 월턴은 이렇게 썼다. "우리가 가장 먼저 알게 된 큰 교훈은, 미국의 소도시에 가면 나를 비롯해 그 누구도 상상해보지 못했을 많은 비즈니스 기회가 있다는 것이었다."

이케아

소매업 얘기가 나왔으니 가구 얘기도 해보자. 1948년 스웨덴이었다. 우편 주문으로 크리스마스카드, 펜, 액자 같은 것을 팔던 스물두 살 청년 잉바르 캄프라드Ingvar Kamprad는 이제 가구도 함께 팔아보기로 마음먹었다. 그는 동네 디자이너가 만든 제품들을 광고했다. 사업이 날로 커진 캄프라드는 이제 스웨덴의 대형 가구점 사장들을 위협할 정도가 됐다. 사장들은 캄프라드가 가구 박람회에 제품을 전시하지 못하게 막았다(한번은 카펫을 파는 친구가 자동차 트렁크의 카펫 제품 밑에 그를 숨겨서 박람회에 들여보내 주기도 했다).

그러자 캄프라드는 스웨덴 변두리의 거대한 창고에 본인의 가구 샘플을 가득 채워 넣고 고객들이 주문하기 전에 둘러볼 수 있게 했다. 이게 바로 이케아IKEA 최초의 전시장이다. 직원 한 명이 자가용에 테이블을 넣으려다가, 테이블 다리를 떼서 밑에 넣으면 공간을 절약할 수 있다는 사실을 깨달았다. 배송료가 계속 오르고 있었기 때문에 이케아는 고객들에게 보내는 제품도 모두 그렇게 하기로 했다. 고객들은 좋아했고 그렇게 자체 조립 제품이라는 것이 탄생했다. 주문량도 늘었다.

가구점 사장들은 캄프라드에 대한 보복으로 디자이너들이 캄프라드와 협업하는 것을 막았다. 캄프라드는 어쩔 수 없이 스스로 디자이너를 고용하는 수밖에 없었다. 그렇게 해서 이케아 본연의 브랜드와 스타일이 탄생했다. 'Poäng' 'Alvangen' 'Grundvattnet'처럼 살 수는 있지만 발음은 할 수 없는 가구들 말이다.

캄프라드가 자체 가구를 만들기 시작하자 가구점 사장들은 목재 공급사를 비롯한 제조사들이 캄프라드와 협업하는 것을 막았다. 그러자 캄프라드는 폴란드로 갔고, 그곳에서 절반 가격에 질 높은 가구를 만들어줄 공급사를 찾아냈다. 캄프라드는 그렇게 절약한 비용을 고객들에게 되돌려주었다. 사업은 번창했다. 나중에 캄프라드는 이렇게 썼다. "만약에 그들[스웨덴의 가구 제조업자들]이 정정당당한 싸움을 했더라면 과연 우리가 이렇게까지 성공할 수 있었을까?"

1965년 이케아는 스톡홀름에 첫 매장을 열었다. 손님이 너무 많아서 매장 관리자는 손님들이 직접 매장 뒤편 창고로 가서 제품을 가져오게 했다. 셀프서비스 웨어하우스 사업의 탄생이었다. 이후 모든 매장은 고객들이 창고를 둘러볼 수 있게 설계됐다.

2017년 이케아의 연매출은 440억 달러가 넘었다. 49개국 403개 매장의 방문자 수는 거의 10억 명에 달했다.

지구상 가장 큰 가구회사인 이케아의 결정적 요소로 자리 잡은 것들 가운데 업계에 '파괴적 혁신'을 일으키겠다는 생각으로 시작된 것은 아무것도 없었다. 그것들은 모두 캄프라드와 그의 팀원들이 오직 살아남기 위해 절박하게 탐색한 결과 찾아낸 작은 아이디어, 미친 아이디어였다.

신약 발견에 관한 진실

신약 발견 과정에서 초기 단계 제품에 대한 시장의 예측은 신뢰성이 떨어지는 것으로 악명이 높다. 나중에 돌아보면 거의 코미디 수준이다. 책 도입부에서 언급한, 신체의 적혈구 생산을 늘려주는 암젠의 약은 당초 신장에서 적혈구를 많이 생산하지 못하는 몇몇 신장병 환자에게만 도움이 될 것으로 예상됐다. 그러다 보니 이 기술이나 회사를 인수해 갈 사람을 아무리 찾아다녀도 거의 모든 대형 제약회사가 심사숙고하다가 거절하곤 했다. 예상 시장 규모가 너무 작았던 것이다.

한번은 암젠에 현금이 거의 바닥났다. 나중에 연구진은 이 약이 화학요법을 받고 있는 암 환자들에게도 도움이 된다는 사실을 발견했다. 암 환자들도 혈구 수치가 낮아서 고생하기 때문이다. 수백만 명의 환자가 이 약을 통해 혜택을 봤고, 암젠은 1000억 달러짜리 회사로 발돋움했다.

1980년대 초에 연구자들이나 대중이 열광한 약이 또 있었다. 아마도 암 환자들에게 도움이 될지 모를 이 약은 인터페론interferon이라고 했다. 실험실에서 시행된 테스트 결과, 이 약은 바이러스의 활동을 방해하는 것처럼 보였고, 감염성 질환에 특효약이 될지도 모른다는 기대를 부풀렸다. 그러나 임상시험 결과는 실망스러웠다. 당시에는 바이러스가 종양을 유발한다는 생각이 널리 퍼져 있었기 때문에 몇몇 연구진은 인터페론이 암 치료에 도움이 되는지 시험해보기로 했다. 여러 언론들이 초기 결과를 대대적으로 보도했다. "마법의 약이 소년을 구하다! 기적의 약 인터페론!" 나중에 실시된 임상시험에서는 감염성 질환과 마찬가지로 암에서도 실망스러운 결과가 나왔다. 관심은 금세 시들해졌다.

세월이 한참 지나 몇몇 연구진은 이 약이 다발성 경화증을 치료하는 데 놀랄 만큼 효과가 있다는 사실을 발견했다. 지금까지도 연구자들은 인터페론이 왜 다발성 경화증에 효과가 있는지 모른다. 과학자들이 해당 임상시험을 시작한 이유는 다발성 경화증이 바이러스에 의해 유발되는 것일지도 모른다고 생각했기 때문이었다. 하지만 나중에 알고 보니 암과 마찬가지로 다발성 경화증의 원인은 바이러스가 아니었다.

그런데도 인터페론은 효과가 있다. 인터페론은 여러 프랜차이즈 제품이 나왔고 연매출이 60억 달러가 넘는다. 인터페론을 연구하던 과학자들은 스스로 '파괴적 혁신 기술'을 연구하고 있다고 말할 수 있었을까? 대체 어느 시장에 대한 혁신인지?

다발성 경화증의 수요는 모두의 상상을 뛰어넘을 만큼 훨씬 큰 것으로 드러났지만, 류머티즘 관절염에 비하면 아무것도 아니었다. 류머티즘 관절염을 치료하는 신약들이 처음에 개발됐을 때 거의 모든 대형 제약회사가 이를 묵살했다.

왜냐하면 류머티즘 관절염은 '할머니'들이나 걸리는 병이어서 시장이 작다고 생각했기 때문이다. 오늘날 류머티즘 관절염 치료제 중에서 가장 많이 팔리는 약들이 속한 카테고리는 연매출 규모가 300억 달러가 넘는다. 알고 보니 중증 류머티즘 관절염은 중증 자가면역질환이라는 넓은 범위의 질환 중 하나였다. 중증 자가면역질환에는 크론병, 건선, 궤양성 대장염을 비롯한 여러 질환이 포함되고 이들 신약으로 효과적인 치료가 가능하다.

몇 년 전에 나는 대형 제약회사의 CEO로 임명된 지 얼마 안 된 분과 점심을 함께했다. 그는 지금까지 계속 승진을 해오면서도 마케팅 담당자에 대한 시각만큼은 늘 회의적이었다고 했다. 어느 신약의 시장 규모 예측에 관한 얘기를 하던 중에 그는 내게 이야기를 하나 들려줬다. CEO로 임명된 그는 마케팅 팀에 가장 최근 출시된 제품 20가지에 관한 요약 자료를 부탁하면서, 실제 매출이 당초 예상액의 두 배 이내인 경우가 얼마나 되는지 계산해달라고 했다. 결과는 0이었다.

그렇다면 이런 얘기들, 그리고 앞서 보았던 수많은 얘기들이 시사하는 바는 무엇일까?

'파괴적 혁신'으로 역사를 분석하고
'룬샷'으로 신념을 테스트하라

파괴적 혁신이라는 개념에 대한 최근의 논란을 다룬 기사에서 크리스텐슨은 자신의 정의에 따를 때, 왜 우버는 파괴적 혁신이 아니며 아이폰 역시 그 시작은 존속적 혁신이었는지 설명했다. 3장에서 우리는 신규 진입자가 아니라 기존의 대형 항공사였던 아메리칸 항공이 항공 업계의 최고가 된 과정을 살펴보았다. 항공 업계의 규제 철폐 이후 아메리칸 항공은 하이엔드 고객을 상대로 다양한 반짝거리는 '존속적' 혁신을 선보여 업계 리더가 됐다. 그러나 '파괴적' 혁신을 실천하여 염가에 특화된 사업을 펼친 수백 개의 스타트업 항공사는 망했다.

트랜지스터와 구글, 아이폰, 우버, 월마트, 이케아, 아메리칸 항공의 빅데이터, 그리고 그 밖에 업계를 바꿔놓은 여러 아이디어가 모두 처음에는 존속적 혁신이었고 수백 개의 '파괴적 혁신' 기업이 실패했다면, 아마도 존속적 혁신과 파괴적 혁신을 구분하는 것은 (뒤돌아 생각해보거나 학문적 입장에서는 흥미로울지 몰라도) 실시간으로 사업을 운영하는 입장에서는 다른 개념들만큼 중요하지는 않다.

이 책에서 그 구분을 사용하지 않은 것은 그 때문이다. 내가 전략형 룬샷과 제품형 룬샷이라는 구분을 사용한 것은, 어떤 팀이든 기업이든 대형 조직이든 의식적으로 혹은 종종 무의식적으로, 전략이나 제품에 대해 깊숙이 간직한 신념을 발전시키기 마련인데, 룬샷은 그런 신념에 도전하면서 정반대 쪽에 투자하는 일이기 때문이다. 어쩌면 당신의 제품이나 비즈니스 모델에 관해 당신이 진실이라고 확신하는 내용이 모두 옳을 수 있다. 또 당신의 신념에 어긋나는 미친 아이디어를 늘어놓는 사람들이 다 틀렸을 수도 있다. 하지만 만일 그게 아니라면 어쩔 텐가? 경쟁사의 기자회견 기사에서 그 사실을 확인하기보다는 자체 실험실이나 파일럿 테스트에서 발견하는 편이 낫지 않을까? 그런 사람들의 아이디어를 묵살하면서 당신은 어디까지 위험을 감수할 자신이 있는가?

팀이나 기업, 국가를 설계할 때는 룬샷을 육성할 수 있는 방식, 그러면서도 프랜차이즈와 섬세한 균형을 유지할 수 있는 방식을 취해야만 건륭제의 제국과 같은 끝을 보지 않을 수 있다. 건륭제는 "이상하고 기발한 물건"이라고 무시했지만, 세월이 흐르고 보니 그의 제국을 파멸시킨 것은 바로 그 이상하고 기발한 물건을 손에 쥔 적들이었다.

1. 상태를 분리하라

- 예술가와 병사를 분리하라

- 상태에 딱 맞는 툴을 마련하라

- 맹점에 주의하라: 두 가지 유형의 룬샷을 모두 육성하라

2. 동적평형을 만들어내라

- 예술가와 병사를 똑같이 사랑하라

- 기술이 아닌 기술이전을 경영하라: 정원사가 되라

- 분리된 그룹을 서로 연결해줄 프로젝트 수호자를 임명하고 훈련하라

3. 시스템 사고를 퍼뜨려라

- 조직이 왜 그런 선택을 했는지 '이유'를 계속 질문하라

- 의사결정 과정을 개선할 수 있는 '방법'을 계속 질문하라

- 결과주의 사고를 가진 팀을 찾아내고, 이들을 도와 시스템 사고를 채택하게 하라

4. 매직넘버를 높여라

- 사내 정치의 효과를 줄여라

- 소프트 에쿼티(비금전적 보상)를 활용하라

- 프로젝트-능력 적합도를 높여라(어울리지 않는 조합을 찾아내라)
- 중간 계층을 해결하라: 중간 관리자에 대한 잘못된 인센티브를 줄여라
- 칼싸움에 총을 들이대라: 최고인센티브책임자를 고용하라
- 관리 범위를 미세하게 조정하라: 룬샷 그룹의 관리 범위는 넓히고, 프랜차이즈 그룹의 관리 범위는 좁혀라

룬샷을 꽃피우려면 이렇게 사고하라

- 가짜 실패에 유의하라
- 호기심을 갖고 실패에 귀 기울여라
- 결과주의 사고가 아닌 시스템 사고를 적용하라
- 정신, 사람, 시간을 놓치지 말라

처음 세 가지 법칙은 1부 1~5장에서 논의했다. 네 번째 법칙은 2부 7장과 8장에서 논의했다.

1. 상태를 분리하라

예술가와 병사를 분리하라

발명가 그룹과 운영자 그룹을 별도로 만들어라. 제2의 트랜지스터를 발명할 수도 있는 사람들과 걸려오는 전화에 응대할 사람들을 분리하라. 혁신적인 무기를 설계할 사람들과 비행기를 조립할 사람들을 분리하라. 같은

그룹에 두 가지를 모두 하라고 요구해서는 안 된다. 그것은 마치 물에다 대고 액체이면서 동시에 고체가 되라고 말하는 것과 같다.

상태에 딱 맞는 툴을 마련하라

룬샷 그룹에는 넓은 관리 범위와 느슨한 통제, 유동적인(창의적인) 지표가 가장 효과적이다. 프랜차이즈 그룹에는 좁은 관리 범위와 빡빡한 통제, 엄격한(정량적인) 지표가 가장 효과적이다.

맹점에 주의하라

룬샷 배양소에는 반드시 두 가지 유형의 씨앗을 모두 뿌려라. 특히 나에게 불편한 유형의 룬샷도 씨앗을 뿌려라. 전략형 룬샷이란 아무도 중요하게 생각하지 않는 약간의 전략상 변화다. 제품형 룬샷이란 아무도 성공하지 못할 거라 생각하는 기술이다.

2. 동적평형을 만들어내라

예술가와 병사를 똑같이 사랑하라

예술가는 예술가를 편애하고, 병사는 병사를 편애하기 마련이다. 팀이나 기업에는 생존도 필요하고 번창도 필요하다. 양쪽 집단은 똑같이 스스로 귀하며 인정받는다고 느껴야 한다. (어느 한쪽을 '멍청이'라고 부르지 않도록 노력하라.)

기술이 아닌 기술이전을 경영하라

혁신적이면서 어느 정도 성공의 경험을 갖고 있는 리더들은 스스로 판

사이자 배심원이 되려고 한다(모세의 함정). 그러지 말고, 프로젝트가 룬샷 배양소에서 현장으로 자연스럽게 이전될 수 있는 프로세스를 만들어라. 또한 현장의 귀중한 피드백과 시장에 관한 정보가 룬샷 배양소로 다시 전달될 수 있는 프로세스를 만들어라. 이전의 타이밍을 경영하라. 너무 빠르지도(바람 앞 등불 같은 룬샷이 짓밟혀서 영영 회복하지 못할 것이다), 너무 느리지도(적절한 수정을 가하기가 어려워질 것이다) 않게 하라. 필요할 때만 부드럽게 개입하라. 다시 말해, 모세가 되지 말고 정원사가 되라.

분리된 그룹을 서로 연결해줄 프로젝트 수호자를 임명하고 훈련하라

병사들은 예술가가 내놓은 초기 단계의 아이디어에서 흠결만 찾아내고 변화에 저항할 것이다. 예술가는 흠결 아래에 놓인 근사한 아이디어를 모두가 보아주길 바랄 것이다. 예술가들은 궁극적 성공을 위해 반드시 필요한 과정인, 실험을 통한 피드백을 제공하게끔 병사들을 설득할 능력을 갖고 있지 못할 수도 있다. 예술가의 언어와 병사의 언어에 모두 능통한 전문가를 찾아내서 훈련시켜라. 분리된 그룹을 서로 연결하라.

3. 시스템 사고를 퍼뜨려라

조직이 왜 그런 선택을 했는지 '이유'를 계속 질문하라

전략 수준이 0인 팀은 실패를 분석하지 않는다. 1차적 전략을 세우는 팀은 제품의 사양이 왜 시장의 니즈를 충족시키지 못했는지 평가한다(결과주의 사고). 2차적 전략을 세우는 팀은 조직이 왜 그런 선택을 내렸는지 '이유'를 파고든다(시스템 사고). 이들은 성공과 실패를 모두 분석한다. 왜냐하면 결과가 좋다고 해서 반드시 의사결정이 훌륭했다는 뜻은 아니며(단순히 운이 좋았던 것), 결과가 나빴다고 해서 반드시 의사결정이 나빴던 것은 아니라는 사실을 알고 있기 때문이다(훌륭한 도박을 했으나 결과가 나빴던 것). 다시 말해 이들은 '결과의 질'이 아니라 '의사결정의 질'을 분석한다.

의사결정 과정을 개선할 수 있는 '방법'을 계속 질문하라

핵심적 영향을 끼친 요소가 무엇인지 확인하라. 연관된 사람, 고려한 데이터, 실시한 분석, 선택의 프레임, 그런 프레임을 짜는 데 영향을 끼친 시장 조건이나 기업 조건 등을 확인하라. 개인 및 팀 전체에 대한 금전적·비금전적 인센티브를 확인하라. 그런 요소들을 어떻게 바꾸면 향후 의사결정 과정을 개선할 수 있을지 질문하라.

결과주의 사고를 가진 팀을 찾아내고, 이들을 도와 시스템 사고를 채택하게 하라

제품이나 시장을 분석하는 것은 기술적으로는 어려울지 몰라도 익숙하고 직설적인 작업이다. 팀이 왜 어떤 결정에 이르렀는가를 분석하는 것은 낯설고 불편할 수 있는 작업이다. 이 작업에는 팀원들의 자각이 필요하다. 실수를 인정할 수 있는 자신감이 필요하고, 특히나 인간관계에 대한 자신감이 필요하다. 민감한 피드백을 주고받을 수 있는 신뢰와 솔직함이 필요하다. 외부 팀에서 온 중립적 전문가가 이 과정을 중재할 수 있다면 보다 효율적이고 덜 아픈 과정이 될 수 있을 것이다.

4. 매직넘버를 높여라

사내 정치의 효과를 줄여라

보상이나 승진을 위한 로비를 어렵게 만들어라. 이들 사항을 결정할 때 해당 직원의 관리자에 대한 의존도를 줄이고 독립적 평가가 늘어날 수 있는 방법을 찾아라.

소프트 에쿼티를 활용하라

영향력이 큰 비금전적 보상을 찾아내서 활용하라. 예) 동료들의 인정, 내적인 동기부여.

프로젝트—능력 적합도를 높여라

직원의 능력과 할당된 프로젝트가 서로 어울리지 않을 때 그점을 찾아낼 수 있는 사람과 프로세스에 투자하라. 어울리지 않는 조합이 발견되면 역할을 수정하거나 직원을 다른 팀으로 보내라. 직원이 지나치게 어렵지도, 너무 쉽지도 않은 역할을 맡게 하는 것이 목표다.

중간 계층을 해결하라

의도는 좋았으나 의도치 않은 결과를 만드는 보상, 즉 잘못된 인센티브를 찾아내 고쳐라. 룬샷과 사내 정치 간의 싸움에서 가장 약한 고리인 위험한 중간 계층에게 특별한 관심을 기울여라. 승진을 위해 싸우게 만드는 인센티브를 멀리하고 결과에 집중하는 인센티브를 만들어라. 지위가 아니라 결과를 예찬하라.

칼싸움에 총을 들이대라

인재와 룬샷을 둘러싼 쟁탈전에서 경쟁자들은 철 지난 인센티브 체계를 동원할지도 모른다. 인센티브 설계라는 까다로운 분야의 전문가를 데려와라. 최고인센티브책임자를 임명하라.

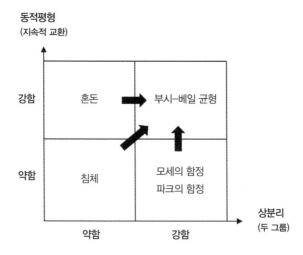

관리 범위를 미세하게 조정하라

룬샷 그룹에는(프랜차이즈 그룹에는 아니다) 관리 범위를 넓혀서 통제를 느슨하게 하고, 더 많은 실험과 동료 간의 문제 해결이 가능하게 하라.

룬샷을 꽃피우려면 이렇게 사고하라

가짜 실패에 유의하라

소셜 네트워크 프렌드스터의 가짜 실패 및 스타틴의 가짜 실패 사례(쥐와 개 실험 결과)에 관해서는 2장을 참고하라. 부정적 결과가 나온 것은 아이디어 자체의 흠결 때문인가, 아니면 테스트 과정상의 흠결 때문인가? 테스트상의 흠결이라고 하기 위해서는 어떤 믿음이 있어야 하는가? 그 가설은 과연 어떻게 평가해야 하는가?

호기심을 갖고 실패에 귀 기울여라

만일 당신이 어느 프로젝트에 영혼을 바쳤다면, 그 프로젝트에 이의를 제기하거나 그 프로젝트를 비판하는 사람은 모두 반박하거나 무시하고 싶은 유혹이 일 것이다. 그런 충동을 제쳐두고 진정한 호기심을 가지고 실패의 원인을 조사한다면 성공 확률을 높일 수 있다. 왜 투자자가 나의 프로젝트를 거절했는지, 왜 파트너가 그만뒀는지, 왜 고객이 경쟁사를 선택했는지 조사해보라. 아무도 내 아이를 좋아하지 않는다고 하면 듣기 괴로울 것이다. 그 이유를 계속해서 질문하는 것은 더 힘든 일이다. (2장을 참고하라.)

결과주의 사고가 아닌 시스템 사고를 적용하라

모든 룬샷이 통과해야 하는 기나긴 어두운 터널을 지나다 보면 누구나 발을 잘못 들일 수 있다. 그러한 의사결정에 이르게 된 '프로세스'를 이해하려 노력한다면 훨씬 더 많은 것을 얻을 수 있다. 당신은 어떤 준비를 했는가? 무엇의 영향을 받았는가? 어떻게 하면 의사결정 과정을 개선할 수 있을까? (5장을 참고하라.)

정신, 사람, 시간을 놓치지 말라

아래 마지막 당부의 말을 정리해두었다. 본문에는 없는 내용이다. 이 책을 여기까지 읽은 사람들을 위해 덧붙이고 싶은 이야기다.

룬샷을 옹호하다 보면 무엇이 중요한지, 내가 왜 이 일을 하고 있는지 전체적인 시각을 상실하기 쉽다. 약간의 집착은 좋을 수도 있지만, 지나치면 역효과를 낼 수 있다.

내 경우에는 종종 더 지속 가능한 방식으로, 생산적으로 집착하기 위해

한발 물러나서 정신, 사람, 시간에 대해 생각해보는 것이 도움이 됐다.

정신 어떤 사람은 하느님에게 봉사하는 데서 의미를 찾는다. 또 어떤 사람은 나라에 봉사하는 데서 의미를 찾는다. 가족을 부양하거나, 기쁨을 퍼뜨리거나, 남들이 더 자유롭고 나은 삶을 살도록 돕는 데서 의미를 찾는 사람도 있다. 누구나 미션 혹은 고귀한 목적이 있다. 가령 윌리엄 포크너 William Faulkner는 작가나 시인의 고귀한 목적에 관해 다음과 같이 말했다.

나는 인간이 그저 지속되기만 하는 것이 아니라 번창하리라 생각한다. 인간이 불멸인 이유는 생명체 중에서 유일하게 고갈되지 않는 목소리를 가졌기 때문이 아니라, 연민을 갖고 희생하고 인내할 수 있는 영혼과 정신을 가졌기 때문이다.

시인의 의무, 작가의 의무는 바로 이런 것들에 관한 글을 쓰는 것이다. 인간의 사기를 북돋우고, 과거의 영광이었던 용기와 명예와 희망과 자긍심과 공감과 연민과 동정과 희생을 일깨움으로써 인간이 지속될 수 있게 돕는 것은 시인과 작가가 가진 특권이다.

어느 프로젝트나 경력 속으로 깊이 뛰어들다 보면 중요하지 않은 것들 때문에 생각과 마음이 모두 길을 잃기 십상이다. 내가 경력을 시작했던 학계는 진리를 찾는 것이 고귀한 목적이었다. 바이오테크 업계로 경력을 옮길 때에는 어려움에 처한 환자들의 삶을 향상시킨다는 목적이 있었다. 우리가 추구하는 것이 모두 그렇듯, 두 세계 모두 정말로 좋은 것과 허울만 좋은 것이 공존했다. 고귀한 목적으로 회귀할 때에만 나는 그 두 가지를 구분할 수 있었다.

목적은 정신을 살찌운다. 정신은 우리가 계속 움직일 수 있게 하는 엔진이다. 정신은 앞으로의 싸움을 준비할 수 있도록 우리를 붙들어준다.

사람　회의주의와 불확실성이라는 기나긴 터널에서 살아남는 데 필요한 지원은 물질적인 것이 아니다. 우리는 사람의 지원이 필요하다. 몇 년 전에 말기 환자들을 담당하는 어느 의사가 내게 본인의 삶을 바꿔놓은 깨달음을 알려주었다. 그는 임종을 앞둔 사람들과 수백 번 대화를 나눴지만, 자기 집에 어떤 차가 주차되어 있는지, 혹은 그 차가 주차된 집이 어떤 집인지 이야기하는 사람은 본 적이 없다고 했다. 사람들은 언제나 가족과 사랑하는 사람에 대해 이야기했다.

무언가에 집착하다 보면 사람을 등한시하기 쉽다. 그러나 보통 가장 중요하고 가장 필요한 것은 사람이다. 나는 내가 그런 실수를 저지르고 있음을 문득 깨달을 때마다 그 임종에 관한 대화를 떠올린다.

시간　미친 아이디어를 옹호하고, 전문가들에게 도전하고, 반복적으로 거절당하다 보면 생각 없이 달력을 채워나가는 상태에 빠질 수 있다. 중요하지 않아도 긴급한 과제를 완료하고 나면 뭔가 해냈다는 기분과 더불어 내가 상황을 통제하는 듯한 기분이 든다. 그러나 시간은 우리에게 가장 귀중한 자원이다. 우리가 기쁨을 느끼고 든든한 지원을 받을 수 있는 가장 귀중한 원천이 사람인 것과 마찬가지다.

필립 레이더Philip Lader라는 현명한 분이 자주 하는 얘기가 있다. 우리는 누구나 수많은 공을 들고 저글링을 하지만, 결정적 차이를 만들어내는 것은 어느 것이 고무공이고 어느 것이 유리공인지 아는 것이다. 내 경우에는 가장 조심스럽게 다루어야 할 공, 절대로 떨어뜨리지 말아야 할 공은 언제나 정신, 사람, 시간이었다.

7장에서 설명한 단순 조직 모델은 조직 내부의 상전이 개념을 설명하고 본문에 나오는 공식을 도출하는 데 유용하다.

단순 조직 모델의 조직 설계는 7장의 '연봉이냐, 지분이냐' 부분에 있는 그림과 같다. 관리 범위 S는 상수이다. 그림의 가장 아래에 있는 층(레벨 $\ell = 1$)은 '실무자'들, 즉 프로젝트의 실무를 담당하는 직원들이다(고객 서비스 회사의 직원, 소프트웨어 회사의 프로그래머 등). 그 위의 층($\ell = 2$)은 프로젝트 매니저 층이다. 세 번째 이상의 층은 전문 관리자(관리자의 관리자: 지역 책임자, 기능 부서의 책임자 등) 계층이다. 이렇게 되면 회사의 총 직원 수 $N = (S^L - 1)/(S - 1)$이 된다. L은 레벨의 총 개수다. 예를 들어 레벨이 두 개 있어서 $L = 2$라면 프로젝트가 하나뿐이라는 뜻이고 직원 수는 $S + 1$이 된다.

각 직원에게 주어지는 보상을 $C = C_S + C_E$라고 하면, 첫 번째 요소는 기본 연봉, 두 번째 요소는 지분 단위라는 형태의 지분이 된다. 예를 들면 양도 제한 조건부 주식이나 스톡옵션 같은 것 말이다. (연간 '현금' 보너스 항목을 추가하는 것도 어렵지 않지만, 가장 간단한 모델부터 시작해보자.) 레벨이 올라감에 따라 고정적으로 g퍼센트만큼 연봉이 상승한다고 생각하자. 그러면 기본 연봉은 $C_S = C_{S0}(1 + g)^{t-1}$가 된다. 지분의 가치를 액면가의 퍼센트로 나타내면 $C_E = a\, N_{EU}(\ell)P_{sh}$가 된다. 여기서 N_{EU}는 레벨 ℓ에서 평균적으로 가지고 있는 지분 단위의 수다. P_{sh}는 회사 주식의 가격이고, 상수 a(결론과 관련해서는 중요하지 않다)는 모든 직원에게 같은 비율이다. 액면가의 단순한 배수를 지분 가치의 근사치로 잡는 것은 실제로도 종종 기업 내부에서 사용하는 방법이다. 블랙-숄즈 모델Black-Scholes model처럼 더 정교한 모델을 사용했을 때 나오는 더 상세한 디테일이 중요하지 않을 때 말이다. (널리 사용되는 라드포드 직원 보상 설문조사나 상장기업 보고서 가이드라인도 이런 관행을 따른다.) 다음으로 지분 보유분이 연봉과 똑같은 비율로 증가한다고 생각하자. 그러면 $N_{EU}(\ell) = N_{E0}(1+g)^{\ell-1}$이 된다. 다시 말해 $g = 15$퍼센트라고 했을 때, 각 직원의 기본 연봉과 지분은 승진을 한 번 할 때마다 15퍼센트씩 증가한다.

직원의 노력과 회사의 가치를 서로 연결할 수 있도록 어느 조직의 기업 가치 V_{ent}는 개별 프로젝트의 기대값의 총합이라고 생각하자(즉 프로젝트가 아닌 것의 기여는 작다고 가정). 그리고 논의가 간단해지도록 각 프로젝트는 V_0라는 똑같은 기대값을 가진다고 생각하자. 행동과 인센티브를 서로 연결할 수 있도록 레벨 ℓ에서 직원이 본인의 제어 범위 내에서 프로젝트의 기대값(V_{sp})을 최대화하기 위해 사용하기로 한 업무 시간의 비율을 x라고 놓자. 그리고 프로젝트 업무와는 별개로 승진 가능성을 최대화하기 위해 사내 정치에 쓰는 시간의 비율을 y라고 놓자. 그리고 일하는 총 시간은 고정되어 있다고 가정하자. 그러면 $x + y = 1$이 된다.

그렇다면 레벨 ℓ에 속하며 프로젝트 범위가 V_{sp}인 직원에게 사내 정치에 쓰는 시간 y의 비율을 높였을 때 보상이라는 인센티브의 변화는 다음과 같이 나타낼 수 있다.

$$\frac{d\ln C}{dy} = \tilde{g} R_P - \left(\frac{C_E}{C} \right) \left(\frac{V_{sp}}{V_{ent}} \right) R_S$$

여기서 $\tilde{g} = \ln(1+g)$이다. 사내 정치의 효과는 $R_P = (d\ell/dy)$로서, 사내

정치를 늘릴 때의 승진 가능성을 나타낸다. 기술적 능력의 효과는 $R_s = ($d $\ln V_{sp} / dx)$로서, 일에 헌신하는 시간(본문에서 '프로젝트-능력 적합도'라고 불렀다)을 늘려갈 때 할당받은 프로젝트의 가치가 증가하는 퍼센트를 나타낸다. 이 모델에서 직원들이 본인의 프로젝트에 온전히 초점을 맞추는 회사 $(x = 1, y = 0)$는 위의 값이 마이너스로 유지되는 한, 사내 정치로부터 자유로울 것이다. 다시 말해 사내 정치 항(오른편의 첫 번째 항)이 프로젝트 항(오른편의 두 번째 항)보다 작아서 사내 정치에 쓰는 시간(y)을 늘리는 것이 보상이라는 인센티브를 감소시킨다면 말이다. 그 결과 나타나는 부등식을 '사내 정치가 없는 조건'이라고 부를 수 있다.

전문 관리자 그룹 내에서는 지위가 올라갈수록 관리 범위도 넓어지기 때문에 최하위 계층($\ell = 3$)에서 사내 정치가 가장 먼저 나타날 것이다. 각 관리자는 S개의 프로젝트를 관리한다. 조직 내 프로젝트의 총 개수는 $S^{L-2} \approx N/S$(S가 큰 수인 경우)이다. 따라서 이 계층에서는 $(V_{sp} / V_{ent}) = S^2 / N$이 된다. 따라서 조직 내 관리자들 사이에 사내 정치가 절대로 생기지 않게 만드는 부등식은 아래와 같다.

$$N < \frac{ES^2 F}{\tilde{g}}$$

여기서 지분 비율 $E = C_E / C$가 된다. 본문에서처럼 조직 적합도는 $F = R_s / R_p$다. 그리고 $\tilde{g} = \ln(1 + g) \approx g$다. 이렇게 해서 본문과 같은 식이 나온다.

전문가라면 상전이의 개념이 무한한 수의 상호작용하는 물체들의 열역학적 한계 내에서 엄격한 수학적 의미로 정의되어 있다는 사실을 알아볼 것이다. 하지만 과학자들은 이 개념을 무한하지 않은 시스템에도 자주 적용한다. 예를 들면 고속도로 위의 자동차라든가, 록 콘서트에 모인 사람들처럼 말이다.

이 분야의 가장 저명한 학술지《피지컬 리뷰 레터스*Physical Review Letters*》의 2013년 5월호에는 헤비메탈 콘서트의 상전이를 분석한 논문이 실렸다. 이 분석은 "콘서트장 내의 모시 핏mosh pit이라고 하는 장소의 무질서한 기체 같은 상태와 서클 핏circle pit이라고 하는 장소의 질서 정연한 소용돌이 같은 상태"를 밝혀냈다. 저자들은 이런 콘서트의 상분리를 확인하고 독자들이 이 역학을 시각적으로 이해하기 쉽게 두 가지 매개변수를 가진 상평형 그림을 보여주었다(우리도 6장에서 숲과 고속도로의 상평형 그림을 보았다).*

가끔은 그런 느낌을 받을 수도 있겠지만, 실제 헤비메탈 콘서트에 참석하는 사람의 수가 무한대는 아니다. 상전이의 과학이 유한한 시스템에도 사용되는 이유는 커다란 시스템이 왜 갑자기 변하는지 이해할 수 있게 도와주기 때문이다. 그 원리를 이해하고 나면 시스템을 관리하는 데 도움이 된다. 더 안전한 숲과 더 좋은 고속도로, 그리고 (지금 우리가 여기서 처음으로 하고 있듯이) 더 혁신적인 기업을 설계하기 위한 아이디어를 얻을 수 있다.

이런 목적에서는 무한한 N이 아니라 유한한 시스템의 N분의 1이라는 작은 효과는 그리 중요하지 않다(구성 요소가 100가지 이상인 시스템에서 유한한 크기의 효과는 보통 1퍼센트 이하가 될 것이다).

그러나 순수주의자라면 원래의 엄격한 의미에서 상전이가 일어나는, 큰

---

* 이 논문의 데이터 샘플에는 저자들이 시청한 100개 이상의 유튜브 콘서트 영상이 포함됐다. 이들 영상을 통해 저자들은 모시 핏과 서클 핏이 "강력하고 재현 가능하며 대체로 음악의 장르나 공연 시기, 관중 규모, 공연장 크기, 밴드의 의도, 1년 중 시기, 관객의 사회경제학적 상태 같은 요소로부터 독립적"이라고 결론 내렸다(Silverberg et al., "Collective Motion of Humans in Mosh and Circle Pits at Heavy Metal Concerts," *PRL* 110 [2013]).

수 N에 대한 일종의 한도를 정의할 수 있는지 보고 싶을지 모른다. 앞 페이지에서 보았던 모델이 바로 그런 경우다. 우리는 N이 커질 때 보상 상승률이 감소하는 경우도 생각해볼 수 있다. 그래서 g_0는 N과 독립적인 상수라고 했을 때 $\tilde{g}N \rightarrow g_0$가 되도록 말이다. 이 경우 시스템은 큰 수 N의 한도에서 상전이를 겪을 테고 한계 관리 범위(조직도의 트리 구조가 가파른 정도)는 $S^2_{\text{critical}} = g_0/EF$라고 정의될 것이다. 좀 다르지만 관련이 있는 모델로, 보상 상승률이 줄어든다고 가정하지 않아도 역시나 큰 수 N의 한도에서 잘 정의된 상전이를 보여준다. 지분이 아니라 고정된 '현금' 보너스 비율을 가정해보면, 위와 비슷하지만 ES^2/N을 보너스 비율 B로 대체한 사내 정치가 생기지 않는 조건을 찾을 수 있다. 이 모델 역시 큰 수 N의 한도에서 잘 정의된 상전이를 보여준다.

핵심 용어

이 책에서 저자가 고안한 용어는 동그라미(●)로 구별했다.

가짜 실패● False Fail	실험 설계상의 흠결 때문에 유효한 가설이 실험에서 부정적 결과를 내놓는 경우.
동적평형 Dynamic Equilibrium	두 가지 상태가 계속해서 일부를 주고받으며 어느 한쪽도 다른 쪽을 희생시키면서 커지거나 줄어들지 않고 균형을 이루며 공존하는 상태. 예를 들어 얼음 덩어리와 물이 공존하면서 분자들이 계속 둘 사이를 오갈 때.
룬샷● Loonshot	그 주창자를 나사 빠진 사람 취급하는, 대다수가 무시하고 홀대하는 미친 프로젝트.
모세의 함정● Moses Trap	전능한 리더가 판사이자 배심원이 되어 룬샷의 운명을 결정할 때.
문샷 Moonshot	엄청난 중요성을 가질 것으로 대다수가 기대하는, 야심 차고 돈이 많이 들어가는 목표. 문샷은 목적지이고(예를 들어 빈곤을 없애겠다는 목표), 룬샷을 양성하는 것은 그곳에 도달하는 방법이다.
벼랑 끝 삶● Life on the Edge	상전이의 벼랑 끝 삶: 제어 변수가 복잡계를 상전이의 경계에 놓을 때. 〈예시〉 물의 온도를 섭씨 0도에 맞춘다. 동적평형 속에 상은 분리된 채로 공존할 것이다.
복잡계 Complex System	상호작용을 하는 많은 부분으로 이루어진 전체. 그 상호작용은 어떤 법칙이나 원칙을 따른다. 〈예시〉 ① **물:** 전자기력을 통해 서로 끌어당기고 밀어내는 많은 분자로 이루어진다. ② **교통 흐름:** 서로 충돌하지 않으면서 원하는 주행 속도를 달성하려고 하는 많은 운전자로 이루어진다. ③ **시장:** 최고의 물건을 최저의 가격으로 사려는 구매자와 최대의 이익을 내려는 판매자로 이루어진다.

상전이 Phase Transition	두 가지 상태, 즉 두 가지 유형의 창발적 행동 사이에 일어나는 갑작스러운 변화. 〈예시〉 고체와 액체 사이. 고속도로에서 부드러운 흐름과 꽉 막힌 흐름 사이. 시장의 합리적 상태와 버블 상태 사이.
상태/상 Phase	특정한 창발적 행동으로 특징지어지는 복잡계의 상태. 〈예시〉 ① **물**: 분자가 스스로를 경직되고 질서 있는 격자 모양으로 정렬할 수도 있고(고체 상태), 무작위로 뛰어다니며 돌아다닐 수도 있다(액체 상태). ② **교통 흐름**: 작은 방해가 기하급수적으로 커져서 꽉 막힐 수도 있고(꽉 막힌 흐름), 아무런 영향이 없을 수도 있다(부드러운 흐름) ③ **시장**: 구매자는 판매자가 파는 제품의 적정 가치로 추정되는 것에 주로 반응할 수도 있고(합리적 상태), 다른 구매자의 행동에 주로 반응할 수도 있다(버블 상태).
전략형 룬샷® S-Type Loonshot	모두가 목표를 달성하지 못할 거라고 생각하는 새로운 전략이나 비즈니스 모델.
제어 변수 Control Parameter	복잡계의 상태를 바꿀 수 있는 변수. 〈예시〉 ① **물**: 온도나 압력의 작은 변화가 고체에서 액체로 상태 변화를 일으킬 수 있다. ② **교통 흐름**: 고속도로의 자동차 밀집도 혹은 자동차 평균속도의 작은 변화가 부드러운 흐름을 꽉 막히게 바꿀 수 있다. ③ **시장**: 한 구매자가 다른 구매자에게 미치는 영향력, 즉 군중행동의 정도에 따라 시장이 바뀔 수 있다. 군중행동이 강하면 버블 상태가 되기 쉽고, 군중행동이 약하면 버블 상태가 잘 일어나지 않는다.
제품형 룬샷® P-Type Loonshot	모두가 성공하지 못할 거라고 생각하는 신제품이나 신기술.
조직의 상태® Phases of Organization	어느 조직을 하나의 복잡계로 생각하면 그 복잡계는 상과 상전이를 보여줄 것으로 예상할 수 있다. 예를 들어 조직은 룬샷에 초점을 맞추게 하는 상태와 경력에 초점을 맞추게 하는 상태 사이를 오간다고 생각할 수 있다.

466

| **창발적 행동**
Emergent
Behavior /

창발적 속성
Emergent
Property | 부분만 연구해서는 정의하거나 설명할 수 없는 전체가 가진 속성. 각 부분이 '개별적으로' 무엇을 하느냐가 아니라 '집합적으로' 어떻게 상호작용을 하느냐에 따라 창발적 행동이 나타난다.

〈예시〉① **물:** 얼음은 딱딱하고 내리치면 부서진다. 액체인 물은 미끄러지고 쏟았을 때 흐른다. 이런 것들은 물 분자 하나를 그 자체로 연구해서는 정의하거나 설명할 수 없는 행동이다. ② **교통 흐름:** 고속도로의 차들은 방해가 없으면 부드럽게 흐르기도 하고, 작은 방해가 생겨 꽉 막히기도 한다. 이런 창발적 행동은 자동차나 운전자의 세부적 사항과는 관계가 없다. ③ **시장:** 구매자가 무엇을 사고 판매자가 무엇을 팔든, 가격은 수요에 맞춰지고 자원은 효율적으로 할당되는 경향이 있다.

기본 법칙과는 달리 창발적 행동은 갑자기 바뀔 수도 있다. 예를 들어 시장에 독점이나 담합이 나타나면 가격은 더 이상 수요에 따라 움직이지 않고 자원은 더 이상 효율적으로 분배되지 않을 수 있다. |
| **프랜차이즈**
Franchise | 최초 제품이나 서비스의 후속작 또는 업데이트 버전.

스타틴 계열의 아홉 번째 약, '제임스 본드' 시리즈의 스물여섯 번째 영화, 아이폰 X. |

┊**옮긴이**┊ 이지연

서울대학교 철학과를 졸업 후 삼성전자 기획팀, 마케팅팀에서 일했다. 현재 전문 번역가로 활동 중이다. 옮긴 책으로는《인간 본성의 법칙》,《아이디어 불패의 법칙》,《위험한 과학책》,《제로 투 원》,《만들어진 진실》,《아웃퍼포머》,《시작의 기술》,《아이디어 생산법》,《기하급수 시대가 온다》,《빅데이터가 만드는 세상》,《리더는 마지막에 먹는다》,《인문학 이펙트》,《빈곤을 착취하다》,《파괴적 혁신》,《토킹 투 크레이지》,《행복의 신화》,《매달리지 않는 삶의 즐거움》,《다크 사이드》,《포제션》 외 다수가 있다.

룬샷

초판 1쇄 발행 2020년 4월 27일
초판 20쇄 발행 2022년 10월 11일

지은이 사피 바칼
옮긴이 이지연
펴낸이 유정연

이사 김귀분
책임편집 신성식 **기획편집** 조현주 심설아 유리슬아 이가람 서옥수 **디자인** 안수진 기경란
마케팅 이승헌 반지영 박중혁 김예은 **제작** 임정호 **경영지원** 박소영 **교정교열** 김유경

펴낸곳 흐름출판(주) **출판등록** 제313-2003-199호(2003년 5월 28일)
주소 서울시 마포구 월드컵북로5길 48-9(서교동)
전화 (02)325-4944 **팩스** (02)325-4945 **이메일** book@hbooks.co.kr
홈페이지 http://www.hbooks.co.kr **블로그** blog.naver.com/nextwave7
출력·인쇄·제본 (주)상지사 **용지** 월드페이퍼(주) **후가공** (주)이지앤비(특허 제10-1081185호)

ISBN 978-89-6596-379-0 03320